安徽师范大学文学院学术文库（第三辑）

U0746864

袁传璋
史记研究论丛续编

YUAN CHUANZHANG SHIJI YANJIU LUNCONG XUBIAN

袁传璋 著

安徽师范大学出版社
·芜湖·

图书在版编目(CIP)数据

袁传璋史记研究论丛续编 / 袁传璋著. —芜湖:安徽师范大学出版社,2024.3
ISBN 978-7-5676-6554-5

Ⅰ.①袁… Ⅱ.①袁… Ⅲ.①《史记》—研究—文集 Ⅳ.①K204.2-53

中国国家版本馆CIP数据核字(2023)第223769号

安徽省高峰学科安徽师范大学中国语言文学(诗学)建设项目
安徽师范大学中国诗学研究中心项目

袁传璋史记研究论丛续编

袁传璋◎著

YUAN CHUANZHANG SHIJI YANJIU LUNCONG XUBIAN

责任编辑:孙新文　　　　　　　责任校对:卫和成
装帧设计:张德宝　冯君君　　　责任印制:桑国磊
出版发行:安徽师范大学出版社
　　　　　芜湖市北京中路2号安徽师范大学赭山校区　　　邮政编码:241000
网　　　址:http://www.ahnupress.com/
发 行 部:0553-3883578　　　5910327　　　5910310(传真)
印　　　刷:江苏凤凰数码印务有限公司
版　　　次:2024年3月第1版
印　　　次:2024年3月第1次印刷
规　　　格:700 mm×1000 mm　　　1/16
印　　　张:30　　　插页:6
字　　　数:473千字
书　　　号:978-7-5676-6554-5
定　　　价:109.00元

凡发现图书有质量问题,请与我社联系(联系电话:0553-5910315)

作者简介

袁传璋，1940年生，安徽当涂人。安徽师范大学文学院中文系教授，中国古代文学专业硕士研究生导师，中国古典文献学硕士点负责人。兼任中国史记研究会常务理事、陕西省司马迁研究会特邀理事、中华书局点校本《史记》修订工程外审专家。"司马迁与《史记》研究系列"获安徽省高等学校"八·五"人文社科优秀成果二等奖。2011年获"中国史记研究会学术成就奖"。《宋人著作五种征引〈史记正义〉佚文考索》于2019年获安徽省社会科学奖（2013—2016年度）一等奖。承担安徽省人文社科重点研究项目：史记版本源流、叙事断限及主题迁变考论；教育部全国高等学校古籍整理研究工作委员会直接资助重点项目：宋人著作征引《史记正义》佚文研究。

教授研习司马迁与《史记》50余年，出版专著《太史公生平著作考论》、《袁传璋史记研究论丛》、《宋人著作五种征引〈史记正义〉佚文考索》（二十四史研究资料丛刊）、校点泷川资言《唐张守节史记正义佚存》（二十四史校订研究丛刊）。在《安徽师范大学学报》、人民文学出版社《中国古典文学论丛》、

台湾《大陆杂志》、台湾大学《台大历史学报》、《安徽史学》、《河南大学学报》、《文史哲》、《光明日报》、《浙江师范大学学报》、《渭南师范学院学报》教育部高校人文社科学报名栏《司马迁与〈史记〉研究》、日本京都大学人文科学研究所《センター（中心）研究年报2013》、《文学遗产》等学术期刊发表专论30余篇，在司马迁《史记》与中华文明、太史公生平疑案、今本《史记》溯源、《史记》断限以往诸说的检讨、《史记》叙事起讫的三次更张与全书主旨的迁变、裴骃《史记集解》八十卷系合本子注本、《史记正义佚存》真伪辨正、项羽死地等司马迁与《史记》研究的重大问题上均有所创获，以"论辩周详，考证审密，确见卓识，精辟独到"被海外学者许为"大陆真正一流的《史记》研究者"。

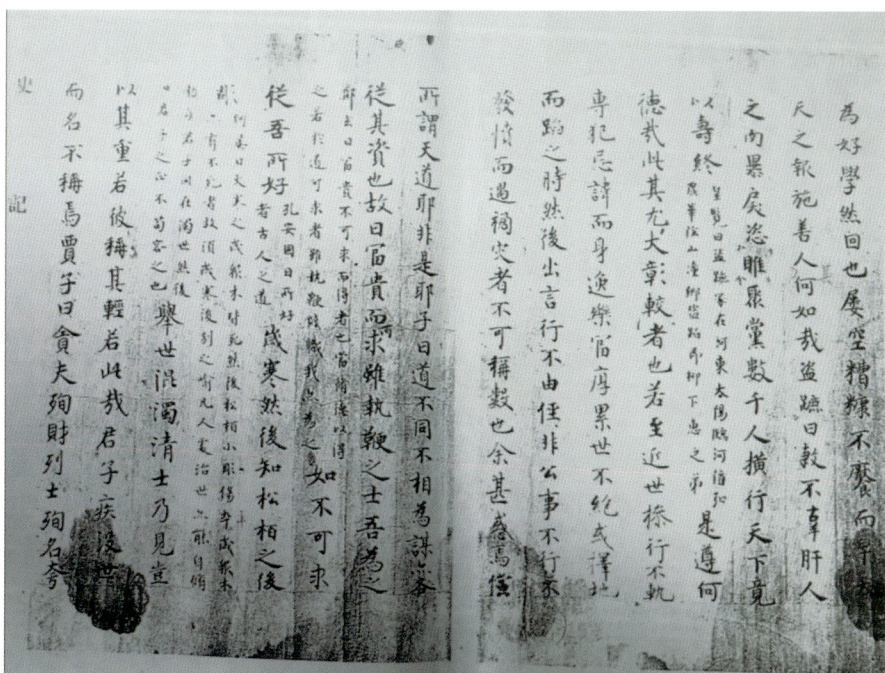

图 1　《敦煌秘籍留真新编》所收敦煌石窟藏经洞唐初写本《史记·伯夷列传》残卷

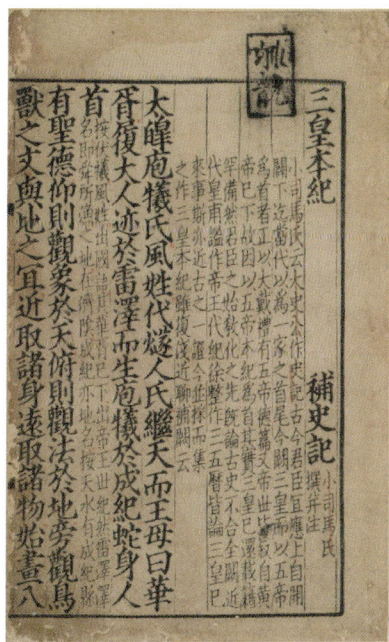

图 2　日本国立历史民俗博物馆藏南
宋黄善夫本《史记·三皇本纪》之一

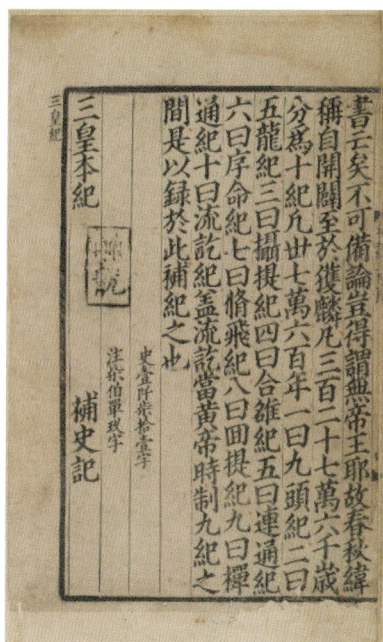

图 3　日本国立历史民俗博物馆藏南
宋黄善夫本《史记·三皇本纪》之二

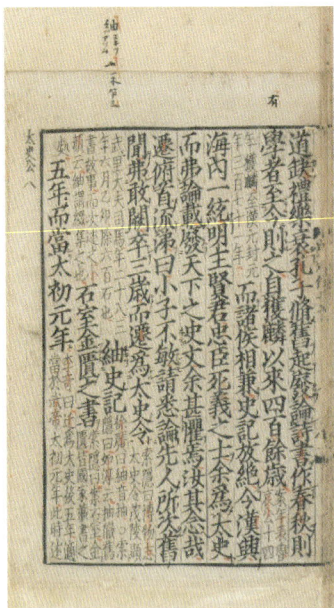

図4　日本国立歴史民俗博物館藏南宋黄善夫本《史記·太史公自序》之一

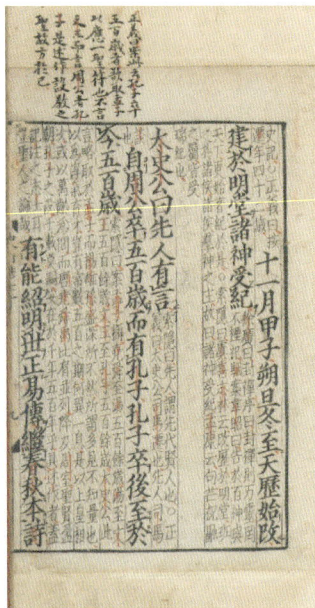

図5　日本国立歴史民俗博物館藏南宋黄善夫本《史記·太史公自序》之二

図6　家藏清同治金陵書局《史記》三家注合刻本圖版之一

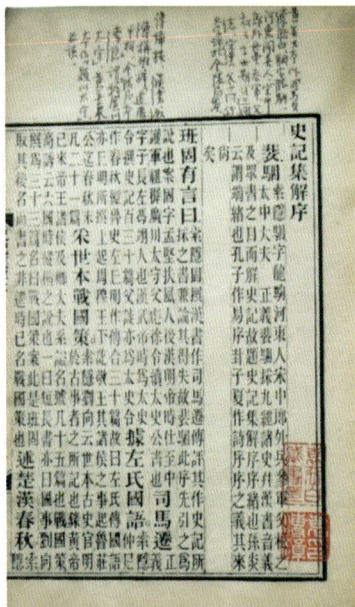

図7　家藏清同治金陵書局《史記》三家注合刻本圖版之二

图8　应中华书局点校本"二十四史"及《清史稿》修订工程办公室之邀出席首次"《史记》修订稿专家审稿会",图为审稿会会场(南京东郊国宾馆,2011年11月17—19日)

图9　"《史记》修订稿专家审稿会"合影(南京东郊国宾馆)前排左起:徐俊、佚名、赵生群、安平秋、袁传璋、许逸民、王继如、张文强

图10 在南京师范大学文学院讲学（2013年9月26日）

图11 小泽贤二先生赠送《史记会注考证》1956—1960年修订重刊特制本十巨册（2013年9月26日于南京师范大学）

图12 在"汉梁文化与《史记》研究学术研讨会"上就泷川资言《唐张守节史记正义佚存》手稿之文献价值做大会主题报告（2013年10月18日于河南商丘）

图13 在"点校本'二十四史'及《清史稿》修订工程第五次修纂工作会议暨《史记》修订本出版座谈会"上发言（2013年10月20日，北京中苑宾馆）

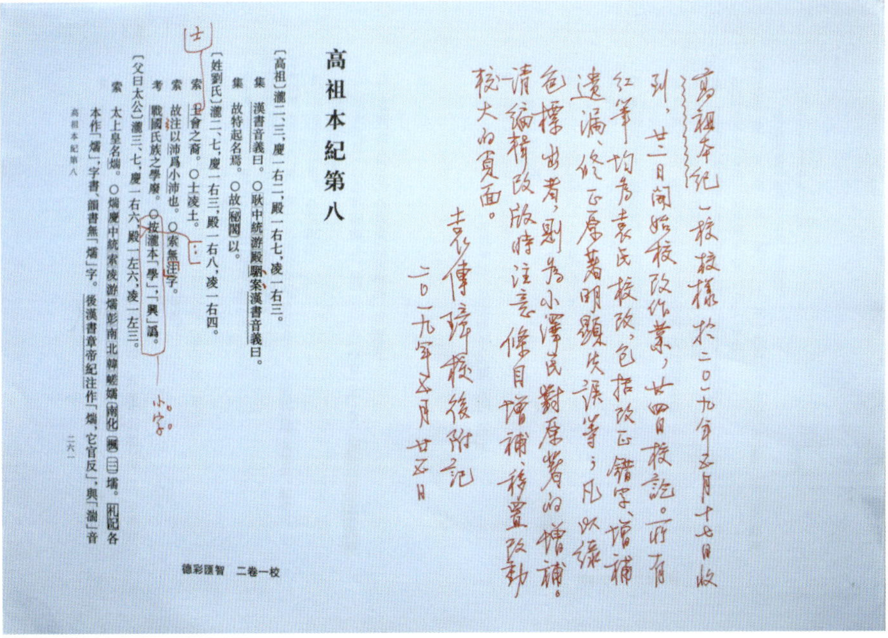

图16　水泽利忠《史记会注考证校补订正》校样之一

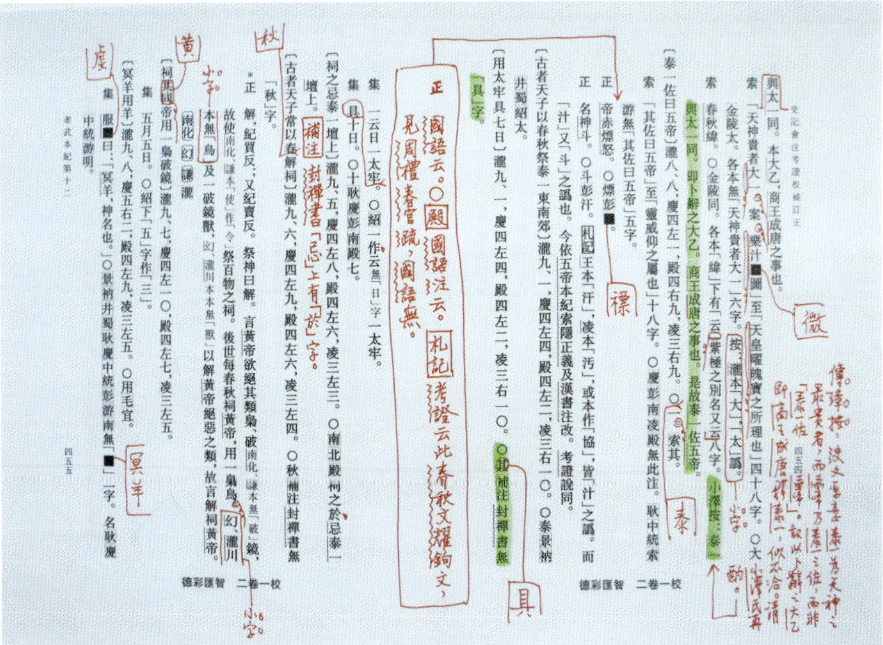

图17　水泽利忠《史记会注考证校补订正》校样之二

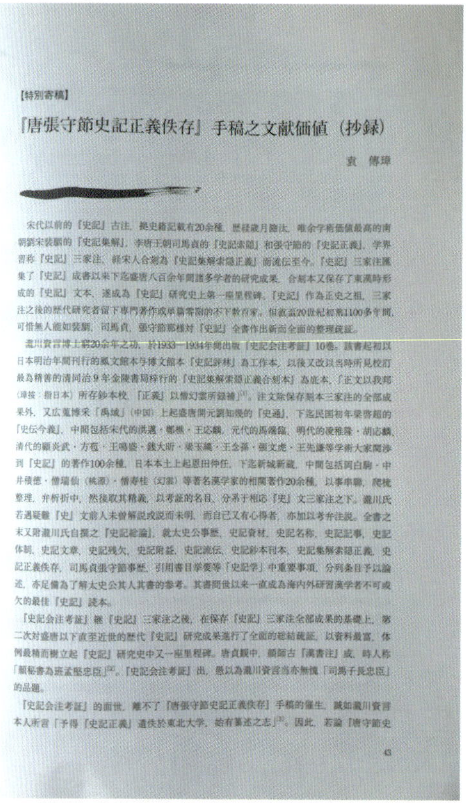

【特別寄稿】

『唐張守節史記正義佚存』手稿之文献価値（抄録）

袁 傳璋

宋代以前的『史記』古注，據史籍記載有20余種，歴経歲月篩汰，唯余学術価値最高的南朝劉宋裴駰的『史記集解』，李唐王朝司馬貞的『史記索隠』和張守節的『史記正義』，学界習称『史記』三家注，経宋人合刻為『史記集解索隠正義』而流伝至今。『史記』三家注匯集了『史記』成書以来下迄盛唐八百余年間諸多学者的研究成果，合刻本又保存了東漢時形成的『史記』文本，遂成為『史記』研究史上第一座里程碑。『史記』作為正史之祖，三家注之後的歴代研究者留下専門著作或単篇零劄的不下数百家。但直至20世紀初葉1100多年間，可惜無人能如裴駰，司馬貞，張守節那様対『史記』全書作出新而全面的整理疏証。

瀧川資言博士窮20余年之功，於1933—1934年間出版『史記会注考証』10巻。該書起初以日本明治年間刊行的鳳文館本与博文館本『史記評林』為工作本，以後又改以当時所見校訂最為精善的清同治9年金陵書局梓行的『史記集解索隠正義合刻本』為底本，「正文以我邦（璋按：指日本）所存鈔本校，『正義』以僧幻雲所録補」[1]。注文除保存刻本三家注的全部成果外，又広蒐博采「禹域」（中国）上起盛唐開元劉知幾的『史通』，下迄民国初年梁啓超的『史伝今義』，中間包括宋代的洪邁・鄭樵・王応麟，元代的馬端臨，明代的凌稚隆・胡応麟，清代的顧炎武・方苞・王鳴盛・銭大昕・梁玉縄・王念孫・張文虎・王先謙等学術大家関渉到『史記』的著作100余種，日本本土上起恩田仲任，下迄新城新蔵，中間包括岡白駒・中井積徳・僧瑞仙（桃源）・僧寿桂（幻雲）等著名漢学家的相関著作20余種，以事串聯，爬梳整理，弁析折中，然後取其精義，以考証的名目，分系于相応『史』文三家注之下。瀧川氏若遇疑難『史』文前人未曾解説或説而未明，而自己又有心得者，亦加以考弁注説。全書之末又附瀧川氏自撰之『史記総論』，就太史公事歴，史記資材，史記名称，史記記事，史記体制，史記文章，史記残欠，史記附益，史記流伝，史記鈔本刊本，史記集解索隠正義，史記正義佚存，司馬貞張守節事歴，引用書目挙要等「史記学」中重要事項，分列条目予以論述，亦足備為了解太史公其人其書的参考。其書問世以来一直成為海内外研習漢学者不可或欠的最佳『史記』読本。

『史記会注考証』継『史記』三家注之後，在保存『史記』三家注全部成果的基礎上，第二次対盛唐以下直至近世的歴代『史記』研究成果進行了全面的総結疏証，以資料最富，体例最精而樹立起『史記』研究史中又一座里程碑。唐貞観中，顔師古『漢書注』成，時人称「顔秘書為班孟堅忠臣」[2]。『史記会注考証』出，愚以為瀧川資言当亦無愧「司馬子長忠臣」的品題。

『史記会注考証』的面世，離不了『唐張守節史記正義佚存』手稿的催生。誠如瀧川資言本人所言「予得『史記正義』遺佚於東北大学，始有纂述之志」[3]。因此，若論『唐守節史

43

图14　日本京都大学人文科学研究所《センター（中心）研究年报2013》所刊拙作首页书影（2014年3月25日发行）

图15　与小泽贤二先生在南京国际青年旅舍商定合作全面修订水泽利忠《史记会注考证校补》事宜（2014年6月11日）

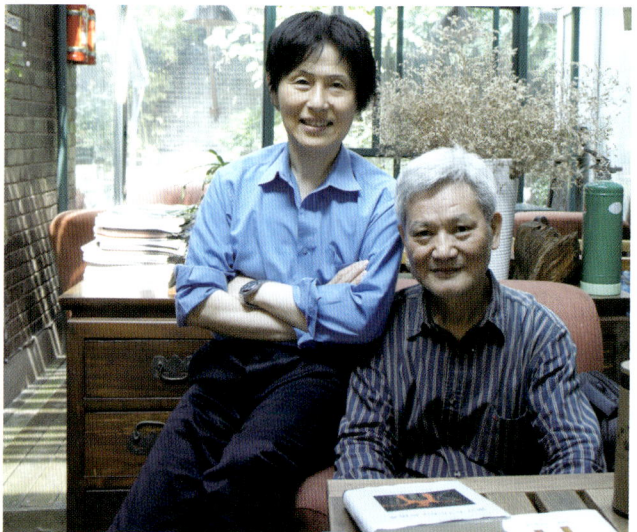

图 18　在云南蒙自《史记》会上与张新科(右)、俞樟华(左)教授合影(2014年 8 月 14 日)

图 19　与台湾大学李伟泰(左三)、吕世浩(左二)教授在蒙自《史记》会上(2014 年 8 月 14 日)

图 20　在云南蒙自国立西南联合大
学文法学院旧址（2014 年 8 月 15 日）

图 21　《中华读书报》2010 年 5 月 19
日头版头条对刊发于《文史哲》2010 年第 2
期袁文《〈项羽不死于乌江考〉研究方法平
议》作五千言的评述

总　序

　　安徽师范大学文学院的前身是1928年建立的省立安徽大学中国文学系，是安徽省高校办学历史最悠久的四个院系之一。1945年9月更名为国立安徽大学中文系，1949年12月更名为安徽大学中文系，1954年2月更名为安徽师范学院中文系，1958年更名为合肥师范学院中文系，1972年12月更名为安徽师范大学中文系，1994年10月更名为安徽师范大学文学院。这里人才荟萃，刘文典、陈望道、郁达夫、朱湘、苏雪林、朱光潜、周予同、潘重规、宗志黄、张煦侯、卫仲璠、宛敏灏、张涤华、祖保泉、余恕诚等著名学者都曾在此工作过，他们高尚的师德、杰出的学术成就凝固成了我院的优良传统，培养出了一大批出类拔萃的各类人才。

　　文学院现设有汉语言文学、秘书学、汉语国际教育等4个本科专业，文学研究所、语言研究所、古籍整理研究所、美育与审美文化研究所、艺术文化学研究中心等5个研究所（中心）。拥有中国语言文学博士后科研流动站，中国语言文学一级学科博士学位授权点，中国语言文学、艺术学理论两个一级学科硕士学位授权点；设有中国古代文学等10个二级学科硕士学位授权点和学科教学（语文）、汉语国际教育两个专业硕士学位授权点；有1个安徽省A类重点学科（中国语言文学），3个安徽省B类重点学科（中国古代文学、汉语言文字学、中国现当代文学）；1个国家级特色专业建设点（汉语言文学专业），1个国家级教学团队（中国古代文学），两门国家级精品课程（文学理论、大学语文），1个省级刊物（《学语文》）。

文学院师资科研力量雄厚，现有在岗专任教师82人，其中教授28人，副教授35人，博士55人。2010年以来，中文学科共主持省部级以上科研项目100项，其中国家社科基金项目28项（含重大招标项目和重点项目各1项），获得省部级以上奖励9项。教师中，有国家首届教学名师1人，享受国务院特殊津贴12人，皖江学者3人，二级教授8人，5人入选省级学术和技术带头人，6人入选省级学术和技术带头人后备人选。

走过八十多年的风雨征程，目前中文学科方向齐全，拥有很多相对稳定、特色鲜明的研究领域。唐诗研究、古代文论研究、儿童语言习得研究、古典文献研究、宋辽金文学研究、词学研究、当代文学现象研究、古典诗歌接受史研究、梵汉对音研究、句法语义接口研究等在全国居于领先地位或在学术界有较大影响。特别是李商隐研究的系列成果已成为传世经典，国务院学位委员会委员、北京大学教授袁行霈先生说，安徽师范大学中文学科的李商隐研究，直接推动了《中国文学史》的改写。

经过几代人的薪火相传，中文学科养成了严谨扎实的学术传统，培育了开拓创新的学术精神，打造了精诚合作的学术团队，形成了理论研究与服务社会相结合、扎根传统与关注当下相结合、立足本位与学科交融相结合、历代书面文献与当代口传文献并重的学科特色。

21世纪以来，随着老一辈学者相继退休，中文学科逐渐进入了新老交替的时期，如何继承、弘扬老一辈学者的学术传统，如何开启中文学科的新篇章，成了摆在我们面前的迫切任务。基于这一初衷，我们特编选了这套丛书，名之为"安徽师范大学文学院学术文库"，计划做成开放式丛书，一直出版下去。我们认为，对过去的学术成果进行阶段性归纳汇集，很有必要，也很有意义，可以向学界整体推介我院的学术研究，展现学术影响力。

现在奉献的是第三辑，文集作者既有年高德劭的退休老师，也有年富力强的年轻学者，学科领域涵盖中国文学、语言学、美学、逻辑学等，大致可以反映文学院学术研究风貌的历史传承与时代新变。

　　我们坚信，承载着八十多年的历史积淀，文学院必将向学界奉献更多的学术精品，文学院的各项事业必将走向更悠远的辉煌！

储泰松
二〇一五年八月

自 序

　　承蒙安徽师范大学文学院不弃，将我的有关司马迁与《史记》研究的一批论文编为《袁传璋史记研究论丛》，列入《安徽师范大学文学院学术文库》，于2015年出版。鉴于该文库所收的每种文集有字数的上限，因此原稿中的"西楚霸王项羽结局研究"专辑未能编入《袁传璋史记研究论丛》。此后，我又有一些比较重要的论文发表，加上还有一批与《史记》研究密切相关的杂作似乎也不宜埋没，于是就有了这本《袁传璋史记研究论丛续编》。《续编》分为四辑，下面对各辑内容做点说明。

　　第一辑为"**司马迁生平著作研究**"。张大可教授以中国史记研究会会长的名义，于2015年重启司马迁生年的大论战。论战的学术平台是《渭南师范学院学报》的教育部高校哲学社会科学学报名栏建设栏目【司马迁与《史记》研究】专栏。张会长除了在学会年会上多次讲话，又连发数篇宏文，指斥主张司马迁生于公元前135年说的李长之、郭沫若两位前辈以及我与赵生群，声言要为司马迁生于公元前145年说"做阶段性结论"，并要在陕西韩城市司马迁铜像基座将"生于前145年"字样勒石，以垂久远。我以为兹事体大，在取得真正的科学共识之前，勒石之事以缓行为宜。

　　张会长数次公开指名要我回应。盛情难却，我只得勉为其难，于2017年7月间先成上篇《王国维之〈太史公行年考〉立论基石发覆》，主旨是对王国维之太史公生年说证伪。首先指出王国维在司马迁生年的考证上有重大贡献，同时也存在严重缺陷。其立论基石"三讹为二，乃事之常；三讹为四，则于理为远"的"数字讹误说"不能解释今本三家注《史记》中为何"二十"与"三十"罕见互讹，而"三十"与"四十"却频繁互讹，故不具"科学的基础"，其论证也不合逻辑，司马迁生于汉景帝中元五年说（前145年说）不能成立。《索隐》与《正义》在司马迁生年上的"十年之差"与"数字讹误说"无关，而是"廿""卅""卌"和"世"字由唐入宋书体演变所致。

八月间成下篇《"司马迁生年前145年论者的考据"虚妄无征论》，主旨是论证王说后继者为王说的弥漏补罅纯属伪证伪考。首先对司马迁生年两说之孰优孰劣追本溯源，继而对"司马迁生年前145年论者的考据"逐项检验，指出前145年说论者"十九岁前耕牧河山之阳"与"对'家徙茂陵'之考证"纯属想当然；前145年论者"对'仕为郎中'之考证"也毫无实证；《报任安书》作于太始四年说及任安死于征和二年七月说皆属伪证伪考。从而得出结论：前145年说系一份不及格的司马迁生年考证答卷。论文最后对张大可《述评》之研究方法进行述评，指出张氏的两篇《述评》最终呈交的之所以是一份不及格的答卷，与他独特的取证手段与研究方法密不可分。

为了在正式发表前减少谬误，我曾将这两篇文稿发送中国史记研究会名誉会长韩兆琦与安平秋教授、研究会诸位副会长、副高以上职称会员以及海内外学界朋友，共六十余位，竭诚征求批评与建议。不少朋友赐予中肯的指教，在此致以衷心的感谢！在这场历时四五年的司马迁生年大论战中，与张会长的军团作战相比，我似乎势孤力单，但这两篇小作庶几一以当十。

古往今来探究司马迁何以能撰著《太史公书》者，必论及他的家世渊源，宣称他出身世代相传的史官世家，又必称其父对他自幼即以作史为目的精心培养。《司马谈临终遗命与司马迁人生转向》这篇论文质疑这种传统观念，指出：司马氏家族的传统实为多元，司马迁并非出身于纯粹的"史官世家"。他处于武帝"有为"之世，青少年时期志在立功荣祖。仕为郎中后，以"辩智闳达"得到武帝器重，奉使西征南略，仕途不可限量。

司马谈临终遗命改变了司马迁的人生取向。继任太史，由立功转为立言。先父遗命成为司马迁的纂著指南和精神动力，指导、鞭策、支持他发愤著书，完成"究天人之际，通古今之变"的第二部《春秋》——《太史公书》。

司马迁为《太史公书》定稿亲手书写了正、副两个文本，"藏之名山，副在京师"。论者或谓正本藏之于家，副本存于皇室；或谓正本入藏皇室，副本留在京师。二说皆有待商榷。经《论〈太史公书〉"藏之名山，副在京师"》的详密考证，证明"京师"特指长安城。"副在京师"的是副本，呈献皇室书府，横遭刊削，"十篇缺，有录无书"。"藏之名山"的是正本，史公传于其女，秘藏华阴，后由外孙杨恽免官家居时"宣布"，自此民间始有传抄本。副本严禁外传，唯班婕妤蒙赐副本又副本，班彪在安陵评《史记》、作《后传》，班固于兰台撰《汉书》，皆据副本又副本。史公手稿正本佚于杨恽蒙难，副本毁于王莽之乱；副本又副本亡于董卓移都。后汉流布的一百三十篇俱全的《太史公书》（《史记》），当系正、副两大系统抄传本配补而成，但羼入褚少孙等续补增窜的数万衍文，已失史公手定原本旧貌。

《论裴骃"〈史记集解〉八十卷"系合本子注本》，主旨在探讨裴骃《史记集解》的文本形态及若干相关问题。清乾嘉诸老卢文弨、钱大昕、邵晋涵等首倡《史记集解》原先别自单行、与《史记》本书不相附之说，张元济持同样的观点，中华书局点校本《史记》的《出版说明》、修订本的《修订前言》则沿袭张说，陈陈相因，被海内外学界奉为定论。本文通过研读隋、唐史《经籍志》与《艺文志》的著录以追本溯源，解析《史记集解序》《史记索隐序》《史记索隐后序》关于《集解》与《史记》本文合体的言说，全盘清点《史记》本文与三家注字数并作数据分析，证明"《史记集解》别自单行、不与《史记》正文相附说"不能成立。《史记八十卷裴骃集解》，是裴骃据徐广《史记》校本随文施注，合本文、子注为一体的合本子注本。这一发现为恢复裴骃《史记集解》的本真面貌奠定坚实基础，也证明今本《史记》的文本源自裴骃集解的《史记》八十卷，裴骃不愧为《史记》功臣。本文同时还诊断出乾嘉诸老、张元济下及《史记》点校者和修订者在《集解》与《史记》本书相不相附问题上之所以出错的病根。为研究《史记集解》的文本形态，本文对汉籍"合本子注"体裁重新定义，证明经史"合本子注"体裁的出现，是汉人注经方式的自然发展。大量早于佛典合本子注体的汉籍经史著作证明，陈寅恪先生关于汉籍经史合本子注的体裁系模拟魏晋南北朝僧徒合本子注之体的裁断，似有倒果为因之嫌。所以，与其说是汉籍经史合本子注之体因袭了六朝僧徒研究佛典发明的合本子注的体裁，不如说是六朝僧徒借鉴了此前汉儒注释经典所创造的范式。这一研究成果，对认识"合本子注"这种文献形式对魏晋六朝典籍形态的影响，也不无参考价值。

第二辑是"**西楚霸王项羽结局研究**"。著名"红学"家冯其庸教授在上海《中华文史论丛》2007年第2辑发表《项羽不死于乌江考》，引据《项羽本纪》"太史公曰"称项羽"身死东城"，以否定《项羽本纪》正文项羽乌江自刎的记叙，作出"项羽是死于东城而不是死于乌江"的"新的结论"，颠覆了华语世界两千多年来关于项羽自刎乌江的认知，激起重大反响。某知名学者公开称赞冯先生"发展了王国维的双重论证法"，《中国文化报》更以头版整版重刊冯文，特加"编者按"宣称："编者认为，《项羽不死于乌江考》一文，虽只是2007年中国文史界的'一件小事'，却意义重大"；《光明日报》的"光明论坛"则发表题为《"不忘启迪"的示范意义》的署名评论，号召"广大学者"学习冯《考》中体现出来的"大家的学术风范"。如此看来，《项羽不死于乌江考》的问世，其意义似乎已超越项羽究竟是死于何地具体问题的论争，而具有为中国文史界导向的指标价值。因而大陆学术界在2007—2010年间围绕项羽是否死于乌江这个论题，展开了颇为热烈的论战。

我在2008年年初发表四万余言的《"项羽不死于乌江说"商榷》，对冯先生的所有理据进行了全面彻底的清理，指出他由于对《史记》文本的误读和研究方法的失当，"项羽不死于乌江说"不能成立。同时考明：项羽东城快战发生在东城县域的四隤山；秦代的乌江亭隶属东城县而与历阳县无涉；项羽"欲渡乌江"与临江拒渡二者统一于一身，是其人格的必然发展；司马迁叙写项羽的结局在《项羽本纪》正文中据事录实为自刎于乌江，而在篇末赞语中正式书为"身死东城"，是同篇前后互见足义，体现了太史公严谨的史法；论文最后提醒冯先生：《史记》所述秦汉史未可轻议！"毋意，毋必，毋固，毋我"方是为人与治学的准则。这篇论文成为这场论战的最重要的文献之一。中国史记研究会、中国历史文献研究会、安徽历史文化研究中心、安徽师范大学文学院、和县项羽与乌江文化研究室联合主办的"项羽学术研讨会"，于2008年11月在安徽和县召开。中国史记研究会常务副会长张大可教授在闭幕式总结发言中说："袁传璋先生是这次学术研讨会的旗手，对本次大会提供的《〈项羽不死于乌江考〉评议》四万五千言，对项羽乌江自刎做了全面深入的探讨，不仅基本澄清了史实，而且剖析了浮华学风的思维方式，淋漓而尽致，很有教益，也真正展示了什么叫忠实治学的学者风范。"

《〈项羽不死于乌江考〉研究方法平议》，系应《文史哲》杂志编辑部之约，将《〈项羽不死于乌江考〉评议》的原稿《"项羽不死于乌江说"商榷》第六节《项羽不死于乌江考》研究方法质疑"及相关内容析出重构而成。冯其庸教授的宏文《项羽不死于乌江考》虽被主流媒体奉为中国文史界"意义重大"的学术范本，但经笔者审察发现，冯先生由于在古典文本解读方面，存在对《史记》史法的误会、句法的不明、训诂的缺失；研究方法上，征引古籍或移花接木、或以意增删，且常以想象替代考实；野外考察道听途说，以假作真。其"项羽是死于东城而不死于乌江"的"新的结论"纯属凭虚造说，更不具"'不忘启迪'的示范意义"（借用《光明日报》2007年9月11日"光明论坛"所刊宣传冯文的文章题目）。论文逐条对冯文的立论依据进行了驳议。最后指出，冯文既没有真正读通《项羽本纪》原文文本，又拿不出任何值得一顾的其他根据，就轻议司马迁亲手著录的项羽乌江自刎的文字，自以为是唐以后民间传说的羼入，居然还"考出项羽乌江自刎之说，源于元杂剧"，恐怕有失谨慎。

《〈项羽不死于乌江考〉研究方法平议》在《文史哲》2010年第2期

刊布后,《中华读书报》第792期(2010年5月19日)罕见地于头版头条通栏黑体标题《〈文史哲〉刊文挑战冯其庸 "项羽不死于乌江"有新说》下,发表署名"本报记者方文国"对《〈项羽不死于乌江考〉研究方法平议》长达4500言的摘编评述,随即有20多家国家级门户网站予以转载。原因不外乎冯文在文本解读和研究方法两个方面反映出来的问题,在当下具有某种普遍性,而对该文的评介,也关乎实事求是学风的导向与重建,实有进一步讨论的必要。

《垓下之战遗址地望考》考证楚汉垓下会战遗址所在的位置。楚汉相争最后决战发生在沛郡垓下,两汉人士从无疑义。今人有垓下在陈郡之说,谓垓下之战实为"陈下之战"。然《汉书·地理志》及汉魏旧注均认定垓下乃沛郡洨国下属的聚邑,与陈郡无涉。唐张守节《史记正义》所主垓下"在亳州真源县东十里说"无文献根据,且自相矛盾,亦不可采信。从《汉书·地理志》本注体例可知垓下聚与洨城属于不同层级,绝非同地。近年安徽固镇县濠城镇北"霸王城"(原名"圩里村")考古发掘成果,证实此处为"大汶口文化最早的遗址",亦为秦汉洨城遗址;但认定即垓下遗址,既与汉魏权威文献违戾,亦有移花接木之嫌,恐难成立。本文据唐《元和郡县图志》及宋《太平寰宇记》的记载,考出垓下聚遗址当在濠城镇东北二十余里处,西北距灵璧县城四十余里、东北距泗县县城四十至四十五里范围之内地势较高处。

《项羽所陷阴陵大泽考》讨论阴陵大泽的所在。楚王项羽在与汉王刘邦的垓下会战失败后,深夜溃围南驰,欲渡乌江退保江东以图再起。不料途中被田父骗入阴陵大泽延误时机,而被汉骑追及。可见,阴陵大泽是导致项王东渡乌江计划失败的关键地点。然而秦楚之际阴陵大泽的确切方位,《史记》三家注均未出注;南宋之前的舆地志书如唐李吉甫《元和郡县图记》、北宋乐史《太平寰宇记》、北宋王存《元丰九域志》,也无阴陵大泽的只字片语。南宋末年王象之撰《舆地纪胜》,始主阴陵大泽在历阳县阴陵山旁。明、清《和州志》因袭王象之之说,并坐实为阴陵山旁的红草湖;但此说与《史记》所叙项羽南驰行程背戾,显系因缘附会。今人冯其庸则指认古阴陵县西今淮南市东的高塘湖即阴陵大泽；但此湖20世纪中叶因黄泛及黄河夺淮大量泥沙沉积的影响方才成形，此前这里既无湖也无泽，故冯说实属捕风捉影。著者从《梁书·韦睿列传》及《资治通鉴·梁纪二》的记载中发现秦楚之际阴陵大泽实际方位可靠的文献线索，首次考出阴陵大泽当处在合肥与钟离（今安徽凤阳县东北）的南北联线上，值古东城县邑西北、阴陵县邑东南，约在今安徽定远县城西西卅店以南一带。

《项羽垓下突围南驰乌江路线考察报告》是中国史记研究会同和县项羽与乌江文化研究室合作的成果。中国史记研究会的常务副会长张大可教授、袁传璋教授、历史地图专家许盘清先生同和县项羽与乌江文化研究室主任金绪道、副主任范汝强、章修成一行六人组成联合考察组，于2008年8月19日至25日，自北向南实地考察了安徽灵璧县境的虞姬墓、垓下遗址，凤阳县临淮镇东古钟离县淮河渡口，定远县境的古阴陵县邑遗址、阴陵大泽残迹、东城县邑遗址、虞姬墩，滁州市古清流关驿道，全椒县南荒草湖与和县北红草湖遗迹，全椒县与和县交界处的九头山（即阴陵山），和县与江苏浦口区交界处的四隤山，和县乌江镇霸王灵祠。考察途中得到沿途各县宣教文化部门的鼎力相助。这次考察以《史记》《汉书》关于项羽自垓下南驰乌江的记叙为基本线索，参考唐宋以来舆地志书的相关记载，配合卫星遥感地形图，进行田野实地踏勘，辅之以与当地名宿长老的座谈或采访，确定了项羽陷入的阴陵大泽与东城快战所在地四隤山的实际方位，进一步明晰了项羽垓下突围南驰乌江的经行路线。经考察组全体成员协商讨论，由袁传璋教授执笔写稿，许盘清先生绘图，张大可教授修订，最后在2008年11月16日至18日召开的"项羽学术研讨会"上经与会专家讨论，形成《项羽垓下突围南驰乌江路线考察报告》定稿。定稿收入《乌江论坛》（陕西人民教育出版社，2009年），刊发于《渭南师范学院学报》2009年第1期。本书收录的是袁传璋所撰原稿。

《项羽垓下溃围南驰乌江经行地点相关文献辑编》，是我为撰写《"项羽不死于乌江说"商榷》所搜集的文献经整理而成的资料长编，内分三个部分：一、正史的著录；二、古舆地志书的著录；三、和县方志的著录。

把《史记》问世两千多年来，关于项羽之死，以及霸王谢幕过程的相关文献做了竭泽而渔式的集中整理，为学术界和广大读者提供了继续研究西楚霸王项羽谢幕完备的参考资料。

第三辑是"**《史记》修订本等书稿审读报告**"。国家于 2006 年启动点校本"二十四史"及《清史稿》修订工程，在中华书局设立点校本"二十四史"及《清史稿》修订工程办公室（简称"修订办"），由总编辑徐俊任主任组织实施。1959 年 9 月由中华书局出版的点校本《史记》，以分段精善、校勘审慎、标点妥帖、有关技术处理得当，出版后广受海内外学界和读者的好评，成为通行的《史记》读本。但点校本《史记》几乎是由顾颉刚、贺次君、宋云彬、聂崇岐几位先生以个人之力完成，限于当时条件，不可能广校众本，文本校改仅以方、圆括号标识，而未出具校勘记说明理据；加上出版时间紧迫（要作为中华人民共和国成立十周年献礼），三家注引书未及一一与原著校核，标点也留下不少失误。进入新的世纪，对修订本进行全面修订自然提上议事日程。

点校本《史记》修订工程由南京师范大学赵生群教授主持的修订组承担。修订组孜孜不倦，八易春秋，广校众本，撰写校勘记；订正标点讹误，统一体例；增补《史记索隐》缺文。2013 年 8 月 1 日，修订本全书定稿，10 月由中华书局正式出版，作为点校本《史记》的升级版，向国家呈交了一份完满的答卷。从此海内外广大读者有了一部更好的《史记》标准读本。

我忝为《史记》修订本外审专家，在幕后全程参预了点校本《史记》的修订工程，包括修订方案的评审以及《史记》各部分修订稿的审读。2011 年 11 月出席在南京召开的第一次专家定稿会。2013 年 8 月中旬，赶在正式出版发行前又对《史记》修订本的征求意见本，提出个别但又重要的修订意见。10 月 20 日，《史记》修订本出版座谈会暨点校本"二十四史"及《清史稿》修订工程第五次修纂工作会议在北京召开，我应邀出席并发言。

受点校本"二十四史"及《清史稿》修订工程办公室委托，随着修订组修订工程的进展，我对先后让我审读的修订稿尽心尽责地审读，对送审稿中部分尚需斟酌的标点、校勘记，都提出详尽的修改建议，撰写了《**点校本〈史记〉修订样稿审读报告**》《**〈史记〉五卷〈世家〉修订稿审读报告**》《**〈史记·商君列传〉等六卷〈列传〉修订稿审读报告**》《**点校本〈史记〉修订〈前言〉初稿审读报告**》《**〈史记〉修订本〈本纪〉十二篇定稿审读报告**》等近五万言，所提200余条修订建议，修订办及修订组大都采纳，为《史记》修订本的问世稍尽绵薄之力。

在这里要敬告读者，为了与点校本《史记》及修订本《史记》的体例保持一致，这五篇审读报告的文字不得不采用繁体，标点符号亦不得不采用中华书局为"二十四史"点校本专门设计的全式标点（《点校本〈史记〉修订〈前言〉初稿审读报告》除外）。这在本书中是为特例，拜请诸位理解。还有一事需要说明的，这五篇审读报告撰写于不同年份，其中某些篇中的条目序号的编排方式以及所用字符与它篇并不完全统一，编入本书时，为保存原貌，均按原稿刊印，而不求整齐划一。

《古籍整理的典范之作——展读〈史记〉修订本感言》，是《史记》修订本出版后的第一篇书评。这是我出席北京《史记》修订本出版座谈会后，点校本"二十四史"及《清史稿》修订工程办公室的约稿，刊发于中华书局主办的《书品》2013年第四辑。本辑《书品》"重点关注"专栏是对《史记》修订本出版前后的整体回顾。本文首先交待了点校本《史记》修订的背景，接着介绍以赵生群教授为首的修订团队组成与修订工作进程。展读修订本《史记》，我最深的感受是，修订本《史记》在继承点校本《史记》全部学术成果的基础上，在校勘的精善和标点的妥帖两个方面都更上层楼。《史记》修订本代表了当代的学术水平，体现了新的时代特点，堪称古籍整理的典范之作。它所取得的成就与经验，亦将为《史记》以后诸史修订整理所借鉴。

"中国典籍与文化研究丛书"是全国高等院校古籍整理与研究工作委员会主持编纂的学术研究丛书，审稿采用双向匿名制度，每部书稿邀请两名相关领域的专家匿名审稿。《〈史记〉三家注研究》与《〈史记〉〈汉书〉年月考异》是我受该丛书编委会委托评审的两部匿名书稿。我通读两书全稿，从解析其书的架构入手，掌握其提出问题、分析问题、解决问题的研究思路，然后细审其具体内容，发现其亮点和新意，并引入前人的同类著作进行比较，从总体上确定其书有较高的学术价值。同时在审读中也发现两书都不同程度地存在某些不符学术规范或案断失当的缺陷，我都相应地一一指出，并提出修改建议。所有这些，都写入《〈史记三家注研究〉书稿审读报告》和《〈史记汉书年月考异〉书稿审读报告》中。

第四辑是《中国史记研究会十五年》之袁传璋的《史记》研究。《中国史记研究会十五年》，是中国史记研究会对学会成立以来十五年历程（2001—2015）中全体会员研究成果的总盘点，作为向司马迁诞辰2160周年（按王国维说）献礼的大型论著。学会指定张大可、韩兆琦、杨燕起、宋嗣廉、袁传璋、可永雪、王立群、赵生群、张新科、张强、俞樟华等十一位资深会员整理自己的论著提要和学界评说材料。我亦忝列其中。本辑系应学会入编《中国史记研究会十五年》的要求而准备的原始素材。只是我在本书中将上下年限做了变通处理，起点提前到新世纪开端的2000年，下限则延伸到当下的2022年。本辑包括三方面的内容，一是著作简介和同行学者的书评，二是书报征引及述评选辑，三是参加学会活动及相关学术信息编年纪要，大体上可以反映出笔者最近二十年来在司马迁与《史记》研究方面的印迹。

本书责任编辑孙新文先生为书稿的诸多事宜与本人往复讨论，贡献良多，在此谨致以衷心的感谢！

袁传璋

二○二二年元月十二日记于安徽芜湖凤鸣湖畔瘱陶斋

目　录

第一辑　司马迁生平著作研究

第二辑　西楚霸王项羽结局研究

第三辑　《史记》修订本等书稿审读报告

第四辑　《中国史记研究会十五年》之袁传璋的《史记》研究

---

　①为保持与点校本《史记》及修订本《史记》体例一致，此部分内容的正文文字为繁体，但为了保持目录、自序、页眉等部分字体的统一，故以简体呈现，特此说明。

第一辑 司马迁生平著作研究

王国维之《太史公行年考》立论基石发覆

一、王国维对司马迁生年研究的贡献与缺陷

司马迁自觉承"五百之运"，继周、孔绝业，以续作《春秋》自期，"究天人之际，通古今之变"，撰成的《太史公书》（东汉以后称《史记》），是中华民族上起黄帝、下迄汉武三千年间的文化总汇，是中华民族心灵、民族智慧的伟大载体。要读懂博大精深的《史记》其书，必得读懂司马迁其人。由于史阙有间，史公生平中存在许多疑案。其中与"史记学"中若干基本问题相关联的史公生卒年的定年问题，尤使学者困扰。

司马迁的生年，《史记·太史公自序》未录，班固《汉书·司马迁传》缺载，因此遂成千古疑案。清代乾嘉以降下迄近代，有数位学者提出司马迁生年的见解。王鸣盛认为当生于汉景帝前元四年（前153），周寿昌认为生于汉景帝后元元年（前143），张惟骧认为生于汉武帝元光六年（前129）。以上诸说大抵出自臆测，并无实据，因而不具深入探讨的价值。直到王国维先生于1916年发表《太史公系年考略》，1923年将此文易题为《太史公行年考》重新发表，方将司马迁生年的探讨引向科学之途。

王国维的第一项贡献是，他首次从今传宋刻以来的《史记》三家注本的《太史公自序》中发现两条有明确司马迁纪年的唐人旧注。一条是《史》文"卒三岁，而迁为太史令"句下司马贞《史记索隐》的注语：

《博物志》："太史令，茂陵显武里大夫司马（王氏双行小字夹注：此下夺 '迁' 字），年二十八，三年六月乙卯除，六百石也。"

另一条是《史》文"五年而当太初元年"句下张守节《史记正义》的注语：

按：迁年四十二岁[1]。

在探究司马迁生年时，有了这两条唐人旧注做基础，庶可免除再犯盲人摸象式的错误。

王国维的第二项贡献是，考出《索隐》与《正义》注语的来源可靠。指出司马贞自西晋张华《博物志》转引的司马迁官历，"当本先汉记录，非魏晋人语"；张守节的注语"亦当本《博物志》"。他征引《史记·扁鹊仓公列传》"安陵阪里公乘项处"以及敦煌出土的两条完整的汉简履历簿书，归纳出"**汉人履历，辄具县里及爵**""**或并记其年**"的文书格式。《博物志》所录司马迁官历正与此同，故"知《博物志》此条乃本于汉时簿书，为最可信之史料矣"。

自从王国维先生发现这两条唐人旧注，遂成为王先生**本人**及此后诸多学者推导司马迁生年的"**直接证据**"。

王国维《太史公行年考》认定"汉景帝中五年，丙申，公生，一岁"。他如此考证：

按《自序·索隐》引《博物志》："太史令，茂陵显武里大夫司马（王氏双行小字夹注：此下夺 '迁' 字），年二十八，三年六月乙卯除，六百石也。"（王氏双行小字夹注：今本《博物志》无此文，当在逸篇中。又茂先此条当本先汉记录，非魏晋人语。说见后。）按："三年"者，武帝之元封三年。苟元封三年

---

① 王国维：《观堂集林》卷第十一《太史公行年考》，北京：中华书局，1959年，第2册，第483页。

史公年二十八，则当生于建元六年。然张守节《正义》于《自序》"为太史令五年而当太初元年"下云："按：迁年四十二岁。"与《索隐》所引《博物志》差十岁。《正义》所云亦当本《博物志》。疑今本《索隐》所引《博物志》"年二十八"，张守节所见本作"年三十八"。三讹为二，乃事之常；三讹为四，则于理为远。以此观之，则史公生年，当为孝景中五年，而非孝武建元六年矣①。

王先生先指出《索隐》所引《博物志》"当本先汉记录"，史料可靠；"《正义》所云亦当本《博物志》"，二注同源。然据以推算司马迁生年，却有十年之差。二注必有一误。他根据"三讹为二，乃事之常；三讹为四，则于理为远"的常理，是《正义》而非《索隐》。他作此判断的大前提是：《索隐》"年二十八"系"年三十八"之讹；小前提是：《正义》"年四十二"绝不可能由"三十二"讹成；由此推出的结论必然是："史公生年当为孝景中五年，而非孝武建元六年"。逻辑大、小前提的前提，或曰"立论的基石"，则是数字讹误说。

王国维先生这项著名考证，长期以来被誉为方法正确，逻辑严密，引证可靠，其结论——司马迁生于汉景帝中元五年（前145），为中外诸多著名学者如梁启超、钱穆、泷川资言、佐藤武敏等所信从。

在王国维发表《太史公系年考略》之后，20世纪20年代初，日本学者桑原骘藏据《索隐》立说，发表《关于司马迁生年之一新说》，认为司马迁当生于汉武帝建元六年（前135）②。50年代中，郭沫若作《太史公行年考有问题》，亦不信王氏的司马迁生年定年，而力主生于武帝建元六年说③。呼应郭说者虽有不少，但由于均未提出足以动摇王国维立论基石的证据，终不成气候。

①《观堂集林》卷第十一《太史公行年考》，第2册，第482—483页。

②［日本］桑原骘藏：《关于司马迁生年之一新说》，原载日本《东洋文明史论丛》，1922年；重刊于《史学研究》第1卷第1号，1929年；收入《桑原骘藏全集》第2卷，1968年。

③郭沫若：《太史公行年考有问题》，原刊《历史研究》1955年第6期；后编入郭氏所著《文史论集》，北京：人民出版社，1961年，第168—172页。

直到 1988 年 5 月，笔者在"全国《史记》学术研讨会"（西安）上发表《司马迁生于武帝建元六年新证》，另辟蹊径，首创与前人完全不同的研究方法，从《太史公自序》及《报任安书》中找到测算司马迁生年的**三个标准数据**："年十岁则诵古文"、"二十而南游江淮……于是仕为郎中"、"待罪辇毂下二十余年"，和**一个基准点**——《报任安书》作于征和二年（前 91）。以司马迁关于自身行迹的自叙为**本证**，以唐人古注《索隐》与《正义》为**佐证**，通过对史公移居茂陵、从学问故、壮游入仕、友朋交往等方面行迹的清理，证实《索隐》所引《博物志》元封三年"年二十八"纪年数字无讹，与史公自叙若合符节，考定司马迁实生于汉武帝建元六年（前 135）。对于《索隐》与《正义》在史公生年上出现"十年之差"的原因，笔者从书体演变的角度，通过对"廿（二十）""卅（三十）""卌（四十）"三个十位数字与"世（卋）"字书写形态变化轨迹的考察，广征文物考古成果和多种文献，从中发现确凿的证据，做出有根有据的论证，**证明《正义》"年四十二"乃"年卋二"之讹**，才第一次真正动摇了七十多年来几成定论的司马迁生于景帝中元五年说（前 145 年说）。

近来高举司马迁生于汉景帝中元五年说大旗的张大可先生，高调宣称"王国维'数字讹误说'的立论基石是不可辩驳的"，他强烈要求为"司马迁生于公元前 145 年说""做阶段性定论"①。

学术的发展永无止境，世间更不存在终极真理。王国维先生关于司马迁生年的考证既有重大贡献，有如上文所述，但同时也存在诸多严重缺陷。

第一，在没有证明所引今本《史记》三家注本中的《索隐》与《正义》文字有无讹误的情况下，即以其为**直接证据**进行司马迁生年的考证作业，存在巨大风险。西晋张华（232—300）编纂《博物志》时，上距司马

---

① 张大可为此撰有《司马迁生年十年之差百年论争述评》（刊《渭南师范学院学报》2017 年第 1 期，第 5—17 页）和《评"司马迁生年前 135 年说"后继论者的新证》（刊同上学报 2017 年第 9 期，第 5—13 页）两篇鸿文。拙作征引张氏言论除特别注出外，均出自上述两文，下不再出注。

迁继任太史令时的汉武帝元封三年（前108），已近四百年；下距张守节完成《史记正义》的唐玄宗开元二十四年（736），更逾四百年。在这么长的时间跨度里，司马迁继任太史令时的官历经辗转传抄、征引，难免会发生豕亥鲁鱼般的讹误。现存最早的南宋蔡梦弼刻《史记集解索隐》、黄善夫刻《史记集解索隐正义》中《索隐》所引《博物志》"大夫司马"下均夺"迁"字，已通报了这方面的信息，但却没有引起王先生足够的注意。

第二，王国维"疑今本《索隐》所引《博物志》'年二十八'，张守节所见本作'年三十八'"。从一个"**疑**"字出发进行推论，本来就先天不足。学术研究容许大胆怀疑，但必须小心求证。遗憾的是王先生并未提出任何《史记》的版本依据，通过翔实的考证作业，以释"**疑**"为不疑；而是凭主观设想篡改古籍文字以建立己说，有违考据学的通则。王国维建立在**猜疑基础**之上而**无实质性证据**的关于司马迁生年的结论意见，当然不能奉作定论。

第三，王国维首创的"三讹为二，乃事之常；三讹为四，则于理为远"的数字讹误说，用以说明古籍中**个位数**"二""三""四"之间的讹与不讹，是行之有效的。但王氏研究司马迁生年所面对的《索隐》与《正义》，却是**十位数**的"二十八"与"四十二"。宋代版刻经史以前的经史写本、碑铭玉册中，"二十""三十""四十"这三个十位数字，按照功令**不以俗体书写，而均以正体合体书**"廿""卅""卌"的形态出现。王氏的"三讹为二，乃事之常；三讹为四，则于理为远"的数字讹误说，对唐代与唐代之前的经史写本尤其是《史记》写本中的"廿""卅""卌"之间的讹与不讹来说，其实是风马牛不相及。

第四，王国维作《太史公行年考》，仅仅依据宋以后流传至今的**版刻**《史记》三家注本，却不曾寓目一份六朝及唐代的《史记》**写本**以作参证。日本国流传至今的六朝与唐代的《史记》卷子本及其古抄本为数并不少，如宫内厅藏《五帝本纪》《高祖本纪》《范雎蔡泽列传》，高山寺藏《夏本纪》《殷本纪》《周本纪》《秦本纪》，毛利家藏《吕后本纪》，东北大学藏《孝文本纪》，大东急纪念文库藏《孝景本纪》，神田文库藏《河渠书》残本，石山寺藏《张丞相列传》《郦生陆贾列传》等（以上除《五帝本纪》为无注本外，其他均为《集解》本），有十多篇。这些写本中"二十""三十""四十"三个十位数字，毫无例外地均作合体书"廿""卅""卌"。如果首创二重论证法的王国维先生在做《太史公行年考》之前，见读过三五份六朝及唐代的《史记》写本，肯定不会做出"疑今本《索隐》所引《博物志》'年二十八'，张守节所见本作'年三十八'"这样的误判，甚至也许不会撰写在司马迁生年与行藏的排比考证上有失考量的《太史公行年考》；如果要写，或许会写出观点、材料和论证与今传《太史公行年考》截然不同的另一篇《太史公行年考》的吧。王国维先生生前因没有机会见读六朝与唐代《史记》卷子本而撰写有严重失误的《太史公行年考》，后生只能怅惜地说这是首创二重论证法的王国维先生的遗憾。在王国维身后，坚执司马迁生于汉景帝中元五年（前145）说的学者，有大好机会参阅《史记》六朝及唐代卷子本的影印本以修正失误，却置之不顾避之不及，继续在王先生划定的"三讹为二，乃事之常；三讹为四，则于理为远"的范围内兜圈子，不能不说这是更大的遗憾了。

王国维《太史公行年考》考出司马迁生于汉景帝中元五年（前145），这个结论立论的基石是他提出的"三讹为二，乃事之常；三讹为四，则于理为远"的数字讹误说。这块基石有如上文所述存在诸多严重缺陷，其实并不稳固。建立在这块陷空的基石上的司马迁生于汉景帝中元五年说，自然不可能牢靠。要把这种毫不牢靠的定年强作"阶段性定论"，谈何容易！

二、宋刻以来的《史记》注本中"二十"与"三十"罕见互讹

张大可在所作《司马迁生年十年之差百年论争述评》中不容置疑地说："史籍中'二、三、四'与'廿、卅、卌'都互相发生讹误，事实俱在，任何举证推翻数字讹误说的尝试都将是徒劳的，可以说王国维'数字讹误说'的立论基石是不可辩驳的。"笔者不清楚他到底做过多少功课，以致敢把话说得如此之决绝。

赵宋迄今的三家注本《史记》中果真存在有如张大可所说的"'廿、卅、卌'都互相发生讹误"的"事实"吗？笔者带着这样的疑问，以一以贯之的"从字缝中"（这是张大可对笔者的讥嘲之辞，但笔者欣然接受）寻找证据的原始方法，全面检阅三家注本《史记》的本文与注文。张大可坚信王国维的"数字讹误说"具有"科学的基础"，认为王氏猜疑今本《索隐》"年二十八"是"年三十八"讹成的结论坚不可摧，其前提正是肯定"二十"与"三十"这两个数字"都互相发生讹误，事实俱在"。然而笔者全面检阅的结果，却有令张大可及所有持前145年说者非常失望的惊人发现：**自宋刻以来的《史记》三家注本中"二十"与"三十"这两个数字罕见相讹！**张大可言之凿凿的"事实俱在"的"事实"，笔者竟莫之见。

清儒梁玉绳、王先谦曾先后从《史记》与《汉书》中发现"二十"与"三十"互讹的两条例证，但经笔者实地勘查都不能成立。

梁玉绳撰有学术名著《史记志疑》。他所发现的"三十"误书为"二十"的一例，为《史记·傅靳蒯成列传》阳陵侯傅宽曾孙傅偃的材料："子侯偃立，二十一年，坐与淮南王谋反死，国除。"《史记志疑》卷三十二于其下"附按"曰："立三十一年也，各本皆讹。"[1]笔者按：傅偃于景帝前元四年（前153）代侯，至武帝元狩元年（前122）坐诛，实"立三十一年"。梁氏之前的《史记》诸版本，如宋刻《集解》单本、《集解》《索隐》合刻本、明毛晋汲古阁十七史本《司马迁史记 裴骃集解》，《史》文皆作"三十一年"，不误；梁氏谓"各本皆讹"，不确。《史记》刻本作"二十一年"的，只有南宋黄善夫本、元彭寅翁本。彭本体例款式一同黄本，故黄本实为彭本所从出。黄本刻印精美，而校勘草率。黄本误者，彭本亦沿其误。梁玉绳撰《史记志疑》，其《自序》交代了他所据的《史记》底本是当"世盛行明吴兴凌稚隆《评林》，所谓'湖本'也，故据以为说"[2]。"湖本"的《史记》及三家注亦出自南宋黄善夫本系统，更重在文

---

① [清]梁玉绳：《史记志疑》卷三十三《傅靳蒯成列传第三十八》，北京：中华书局，1981年，第3册，第1352页。

② 《史记志疑》卷首《自序》，第1册，第2页。

章评点，而疏于《史》文校勘，洵非善本。故《史》文作"二十一年"者，实系梁氏所据"湖本"自误，而与宋、元《史记》诸善刻并无版本承袭关系。假如梁玉绳当年有条件多参考一些《史记》宋、元善本，相信他不会写出这条有问题的校语。

王先谦撰有学术名著《汉书补注》。他在《汉书》中发现的"二十"误书为"三十"的一例，见于《高帝纪下》：高帝六年，"上已封大功臣三十余人"。王氏认为"三十余人"系"二十余人"之讹。《汉书补注》于其下引周寿昌考证为证：

> 周寿昌曰："荀《纪》作'大功臣封者二十余人'，本书《张良传》同。《高帝功臣表》六年正月以前封二十七人，合韩信二十八人。'三'是'二'之误。"先谦曰：《通鉴》亦作"二十余人"，此积画传写之误[1]。

笔者按：此说与王国维的"三讹为二，乃事之常"不谋而合，而早发于王国维，然其误则同。据《汉书·高帝纪下》所载，高帝刘邦剖符分封功臣曹参等人为彻侯，始于六年十二月甲申（二十八日）。据《史记·高祖功臣侯者年表》，至正月壬子（二十七日）封吕清为新阳侯止，共封二十八人[2]。然在此之前，汉王刘邦曾先后封吕后父吕公为临泗侯、项羽故将利几为颍川侯、太尉卢绾为长安侯；为皇帝后，又于六年十二月降封楚王韩信为淮阴侯。由于吕公已于汉王四年先卒，而卢绾则于五年九月晋封燕王，利几于同月因谋反被诛，故《高祖功臣表》除淮阴侯外，均未入载。而《高帝纪下》所称的六年正月前所"已封"的功臣，实含吕公、利

①［清］王先谦：《汉书补注》，《高帝纪第一下》，北京：中华书局，据清光绪二十六年长沙虚受堂刊本缩印，1983年，上册，第51页下栏。
②［汉］司马迁：《史记》卷十八《高祖功臣侯者年表第六》新阳侯吕清之后尚有郭蒙于"六年正月戊午"封东武侯的纪录。北京：中华书局点校本，1982年，第3册，第905页。此下引用《史记》版本同此。按：高祖六年正月丙戌朔，三十日为乙卯，后此三日的"戊午"系二月初三日。《史表》误记为"正月"。《汉书·高帝功臣表》承袭其误。

几、卢绾、韩信等人在内，与曹参等二十八人相加，则得三十二人。以《汉表》与《史表》对校，发现班固漏抄了《史表》正月丙戌（初一日）所封周吕侯吕泽、建成侯吕释之，这还不包括班固于二百多年后制作《高帝功臣表》时因资料残缺而漏载的侯封。《汉书·高帝纪下》叙作"三十余人"，正得其真。而周寿昌、王先谦一时疏失，未见及此，误从荀悦、司马光之说，遂发《汉书·高帝纪》"三十余人"系"二十余人""积画传写之误"的按断，从而犯下以不误为误的错误。此外，周寿昌云"六年正月以前封二十七人"，其表述亦有误。史实是高祖于六年十二月甲申先封十侯，正月壬子前再封十八侯，合二十八侯。正确的表述应为"六年二月以前封二十八人"。

张大可为了解释《索隐》与《正义》发生"十年之差"的成因，曾经十分用心地从正史中搜寻"二十"与"三十"互讹的例证，欲为王国维的"数字讹误说"提供文献的根据。好不容易地从《汉书·霍光传》发现了一例，他指出："辅佐昭、宣中兴的大臣霍光"，此前曾侍从武帝"三十三年"，但"《汉书·霍光传》却说霍光'出入禁闼二十余年'。可见，'廿余年'乃'卅余年'之误，即'卅'误为'廿'了。"[1]这下可好，终于为王国维关于《索隐》所引《博物志》"年二十八"系由"年三十八"讹变而来的推测提供了一条史料的"铁证"。但是，且慢，还是让张先生与我们一起重温《汉书》的原文吧。《霍光传》"出入禁闼二十余年"的下文，接叙征和二年（前91）卫太子之变后，武帝因为霍光"小心谨慎，未尝有过，甚见亲信"，"察群臣唯光任大重，可属社稷"，决定托孤于霍光[2]。霍光于元狩四年（前119）秋后，随其同父异母兄长霍去病由河东平阳至京师长安，"时年十余岁"。不久即因霍去病的官秩权位保荐霍光为郎。稍迁为诸曹侍中，"出入禁闼"，到征和二年，首尾最多不会超过二十七八年。

---

① 张大可：《司马迁生卒年考辨辨》，《史记研究》，兰州：甘肃人民出版社，1985年，第86页。

② [汉]班固：《汉书》卷六十八《霍光金日磾传第三十八》，北京：中华书局，1962年，第9册，第2931—2932页。

《汉书》叙作"出入禁闼二十余年",实事求是,并未误书。张先生的这项"发现",其实是在没有读懂《霍光传》的状况下而做出的错误认定。他用以证明《史记》与《汉书》中"廿"与"卅"易致互讹的唯一孤证,事实上并不存在。如果这也算证据,只能是伪证;如果这也算考证,只能是伪考!当然,这已是张先生三十多年前的**往事**了。

现存的《史记》三家注本中"二十"与"三十"这两个十位数字相讹之例极为罕见,至少笔者从未之见,已如上述。张大可力挺王国维的"数字讹误说",坚执今本《索隐》"年二十八"是"年三十八"之讹,认为"王国维'数字讹误说'的立论基石是不可辩驳的"。口说无凭,实难当真。不知张先生**如今**能否从《史记》三家注本中找到几条经得起推敲的"二十"与"三十"互讹的例证,为王国维说提供文献上的支撑,从而证明王说"是不可辩驳的"?如果找到了,无疑会给司马迁生于公元前145年说增添筹码。

三、宋刻以来的《史记》注本中"三十"与"四十"频繁互讹

王国维《太史公行年考》考证司马迁的生年、排列一生的行藏,建立在今本《史记》"五年而当太初元年"句下《正义》"按:迁年四十二岁"绝不会讹为"迁年三十二岁"的基础之上。然而笔者通检《史记》全书的结果,却令王国维及其后继者大失所望——与"二十""三十"两个十位数之间罕见互讹相反,**"三十"与"四十"两个十位数之间互讹的情况却频繁出现**。且容笔者举证。

今传《史记》三家注本中"四十"讹为"三十"者有之:

第一,《夏本纪》:"或在许"句下《正义》:"许故城在许州许昌县南三十里。"(《史记》,北京:中华书局点校本,1982年,第83页。以下凡引《史记》,均简注为"《史记》点校本,第某某页")而《魏世家》"南国必危"句下《正义》释许故城作"南(西)〔面〕四十里"(《史记》点校本,第1858、1860页)。笔者按:《元和郡县图志》《太平寰宇记》所引

《括地志》均作"四十里"。可证《夏本纪》之《正义》"三十"，乃"四十"之讹。

第二，《周本纪》："汉兴九十有余载，天子将封泰山，东巡狩至河南，求周苗裔，封其后嘉三十里地，号曰周子南君，比列侯，以奉其先祭祀。"其下《集解》："徐广曰：'自周亡乙巳至元鼎四年戊辰，一百四十四年，汉之九十四年也。汉武元鼎四年封周后也。'"（《史记》点校本，第170—171页）笔者按：日本国高山寺藏《周本纪》古抄本《集解》作"一百卅四年"。自周亡乙巳至元鼎四年戊辰，实为一百四十四年。是高山寺古抄本"卅四年"中"卅"乃"卌"之讹。

第三，《秦始皇本纪》三十三年"自榆中并河以东，属之阴山，以为三十四县，城河上为塞。"而《六国年表》则作"西北取戎为四十四县"。其下《集解》："徐广曰：'一云四十四县'是也。"（《史记》点校本，第757—758页）笔者按：《匈奴列传》与《六国年表》皆作"四十四县"，可证《秦始皇本纪》"三十四县"，系"四十四县"之讹。

第四，《秦始皇本纪》三十三年"徙谪，实之初县"句下《索隐》云："即上'自榆中属阴山，以为三十四县'是也。"（《史记》点校本，第253—254页）笔者按：如上条考证所言，今本《索隐》"三十四县"中之"三十"当为"四十"之讹。

第五，《秦始皇本纪》"得齐王建"句下《正义》云："齐王建之三十四年，齐国亡。"（《史记》点校本，第235页）而据逐年编排的《六国年表》，齐王建被俘国亡，在四十四年。是此条《正义》"四十"讹为"三十"。

第六，《项羽本纪》："当是时，项羽兵四十万，在新丰鸿门。"（《史记》点校本，第311页）《秦楚之际月表》及荀悦《前汉纪·高祖纪》均作"四十万"。而《汉书·高帝纪》却作"汉元年，羽将诸侯兵三十余万"。然则《汉书》"三十"乃"四十"之讹。

第七，《项羽本纪》"至固陵，而信、越之兵不会"句下《正义》："《括地志》云：'固陵，县名也。在陈州宛丘县西北四十二里。'"

（《史记》点校本，第331—332页）而《魏豹彭越列传》"汉王追楚，为项籍所败固陵"句下《正义》："固陵，地名，在陈州宛丘县西北三十二里。"（《史记》点校本，第2593页）笔者按："四十二里"与"三十二里"，必有一误。《荆燕世家》"汉五年，汉王追项籍至固陵"句下《正义》："《括地志》云：'固陵，陵名。在陈州宛丘县西北四十二里。'"（《史记》点校本，第1993—1994页）然则《魏豹彭越列传》句下《正义》"三十二里"系"四十二里"之讹。

第八，《越王勾践世家》"商、於、析、郦"句下《正义》："《括地志》又云：……故郦县在邓州新城县西北三十里。"（《史记》点校本，第1748、1750页）而《齐悼惠王世家》《樊郦滕灌列传》之《正义》引《括地志》皆作"四十里"，然则《勾践世家》句下《正义》"三十里"系"四十里"之讹。

第九，《赵世家》："晋出公十七年，简子卒，太子毋卹代立，是为襄子。赵襄子元年，越围吴。"其下《正义》："《年表》及《越世家》《左传》越灭吴在简子三十五年。"（《史记》点校本，第1793页）笔者按：《六国年表》赵简子在位六十年，其四十五年，越灭吴。故《正义》灭吴下文称"已在襄子元年前十五年矣"。六十减十五，正为四十五。然则今本《正义》"三十五年"系"四十五年"之讹。

第十，《魏世家》襄王"六年，与秦会应"句下《正义》："《括地志》云：'故应城，故应乡也，在汝州鲁山县东三十里。'"（《史记》点校本，第1848页）而《范雎蔡泽列传》"秦封范雎以应"句下《正义》："故应城，古应乡，在汝州鲁山县东四十里也。"（《史记》点校本，第2412—2413页）及《梁孝王世家》褚少孙补文"于是乃封小弟以应县"句下之《正义》所引《括地志》亦作"四十里"。（《史记》点校本，第2090页）然则《魏世家》之《正义》"三十里"乃"四十里"之讹。

第十一，《仲尼弟子列传》："颜回者，鲁人也，字子渊。少孔子三十岁。"（《史记》点校本，第2187页）《论语·雍也篇》孔子答鲁哀公问弟子孰好学，称其弟子"有颜回者好学，不迁怒，不贰过。不幸短命死矣"。

《春秋公羊传·哀公十四年》于"西狩获麟"下，接书"颜渊死，子曰：'噫，天丧予！'子路死，子曰：'噫，天祝予！'"笔者按：子路死于哀公十五年卫国蒯聩之难。《公羊传》将颜渊、子路之卒连书，则可知二人卒时相距甚近。获麟后一年，孔子年七十二。依今本《史记》，颜渊少孔子三十岁，则死时年四十二，已逾不惑之年，不得谓"短命"。然据萧统《文选》卷五十四刘孝标《辨命论》"颜回败其丛兰"句下李善注引"《家语》曰：颜回年二十九，发白，三十二而早死"。又《史记索隐》注引《家语》说，与李善注引同。"三十二而早死"，可称"短命"，且与《仲尼弟子列传》所叙"回年二十九，发尽白，蚤死"吻合。故清儒毛奇龄《论语稽求篇》谓《史记》"《弟子列传》所云少孔子三十岁者，原是四十之误"。是"四十"讹为"三十"。

第十二，《张仪列传》"仪相秦四岁，立惠王为王"句下《正义》曰："《表》云惠王之十三年，周显王之三十四年也。"（《史记》点校本，第2284页）笔者复按《六国年表》，秦惠文君"十三年，四月戊午，君为王"。是年为周显王四十四年。《资治通鉴》卷二《周纪二》周显王四十四年，亦书"秦初称王"。可知今本《正义》"三十四年"之"三十"，实为"四十"之讹。

第十三，《孟子荀卿列传》"筑碣石宫"句下《正义》："碣石宫在幽州蓟县西三十里宁台之东。"（《史记》点校本，第2345页）而《乐毅列传》"齐器设于宁台"句下《正义》以及《通鉴地理通释》《太平寰宇记》所引《正义》皆作"四十里"。然则《孟子荀卿列传》之《正义》"三十"乃"四十"之讹。

第十四，《张释之冯唐列传》"今臣窃闻魏尚为云中守"句下《正义》："云中郡故城在胜州榆林县东北三十里。"（《史记》点校本，第2758、2760页）笔者按：《苏秦列传》"西有云中"、《匈奴列传》"直代、云中"句下《正义》皆作"四十里"，《绛侯周勃世家》"云中守魏"句下《正义》所引《括地志》亦为"四十里"。可证《张释之冯唐列传》之《正义》"三十"乃"四十"之讹。

今本三家注《史记》中"三十"讹为"四十"者为数亦不少：

第十五，《秦本纪》"徐偃王作乱"句下《正义》："《括地志》云：'大徐城在泗州徐城县北三十里，古徐国也。'"（《史记》点校本，第175—176页）而《黥布列传》"楚发兵与战徐、僮间"句下《正义》："杜预云：'徐在下邳僮县东。'《括地志》云：'大徐城在泗州徐城县北四十里，古徐国也。'"（《史记》点校本，第2606页）若以本纪为正，则《黥布列传》之《正义》"四十里"为"三十里"之讹。

第十六，《秦本纪》孝公十二年，"并诸小乡聚，集为大县，县一令，四十一县。"（《史记》点校本，第203页）而《六国年表》《商君列传》以及日本高山寺旧藏东洋文库藏古抄本《秦本纪》皆作"三十一县"。显然今本《秦本纪》之"四十"乃"三十"之讹。

第十七，《项羽本纪》"诸项氏枝属，汉王皆不诛。乃封项伯为射阳侯。桃侯"句下《正义》："《括地志》云：'故城在滑州胙城县东四十里。'"（《史记》点校本，第338页）而《万石张叔列传》"代桃侯舍为丞相"句下《正义》作"三十里"，《玉海》所引《正义》亦作"三十里"。是《项纪》"桃侯"《正义》"四十"系"三十"之讹。

第十八，《高祖本纪》"更立沛公为汉王，王巴、蜀、汉中"句下《集解》："徐广曰：'三十二县。'"（《史记》点校本，第365—366页）而《汉书·高帝纪》作"四十一县"，《汉纪》同。笔者按：《汉书·地理志》巴郡十一县，蜀郡十五县，汉中郡十二县，一共三十八县。是《汉书·高帝纪》及《汉纪》讹"三十"为"四十"。

第十九，《高祖本纪》叙高祖与项王决胜垓下，"淮阴侯将三十万自当之"。（《史记》点校本，第378页）而《高祖功臣侯者年表》蓼侯孔聚"以都尉击项羽，属韩信，功侯"句下《索隐》："即汉五年围羽垓下，淮阴侯将四十万自当之，孔将军居左，费将军居右是也。费将军即下费侯陈贺也。"（《史记》点校本，第899—900页）是《索隐》"四十"为"三十"之讹。

第二十，《孝景帝本纪》"更以弋阳为阳陵"句下《正义》："汉景帝陵也，在雍州咸阳县东三十里。"（《史记》点校本，第442页）而《外戚世家》"合葬阳陵"句下《正义》引《括地志》作"四十里"。（《史记》点校本，第1978页）若以本纪为正，则世家"四十里"为"三十里"之讹。

第二十一，《封禅书》："上郊雍，通回中道。"（《史记》点校本，第1400页）日本泷川资言博士《唐张守节史记正义佚存》手稿抄录《正义》佚文："《括地志》云：'回中宫在岐州雍县西三十里。'"而今本《秦始皇本纪》"过回中宫"句下《正义》，以及《匈奴列传》"使奇兵入烧回中宫"句下《正义》皆作"四十里"。是宋人合刻《史记》三家注时早已误认唐人写本"卅（三十）"作"四十"矣。

第二十二，《河渠书》"汉兴三十九年，孝文时河决酸枣，东溃金堤。于是东郡大兴卒塞之。其后四十有余年，今天子元光之中，而河决于瓠子"云云。（《史记》点校本，第1409页）笔者按：汉兴三十九年，为文帝前元十二年（前168）。从文帝前元十二年河决酸枣，到武帝元光三年（前132）河决瓠子，实为三十七年。故《河渠书》"四十有余年"乃"三十有余年"之讹。

第二十三，《越王勾践世家》"北破齐于徐州"句下《集解》："徐广曰：'周显王之四十六年。'"（《史记》点校本，第1751页）笔者按：《六国年表》周显王三十六年《楚表》："〔威王七年〕围齐于徐州。"同年《齐表》云："〔宣王十年〕楚围我徐州。"又《楚世家》："七年……楚威王伐齐，败之于徐州"，皆当周显王三十六年。可证《集解》"四十"乃"三十"之讹。

第二十四，《赵世家》："反㠉分。"《正义》："《括地志》云：'句注山一名西陉山，在代州雁门县西北四十里。'"（《史记》点校本，第1819页）笔者按：《刘敬叔孙通列传》"是时汉兵已逾句注"句下《正义》、《资治通鉴》卷十一《汉纪三》高帝六年胡三省《注》引《括地志》并作"三十里"，可证《赵世家》"反㠉分"句下《正义》"四十里"之"四十"乃"三十"之讹。

第二十五，《赵世家》赵惠文王"二十八年，蔺相如伐齐至平邑"句下《正义》："平邑故城在魏州昌乐县东北四十里也。"（《史记》点校本，第1821—1822页）而《赵世家》悼襄王元年"欲通平邑、中牟之道"句下《正义》："平邑在魏州昌乐县东北三十里。"（《史记》点校本，第1830页）又《廉颇蔺相如列传》"蔺相如将而攻齐，至平邑而罢"句下《正义》："故城在魏州昌乐县东北三十里。"（《史记》点校本，第2444页）可证《赵世家》惠文王二十八年之《正义》"四十里"乃"三十里"之讹。

第二十六，《苏秦列传》"乃西南说楚威王曰：'……北有陉塞、郇阳'"句下《正义》："顺阳故城在（郑）〔邓〕州穰县（百）〔西〕四十里。"①（《史记》点校本，第2259—2260页）而《张释之冯唐列传》"张廷尉释之者，堵阳人也"句下《正义》："《括地志》云：'顺阳故城在邓州穰县西三十里，楚之郇邑也。及《苏秦传》云"楚北有郇阳"，并谓此也。'"（《史记》点校本，第2751页）《资治通鉴》卷四十一《汉纪》三十三《光武帝·建武四年》"延岑复寇顺阳"胡《注》引《括地志》亦作"西三十里"。可证《苏秦传》之《正义》文"四十"乃"三十"之讹。

第二十七，《季布栾布列传》季布曰："夫高帝将兵四十余万众，困于平城。"（《史记》点校本，第2730页）笔者按：《史记·匈奴列传》作"高帝自将兵往击之……三十二万，北逐之"。而《汉书·季布栾布田叔传》作"夫以高帝兵三十余万，困于平城"。又《汉书·匈奴传》叙高帝自将兵击匈奴，"三十二万，北逐之"。班固《汉书》叙武帝朝以前的汉代史事均取自《史记》旧文，其《季布传》《匈奴传》均与《史记》同。可证《史记·季布栾布列传》高帝所将兵数应与《汉书·季布栾布田叔传》

---

① 中华书局点校本《史记》卷六十九《苏秦列传第九》，苏秦说楚威王曰，楚"北有陉塞、郇阳"，裴骃《集解》："徐广曰：'……郇阳今之顺阳乎？'"张守节《正义》为其补释："顺阳故城在郑州穰县西百四十里。"按：《旧唐书》卷三十八《地理志一》，河南道郑州所领八县中，并无穰县。《旧唐书》卷三十九《地理志二》，山南东道邓州所领六县中，穰县为首县。可证今本《正义》"郑州"之"郑"字，实为"邓"字之形讹。故此条《正义》应勘正为："顺阳故城在（郑）〔邓〕州穰县西百四十里。"句中"百"字为衍文，应删。检核南宋建安黄善夫梓刻的《史记集解索隐正义》，同条《正义》亦作"顺阳故城在郑州穰县西百四十里"，"邓"讹作"郑"，可知其误在南宋已然。

同作"三十余万",然则《史记·季布栾布列传》之"四十余万"乃"三十余万"之讹。

第二十八,《李将军列传》:李广"为二千石四十余年"。(《史记》点校本,第2872页)笔者按:李广自景帝前元三年(前154)始任二千石的上谷太守,至元狩四年(前119)被迫自尽,首尾为三十六年。故《李将军列传》"四十"为"三十"之讹。

张大可曾经在其论文《司马迁生卒年考辨辨》中说:"'卅'与'廿'仍相近,容易互相讹误,而与'卌'则不易讹误了。这是一个历史的演变。"[1]如果这几个**合体文字**"历史的演变"真按张大可所设计的那样"演变",王国维猜**疑**今本《索隐》"年二十八"原作"年三十八",而《正义》"四十二岁"绝不会讹成"三十二岁",定然水到渠成。但不幸的是,笔者通检三家注本《史记》所发现的真实的"历史的演变",却是"廿"与"卅"罕见相讹,"卅"与"卌"频繁互讹,与张大可的设计完全相反!

四、王国维的司马迁生于汉景帝中元五年说不能成立

今存宋刻以下的《史记》三家注本中"二十"与"三十"两个数字罕见互讹,而"三十"与"四十"两个数字却频繁互讹的铁的事实,把张大可的如下说辞——"史籍中'二、三、四'与'廿、卅、卌'都互相发生讹误,事实俱在,任何举证推翻数字讹误说的尝试都将是徒劳的,可以说王国维'数字讹误说'的立论基石是不可辩驳的",砸得粉碎。

王国维的"数字讹误说"虽经张大可等人用廿、卅、卌之间都是一笔之差,易致互讹的说辞,予以补苴修正,但他们无法解释今本《史记》中何以"二十"与"三十"罕见互讹,而"三十"与"四十"却经常互讹的事实。可见王说并不具备论者所坚称的"科学的基础"。至于施丁从日本"南化本"(其实是南宋黄善夫梓行的《史记》三家注合刻本)发现的《索

---

① 张大可:《史记研究》,兰州:甘肃人民出版社,1985年,第87—88页。

隐》作"年三十八",则不仅是条孤证,而且是条伪证。清代乾嘉学者衡量一词一事的考据能否成立,要以"**揆之本文而协,验之他卷而通**"(王引之《经传释词·自序》)的标准进行验证。这是一项客观公正的学术标准。运用这项标准去衡量王国维的"司马迁生于汉景帝中元五年说"的立论基石——"数字讹误说",用以解说"二十""三十""四十"这三个十位数字之间的讹与不讹,结论只有一个:"数字讹误说"根本不具备解说的资质,遑论"科学的基础"!

总括以上的讨论可以得出两点基本认识:

(一)由于王国维立论的基石并不具备"科学的基础",却据此考证司马迁的生年,其方法自难称正确,逻辑也谈不上严密。《史记》中"二十"与"三十"罕见互讹的事实,使王国维的"司马迁生于汉景帝中元五年说"立论的大前提——《索隐》"年二十八"系由"年三十八"讹成的**疑**测,成为无根之木;而《史记》中"三十"与"四十"频繁互讹的事实,又昭示王国维的"司马迁生于汉景帝中元五年说"立论的小前提——《正义》"年四十二岁"绝不与"年三十二岁"相讹的判断,丧失立足的余地。作为立论基石的大小前提皆错,其最终的结论——司马迁生于汉景帝中元五年(前145)说,安能不轰然坍塌?

(二)《索隐》所引《博物志》录载的司马迁就任太史时的履历材料,其文书格式已经王国维、郭沫若分别用《史记·扁鹊仓公列传》及敦煌、居延汉简证明"当本先汉记录",是"完全可靠的"档案资料。今本《史记》中"二十"与"三十"罕见互讹的事实,加之南宋通儒王应麟《玉海》卷四十六征引《正义》所录《博物志》、卷一百二十三征引《索隐》所录《博物志》,皆作元封三年"迁年二十八",与今本《史记·自序》"卒三岁而迁为太史令"句下《索隐》所引《博物志》作"年二十八"完全一致,**足以证明今本《史记》自南宋版刻以来,《博物志》所引司马迁官历纪年数字"年二十八"从未发生讹变**。笔者三十年前在《司马迁生于武帝建元六年新证》中,曾以《太史公自序》与《报任安书》为**本证**,证实了《索隐》所引《博物志》的纪年,与太史公的自叙若合符契。它应是推算司马迁生年可靠的重要**佐证**。

关于《索隐》与《正义》在司马迁生年上出现的十年之差，张大可认为是"两说在流传中发生了数字讹误"。"张守节直以按语出之，必有所据。"他说，"据程金造先生的考证，司马贞稍年长于张守节，《索隐》早于《正义》20年问世，后出的《正义》对《索隐》有疏通、修订与补充的关系。张守节按语是依据《索隐》'年三十八'之文推断出来的，《索隐》是在唐代以后流传中'三十八'讹为了'二十八'"。

张大可请出程金造先生为自己背书是大错特错。因为他所引据为证的程金造说本身就是大错特错。程金造据**今本**《史记》研究三家注，写了数篇考据文章，其中亦有就三家注商榷司马迁生年者。虽被论客誉为"考释谨严，举证精确"，然经笔者检核，发现程氏考证颇为粗疏，持论往往武断，与"谨严""精确"南辕北辙。说他粗疏，如程氏称"约计汲古阁《索隐》百三篇总数，为五千八百条。而黄善夫本《正义》，其总数约为四千条"。（程金造：《史记会注考证新增正义之管见》，《史记管窥》，西安：陕西人民出版社，1985年，第216页）其实今本《史记》中《索隐》为7053条，《正义》为5315条。汲古阁单本《索隐》条数、南宋黄善夫三家注本《史记》中《正义》条数，与今本三家注《史记》相当。数据误差如此之大，而程氏未曾点核便信口开河，可见其发言的随意。说他武断，如程金造根本不知日本泷川资言《唐张守节史记正义佚存》手稿的本真面貌，就敢撰《〈史记会注考证〉新增〈正义〉的来源和真伪》，列举二十条"证据"，断定泷川资言在日藏《史记》古活字本《史记》栏外标注中发现的一千三四百条《正义》佚文，手抄为《史记正义佚存》二卷，十之八九是日人的伪托①。将湮没八百余载的一千余条《正义》佚文妄断为日人伪托，此说居然曾被学界长期奉为定论，辗转评、引，实亦一大奇闻。

---

① 程金造：《〈史记会注考证〉新增〈正义〉的来源和真伪》，原载《新建设》1960年第2期。后对内容作重大增补，易题为《史记会注考证新增正义之管见》，代表程氏关于《史记正义佚存》系日人伪托的最后意见，编入氏著《史记管窥》，西安：陕西人民出版社，1985年。

这是张守节的不幸，也是中国《史记》学界的悲哀。在新的千年即将到来之际，为了不让程金造在《史记》三家注研究领域某些影响甚大的伪证伪考贻误后学，笔者奋起而作《程金造之"〈史记正义佚存〉伪托说"平议》三万五千言（原载《台大历史学报》第25期，2000年6月），对程氏精心挑选以证《佚存》为伪托的二十证例，逐条平议，彻底推倒程氏的误断，证明《佚存》一千余条《正义》非张守节所作莫属，为此疑案做出总结。本文评审专家指出："此文拨云见日，发潜德之幽光。幸亏'伪托说'之错误，由中国人自行订正；若此文由日人写出，则难堪矣。"笔者之所以揭举上例，是为了借此对程金造的考据功力做出评估，以供学者验证。关于《正义》与《索隐》的关系，程金造从清四库馆臣邵晋涵《南江书录》之《史记正义》条"《史记正义》三十卷……能通裴骃之训辞，折司马贞之同异"的两句话①，得到灵感，推衍出《史记正义与索隐关系证》，认为张守节"撰《史记正义》确乎是见到小司马《索隐》之书的"，"《索隐》成书，早于《正义》二十年"，"《正义》在解释正文之外，又时时疏通《集解》和《索隐》"②。笔者按：《旧唐书·经籍志》著录御府藏书下限断自开元十年（722）。刘知几卒于开元九年（721），"《刘子玄集》十卷"已经著录。而据程金造说，司马贞的《史记索隐》早于张守节"《正义》二十年"，则应于开元四年（716）前后杀青。然《索隐》并未入录《旧唐志》的铁的事实，确证开元十年前其书并未完稿。《新唐书·艺文志》著录"司马贞《史记索隐》三十卷"，本《注》其官衔为"开元润州别驾"，而非宋刻今传《史记》三家注之"国子博士弘文馆学士"，足见其书实杀青于开元九年离京外任润州别驾任内。《新唐书·艺文志》著录唐人著作，按入藏御府先后排列。《史记索隐》编录于德宗贞元（785—804）中呈御的"陈伯宣《注史记》一百三十卷"之后，可知司马贞生前实未及将《史记索隐》上呈御府，呈献者或为其后裔，而其时上距开元（713—

①［清］邵晋涵：《南江书录》，文集第三《史记》条，贵池刘世珩校刊《聚学轩丛书》第五集第七种，光绪二十九年（1903）初刻本，第四叶。

②程金造：《史记管窥》所收《史记正义与索隐关系证》，第169—188页。

741）之末已过半个世纪。张守节《史记正义》成书于开元二十四年（736），其撰著期间根本不存在见读《索隐》其书的现实可能性。程氏称"《索隐》成书早于《正义》二十年"，显然为想当然的无稽之谈。程金造也不知道他据以研究的**今本**三家注本《史记》中附刻的《正义》，是经过宋人合刻者大幅度的整合重编后，以削除、删节、合并、拆分、移置等多种形态呈现于世的，已大失张守节《史记正义》写本旧貌。由于宋人移置了某些《正义》条目，有时误置于《索隐》之下，遂造成《正义》配合、疏解《索隐》的假象。程金造不推寻本末，居然将假象信为本真，从今本《史记》三家注中找出若干似是实非的例证，由此得出"《正义》疏通《索隐》"自认为的独得之见。殊不知张守节根本没有可能见读《索隐》，何来有以《正义》为《索隐》"疏通、修订与补充"其事？然而张大可却把程金造关于"《正义》对《索隐》有疏通、修订与补充关系"的伪证伪考，奉为圭臬，一再引以为据，宣称"《正义》据《索隐》立说"，他先伪造一个"《索隐》'年三十八'"的虚假数据，然后就按程说推衍："张守节按语是依据《索隐》'年三十八'推断出来的，《索隐》是在唐代以后流传中'三十八'讹为了'二十八'。"张大可最喜欢指摘别人搞循环论证，他这番"论证"才是货真价实的循环论证的典型。张氏的这番"论证"依然是在重复王国维的老套路："四十二"不可能讹成"三十二"；"三十八"容易讹为"二十八"。但是，证据呢？司马迁生于前145年说论者能从《史记》的任何一个版本中找出《索隐》所引《博物志》作"年三十八"的版本依据吗？能从宋刻以来的《史记》三家注本中找出两三条经得起查证的"二十"与"三十"两个十位数互讹的例证吗？窃以为前145年说论者都拿不出。在王国维的"司马迁生于汉景帝中元五年说"立论基石的命门上，前145年说论者都拿不出也不可能拿得出确凿的证据来为王氏护法，就无法为毫无文献支撑的"司马迁生于汉景帝中元五年说""作阶段性定论"。

五、《索隐》与《正义》"十年之差"成因探究

西晋张华编纂的《博物志》，《隋书·经籍志》《新唐书·艺文志》《宋史·艺文志》均有著录，自《元史》起不再入录。足证其书散逸于宋元之际。唐宋两朝自有《博物志》全帙，且非稀见秘籍而为学者案头常备之书。笔者三十年前曾经指出，《博物志》存录的司马迁于武帝元封三年继任太史时的官历档案资料，司马贞作《索隐》时征引了，官拜大唐东宫诸王侍读的张守节作《正义》时也必见读过。**张守节按语系据《博物志》而下，原来当作"按：迁年三十二岁"。唐代《索隐》单本与《正义》单本之间并无"十年"之差。差讹发生在由唐人写本到宋人刻本的转换期。**本文第四节已证明《博物志》所录司马迁继任太史令时"年二十八"这个纪年数字，自南宋版刻以来从未发生讹误。二十、三十、四十这三个十位数字，殷周秦汉的**正体均书作廿、卅、卌**。传世的石鼓、钟鼎、石经、碑铭、敦煌与居延出土的大量汉简、湖北江陵县张家山汉墓竹简、长沙马王堆汉墓帛书、湘西龙山里耶故城出土秦简《乘法表》等等，提供了巨量的实物证据。这种**合体书写**的形态，中经魏晋六朝，一直沿用到隋唐五代。从《敦煌秘籍留真新编》《鸣沙石室佚书》等所收的大量六朝与唐代的经传卷子本的影印件可见，**凡十位数字二十、三十、四十均作合体字廿、卅、卌。特别值得关注的是，日本国公私所藏十多种六朝与唐代的《史记》写本，凡数字二十、三十、四十，皆作合体字廿、卅、卌，毫无例外。**

自殷周秦汉下迄李唐，作为**正体**使用了两千多年的廿、卅、卌的**合体写法**，到宋代发生了根本的变革。人们从出土的宋人墓志、版印的经史典籍中可以看到，**合体书写的形态被取消了**，而代之以"二十""三十""四十"的书写形态。宋人在将唐人写本摹写版刻时，按照功令规定的书写程式，必须将合体字廿、卅、卌分别改易为二十、三十、四十。**唐人将"三十"写成"卅"，而宋人将"世"字刻成"卋"**，在誊录上版时，**抄胥略有疏忽，就会将"卅（三十）"字误认作"卋（世）"字，而不予分解。**校

雠者也极难发现。笔者在南宋蔡梦弼《史记集解索隐》二注本与黄善夫《史记》三家注汇刻本刊行**千年**之后，于"**字缝**"中首次发现这种因误认而致讹的典型例证。这两部现存最早的《史记》二注本、三注本，都于《五帝本纪第一》前刊刻了司马贞补撰的《三皇本纪》，《纪》中有云：

> 故《春秋纬》称：自开辟至于获麟，凡三百二十七万六千岁。分为十纪，凡卅七万六百年。一曰九头纪，二曰五龙纪，三曰摄提纪……九曰禅通纪，十曰疏仡纪。当黄帝时，制九纪之间。

"卅"字是"三十"字的合书，还保存了唐人写本的旧貌。"凡卅七万六百年"，是说每纪为三十七万六百年。满九纪为三百三十三万五千四百年，满十纪则为三百七十万六千岁。黄帝在位与孔子获麟之年均处于第九纪禅通纪之内。而蔡、黄刻本已将唐写本的上文"凡三百廿七万六千岁"中的合体字"廿"分解为"二十"，却未将下文"凡卅七万六百年"中的合体字"卅（三十）"分解为"三十"，可证蔡梦弼、黄善夫已将"卅（三十）"字误认作"丗（世）"字了。宋以后、清以前，凡从黄本所出的《史记》版本，所刻《三皇本纪》中的"丗"字皆相沿未改。清四库馆臣亦未识出此字，故四库全书《史记》写本遂沿宋本之误，将"卅（三十）"字径改作"世"字，抄写为"凡世七万六百年"。日本泷川资言撰《史记会注考证》则以讹传讹，排印作"凡丗七万六百年"。这就与"自开辟至于获麟，凡三百二十七万六千岁。分为十纪，凡三十七万六百年"，风马牛不相及了。2013年中华书局出版的《史记》修订本，附录了《三皇本纪》，也未予校正，颇为憾事。

宋人不仅将唐人写本《史记》中的"卅（三十）"字误认作"丗（世）"字，而且还因为"丗（世）"字与"卌（四十）"字古时读音相近，在特定的语文环境中，有时还会进而讹作"卌"字，这种阴差阳错导致了宋刻以来的《史记》文本中"三十"与"四十"两个十位数字的多处相讹。张守节《正义》唐写本原来当作："**按迁年卅二岁。**"宋人据唐写本汇刻《史记》三家注时，将"卅（三十）"字误认作"卋（世）"字。然而"按迁年世二岁"又于义不通，遂猜度"卋（世）"字或为读音相近的"卌"字之讹，于是径将《正义》臆改为"按迁年卌二岁"，进而按宋时书写程式分解作"按迁年四十二岁"。这样一来，就铸成了今本《史记》的《正义》按语与《索隐》所引《博物志》之间"十年之差"的大错。

南宋王应麟（1223—1296），仕宦三十余年，长期处于朝廷中枢，执掌秘阁，主笔诏诰，官至礼部尚书兼给事中。王氏除天才绝识、好学精进有大过人者外，又得尽读馆阁秘府所藏天下未见之书，故成有宋一代通儒。所撰《玉海》二百卷，专精力积三十余年而后成。《四库全书总目》称《玉海》"贯穿奥博，唐宋诸大类书未有能过之者"。《玉海》卷四十六引录："《史记正义》：'《博物志》云：迁年二十八，三年六月乙卯除六百石。'"《玉海》卷一百二十三又引录："《索隐》曰：'《博物志》：太史令司马迁，年二十八，三年六月乙卯除六百石。'"王应麟所征引的《正义》与《索隐》，均为南宋馆阁所藏单行唐写本或其抄本，二者引录《博物志》同作司马迁继任太史令时"年二十八"，从而为笔者往年所做的"写本《博物志》，司马贞作《索隐》时征引了，张守节也会见读过"的判断，提供了可信的文献根据，同时也否定了王国维疑今本《索隐》"年二十八"乃"年三十八"之讹的臆测。

不仅如此。《玉海》引录的这条《正义》佚文，也使笔者关于张守节"据《博物志》所做的按语原作'迁年卌二岁'，唐代《正义》单本与《索隐》并无'十年'之差"的推断得以证实。因为《玉海》引录的《正义》《索隐》与今本《史记》的《索隐》，三者所征引的《博物志》，皆作"年二十八"，证明从古到今司马迁的纪年数字，从未发生讹变。《正义》据以推算，在"五年而当太初元年"句下所作按语，只能是"按迁年三十二岁"，而今本作"按迁年四十二岁"，必错无疑。

由于上述《玉海》卷四十六引录的《史记正义》佚文的重见天日，《史记·太史公自序》"卒三岁而迁为太史令，䌷史记石室金匮之书。五年而当太初元年"一节《史》文下，**使张守节《史记正义》写本旧貌的复原**

成为可能。《史记正义》仿唐初陆德明《经典释文》摘字列句为注，《史记正义序》述其注释体例有云："次旧书之旨，兼音解注，引致旁通。"所称"旧书"，指张氏以其为本的裴骃《集解史记八十卷》。张氏注例大意是说，他为《史记》作《正义》时，先编次裴骃注文要旨，然后才是本人为《史》文注音释字、推而广之、扩而充之的注义。试遵张氏注例，为《史》文自"卒三岁"至"太初元年"一节的《正义》复原（原写本格式为：《史》文大字，注文小字双行夹注。兹为排印方便，将双行夹注改为小字附于《史》文之下）：

卒三岁而迁为太史令《博物志》云："迁年廿八，三年六月乙卯除六百石。" 绅史记 徐广曰："绅音抽。"

五年而当太初元年《集解》李奇曰："迁为太史后五年，适当于武帝太初元年，此时述《史记》。" 按：迁年卅二岁。

王应麟征引《史记正义》所录《博物志》时，文字有所节略，但基本数据全部保存，符合裴骃"删其游辞，取其要实"的注释标准。通过以上对单本《正义》的部分复原，可以清晰地看到《正义》于《史》文"五年而当太初元年"句下的按语"按：迁年卅二岁"，系据《史》文"卒三岁而迁为太史令"条下《正义》所引《博物志》"迁年廿八"推算而得。这就粉碎了程金造坚执《正义》据《索隐》立说的妄言，而施丁与张大可认为《正义》按语系张守节**自按**说也不攻自破。

笔者于1988年发表《司马迁生于武帝建元六年新证》，其观点、材料、论证方法与文字表达，迄今一以贯之，毋需做任何修正。根据从《玉海》中发现的《正义》佚文、《玉海》引录的《索隐》、今本《史记》三家注三者征引的《博物志》，皆作武帝元封三年"迁年二十八"，以及修正后的今本《史记》"太初元年"句下张守节按语"迁年卅二岁"推算，司马迁也必生于汉武帝建元六年，丙午（前135）。

本文的最后结论是：王国维先生所撰《太史公行年考》，在司马迁生年的考证方面有重大贡献，但同时存在更多的缺陷。他从猜"疑今本《索隐》所引《博物志》'年二十八'，张守节所见本作'年三十八'"出发，据以推测"史公生年，当为孝景中五年，而非孝武建元六年"，并无任何文献根据，却改字立说，本就先天不足。其立论基石的数字讹误说，更不具备阐释二十、三十、四十这三个十位数字之间讹与不讹的资质。王氏司马迁生年说的后继者虽极力为其补隙弥漏，力挺孝景中五年说"论点坚实""方法正确""逻辑严密"，但其说辞大都牵强附会，其证为伪证，其考为伪考（具见笔者下篇《"司马迁生年前145年论者的考据"虚妄无征论》的发覆），实无力回天。王国维先生于1916年发表《太史公系年考略》，首次提出"司马迁生于汉景帝中元五年说"（今人或简称"前145年说"），迄今已过百年。为了将司马迁与《史记》的研究推向前进，是应该为不能成立的"司马迁生于汉景帝中元五年说"画个句号了。

2017年7月15日于安徽芜湖凤鸣湖畔窳陶斋

（原载《渭南师范学院学报》2018年第1期）

"司马迁生年前145年论者的考据"虚妄无征论

一、司马迁生年两说孰优孰劣之追本溯源

笔者在上篇《王国维之〈太史公行年考〉立论基石发覆》中，以大量的实证和严密的逻辑证实王国维先生关于司马迁生年考证的立论基石——"三讹为二，乃事之常；三讹为四，则于理为远"个位数字讹误说，于《索隐》《正义》的"二十八"与"四十二"十位数之间的讹与不讹，风马牛不相及，并不具备张大可所谓的"科学的基础"。笔者通检今本三家注《史记》，有出乎众人意料的发现："二十"与"三十"两个数字罕见相讹，相讹之例笔者从未之见，而张大可从《汉书·霍光传》中"发现"的一例，其实也是未读懂《汉书》文本而草率提出的伪证；然而"三十"与"四十"互讹者却频繁发生，笔者发现《史记》中有三十多例。今本《史记》中"二十"与"三十"罕见相讹的事实，使王国维**疑**《索隐》"年二十八"系"年三十八"讹成的猜测成为无根之木；而"三十"与"四十"频繁互讹的大量《史》证，更昭示了王国维认为《正义》"年四十二"绝不会与"年三十二"相讹的判断无余地立足。逻辑推理中，若大小前提尽失，其结论必然轰然坍塌！王国维考证司马迁的生年，从"**疑**今本《索隐》所引《博物志》'年二十八'，张守节所见本作'年三十八'"的"**疑**"字出发，改字立说，却无任何文献或文物的根据，其立论犯了先天

性的错误，遑论"立论坚实"；其研究方法陷入"二与三""三与四"几个个位数的讹与不讹的泥沼不能自拔，而与《索隐》《正义》唐人旧注十位数的讹与不讹其实毫不相干；其逻辑推理的大小前提皆无坚实的理据，距"逻辑严密"的品题岂能以道里计？王国维依据这样不堪一击的逻辑推导出来的司马迁生于汉景帝中元五年（前145）的结论自应予以推翻。

然而当今有部分学者不顾王国维的司马迁生于汉景帝中元五年说立论与论证存在先天性缺陷，依然固执王先生的定年，殚精竭虑地撰写论著为王说推阐生发、弥罅补漏。其中特出的代表当数施丁与张大可两位先生。张大可在《司马迁生年十年之差百年论争述评》[1]中一锤定音地说："支持王说与郭说双方的论者，最大区别点就在于王说论者，即前145年说论者用考据文献作结论；郭说论者，即前135年说论者咬文嚼字想当然作结论。"[2]

笔者持司马迁生于汉武帝建元六年（前135）说，但要声明并非如张大可所指认的"郭说论者"。笔者于20世纪80年代发现在司马迁生年问题上王、郭两派之所以长期纷争难以结论，其症结在于论争双方均以《索隐》所引《博物志》或《正义》所下按语，作为推算司马迁生年的**"唯一有据的原始材料"**和**"直接证据"**，各执一端，聚讼不已。而《索隐》所引《博物志》、《正义》所下按语本身在千余年的传写、梓刻过程中其文字有无讹误尚有待证明，又岂能仅据自身尚待证明的两条唐人旧注以推算司马迁的生年？于是**笔者于王、郭二家之外，特立独行地另辟蹊径，提出解决纷争的唯一出路在于从司马迁具有自传性质的《太史公自序》和《报任安书》中寻找更具权威的本证。《自序》与《报书》提供了三个标准数据："年十岁则诵古文""二十而南游江、淮……于是仕为郎中""待罪辇毂下二十余年"，和一个基准点——《报任安书》作年。**《索隐》所引《博物志》或《正义》所下按语

---

① 原载《渭南师范学院学报》2017年第1期，第5—17页。
② 本文征引张大可的言论，除出自《司马迁生年十年之差百年论争述评》外，还引自原载《渭南师范学院学报》2017第9期第5—13页的张大可《评"司马迁生年前135年说"后继论者的"新证"》，以后不另出注。

只有当它们与本证相符时，才可证明其文字无误，此时它方能作为推算司马迁生年的佐证。笔者依据首创的这种研究方法，撰写了《司马迁生于武帝建元六年新证》《从任安的行迹考定〈报任安书〉的作年》《〈报任安书〉"会东从上来"辨证》《从书体演变角度论〈索隐〉〈正义〉的十年之差——兼为司马迁生于武帝建元六年说补证》《太史公"二十岁前在故乡耕读说"商酌》《〈史记·三王世家〉"太子少傅臣安行宗正事"为刘安国考》《司马谈临终遗命与司马迁人生转向》等论文，考定司马迁实生于汉武帝建元六年（前135），并排比论述了司马迁一生中重大的人生轨迹。笔者关于司马迁生年与生平的论考是否如张大可所谓的"咬文嚼字想当然作结论"，相信细心的读书人将笔者的论文与王国维、施丁、张大可的相关论著对照阅读，孰长孰短，孰是孰非，自会作出裁断。

二、前145年说论者"十九岁之前耕牧河山之阳" 与"对'家徙茂陵'之考证"纯属想当然

张大可自称"王说论者，即前145年说论者用考据文献作结论"。他在"司马迁生年前145年论者的考据"标题下分列了三项"考证"："1.对'家徙茂陵'之考证"；"2.对'仕为郎中'之考证"；"3.《报任安书》作年与'待罪辇毂下二十余年'"。至于支持"用考据文献作结论"这个判断的三项"考证"具有几分真实性，能否成立，需要认真检验。笔者检验的结果，只能遗憾地宣告："王说论者"所征引的"文献"与所做的"考据"，**皆虚妄无征！"王说论者"提交的是一份不及格的司马迁生年考证答卷。**谓予不信，请让笔者对张大可先生精心提炼的"司马迁生年前145年论者的考据"逐项检讨。

首先检核"十九岁之前耕牧河山之阳"与"对'家徙茂陵'之考证"。

张大可说："将第1项'迁生龙门'、第2项'耕牧河山之阳'，与此第10项'家徙茂陵'三项时间关节点串联，套入司马迁生年前135年说，司马迁9岁家徙茂陵，套入生年前145年说，则司马迁19岁家徙茂陵。也就是说，按前145年说，司马迁少年时代19岁以前耕牧河山之阳，合情入

理；按前135年说，司马迁9岁前蒙童耕牧河山之阳，实属荒诞。"又说："'耕牧河山之阳'，明白无误是一个时间段，指童年、少年时代的司马迁生活在故里，亲近自然山川，体验耕牧生活。直到二十南游，离开故里，结束了'耕牧河山之阳'的生活，也就是司马迁十九岁以前耕牧河山之阳。"

张大可坚执"司马迁十九岁以前生活在故里，'耕牧河山之阳'，体验耕牧生活"，并称"有显明记载，有考证支撑"。请问张先生，你说的"显明记载"载在何处？若真有来源可靠的文献记载，请拿出来让大家见识见识；你说有"支撑"的"考证"，如果真有值得信赖的"考证"，何不公开展示展示？笔者相信，上穷碧落下黄泉，张先生也拿不出"司马迁十九岁以前生活在故里"的任何文献依据，而所谓"显明记载""考证支撑"云云，不过是虚张疑帜掩人耳目的诸葛山人般的计谋。

其实司马迁说他曾"耕牧河山之阳"，无非是追忆他潜心习诵"古文"之前的儿时，曾在故乡有过这番令他神往的体验。一个七八岁的乡村孩子，农忙季节里，帮家里在南亩干上一点辅助农活，或在草场看牧一阵牛羊，于古于今都是极为寻常之事。司马氏虽然"家贫"，毕竟世代仕宦，而司马谈又在朝廷任太史公，并未"贫"到要让爱子司马迁十九岁之前在家乡从事实实在在的"耕牧"劳作。何况司马迁在"二十而南游江、淮……过梁、楚以归"之前，必须要为将来或为天子大臣或为名山事业准备好坚实的学问基础，也不容许他将青春年华尽耗在这种实实在在的"耕牧生活"的"体验"上面。若司马迁果真像张大可所说的"十九岁以前生活在故里，耕牧河山之阳"，中国文化史上恐怕难以产生千古一人的太史公，彪炳千秋的《太史公书》也许是另外一番模样。

在此必须指出，《太史公自序》称"迁生龙门""耕牧河山之阳"，并非实指。司马迁实际的出生地是夏阳高门，北距龙门有七八十里之遥；所"耕牧"之"山"指横跨秦、晋包含龙门在内的梁山，南距故里同样有七八十里之遥。司马迁之所以这样说，无非是文人好古用典的修辞手法，就如他的外孙杨恽免官失爵退居故里，自称长为农夫"身率妻子戮力耕桑"，后汉的诸葛亮出山前自称"躬耕南亩",魏晋之际的阮籍不愿征辟,自陈"方将耕于东皋之阳,输黍稷之税",南齐的谢朓说他进入仕途是"舍耒场圃,奉笔兔园"……所有这些,半是实事,半属藻饰。对此,是不能过分认真的。但张大可坚称十九岁以前的司马迁在家乡夏阳实实在在地"亲近自然山川,体验耕牧生活",他除了诉诸情感的"合情入理"四个无法证明其为"合情入理"的文字之外,既无文献支持,又无坚实考据。令人奇怪而又失惊的是,张先生居然把这样的臆想之辞作为排比司马迁行年的**原点**!

张大可说:"'年十岁则诵古文',无论是作句号还是逗号,指的是一个时间点,即'年十岁'这一时间点的事,它是一句插入语,不会间断'耕牧河山之阳'的时间段。""'年十岁则诵古文',指司马迁天资聪慧,学习条件好,十岁就能读古文书,与司马迁生年没有关系,应排除在行年关节点的考证之中,纠缠于'十岁诵古文'的考证,别有用意,乃是伪考。"

这番高论同样是无稽之谈!只要是一个思维正常的读书人,研读《太史公自序》"迁生龙门。耕牧河山之阳。年十岁则诵古文。二十而南游江、淮……过梁、楚以归",都会理解司马迁的这段自叙文字,是依照时间的先后,分述自身儿时、少年和青年时代的重要经历。"年十岁则诵古文"对于司马迁未来的发展,无论是起初志为天子大臣,还是后来从事名山事业,其重要性丝毫不低于"南游江、淮……过梁、楚以归"的经历,更非"耕牧河山之阳"所可比拟,所以必须深入研究。司马迁所说的"古文",系指用周代篆文和六国文字(不是李斯以秦文为基础简化的小篆)书写的先秦残存古籍,《史记》中提到的,便有《春秋古文》、《国语》、《系本》、论言《弟子籍》等。《史记》又常云"《诗》《书》古文","《诗》《书》古文"又同指《六艺》(《易》《书》《诗》《礼》《乐》《春秋》),这都是夏商周三代遗存的治国平天下的宝典,习诵《六艺》是欲为天子大臣者的必备素养;"《诗》《书》古文",也是司马迁后来所著《太史公书》中夏商周三代资材的宝库,并且是太史公史料取舍的标准,所谓"总之不离古文者近是"。武帝初年从孔壁出土的《古文尚书》及《礼记》《论语》等，凡数十篇"皆古字也"的先秦古籍，自然也是司马迁习诵过的"古文"。

"古文"是要"诵"的。何谓"诵"？且看汉代人是如何说解"诵"字的。许慎《说文解字·言部》曰："诵，讽也。"又曰："讽，诵也。"讽、诵互训。《周礼·春官·大司乐》："以乐语教国子：兴、道、讽、诵、言、语。"郑玄注云："倍文曰讽，以声节之曰诵。"可知讽谓合书背其文，诵则吟咏绎其义。讽诵又可云"读"。孟子云"诵其诗，读其书"，则诵、读互文见义，诵亦读也。《史记》中常说"太史公读《春秋历谱牒》""太史公读《秦记》""太史公读秦汉之际"，由此可见讽诵乃熟读精研之谓，决非浮泛浏览之比，如张大可所谓的"能读古文书"而已。

"诵古文"的首要条件是必须具备古文典籍。张大可很有把握地说司马迁十九岁之前身处夏阳故里，"学习条件好"。请问那里可有《诗》《书》等古文旧籍供他讽诵？笔者可以负责任地说，不可能有。张先生在《司马迁评传》中借助《太史公自序》"喜为五大夫"五个字，对此展开丰富想象所做的小说家言①，没有一句有文献支撑，称得上是有根有据！"秦拨去古文，焚灭《诗》《书》"，这是秦孝公为秦国制定的基本国策。秦始皇更下令在天下范围内焚书，以愚黔首，"有敢偶语《诗》《书》者，弃市；以古非今者，族"。当始皇时在京师咸阳"为秦主铁官"的司马昌，在如此严酷恐怖的焚书令下，如果家有《诗》《书》古文还敢私藏，不缴有司"杂烧之"？至于故里夏阳系嬴秦关中本土，又是京畿内县，守、尉执行焚书令自必坚决、彻底、干净。故自汉惠帝四年（前191）除秦挟书律，到汉武帝表彰六经，大收篇籍，鼓励民间献书朝廷，百年之间不见关中（包括夏阳）民间有一部秦火之余的古文旧籍呈献御府。张先生说童年的司马迁在故乡夏阳"学习条件好，10岁就能读古文书"，不知张先生能否告诉我们，在秦火之后，十岁的司马迁是从夏阳何处搜寻到《诗》《书》旧籍等"古文书"而且就"能读"的？

①请参阅张大可《司马迁评传》第一章第五节"年十岁则诵古文"中"秦始皇焚书坑儒"以下的文字。《史记研究集成》，北京：华文出版社，2005年，第1卷，第25—26页。

　　"诵古文"的必备条件是要有经师指教。秦兼并六国之后，不仅焚灭《诗》《书》旧籍，而且铲灭秦文之外的六国文字，"罢其不与秦文合者"（《说文·叙》），六国古文因此灭绝。除少数传经大师外，汉代人已不识古文。"孔子西行不到秦"（韩愈《石鼓歌》），子夏亦不曾设教于西河之外（请参见袁传璋《子夏教衍西河地域考论》，《安徽师范大学学报》〔人文社会科学版〕2006年第6期）。关中文化迭经秦火摧残，距"发达"甚远。汉初传经大师皆起山东，从无一秦人。据前汉成、哀之际在秘阁总理校书的刘歆《移书让太常博士》所述，自汉兴至武帝初年，传经先师起于邹、鲁、梁、赵，京师长安学术文化尚处于幼稚期。直到汉昭帝始元六年（前81）召开盐铁会议时，御史大夫尚谓出席会议的"文学皆出山东"（〔汉〕桓宽：《盐铁论》卷五《国疾第二十八》，四部丛刊影印明刻本）。至于夏阳自古以来更缺乏古文师承。司马谈为太史公之前游学齐、鲁，方有机会"学天官于唐都，受《易》于杨何，习《道论》于黄子"。少年司马迁正处在关中这样的社会文化背景中。故乡夏阳既无古文师傅指教，十岁的司马迁纵然"天资聪慧"，又岂能凭空讽诵当时已成绝学的"古文"？

　　夏阳一无古文旧籍，二无古文经师，太史公司马谈又远在长安供职，司马迁绝不可能在夏阳"年十岁则诵古文"，而"诵古文"只能在京师长安司马谈身边。所以笔者三十多年前论及司马迁青少年时代的从学经历时才写下了如下的一段话：

　　　　"年十岁则诵古文"。司马迁是以庄肃的口吻郑重言之的，其内涵实指自十岁起到二十壮游前止以诵习古文经籍为主要内容的从学经历。其中包括向孔安国请教《古文尚书》的训解，从董仲舒学习《公羊春秋》的大义。太史公一生学问即肇基于是。这句话也表明少年司马迁已转换了生活舞台。偏僻的农村无论是藏书、师承，还是父教，都不具备学习古文的条件。"年十岁则诵古文"，应是在长安司马谈身边开始的^①。

　　"十年之差"是王国维及其后续支持者的心腹痼疾，一百年来左支右撑都没有找到弥补缺漏的良方。直到张大可对司马迁《自序》"年十岁则诵古文"进行**解构**，认为"耕牧河山之阳"是时间段，"年十岁则诵古文"是时间点，"即'年十岁'这一时间点的事，它是一句插入语，不会间断'耕牧河山之阳'的时间段"，从而让司马迁在故乡多待十年，耕牧到十九岁，然后再"二十而南游江、淮……过梁、楚以归"。经过这番乔装打扮，终于敉平了"十年之差"，司马迁生于前145年说似乎可以平安地打马过桥了。不料袁某横亘在前，早就考证出司马迁"年十岁则诵古文"只能在长安司马谈身边开始，绝不可能在故乡夏阳。正是这段考证触及持司马迁生于前145年说者的痛点，所以张大可对此异常反弹，在所作《述评》中指斥："纠缠于'十岁诵古文'的考证，别有用意，乃是伪考。"

　　张大可的这种"独断"，或许能够震慑不明底细的普通读者，但对于熟悉"十年之差"论争历史过程的学者而言，恐难收到预期效果。原因在于笔者对于"年十岁则诵古文"的考证，每条结论都有左贯右通的文献支撑，何"伪"之有？笔者的观点数十年一以贯之，坦坦荡荡，"别有用意"从何说起？倒是张大可坚执的司马迁十九岁之前在故乡夏阳耕牧，那里的"学习条件好，十岁就能读古文书"，十分地可疑。请问张先生，你这般的说辞能拿得出哪怕一条（不多，只要一条！）可靠的文献根据吗？笔者敢说"你拿不出"，因为天壤间并不存在张先生夙兴夜寐都想寻觅的这条文献。没有任何文献支撑，却肆意放言，用小说家言替代严谨的考证，才是地道的"伪考"；本先入之见，曲解司马迁《自序》的原意，才是"别有用意"。张先生在《述评》里奢谈考证的原则，动辄说"还是用考证来说

---

　　① 袁传璋：《司马迁生于武帝建元六年新证》，原载《全国史记学术研讨会论文专辑》，《陕西师大学报》1988年增刊，第95—106页；又载《史记研究集成》，北京：华文出版社，2005年，第1卷，第410—430页；编入拙著《太史公生平著作考论》，合肥：安徽人民出版社，2005年，第38—56页，请参看其中的第53页。

话"，俨然是考证的行家里手。且看他如何考证"年十岁则诵古文"。他说："'年十岁则诵古文'，指司马迁天资聪慧，学习条件好，十岁就能读古文书"，这种毫无根据的言辞也能称考证？

现在让我们讨论与"家徙茂陵"相关的考证。张大可说："《汉书·武帝纪》元朔二年'徙郡国豪杰及訾三百万以上于茂陵'，这是汉武帝采纳主父偃献计，以达'内实京师，外销奸猾，此所谓不诛而害除'的目的。郭解、董仲舒家徙茂陵，就在这一年。此是国家行为，为今皇帝寿陵置邑，大规模移民。程金造以司马迁见郭解证明司马迁也是元朔二年，公元前127年家徙茂陵的。"

司马迁要"家徙茂陵"，其父司马谈必须先在茂陵安家。但司马谈既非"郡国豪杰"，也非"訾三百万以上"的富翁，按持司马迁生于前145年说者的定见，司马谈又仅是秩禄六百石的太史令，他凭借什么条件能在茂陵定居？对此，王国维一无所考。王说后继论者张大可在其《百年述评》中空立一个"对'家徙茂陵'之考证"的小标题，对此同样也不见一字的"考证"，借用张先生的话说，"亦一奇也"。

与持司马迁生于前145年说者对司马谈家徙茂陵的缘由避而无考形成鲜明对照，笔者的论文对此有翔实的考证。据司马贞《史记索隐》所引张华《博物志》，司马迁除了左冯翊夏阳县的原籍外，还拥有右扶风茂陵邑显武里的新户籍。这个新户籍，司马迁在《史记》中虽无文字记录，但有线索可寻，**家徙茂陵的信息就隐藏在《自序》"年十岁则诵古文"之中**。因为"年十岁则诵古文"必在司马谈身边才能开始，在此之前自然要从原籍夏阳县移徙茂陵邑。笔者从《汉书》纪、传的**"字缝"**中，考证出前汉诸帝徙丞相、将军、列侯、史二千石、訾百万以上者实初陵，其制起于武帝。司马迁取得茂陵新籍的时间不会**早于**也不会**晚于**元朔二年（前127）。是年夏，武帝诏"徙郡国豪杰及訾三百万以上于茂陵"，同时移徙在京师供职的二千石以上公卿大臣家实茂陵以示恩宠。建元之初司马谈时任太史丞，官卑秩低，长安居大不易，家眷自必留居夏阳故里。元朔初，他已升任秩禄二千石位比列卿的太史公（请参见袁传璋：《太史公生平著作考论》，第168—173页，"太史公建置及职守考索"），自有荣幸于元朔二年夏秋之交将家眷由原籍移居武帝初陵茂陵邑。司马迁因此有了"茂陵显武里"的新户籍，时年九岁。越明年为元朔三年（前126），生活安定，"年十岁则诵古文"。必须指出，司马迁说他"年十岁则诵古文"，并不仅指"十岁"一年之事，其内涵实指移居茂陵后，在父亲指导下自十岁起到二十南游前止，以诵习古文经籍为主要内容的从学经历。在此期间当然包括向孔安国请教《古文尚书》的训解，从董仲舒学习《公羊春秋》的大义。《大戴礼记·保傅篇》："古者年八岁而出就外舍，学小艺焉，履小节焉。束发而就大学，学大艺焉，履大节焉。"**二十岁前正是古人一生中的从学阶段**。司马迁从十岁到十九岁的十年间，在京师刻苦研习，多方请教，奠定了一生学问的基础。

笔者考出孔安国元朔二年（前127）为太常博士，元狩五年（前118）升任"掌论议"的谏大夫，元狩六年（前117）离京外任临淮郡太守，旋卒于官。当元朔五年（前124）孔安国在长安太常寺以官学《今文尚书》教授博士弟子、在宅第以私学《古文尚书》为登门求教者释疑解惑时，司马迁已是十二岁的翩翩少年，他向孔安国执弟子礼求益"问故"，当自此始。到孔安国离京外任，司马迁有七八年的机会从容"问故"。《史记》中有深刻的鲁学的影响，司马迁若非在孔安国门庭长期习染熏陶，是难以达到孔学的化境的。

笔者据《汉书·董仲舒传》，考出董仲舒元朔元年至四年（前128—前125）为中大夫，在长安。中大夫秩非二千石，按移居初陵的制度安排未达移居茂陵的门槛。张大可认为董仲舒元朔二年移居茂陵，无制度依据，不可采信。元朔五年（前124），董仲舒受丞相公孙弘挤兑，出为胶西王相。一年后病免，以二千石国相身份致仕（《汉书·叙传》："抑抑仲舒，再相诸侯，身修国治，致仕悬车。"），家居茂陵。又据《汉书·儒林传》，元朔末、元狩初，《公羊》大师董仲舒与《谷梁》专家瑕丘江公于武帝御前辩论《公羊》《谷梁》优劣。"比辑其义，卒用董生。于是上因尊公羊家，诏太子受《公羊春秋》。由是《公羊》大兴。"刘据元狩元年（前122）

立为太子，公羊学也自此成为汉家官方哲学。是年司马迁十四岁。笔者由此推定司马迁从董生习《公羊春秋》必在元狩间（前122—前117），前后有五六年的时间。他与太子刘据有《公羊春秋》同师之谊。

按照张大可的设计，"司马迁问学于董仲舒，问故于孔安国是在南游归来的二十三四岁到二十七八岁之间"，认为这样才"合情入理"。因而对笔者的考证不以为然，而反驳的理由居然是一再强调的"孔安国、董仲舒不是小学教师，乃国家级大师，天子顾问，教授十几岁的少年，岂非天方夜谭？""董仲舒、孔安国是国家级学术大师，不是中小学教师，说翩翩少年'十二岁'的司马迁拜在两位大师门下读博士，岂非天方夜谭。"这般说辞怎么看都不像严谨的考据文字。董仲舒与孔安国会因拥有"国家级大师"的身份而势利到拒绝一个聪慧好学少年的求教请益？何况太史公司马谈也是国家级大师，引荐爱子司马迁向同朝为官的学术朋友求教专门之学，难道有违人之常情？是不可思议的"天方夜谭"？笔者说司马迁移居茂陵之后的少年时期，曾登孔安国、董仲舒两位大师的**私第**求教请益《古文尚书》与《公羊春秋》的专门之学，孰料在张大可的两篇《述评》中却被无中生有地扭曲成"拜在两位大师门下读博士"。张大可居然认为两汉时代的高端学者可以私收"博士生"，这才是令人惊诧的"天方夜谭"！

与移居茂陵有关的还有一件大事，就是司马迁多大年岁在茂陵见到大侠郭解。笔者考证九岁的司马迁于元朔二年（前127）夏秋之交定居茂陵。郭解因情况特殊，迁徙茂陵稍晚，当时过中秋。少年司马迁与大侠郭解同居一城，自不难多次见到并不深居简出、出必步行的郭解。论者如程金造、张大可等断言《游侠列传》赞中所说的"吾视郭解"云云，一个九岁幼童不可能对人有如此深刻的印象，而只能是一个十九岁将近成年人的心理。笔者以为，这是以常人的知识水平去评估天才少年司马迁得出的判断，必然失之毫厘而谬以千里。张大可又说："当郭解被仇家告发，他成了一个被通缉的在逃犯，是偷偷摸摸安置母亲及其外祖到夏阳的，又是冒名混出了临晋关，怎么会被一个九岁小孩所知？"此话倒也在理。像郭解这样的钦犯被追捕的过程与情节，在当时除了负责此案的司法官员，作为一介平民，别说是"九岁小孩"，就是十九岁、二十九岁的成年人难道有可能让你有"所知"？张大可应该明白，《游侠列传》中的《郭解传》并非司马迁九岁时的日记，而是他成年后精心结构的名人传略，传中对郭解行状的记叙，部分得自儿时的目睹耳闻，更多的当是依据成年后对故老的采访以及官方有关郭解的档案资料。《游侠列传》中的"太史公曰"对郭解的评论，明显地糅合进了司马迁本人的坎坷经历和人生体验。张大可等人将《郭解传》的叙写评论全部视作司马迁亲见郭解时所留下的印象和当时的心态，并不符合这篇传记撰写的实际。以对《郭解传》的严重误读，来否定司马迁九岁时在茂陵亲见大侠郭解，来肯定司马迁十九岁时在茂陵亲见大侠郭解，同样都无坚实的考据。

司马迁生于前145年说论者关于司马迁"十九岁前耕牧河山之阳"与"对'家徙茂陵'之考证"中涉及的所有问题，笔者的《太史公"二十岁前在故乡耕读说"商酌》早已做了详密的考证和明确的澄清①。张先生及其支持者不妨平心静气地读一读这篇论文，读过以后当会明白谁有文献根据，谁无文献根据；谁是真考证，谁在假考证。

三、前145年论者"对'仕为郎中'之考证"毫无实证

现在检验司马迁生年前145年论者"对'仕为郎中'之考证"。司马迁何时"仕为郎中"，王国维在《太史公行年考》"元鼎元年乙丑三十岁"系年下说"其年无考"，但接着又说"大抵在元朔、元鼎间"。元朔有六年，紧接的元狩又有六年，之后方是元鼎元年，其间有十二年的跨度。说司马迁在这十二年中"仕为郎中"，作为考证，未免宽泛得不切实际。张大可搬来施丁救场："施丁考证司马迁'仕为郎中'在元狩五年，公元前118年，司马迁28岁。"据说还有两项有力的根据。下面让我们检验这两项

---

① 袁传璋：《太史公"二十岁前在故乡耕读说"商酌》，《大陆杂志》第91卷第6期,1995年12月,第1—9页；编入拙著《太史公生平著作考论》,合肥:安徽人民出版社,2005年,第74—92页。

"根据"有没有根据。

张大可征引施丁的根据，"其一，《封禅书》太史公曰：'余从巡祭天地诸神名山川而封禅焉。入寿宫侍祠神语，究观方士祠官之意，于是退而论次自古以来用事于鬼神者，具见其表里。'寿宫，元狩五年置，'入寿宫侍祠神语'，乃元狩五年事。"施丁认为司马迁元狩五年为郎中，"入寿宫"警卫侍候武帝。

笔者按：施丁的这段话包含一系列错误。

第一，武帝所置寿宫非止一所，武帝礼祠寿宫神君也非止一次。施丁认定司马迁"入寿宫侍祠神语""乃元狩五年事"，于史无据。寿宫，最早见于《楚辞·九歌·云中君》："謇将憺兮寿宫。"王逸注曰："供神之处也。祠祀皆欲得寿，故名为寿宫也。"《史记·封禅书》载，元狩五年武帝病鼎湖甚。而在此之前的元狩二年，武帝"又作甘泉宫，中为台室，画天、地、太一诸鬼神，而置祭具以致天神"，召致上郡巫于甘泉礼祠太一神君。"及病，使人问神君。神君言曰：'天子无忧病。病少愈，强与我会甘泉。'于是病愈，遂起，幸甘泉，病良已。大赦，置酒寿宫神君①。寿宫神君最贵者太一，其佐曰大禁、司命之属，皆从之。"神君以主人的身份邀请武帝"强与我会甘泉"，表明神君在甘泉宫原有自己的神社寿宫，亦即前文"中为台室"的"台室"。"置酒寿宫神君"者，意谓武帝在甘泉神

---

① 《史记》古本大都作"置酒寿宫神君"。如：《史记集解》单本则有北宋小字刻本、南宋绍兴初杭州刻本、明毛氏汲古阁刻十七史本、清四库全书写本；《史记集解索隐》二注合刻本则有南宋耿秉本、元中统本；《史记集解索隐正义》三注合刻本则有南宋黄善夫本、元彭寅翁本、明凌稚隆《史记评林》本、清武英殿本等。而清同治金陵书局《史记集解索隐正义合刻本》，据张文虎《校刊史记集解索隐正义札记》卷一"孝武本纪第十二""置寿宫神君"条谓"疑当作'置神君寿宫'"，删去"置酒寿宫神君"句中"酒"字，作"置寿宫神君"。〔日〕泷川资言《史记会注考证》与中华书局点校本《史记》二书以金陵书局三家注合刻本为底本，亦作"置寿宫神君"。但删削"酒"字，则与上文"又作甘泉宫，中为台室，画天、地、太一诸鬼神"，"上召致〔上郡巫〕祠之甘泉"以及神君言"强与我会甘泉"诸事，明言元狩五年前甘泉原有礼祠神君的寿宫的《史》文文意扞格，而且张文虎《札记》所"疑"少有《史记》古本版本的依据。施丁滋生甘泉寿宫初置于元狩五年的误会，实由张文虎误删"酒"字引发。

君寿宫中设宴置酒酬谢太一神君愈病的福祐。由此可证**此神君寿宫始置于元狩二年。施丁说"寿宫，元狩五年置"，非是。**《封禅书》下文"又置寿宫北宫，张羽旗，设供具，以礼神君"，是说在长安北宫中又新置寿宫，取便于就近祠祭太一神君，不需每次远至甘泉寿宫礼祠神君耳。在此顺便指出，北宫为高帝刘邦初建，《史记·外戚世家》："高后崩……卒灭吕氏。唯独置孝惠皇后居北宫"，可证。《封禅书》"又置寿宫北宫"者，"又置寿宫于北宫"也，两宫文字之间省略介词"于"，这是《史记》的常规句法。但中华书局1959年点校本《史记》将此句点作"又置寿宫、北宫"，2013年出版的修订本仍之，则误会"北宫"与"寿宫"同为武帝始建了。

第二，施丁肯定元狩五年司马迁以郎中身份入寿宫侍卫武帝。这又是一大奇谈。《史记·刺客列传》的《荆轲传》："**秦法：群臣侍殿上者，不得持尺寸之兵；诸郎中执兵皆陈殿下，非有诏召不得上。**"（《史记》第八册，第2535页）汉承秦制。《萧相国世家》载，萧何因大汉建国功第一，高祖"赐带剑履上殿，入朝不趋"（《史记》第六册，第2016页），所带之剑也不过是象征性的木剑而已。姑依施丁所说，即使元狩五年司马迁已为郎中，他也只能执戟侍立于殿廷阶下，非奉诏不得上殿，更无"入寿宫侍祠神语"的资格。这应该是治秦汉史者的常识。**能够"入寿宫侍祠神语"者，只有太史公。太史公为天官，除秉笔随侍于天子左右外，自古相承有奉天侍神的职责。**《封禅书》载，"为伐南越，告祷太一"，制作灵旗，"为兵祷，则太史奉以指所伐国"，可证。这里的"太史"，是老太史公司马谈。武帝奉祠神君，"其事秘，世莫知也"，这样的神秘大事，岂是一个"掌守门户，出充车骑"员额多达千人的小小的郎中司马迁所能涉足？

施丁将元狩五年置寿宫，"入寿宫侍祠神语"，"作为司马迁仕为郎中的最有力的证据"。张大可对这条伪证完全赞同，在他的两篇《百年论争述评》中作为司马迁生于汉景帝中元五年的主证，反复征引。更有甚者，施丁与张大可还将绝不可能发生的郎中入寿宫警卫侍候武帝之事，作为司马迁**始为郎中之年**的"最有力证据"，这才是货真价实的"天方夜谭"。

第三，张大可归纳施丁的根据，"其二，据《田叔列传》褚补和《卫将军骠骑列传》及《三王世家》，司马迁的两位好友任安、田仁，元狩四年尚为卫将军舍人，而任安元狩六年已是太子少傅，可见任安与田仁是在元狩五年仕为郎中。两人为郎，是少府赵禹奉武帝之命到大将军府选取才俊为郎。郎官无定员，但也不是年年岁岁随时入仕为郎。从赵禹选郎严苛的要求来看，元狩五年是较大规模的选郎，司马迁赶上这个机会，应当在元狩五年入仕为郎。"

笔者认为这条"根据"更错得离谱，但需费点笔墨澄清。施丁在20世纪80年代中期，以《史记·三王世家》"太子少傅臣安"句下《索隐》为**"臣安"**所做的注文**"任安也"**为依据，写了几篇论文，然后在90年代扩展为《司马迁行年新考》的著作，提出"司马迁卒于太始元年（前96）"的新说，他的核心观点是：

> 任安，元狩四年尚为卫将军舍人，元狩六年已是太子少傅。〔施丁原注："安"，《索隐》注曰："任安也。"这说明，元狩六年三月，任安已为太子少傅。〕可见，任安与田仁仕为郎中，是在元狩四年与六年之间的元狩五年。司马迁与任安是知己，与田仁相好，这是没有问题的。他们三人的友好关系……是在元狩五年同为郎中时互相了解而逐步发展起来的。确定司马迁元狩五年始为郎中，既可推断"二十南游"始自元朔三年，又可证明司马迁不是生于建元六年，而是生于景帝中元五年。同时，确定元狩五年司马迁始为郎中，又与《报任安书》"待罪辇毂下二十余年"相符。我考定《报任安书》写于太始元年[①]。

施丁立说的关键，在于"确定司马迁元狩五年仕为郎中"。而此"确定"之所以被确定，是因为《索隐》提供了元狩六年三月前任安已升任太子少傅这条"铁证"。司马迁与任安定交是在同为郎中时，既然任安于元狩五

---

① 施丁：《司马迁行年新考》，西安：陕西人民教育出版社，1995年，第21—22页。

年为郎中，元狩六年已升任太子少傅，不再为郎中，那么司马迁"仕为郎中"只能在元狩五年。然而施丁貌似有据的考证，却是站不住脚的。

笔者于1994年4月在河南省南阳市举行的"首届汉代文学全国学术研讨会"上提报论文《〈史记·三王世家〉"太子少傅臣安行宗正事"为刘安国考》（笔者因事未赴会），同年7月在台湾《大陆杂志》第89卷第1期发表①，指出：在《三王世家》录载的公卿奏章上列衔的"太子少傅臣安行宗正事"的"臣安"，必非任安，实另有其人。笔者考出其人系太子少傅刘安国，司马贞注"臣安"为"任安"则大谬不然。其一，元狩六年（前117）九月之前，任安仍为卫将军舍人，并未仕为郎中。按《史记·卫将军骠骑列传》，元狩四年（前119）武帝以卫青、霍去病俱为大司马。此后卫青日退，霍去病日贵，**"举大将军故人门下，多去事骠骑，辄得官爵；唯任安不肯。"**（《史记》第九册，第2938页）。证明在霍去病于元狩六年九月病故之前，任安一直安于清贫，留在卫将军府中为舍人。任安之应少府赵禹募择为郎，必在元狩六年冬或元鼎元年（前116）初（当时汉王朝以十月为岁首，元狩六年九月终，即为元鼎元年岁首十月始）。元狩六年九月之前尚未释褐的任安，又岂能**提前**在元狩六年三月以二千石的太子少傅行宗正事的荣衔参预请封武帝皇子为诸侯王之议？其二，纵然任安可能（其实绝不可能）于元狩五年起家为比三百石的郎中，亦不可能于元狩六年三月前超擢为二千石的列卿。终前汉二百年也绝无其例。其三，任安长于治军，不可能选任太子少傅。太子少傅作为太子之师，通常在醇谨资深或经术通明的二千石中慎重遴选。纵观任安一生仕历，武帝一直都是用其习事有智略、长于治军的才能。而这种特质与太子少傅的官守并不相宜。其四，宗正为汉室中二千石的九卿之一，必由宗室诸刘中资深有德者担任。任安非皇汉宗亲，不可能临时署理宗正卿。

综上所述，既然任安元狩六年尚未入仕，即使入仕，一年内亦不可能由比三百石的郎中超擢为二千石的列卿，而其特长质素又不宜选任太子少

---

① 袁传璋：《〈史记·三王世家〉"太子少傅臣安行宗正事"为刘安国考》，《大陆杂志》第89卷第1期，1994年7月，第34—38页；编入拙著《太史公生平著作考论》，第204—215页。

傅，更绝无可能署理必宗室诸刘方能担任的宗正之职，那么，《三王世家》"太子少傅臣安行宗正事"之"臣安"，司马贞《索隐》注作"任安也"之为谬说，便昭然若揭。《索隐》的这条注文一经否定，断定司马迁必于元狩五年入仕，就失去唯一的依据。若不能证实司马迁于元狩五年入仕，那么施丁凭借《索隐》这条子虚乌有的材料为基点，来考证司马迁的生平行迹、《史记》的成书以及《报任安书》写作的年代，必然全盘落空。

当然，我们也不必苛责施丁先生的疏失。因为自司马贞于李唐开元年间在《史记索隐》中索出"臣安"之"隐"乃司马迁的知交任安，唐以后迄今一千二百余年间的海内外《史记》研究者向无疑辞。在国际汉学界享有盛誉的泷川资言的《史记会注考证》对这条《索隐》注未出"考证"、水泽利忠的《史记会注考证校补》对此亦不著一字，足见他们都同意《索隐》的注释。20世纪70年代台湾十四院校六十名教授合译的第一部《白话史记》、80年代王利器主编的《史记注译》，还有不少当代的《史记》注本，都依据《索隐》将"臣安"注译作"任安"。施丁不过是追随大流而已。直到笔者发表《〈史记·三王世家〉"太子少傅臣安行宗正事"为刘安国考》，方发《索隐》"臣安：任安也"之覆，考出此"臣安"绝非司马迁的知交任安，而是时任太子少傅的刘安国。

不知张大可先生出于何种考虑，他掩埋了施丁"考证"任安、田仁与司马迁同于元狩五年仕为郎中的唯一依据——《史记·三王世家》"臣安"句下《索隐》注语："任安也。"司马贞作《索隐》时，一因没有读懂《三王世家》"太子少傅臣安行宗正事"的书例，错误断句，只摘取"太子少傅臣安"六字为词条；二因他所见的《史记》写本在传抄中于"臣安"下已夺"国"字，以致他未加深考，便于"臣安"下注曰："任安也。"司马贞偶然的疏失，遂贻误千载，并铸成了施丁与张大可"别有用意"的大错，这般严重的后果恐怕是小司马未曾想到的吧。把司马贞为《三王世家》"太子少傅臣安"的错注"任安也"，作为考证任安、田仁以及司马迁于元狩五年同年仕为郎中的证据，是百分之百的伪证；以这样的伪证妄图考出司马迁与任安、田仁同于元狩五年仕为郎中，是百分之百的伪考！张大可曾不容置疑地宣称："前145年说论者用考据文献作结论"，但揭开重重包装，发现其所谓的"考据文献"，竟然都是赝品。

笔者发表这篇论文之后，曾有数次在十多人的小型学术会议上与施丁先生会晤，施先生不再提起《三王世家》的"臣安"为任安之事。可怪的是张大可至今还把施丁的这项错误的考据作为支撑前145年说的顶梁柱，据此来排比司马迁的行年。更为可怪的是张大可在《司马迁生年十年之差百年论争述评》中竟然把笔者关于任安与田仁何年为郎的坚不可摧的考证说成是"袁先生为了弥合晚生十年的'纰漏丛生'，把司马迁元狩五年与田仁、任安同年出仕为郎，延后一至三年，说赵禹入卫将军府选郎，奉诏在元鼎元年，此乃无据是编造"。如此歪曲转述，来误导没有见读过《〈史记·三王世家〉"太子少傅臣安行宗正事"为刘安国考》的读者，才是确凿的"此乃无据是编造"！张大可至今还在反复援引施丁本人都不愿再提的往年的这项"考证"以壮行色，足见在司马迁何时"仕为郎中"这个课题上，他一直没有认真做过功课。

张大可说："郎官无定员，但也不是年年岁岁随时入仕为郎。"这句话里面也隐藏着猫匿。入仕为郎是前汉吏民晋身的重要机会，而取得郎官资格也有诸多途径。有因公卿保荐而为郎的，有因博士弟子考试高第而为郎的，有因从军击胡有功而为郎的，有因家訾满五百万而为郎的……通过这些途径入仕为郎，"年年岁岁"都有机会。武帝更建立了察举的**岁选**郎中制度："《前书音义》曰：'旧制，使郡丞奉岁计，武帝元朔中，令郡国举孝廉各一人与计偕，拜为郎中。"（［南朝宋］范晔：《后汉书》卷四《孝和孝殇帝纪第四》，中华书局，1965年，第1册，第190页）前汉唯一"不是年年岁岁随时入仕为郎"的科目是征辟。征辟无定期，大抵遇灾异、日蚀或国家多事之秋，由皇帝下诏特举，委以重任。然应征者须具"茂材异等，可为将相及使绝国"的不羁之才（汉武帝：《诏》，［梁］萧统选编，［唐］李善等注：《六臣注文选》，杭州：浙江古籍出版社，1999年，第644页）。张大可作为治秦汉史的名家，前汉的郎选制度，不会不知道，但他偏偏要用"不是年年岁岁随时入仕为郎"这句似是而非的话头把水搅浑，其"别有用意"是为了导出司马迁南游"回归京师'仕为郎中'要等待机会"这句毫无根据的结论。果然，按张氏的行年安排，让司马迁于元朔五年（前124）南游归来后在茂陵家居待业七年，终于等到元狩五年（前118），据张大可说这年大选郎官，"司马迁赶上这个机会"，终于入仕了。然而他拿不出也不可能拿得出任何文献根据。

司马迁何自为郎？笔者三十多年前根据《报任安书》首次指出，司马迁亲自告诉知交任安：**"仆赖先人绪业，得待罪辇毂下二十余年矣"**，他是因得父亲为太史公的荫庇而仕为郎中的（袁传璋《太史公生平著作考论》，第50—51页）。其诏令依据是前汉的《任子令》："吏二千石以上，视事满三年，得任同产若子一人为郎。"（《汉书》第1册，第336—337页）郎官无定员，多达千人。**援引《任子令》为郎，并非补缺，只要合律，可随时保荐入仕。**施丁与张大可认为司马迁南游归来后，需"等待"大选郎官的"机会"，纯属无稽之谈。司马迁"二十而南游江、淮……过梁、楚以归。于是迁仕为郎中。"请注意，这里的**"于是"**是由介词"于"和指示代词"是"组成的介词结构，而非张大可与陈曦"别有用意"刻意虚化的连词。"于是"中的"于"为介词，相当于"在"；"是"为近指指示代词，相当于"此"，可指时、地、事。这里相当于指代时间的"此"。"于是"即"在此"，意为"就在此时"，指在南游"以归"京师这个时间点。**《自序》明白宣告他南游归来以后，即因父任荫庇为郎。因为凭《任子令》仕为郎中，毋需等待特别的机会。**这应是治秦汉史学者的常识。前汉凡据《任子令》仕为郎中者，年龄大都在二十岁上下，其中少年（十八岁以前）为郎侍中者亦为数不少。即以司马迁的同代人为例，李陵少为侍中、建章监，苏武少以父任、兄弟并为郎，张安世少以父任为郎、给事尚书，而霍光为郎时才十多岁，几无迟暮至二十五岁者。司马迁自不例外。施丁与张大可认为司马迁南游归来至少过了五至七年方始入仕，这种臆测与司马迁的自叙以及前汉《任子令》执行的实际大相径庭，难怪不能自圆其说。

张大可近年有时也接受笔者关于司马迁因"任子令"为郎的观点，承认"司马迁明白无误告知'仕为郎中'靠的是父亲为官恩荫为郎。《报书》

中还有'仆少负不羁之才，长无乡曲之誉，主上幸以先人之故，使得奉薄技，出入周卫之中'，这样的话头就更加明白无误"。但换个场所却又反复强调司马迁"仕为郎中"要等待元狩五年"大规模选郎"的"机会"，**必须**在家待业到二十八岁几近而立之年时方能入仕为郎，并指责笔者"'二十而南游江、淮……于是迁仕为郎中'，袁氏只取的是'于是'两个字，这是在字缝中作考证，作了错误的误读。""强加给司马迁，这不仅仅是误读史文，而且是诬罔古人。"①究竟是谁在误读《自序》、谁在"诬罔古人"？有比较才有鉴别，笔者相信读者自有裁断。

张大可好谈"情理"以取代严谨的考证，但往往不通情理。他说："晚生十年，司马迁二十五岁为钦差，且与二十南游相距只有五年，是不可想象的，不合情理的。"又说："中年36岁司马迁比青年26岁司马迁奉使更为靠谱，因为二十南游当有数年之久，回归京师'仕为郎中'要等待机会，扈从武帝历练数年（笔者按：张大可为司马迁规定了"七年的历练期"）才可为钦差大臣，这才合于情理。"笔者认为：以常人的材质范围天纵之才的司马迁，有如夏虫之不可与语冰。且看前于司马迁的汉代名贤仕历。文帝朝的贾谊，年十八，即以能诵诗属书闻于郡中。二十二岁召为博士（比六百石），每诏令议下，诸老先生不能言，贾生尽为之对，人人各如其意所欲出。一岁中超迁至太中大夫（比千石）。为文帝规划朝章国典，"悉更秦之法"。律令更定，列侯就国，其说皆发自贾生。贾谊为汉室规划的朝章国典，具见《贾子新书》。刘歆《移书让太常博士》称从大汉建国至文帝时，"在汉朝之儒，唯贾生而已。"文帝欲以贾生任公卿之位。其时，贾谊年方二十五岁，与司马迁奉使西南夷时同年。请问张先生，按贾谊对国家全局的作为与贡献，应远高于司马迁的奉使西南夷，窃料张先生对此当无异议，他此前应该经过几年"历练"？十年够不够？他这样举

<hr>

① 陈曦也有篇评论笔者关于司马迁生年论文的文章，名曰《评袁传璋"司马迁生于前135年说"之新证》，刊《渭南师范学院学报》2017年第9期。其中对"于是"的解读充斥谬误，**无视语境，断章取义，有意掩盖笔者于"于是"之下论证司马迁因《任子令》入仕的下文**，与张大可如出一辙，还搬出有点来头的《古代汉语虚词词典》作背书，论述手段似更稚拙。

世无双的作为，你可不可想象？合不合你的情理？再看与司马迁同时，仅年长数岁的终军的例子。终军年十八选为博士弟子，入关至长安，当即上书言事。武帝异其文，拜军为谒者（比六百石）给事中。二十岁出头，即使行郡国，奏对称意，擢为谏大夫（比八百石）。元鼎四年（前113），是年二十七岁，主动请缨，奉使南越。这就是"今日长缨在手，何时缚住苍龙"的出典。元鼎五年，南越王相吕嘉反汉，杀其王及汉使，终军殉国，时年二十八，"故世谓之终童"。比照贾谊与终军的例子，如果不怀偏见，张先生还会坚持认为具命世之才的司马迁二十一二岁入仕为郎，二十五岁奉使西南夷，"是不可想象的，不合情理的"吗？

通观张大可的两篇《述评》，发现在司马迁生平的若干关键节点，张先生实在拿不出文献根据时，便大打情感牌，以"更为靠谱""合于情理""合情入理"之类无法度量、难以捉摸之辞来涂人耳目。无独有偶，持司马迁生于前145年说的陈曦，也喜欢用难以捉摸的"情理"替代实质性的考证。她有篇评述笔者观点的论文，在大谈"历史事实"时，一方面武断笔者的考证是"主观臆测"，同时却又用"瞅准……心理""料定""或许""才合乎情理"之类主观臆测的言辞来正面论述她所谓的"历史事实"。试问，经过这样"料定"的"历史事实"还是本真的历史事实吗？

张大可喜谈逻辑，但却往往逻辑不通。譬如按他所说的"从赵禹选郎**严苛的要求来看**"这个前提，正常的逻辑结论只能是这年是"较小规模的选郎"。史实也正是如此，贤大夫赵禹从卫将军府中经他面试的一百多名舍人中只挑选了任安与田仁两位；但张大可却"从赵禹选郎**严苛的要求来看**"的前提，得出这年是"较**大**规模的选郎"这样违反正常逻辑的结论。这种扭曲的思维其实是"别有用意"，是为了让"司马迁赶上这个机会，**应当**在元狩五年入仕为郎"。用这样违反常理的思维方法挖空心思企图达到事实并不存在的目的，张先生自己难道不感到别扭吗？

四、"《报任安书》作于太始四年说"及
"任安死于征和二年七月说"皆属伪证伪考

以下检验前145年论者"《报任安书》作年与'待罪辇毂下二十余年'"的"考据"。

张大可提到《报任安书》的作年有三种说法:"太始元年""太始四年""征和二年"。"《报任安书》作于太始元年(前96)说"的首创者是施丁先生。施丁提出此说的前提是据《史记·封禅书·太史公曰》"入寿宫侍祠神语"考定任安于元狩五年(前118)仕为郎中,而此前提的前提是据《史记·三王世家》"太子少傅臣安"句下《索隐》"任安也"这么一条荒诞的错注。笔者在上文讨论"前145年说论者"关于司马迁何年"仕为郎中"的考据时,已明确指出施丁的这番考据是典型的伪证伪考。因此,"《报任安书》作于太始元年说"不攻自破,不具继续讨论的价值。

"《报任安书》作于太始四年(前93)说"的首创者是王国维先生,但此说同样不能成立。且看王国维在《太史公行年考》"太始四年戊子,五十三岁"系年下如何论证己说:

> 按:公《报益州刺史任安书》,在是岁十一月。《汉书·武帝纪》:是岁春三月行幸太山,夏四月幸不其,五月还幸建章宫,《书》所云"会从上东来"者也。又冬十二月行幸雍,祠五畤,《书》所云"今少卿抱不测之罪,涉旬月,迫季冬,仆又薄从上上雍"者也。是《报安书》作于是冬十一月无疑。或以任安下狱坐受卫太子节当在征和二年。然是年无东巡事,又行幸雍在次年正月,均与《报书》不合。《田叔列传》后载褚先生所述武帝语曰:"任安有当死之罪甚众,吾尝活之。"是安于征和二年前曾坐他事。公报安书,自在太始末,审矣[①]。

---

① 王国维:《观堂集林》卷第十一《太史公行年考》,北京:中华书局,1959年,第503—504页。

　　王氏此说粗看似历历有据，但若与《报任安书》等文献对校，便可发现其考证方法及所得结论都经不起推敲，更背离历史的真实。

　　第一，王氏从《报书》首段中摘出"从上东来"和"从上上雍"两句，先认定二者必发生在同年，不经证明便以此为前提，然后附会《汉书·武帝纪》太始四年有东巡和幸雍的纪录，便武断"《报安书》作于是冬十一月无疑"。王氏忽略了《报书》发端"少卿足下：曩者辱赐书，教以顺于接物、推贤进士为务"中史公追叙任安赐书之时所用的重要时间副词"曩"。任安赐书之时远在任益州刺史时的"曩"昔，而史公报书则在"少卿抱不测之罪"系狱的"今"时，**由"曩"至"今"，其间有一大段"阙然久不报"的时间距离**。揆之古人"曩""今"合用时的语言习惯，**再参稽任安的仕历，二者显非同年之事**。史公本人的文字证明了王氏将武帝东巡和幸雍以及任安"曩者赐书"和下狱论死牵合为太始四年同年之事，是不符事实的。既然王先生的前提是错误的，因而据以推出的结论当然是不足为据的。（请参见袁传璋《太史公生平著作考论》，第159页）

　　第二，王氏在提不出任何史证的情况下，仅据汉武帝的暴怒之辞"任安有当死之罪甚众，吾尝活之"，便遽下断案："是安于征和二年前曾坐他事。公报安书自在太始末，审矣。"这里包含了两点错误。从一个**盖然性**的拟测，却推导出一个**必然性**的判断，违背了逻辑推理的基本规则。这是一。将褚少孙所记武帝原话"吾**常**活之"改易为"吾**尝**活之"。常者，经常也；尝者，曾经也。一字之差，意义迥别。窜易文献以就己说，违背了考据学的基本原则。这是二。由这样存在严重缺陷的考证方法得出的结论，岂能令人"无疑"而信其"审矣"！

　　第三，从任安的仕历可以确知征和二年之前他绝无下狱论死的纪录。笔者在《从任安的行迹考定〈报任安书〉的作年》中考定，当太始末、征和初京都长安政局动荡之际，武帝征调益州刺史任安为北军使者护军，严密掌控北军以稳定局势。前汉的北军是关系皇权存亡、京师安危的帝国唯一的常备作战部队，而北军使者护军则是握有北军平时统兵权柄的大员。若任安果如王国维所言在太始四年下半年刚"抱不测之罪"下狱论死，雄才大略的汉武帝还会在此时将帝国安危之权授予这个系狱待决的死囚，岂非天方夜谭！然而历史事实却是任安于太始末、征和初受任北军使者护军了，这就确凿地排除了任安于太始末下狱论死的可能性。褚少孙补《任安传》用"月满则亏，物盛则衰"的"天地之常"理，批评任安"知进而不知退。久乘富贵，祸积为祟"，终致杀身之咎。褚先生的史评从反面证明了，任安在征和二年遇难之前，一直是官运亨通、青云直上的，不仅不曾在太始四年下狱论死，而且在其他的年月也绝无下狱的纪录。任安的"抱不测之罪"，只有征和二年因巫蛊之变被北军钱官小吏挟嫌诬告的一次，罪名则是武帝钦定的所谓"怀诈有不忠之心"。历史的事实证明了王国维关于《报任安书》作于太始四年的考证虚妄无征。面对这样错得离谱的考据，张大可与陈曦居然无条件地奉作定论，真令人不可思议。

笔者坚持《报任安书》作于武帝征和二年十一月的观点。**《报任安书》的作年，与司马迁的生年，都具有唯一性。**因为《报书》中包涵太多的有关太史公生年与生平的宝贵因子，故笔者以精确考定后的《报书》作年为求证司马迁生年的基准点。拙作《从任安的行迹考定〈报任安书〉的作年》及《司马迁生于武帝建元六年新证》对此已做了充分的论证。

张大可在发表《评"司马迁生年前135年说"后继论者的"新证"》的同时，还配发了陈曦的《评袁传璋"司马迁生于前135年说"之新证》。张大可说："袁先生把《报任安书》的作年定为司马迁的行年基准点就大错特错。"陈曦呼应说："任安死于征和二年七月，根本未系狱到'迫季冬'的十一月。所以司马迁的《报书》不作于征和二年。""《报任安书》的写作与任安的因卷入巫蛊一案而获罪问斩，是没有任何关系的。"双剑合击，力图通过否定《报任安书》作于征和二年十一月，对"司马迁生于前135年说"釜底抽薪，剑术的设计可谓巧妙。然而张、陈二位论者的"亮剑"能否奏效呢？答案是否定的！

陈曦的论文由两大节构成，其第二节标题为"'于是迁仕为郎中'句之'于是'二字非无缝连接词，而是相当长时间段的连接词"，此说于《史记》原意之背离及对笔者论文之曲解，相当显白，笔者在本篇上文论证司马迁何自为郎时，已**用脚注**做了简要回应，似毋庸辞费；其第一节标题为"历史事实：《报任安书》不作于征和二年"，颇能眩人耳目。至于陈曦所征引的"历史事实"是否真的是历史事实，则需要认真清理。

在与张、陈二位论者就此展开商榷之前，先纠正陈曦的一个小小的疏失。《报任安书》作于武帝征和二年巫蛊之难后，其实也是古人的共识。唐六臣注《文选》之司马子长《报任少卿书》"今少卿抱不测之罪，涉旬月，迫季冬"句下，吕向注曰："安为庶太子事，囚于狱。不测，谓生死不可知。"张铣注曰："近季冬，将刑也。"①清儒何焯、王鸣盛、沈钦韩、梁玉绳等均持同样看法，唯古人质朴未展开论证而已。唐人吕向、张铣与清人何义门等早发此论，而陈曦（含张大可）似一无所知，居然说赵翼**"率先**得出'此书正安坐罪将死之时，则征和二年间事'的结论"，未免有失检点。

张大可与陈曦最重要的杀手锏是《汉书·刘屈氂传》里的一段话：

> 太子军败，南犇覆盎城门，得出，会夜司直田仁部闭城门，坐令太子得出，丞相欲斩仁。御史大夫暴胜之谓丞相曰："司直，吏二千石，当先请，奈何擅斩之？"丞相释仁。上闻而大怒，下吏责问御史大夫曰："司直纵反者，丞相斩之，法也，大夫何以擅止之？"胜之皇恐，自杀。及北军使者任安，坐受太子节，怀二心，司直田仁纵太子，皆要斩。……以太子在外，始置屯兵长安诸城门。后二十余日，太子得于湖②。

陈曦说："细绎上引《刘屈氂传》中的文字，可知任安与田仁、暴胜之等均死于征和二年七月……《汉纪》《资治通鉴》亦沿用班固记述，将任安

①〔梁〕萧统选编，〔唐〕李善等注：《六臣注文选》卷四十一司马子长《报任少卿书》，杭州：浙江古籍出版社影宋本，1999年，第746页。
②〔汉〕班固：《汉书》卷六十六《公孙刘田王杨蔡陈郑传第三十六》，北京：中华书局，1962年，第9册，第2881—2882页。

之死系于征和二年七月。"

笔者按：如果任安的结局，史书仅有这一段记载，那么陈曦"细绎"出的结论或许可资参考；但若与《史记》《汉书》的纪、传、年表的相关记载参互考察，便会发现张、陈二位论者认为"任安与田仁、暴胜之等均死于征和二年的七月"的结论不过是本先入之见的主观臆说。

第一，任安的下吏与田仁坐失纵并非同案，不存在同时处决的可能性。《汉书·武帝纪》记载，征和二年"秋七月……庚寅，太子亡。皇后自杀。……御史大夫暴胜之、司直田仁坐失纵，胜之自杀，仁要斩"①。田仁纵放太子出城，罪责严重，事实清楚，且系武帝亲自追责处置，故在太子出亡后没几天即下吏并处决。而任安与田仁案毫无关涉，且任安并非"太子宾客"，平时与太子无任何交集，更未"随太子发兵"，不可能与田仁同时腰斩，《武帝纪》无一字提及任安即是明证。张、陈二位论者可能不知道史家有书一事而他事连类而及以终事的书法，因而对所引《汉书·刘屈氂传》的一段话存在严重误读，产生误会。

第二，任安系稳定政局有功之臣，临事处置得到武帝首肯，绝不可能于七月下吏腰斩。据《汉书·惠景武昭宣元成功臣表》及《武五子传》，武帝两度封平定太子兵事功臣。七月癸巳（二十日），封击太子有功者商丘成、莽通、景建三人为侯。九月，武帝又封在湖县泉鸠里追捕太子的有功吏卒李寿、张富昌为侯，加兵刃于太子的兵卒还拜为北地太守的实职。而任安作为北军使者护军，当太子刘据立车北军南门外以代表皇帝的汉节欲调北军助战时，"安拜受节，入，闭门不出"。"拜受节"，是对皇帝权威的尊重；"闭门不出"，则表明在复杂的情势下，任安能相机行事。从而为稳定大局起了关键作用，由是丞相临时征调的兵卒方战胜了太子的乌合之众。《汉书·刘屈氂传》在"太子军败"的上文有一段提点太子之所以"军败"原因的重要文字：**"太子召监北军使者任安发北军兵，安受节已闭军门，不肯应太子。太子引兵去，驱四市人凡数万众"**②与丞相指挥的正

①《汉书》卷六《武帝纪第六》，第1册，第208—209页。
②《汉书》卷六十六《公孙刘田王杨蔡陈郑传第三十六》，第9册，第2881页。

· 54 ·

规军交锋以致惨败，陈曦有意省略不引，然而武帝是清楚的。今本《史记·田叔列传》附褚少孙补《任安传》引武帝语："任安为详（佯）耶？不傅事**何**也？"意谓：任安受节是装佯吗？不掺和太子的事是为什么呢？语涵赞赏的意味。而司马贞所据《史记》文本述武帝语则作"任安为详耶？不傅事**可**也。"意谓：任安受节是装佯吗？不掺和太子的事是做得对的。更是正面的肯定。两种文本都能证明武帝对任安在复杂的形势下处置适当稳定大局的作用是了解且认可的。任安**后来**的下狱，是因为北军钱官小吏挟嫌诬告激起武帝的震怒。尽管如此，武帝还是将任安"下吏"，交给廷尉审理，而不是如陈曦所言"立即诛杀，绝不拖延的"。廷尉知道任安原是武帝的心腹爪牙之臣，也得悉武帝对任安在卫太子兵事中的处置是认可的，而北军钱官小吏的检举又疑点重重必须案验。天威难测，廷尉需要时间权衡利害，绝不敢匆促做出判处。张大可与陈曦认为"任安与田仁、暴胜之等均死于征和二年的七月"，是没有根据的。

第三，陈曦特举"受太子节者，如卢贺，均难逃诛杀的厄运"的案例，又引两条史料进行论证："据《史记·惠景间侯者年表》：'征和二年七月辛巳，侯贺坐太子事，国除。'又据《汉书·景武昭宣元成功臣表》：'〔卢贺〕坐受卫太子节，掠死。'可知卢贺在太子兵败没几天便因受太子节而被处死。"她自信满满地以为掌握了受太子节的任安也必与卢贺同例死于征和二年七月的铁证。然而**陈曦万万没有想到，正是她征引的这两条史料提供了任安不死于征和二年七月的铁证！**笔者按：征和二年七月甲戌朔，七月"辛巳"（初八日），乃太子反前一日，"太子事"尚未发生，卢贺不可能"坐太子事，国除"，更不可能"因受太子节而被处死"；七月壬午（初九日）太子反后无"辛巳"日。八月甲辰朔，八月也无"辛巳"日。九月癸酉朔，九月方有"辛巳"，即九月初九日。今本《年表》的**"七月"乃"九月"**之讹。卢贺因受太子节下吏拷掠而死在九月初九，此事发生在太子于七月庚寅（十七日）败走出城后的第五十二天。**"掠"**是《汉律》规定的一种审讯方式。《后汉书·肃宗孝章帝纪》元和元年秋七月，"诏曰：'《律》云掠者唯得榜、笞、立'。"①意谓《汉律》规定用"**掠**"这种方式进行审讯，只能用木杖击，竹箠鞭或罚令站立的方式刑讯拷问。一个"**掠**"字，透露了连"受太子节"的卢贺尚且经过将近两个月的司法拷问审讯；而任安在太子兵事中"拜受节，入，闭门不出"的表现得到武帝的肯定，不可能在七月下旬无端下吏，更不可能不经司法审讯即在七月庚寅（十七日）太子败走后没几天而被腰斩。陈曦以错讹的史料"征和二年七月辛巳"作卢贺死于七月的"铁证"是确凿的**伪证**，据此伪证做出的"可知"云云的考证必然是地道的**伪考**。陈曦以卢贺之死的伪证伪考来**例证**任安在太子兵败后没几天必与田仁同时腰斩，自属伪证伪考，审矣！

第四，司马迁作《史记》有**不为生人立传的义例**（本纪除外）。他在《田叔列传》之末匆匆为好友田仁以一百四十字作一急就章式的附传，可证他及见田仁在征和二年七月巫蛊之难中因坐纵太子刘据出京而被武帝腰斩的惨剧。任安是司马迁的知己。从《报任安书》表露出的深情厚谊推知，如果司马迁及见任安与田仁同于征和二年七月腰斩，司马迁不容不为任安仿照为田仁匆匆立传之例，在《史记》适当位置也匆匆作一小传。然而检阅全部《史记》，司马迁除了在《卫将军骠骑列传》中特举"**唯任安不肯**"五个大字以表其节概外，别无任何文字为屈死的任安在青史中留点痕迹。此亦可证司马迁生前不及见任安之死。

笔者在《郭沫若之司马迁"卒于太始四年说"质疑——兼论〈报任安书〉的作年》中指出："褚少孙生于武帝太始、征和年间，与任安、田仁的时代上下相接；而任安、田仁生前又是'立名天下'的人杰，他们的事迹是褚先生'为郎时'亲耳所'闻'，故他为他们所作的补传自属可信。《汉书》及《资治通鉴》中关于任安、田仁结局的史文，正是根据褚先生的补传撰写的。《汉书》《通鉴》所谓'皆要斩'云者，系史家连类而叙以终事的书法，不能作为考证任安、田仁死期的依据。"（请参见袁传璋：

---

① [南朝宋]范晔：《后汉书》卷三《肃宗孝章帝纪第三》，北京：中华书局，1995年，第1册，第146页。

《太史公生平著作考论》，第159页）

张大可与陈曦或许不懂得古代史家有书写一事而将他事连类而及以终事的书法，故将《汉书·刘屈氂传》中书写暴胜之、田仁因巫蛊之变被诛事连类而及任安的一节文字，视作任安必与田仁等于征和二年七月腰斩的铁证；又不知凡考证一事必须与相关文献参稽互证，使其**"揆之本文而协，验之他卷而通"**（王引之《经传释词·自序》）的要义，仅固执《刘屈氂传》中的一点叙文，甚至还不及该传的其余相关重要文字，便轻率地武断任安必"死于征和二年七月""《报书》不作于征和二年"。张、陈二位论者以这样的单线思维进行考证作业，必然深陷伪证伪考的泥潭。

五、"前145年说"——一份不及格的司马迁生年考证答卷

张大可打着"排比行年是考证司马迁生年唯一正确的方法"的旗号，**精心布下一个迷局**，除了承继王国维毫无根据的"《索隐》在流传中数字三十八讹为二十八"的遗产，又将《太史公自序》"年十岁则诵古文"**解构**为"一个时间点，即'年十岁'这一时间点的事，它是一句插入语，不会间断'耕牧河山之阳'时间段"，为此还新编了一大通"文章学"讲义，讲述文史作品除按时间先后叙事外，还"有倒叙、插叙、交叉、纪事本末、详此略彼等手法"，在数千言缭绕文字的掩护下，"别有用意"地把读者**绕进**他精心设计的所谓《自序》"迁生龙门，耕牧河山之阳，年十岁则诵古文，二十而南游江、淮"这四句话并非按时间先后叙事，而是"明白无误"地表明司马迁**"十九岁以前耕牧河山之阳"**的迷宫。然后宣称"如果考证落实'家徙茂陵'在哪一年，与十九岁前耕牧河山之阳，以及二十南游对接，行年基准点呼之欲出。……元朔二年……移居茂陵。这一年司马迁十九岁，则二十南游在元朔三年，即公元前126年。'家徙茂陵'与两者对接，产生了两个行年基准点，元朔二年即公元前127年，司马迁十九岁；元朔三年即公元前126年，司马迁二十岁。两个行年基准点上推司马迁生年，均为前145年。"似乎举重若轻地落成了为王国维的司马迁生于汉

景帝中元五年说弥漏补罅的工程。

"十九岁以前耕牧河山之阳"，是张大可《司马迁生年十年之差百年论争述评》上、下两篇最大的"创新"，也是前145年说论者最大的不可言说的隐秘所在。张大可把没有任何文献根据和可信考证支撑的"十九岁以前耕牧河山之阳"视为当然，将其设为推算司马迁生年的**原点**，又将不可证实的今传三家注本的《正义》按语"年四十二岁"作为推算司马迁生年的**终点**，然后挑出若干似是实非的"行年"的面与点组成所谓的证据链条，再"**套入**"他预先设定的**原点**与**终点**之中，随即高调宣布依《正义》说，司马迁生于前145年"合情入理"，可为定论。张大可在原点与终点均属虚妄无征的沙滩上按王国维生年说编制的《司马迁行年表》，是司马迁生年百年论争中最大的一项循环论证的案例。这篇《年表》犹如一副色彩斑斓的多米诺骨牌，一旦抽出了"十九岁以前耕牧河山之阳"这张假牌，张大可精心堆砌的司马迁生年及生平的多米诺骨牌必然立即坍塌。

张大可《评"司马迁生年前135年说"后继论者的"新证"》的结论认为"司马迁生于公元前145年可作阶段性定论，证据有五"，其中最为关键的则是张氏在《司马迁生年十年之差百年论争述评》中全力推出的"司马迁生年前145年论者的考据"的三项"考证"。本文业已对这三项"考证"进行了全面、精准的检验，检验结果是：前145年论者"十九岁前耕牧河山之阳"与"对'家徙茂陵'之考证"纯属想当然；对"'仕为郎中'之考证"亦荒诞无稽；《报任安书》作于太始四年说及任安死于征和二年七月说皆属伪证伪考。这样的结果报告虽然出乎持前145年说者的意料，但绝非偶然。根源在于王国维推出的司马迁生于汉景帝中元五年说（公元前145年说）本身就是完全错误的（请参考《王国维之〈太史公行年考〉立论基石发覆》对王氏司马迁生年说的证伪），王说后继者对这个错误定年所做的任何弥缝补罅的"考据"，必然跌入伪证伪考的陷阱而徒劳无功，最终呈交的只能是一份不及格的司马迁生年考证答卷！

六、张大可《述评》之研究方法述评

张大可的两篇《述评》最终呈交的之所以是一份不及格的司马迁生年考证答卷，则与他独特的取证手段与研究方法密不可分。张氏异乎寻常的取证手段与研究方法主要有以下数种。

其一，取证手段是习惯性的错会对手原意，甚至扭曲对手观点，制造标靶，以利抨击。笔者通检今本《史记》，发现"二十"与"三十"罕见互讹，而"三十"与"四十"却频繁互讹，证明王国维的"数字讹误说"不具备"科学的基础"。在《从书体演变角度论〈索隐〉〈正义〉的十年之差——兼为司马迁生于武帝建元六年说补证》中指出：宋以前二十、三十、四十这三个十位数字的**正体**分别书作**合体字卄、卅、卌**。三者之间虽说仅有一笔之差，但字形并不相混，读音也迥然不同，故卄、卅之间罕见相讹；而**卅、卌**之间易致相讹，亦与"数字讹误说"无关，而是**由唐入宋"卅""卌"与"世"字书体演变所致**。对此笔者有详尽的论证，论文标题《从书体演变角度论〈索隐〉〈正义〉的十年之差》也做了明确的提示。（请参见袁传璋：《太史公生平著作考论》，第57—74页）但张大可却将笔者的论点与论证扭曲为："袁先生的考证可概括为两位数字书写常理说，是'卅讹为卌，乃事之常；卅讹为卄，于理为远'，即《正义》的'年四十二'是'年三十二'之讹。……他极力否认'数字讹误说'，其目的是指《索隐》不误，但他忘了自己的考证是要证明《正义》的'年四十二'是'年三十二'之误，这难道不是'数字讹误'？袁氏考证在逻辑上自相矛盾。"张先生的这番"概括"与笔者的考证本意南辕北辙。他按照自己的设计，将笔者原作的论点论证加以扭曲变形，制造出自相矛盾的假象，使其显得荒诞可笑，然后轻松愉快地对其进行批驳。采用这种手段来误导读者，难道就不怕有心人找出笔者的原作加以比照拆穿哈哈镜？笔者说过："按《自序》'迁生龙门，耕牧河山之阳，年十岁则诵古文，二十而南游江淮'这段文字，是依照时间的先后，分叙自身儿时、少时和青年时代的经历。"（袁传璋：《太史公生平著作考论》，第75页）张大可据此认为：
"'句句'按时间先后叙事，是误读史文的一个理论支撑，为袁传璋先生
首先提出。……'句句'两字笔者加了引号，表明这两个字袁先生没有
说，而是笔者概括袁氏理论的精义，它隐含在字里行间。袁先生的原话只
是说'依照时间先后'叙事，这原本没有错。而错误就在'句句'两个
字。"像张氏这样捏造对手观点，制造标靶，强加于人，然后痛加批判的
战法，已经超越正常的学术论争的范畴。我们的先贤二千五百多年前就提
出**"修辞立其诚"**的要求（《易·乾·文言传》），像张先生这样的做法
距离先贤的教导未免太过辽远！

其二，论证方法是喜傍名人之说，厚集其阵，为己后援。学术研究中
难免要引据名贤之说，但名家（包括王国维这样的学术权威）之言未必条
条得当，引据之前均需检验真伪以定取舍，否则必犯以讹传讹之错。"仕
为郎中"是司马迁行年的重要关节点，张大可依傍施丁的结论："施丁考
证'仕为郎中'在元狩五年，公元前118年，司马迁28岁"，并将施丁的
错误论考作为他排比司马迁行年的重要支点。施丁的这番"考证"原本荒
谬，而张大可居然称誉施丁"迎难而上，乃治学严谨之态度"，岂不可笑！
程金造称《正义》后出，疏通、驳正《索隐》。张大可信以为真，据以论
证今本《索隐》司马迁"年二十八"系"年三十八"之讹，以为证实了司
马迁生于前145年说，却不知作为立论基础的程金造说本身就大错特错。
笔者在《宋人著作五种征引〈史记正义〉佚文考索》一书的《导论》第七
节"澄清四库馆臣以来认为《正义》疏通《索隐》的误解"中指出：司马
贞的《史记索隐》，《旧唐书·经籍志》并未著录，可证开元十年前尚未成
书。《新唐书·艺文志》著录唐人著作，按入藏御府先后排列。《史记索
隐》编录于唐德宗贞元（785—804）中呈御的"陈伯宣《注史记》一百三
十卷"之后，而其时上距开元（713—741）之末已过半个世纪；且其书署
名官衔为"开元润州别驾"，而非宋刻今传《史记》三家注本之"国子博
士弘文馆学士"，可证《索隐》成书于司马贞离京外任润州别驾之时。张
守节《史记正义》成书于开元二十四年（736），在长安撰著期间根本不存

在见读《史记索隐》的时间可能性,何来有以《正义》"疏通、驳正"《索隐》之事?①又如徐朔方根本不知唐写本《史记》是何种面貌,张大可也引其说作证,并肯定"徐氏的说法是中肯的"。张大可诸如此类的失误,在于对名家之说不辨真伪照单全收为己背书。

其三,对于并无深入研究的领域好为独断,大言欺人。如谓"司马谈三件大事:《论六家要旨》、培养司马迁、临终遗命。三件事均集中说修撰《史记》一件事"。张氏宣称"《论六家要旨》是司马谈的述史宣言"。笔者按:这篇巨作始发于论学,归结于论治。借批评汉儒"博而寡要,劳而少功"的由头,委婉地对今上多欲求仙痼疾进行针砭。全文只字未涉述史,何来"述史宣言"之说?张氏又说此文"当发表在元狩元年,公元前122年"。如无真凭实据,其"当"当属假语村言。至于张氏的司马谈"培养司马迁接班"之说,亦为"想当然"的无稽之谈。司马迁身处武帝"有为"之世,少年心事在立功荣祖,初无作史之念;仕为郎中后得武帝器重,奉使西征南略,仕途不可限量。司马谈指导爱子读万卷书行万里路的教养模式,遵循的是孔子成人教育的理念,也是犹如东方朔所说的"为天子大臣"所做的准备。他尊重爱子的人生取向。张大可说"司马谈三件大事""均集中说修撰《史记》",其说靠谱的只有"临终遗命"一件事。司马谈临终遗命改变了司马迁的人生取向,继任太史,由立功转为立言。笔者的《司马谈临终遗命与司马迁人生转向》②,对此有说,提供了与张说比照的样本,可资参证。又如张大可在其论文《司马迁生卒年考辨辨》中说:"'卅'与'廿'仍相近,容易互相讹误,而与'卌'则不易讹误了",并断言:"这是一个历史的演变。"然而笔者通检《史记》三家注本所发现的真实的"历史的演变",却是"廿"与"卌"罕见互讹、"卅"与"卌"却频繁互讹,与张大可的"断言"完全相反。事实证明,在这个关

---

① 袁传璋:《宋人著作五种征引〈史记正义〉佚文考索》(二十四史研究资料丛刊),北京:中华书局,2016年,第30—33页。

② 袁传璋:《司马谈临终遗命与司马迁人生转向》,《渭南师范学院学报》2016年第1期,第19—27页。

系到司马迁生年定年的极其重要的课题上，张大可并未做起码的基础研究，就竟敢把自己的臆测断言为"这是一个历史的演变"！再如张大可在其两篇《述评》中一再说司马迁应当在"二十八岁仕为郎中"，为郎中后又需"经过七年历练"，三十五岁"才可为钦差大臣，这才合于情理"，都是毫无根据的欺人之谈。

其四，对于击中前145年说要害的古代文献则极力贬低甚或诋毁其价值。对待《玉海》即为显例。唐人张守节《史记正义》征引的《博物志》所录司马迁出任太史时的官历档案，宋人以《正义》附刻于《史记集解索隐》时因其与《索隐》重复而整条削除。所幸被王应麟《玉海》卷四十六征引："《史记正义》：'《博物志》云：迁年二十八，三年六月乙卯除六百石。'"这条《正义》佚文在埋没不彰八百余年后重见天日，证明了《正义》与《索隐》共同征引的《博物志》存录的司马迁继任太史时的纪年数字均为"二十八"，在唐代并无"十年之差"，亦证明了**今本《正义》按语系据上文"卒三岁而迁为太史令"的《正义》佚文所引《博物志》纪年推算而来，今本"四十二岁"必为"三十二岁"之讹**。从而彻底否定了王国维"疑今本《索隐》所引《博物志》'年二十八'，张守节所见本作'年三十八'"的谬说。这条《正义》佚文的发现，对司马迁生于汉景帝中元五年（前145）说的打击是毁灭性的。因此张大可的反应也异乎寻常地激烈，他在《司马迁生年十年之差百年论争述评》中极力贬低这条《正义》佚文的价值，说什么："明代王应麟《玉海》卷四十六发现《史记正义》亦引《博物志》……其实是第三手、第四手乃至第五手的转引资料，正确性值得怀疑。"在《述评》下篇中进一步诋毁"《玉海》的这条《正义》佚文……与日藏南化本那条栏外的《索隐》差不多，甚至还要等而下之，正确性值得怀疑，同样也是一条伪证。"①如此看来张先生对王应麟的生平、学术地位与《玉海》的文献价值真的所知甚少，以致把宋代通儒王应麟说成是"明代王应麟"，把王应麟凭借皇家馆阁藏书费三十年之功编撰的《玉海》说成是"《玉海》是唐以后，晚至明代，材料转引四五手"，所引《正义》佚文"也是一条伪证"。如此肆意妄言，岂不畏识者讥评？

二十多年前，笔者鉴于程金造先生研究《史记》三家注的论文由于研究态度与研究方法的偏颇，导致最终结论往往出错的现实，又鉴于类似程先生的失误在学界还具某种普遍性，故在拙作《程金造之"〈史记正义佚存〉伪托说"平议》长文结局处，就学风问题提出了几点"余论"（袁传璋：《太史公生平著作考论》，第260—261页）。如今拜读了张大可先生《司马迁生年十年之差百年论争述评》等两篇宏论，深感往年的"余论"还有重申的必要，特郑重移录于下：

> 学术研究的要义是即实事以求真是。若因研究者的无意疏失，所即并非实事，而欲从中求得真是，则无异于缘木求鱼，然尚无大害。若研究者本先入之见，隐瞒或歪曲事实，以售其自以为独得之真是，即便能取信于一时，终不可尽掩天下人之耳目。结果只能是以欺人始，而以误己终。这是一种最不可取的学风和方法。
>
> 评判学术问题的是非，应有同一的标准，而不应随心所欲，予智自雄。程氏为了证明其独创之《正义》疏通《索隐》说，就坚执张守节必定见读而且参考过开元十年前后尚未成书更未呈御的司马贞《索

---

① 笔者按：学术研究必须实事求是，切忌捕风捉影。所谓日藏"南化本"，实即南宋宁宗庆元年间建安黄善夫梓刻的《史记》三家注合刻本。这部现存最早的《史记》三家注合刻本原为日本学问僧南化玄兴所藏。现藏东京日本国立历史民俗博物馆。日藏"南化本"《史记》的《太史公自序》"卒三岁而迁为太史令"句下《索隐》所引《博物志》明确作"大夫司马年二十八"。日藏南化本该叶栏外根本没有张大可所称的"那条栏外的《索隐》"！栏外天头只有"二一本乍三"五个字的手写批注。"一本"何指，并无任何说明文字，来源非常可疑。海内外现存的宋元明清版刻《史记》二注本、三注本中的《索隐》所引《博物志》皆作"年二十八"。南宋通儒王应麟所撰《玉海》，据馆阁写本《史记索隐》与《史记正义》所引录的西晋张华《博物志》，亦皆作"迁年二十八"。

隐》；程氏为了否定《正义》佚文为张守节所作，又提出张守节不可能见读开元八年呈御的《五臣集注文选》。同样一个张守节，程氏为了证成自己的不同观点，可任加摆布。其自相违舛、与夺无常，一至于此。若以"揆之本文而协，验之他卷而通"的原则，予以校比，则其弊立见。

在古书字义的释解上，务须兼顾本义、引申义、前后语境以及作者与注者的时代特点，而不可固执一见，不及其余。程氏曾作《论泷川资言的〈史记会注考证〉》，批评该书缺点产生的"基本原因，在于他对训诂掌握的不够"。而程氏自己对《正义》佚文种种不应有的误解曲说，恐亦植根于此。古人所以"致论于目睫"，不是没有道理的。

学术乃人类共享之公器，其进步亦需人类共同之努力。既不可党同伐异，也不应区分此畛彼域。做为全人类共同的文化遗产的《史记》，其博大精深，难见涯涘。对它的求解，尤须各国的《史记》学者从不同的角度协作切磋。谁在学术上取得突破，不管他来自司马迁的故土，还是来自异域重译，都应以平常的心态表示敬意。若纵放功利之心，徒逞敌忾之气，发为文字，则难免鉴衡失公。

书此以与张大可先生共勉。

2017年8月15日于安徽芜湖凤鸣湖畔瘿陶斋
（原载《渭南师范学院学报》2018年第5期）

司马谈临终遗命与司马迁人生转向

古往今来探究司马迁何以能撰述"究天人之际，通古今之变"的《太史公书》者，首先必会论及他的家世渊源，宣称他出身于世代相传的史官世家。如前后汉之际的卫宏在《汉旧仪注》中说，汉"承周史官，至武帝置太史公。司马迁父谈，世为太史"①。南朝梁代的刘勰在《文心雕龙》的《史传》篇中说："爰及太史谈，世惟执简；子长继志，甄序帝勣。"②近人李长之则说，司马迁家族"是代代相传的历史家并天文家"③。又必称其父司马谈对司马迁自幼即以作史为目的进行精心培养。如徐复观便说："他对史公的教育，是以作史为目的的教育。……史公'年十岁则诵古文'……从孔安国问故，从董仲舒闻《公羊春秋》；这都与作史有密切关系。'二十而南游江淮'……可以说是他父亲司马谈为他所安排的一次富有历史文化、因而加强他的历史意识、启发他的历史体验的旅游。"④但这种近乎定论的观点其实并不完全符合司马迁青少年时期的教育实际和人

①〔宋〕李昉等编：《太平御览·职官部三三·太史令》，北京：中华书局，据上海商务印书馆1935年影宋本影印，1960年，第2册，第1114页上栏。

②〔南朝梁〕刘勰撰，范文澜注：《文心雕龙注》，北京.人民文学出版社，1958年，第284页。

③李长之：《司马迁之人格与风格》，北京：生活·读书·新知三联书店，1984年，第24页。

④徐复观：《论史记》，《两汉思想史》第三卷，上海：华东师范大学出版社，2001年，第190—191页。

生追求。因为司马迁并非出身于纯粹的史官世家，而其父司马谈对他自幼的教育也并非以继任太史为唯一的目标。至于青少年时期的司马迁本人的志趣实在专注于事功，而非着眼在立言。

一、司马氏多元的家世传统

司马迁在《太史公自序》的发端以庄严凝重的笔调追溯司马氏源远流长的谱系：

> 昔在颛顼，命南正重以司天，北正黎以司地。唐虞之际，绍重黎之后，使复典之，至于夏商，故重黎氏世序天地。其在周，程伯休甫其后也。当周宣王时，失其守而为司马氏。司马氏世典周史。惠、襄之间，司马氏去周适晋。晋中军随会奔秦，而司马氏入少梁。
>
> 自司马氏去周适晋，分散，或在卫，或在赵，或在秦。其在卫者，相中山。在赵者，以传《剑论》显，蒯聩其后也。在秦者名错，与张仪争论，于是惠王使错将伐蜀，遂拔，因而守之。错孙靳，事武安君白起。而少梁更名夏阳。靳与武安君坑赵长平军，还而与之俱赐死杜邮，葬于华池。靳孙昌，昌为秦主铁官，当始皇之时。蒯聩玄孙印，为武信君将而徇朝歌。诸侯之相王，王印于殷。汉之伐楚，印归汉，以其地为河内郡。昌生无泽，无泽为汉市长。无泽生喜，喜为五大夫，卒，皆葬高门。喜生谈，谈为太史公[1]。

自"昔在颛顼"至"失其守而为司马氏"，系本《国语·楚语下》"昭王问于观射父"关于"绝地天通"的古老传说[2]。司马迁对"重黎氏世序天地"

---

①［汉］司马迁：《史记》卷一百三十《太史公自序第七十》，北京：中华书局，1982年，第10册，第3285—3286页。以下凡引《史记》版本同此，不另注。

②《国语》四部丛刊初编本，张元济等辑，上海涵芬楼借杭州叶氏藏明金李嘉靖中翻宋本影印，1922年，《楚语下第十八》，第一至第三叶。

与"司马氏世典周史"的功业甚感光荣与自豪。由"世序天地"到"世典周史",反映了史官从巫史祝宗系统逐渐分离独立的过程。据《国语》所述,司马氏的远祖重黎是精爽诚壹、智圣聪明的巫者。在少昊氏世衰、九黎乱德、民神杂糅、灾祸频仍的严峻时代,帝颛顼承弊通变,任命敬恭神明的重司天,沟通人神;任命心率旧典的黎司地,主管民政。重黎协助帝颛顼拨九黎之乱,恢复到黄帝法天则地的常政。在唐虞之际,当"三苗复九黎之德",混淆人神时,帝尧又起用"重黎之后不忘旧典者"为司天司地之官,以至于夏、商。重黎兼有神职祭司与政务高官的双重身份,权位尊崇。所以老太史公司马谈在弥留之际对其子司马迁追溯先祖功业时,崇敬地说:"自上世尝显功名于虞夏,典天官事。"《史记》的《天官书》与《历书》又称重黎氏为"昔之传天数者"。可知重黎氏不仅世代通晓奉天事神的祭典,而且还掌握观察天象、制定岁历的专门技能,从而成为上古文化的典守者与记录者。所谓重黎绝地天通,其实际的意义在于将远古人神杂处的原始精神状态,渐进于理智清明的人文世界。重黎氏作为"世序天地"的天官,乃沟通天人的枢机,其身份地位实为王者之师,虽兼有记载的史职,然并非后世意义的专业史官。

司马迁说"司马氏世典周史"。宗周史官为王朝内廷官,随王伴驾,职司记录。《礼记·土制》:"大史典礼,执简记,奉讳恶。"《礼记·玉藻》:"君举必书,动则左史书之,言则右史书之。"史官掌管王朝典籍文书,出纳王命,观象制历,在锡命礼上代宣王命。太史还常受王命委托执行其他政务,如监军、督工、巡视邦国等。最特出者当是西周开国重臣尹佚。曾为东汉光武帝制定朝章国典的卫宏说:"司马氏,周史佚之后。"[1]《史记·周本纪》记载武王伐纣克商之明日,举行庄严盛大的社祭,"尹佚策祝",即由尹佚起草册书并诵读祝文,向"天皇上帝"报告"殷之末孙季纣"的罪行,宣布武王"革殷,受天明命"。武王又命"史佚展九鼎保

---

[1]《史记》卷一百三十《太史公自序第七十》"司马氏世典周史"句下司马贞《史记索隐》征引卫宏说,第10册,第3286页。

玉"①。九鼎保玉是象征天下权威的重器。此时由尹佚改称"史佚",即以史官的身份向九州诸侯展示周得九鼎,宣告周革殷命的政权合法性。《逸周书·克殷解》中的尹佚,《尚书·洛诰》中的作册逸,《史记·周本纪》中的史佚,当是同一人,盖"尹"为氏,"佚(逸)"为名,"史""作册"为其官号。在《大戴礼记·保傅》篇中,史佚与太公望、周公旦、召公奭并称"四圣",为周成王的辅弼大臣。在《汉书·古今人表》中,史佚与师尚父(即太公望)并列于上中仁人栏。在《左传》的僖公十五年、文公十五年、昭公元年,《国语》的《周语下》,均引有"史佚之言"或"史佚之志"。史佚实为史官文化由宗教向人文转化过程中的关键人物。

然而除尹佚之外,司马氏"世典周史"在《史记》中班班可考的人物并不多见,而且在西周末年还一度中断。《太史公自序》分明说:"其在周,程伯休甫其后也。当周宣王时,失其守而为司马氏。"程伯休甫是重黎氏杰出的后裔。他以程国伯爵的身份出任周王朝的太史。周宣王六年(前822)征讨东方淮夷之乱,程伯休甫被宣王任命为主管邦国九法的大司马,中止天官太史的职守,在平定叛乱恢复统一的征战中建立事功,成为辅佐宣王中兴的一代名臣。《诗经·大雅·常武》篇第二章:

> 王谓尹氏,"命程伯休父,左右陈行。戒我师旅,率彼淮浦,省此徐土"。不留不处,三事就绪②。

赞颂了程伯休甫的卓越战功。程伯休甫大司马的官号也自此成为司马氏家族得姓的由来。程伯休甫"失其守而为司马氏",使得司马氏在天官太史的家族传统中注入了军事战略家的因子。

自从周宣王时因程伯休甫的军功得姓司马氏后,史籍中即少见司马氏子孙有任周王朝太史者。《史记·周本纪》载周幽王二年(前780)"西周

---

① 《史记》卷四《周本纪第四》,第1册,第126页。

② [唐]孔颖达等:《毛诗正义》,北京:中华书局,据前世界书局缩印清阮元校刻《十三经注疏》本影印,1980年,上册,第308页。

三川皆震"，伯阳甫预言"周将亡矣"①。幽王三年（前779）载，幽王宠褒姒，欲废太子宜臼改立褒姒之子伯服。周太史伯阳读史记曰："周亡矣。"②太史伯阳甫并非司马氏。《周本纪》又载周烈王二年（前374）周太史儋论周、秦分合事③。周太史儋亦非司马氏。从程伯休甫失其周太史官守，到司马谈于汉武帝建元元年（前140）出任汉王朝太史公，司马氏家族的史官传统中断了682年；若从周惠王、襄王之际周室内乱，司马氏去周适晋，姑以周襄王十六年（前636）重耳入晋为君的晋文公元年起算，到司马谈为汉室太史公，司马氏史官的家世亦有将近五百年的空白。因此古今诸多学者称说司马迁出身于"世惟执简"的史官世家，并不确切。

论者或谓司马迁本人在《太史公自序》中明言"司马氏世典周史"，据此说司马迁出身"史官世家"岂容有误？其实不然。孔子曰"吾其为东周乎"，欲在东方复兴周道之"周"，与司马迁称"司马氏世典周史"之"周"，均特指文、武、周公开创的西周。论者由于对"周"的含义理解出现误差，故作出司马迁出身"史官世家"的误判。

司马氏家族自去周适晋，就分散为三大支派，或在卫，或在赵，或在秦。家族的传统也更趋多元。卫国支派的名宦为司马喜。《史记·鲁仲连邹阳列传》载邹阳《上梁孝王》云："昔者司马喜髌脚于宋，卒相中山"④。司马喜三次出任中山国的国相，事迹多见于《战国策·中山策》⑤；他曾在中山王前难墨者师以非攻，见《吕氏春秋》卷十八《审应览·应言》篇⑥；《韩非子·内储说下》亦载司马喜四事⑦。可见司马喜实为战国时代著名的擅长内政外交的政治人物。

①《史记》卷四《周本纪第四》，第1册，第145页。

②《史记》卷四《周本纪第四》，第1册，第147页。

③《史记》卷四《周本纪第四》，第1册，第159页。

④《史记》卷八十三《鲁仲连邹阳列传第二十三》，第8册，第2473页。

⑤[清]吴师道：《战国策校注》，清光绪十四年（1888）长沙惜阴书局重刊本。

⑥《二十二子》，十一，《吕氏春秋》第十八卷《审应览》，上海：上海古籍出版社，据清浙江书局刊本影印，1986年，第696页。

⑦《二十二子》，十九，《韩非子》第十卷《内储说下》，第1152—1153页。

进入赵国的司马氏分支以传授《剑论》而扬名于世。何等人物方有资格传兵论剑？《太史公自序》中的《孙子吴起列传》叙录给出了答案："非信廉仁勇不能传兵论剑，与道同符，内可以治身，外可以应变，君子比德焉。"①战国著名剑客蒯聩即出自赵国的司马氏。《淮南子·主术训》曾举以说事："握剑锋以离北宫子，司马蒯蒉不使应敌。"②《汉书·艺文志·兵技巧》著录"《剑道》三十八篇、《手搏》六篇"，或即传自赵国的司马氏。蒯聩的玄孙司马卬在起义反秦的大风暴中，作为赵国的将领攻取秦帝国的河内重镇朝歌，数有战功，项羽分封灭秦的诸侯王时，司马卬被封为殷王，领有前殷商王朝的王畿之地，定都于朝歌。赵国分支为司马氏注入了重侠义、反暴政的气质。

由晋入秦的司马氏分支是司马迁的直系祖先。虽然司马氏入少梁在晋中军随会奔秦之年，即周襄王三十二年、晋灵公元年、秦康公元年（前620），但真正可考的祖先谱系却到此后将近三百年的八世祖司马错方始明朗。司马错是与武安君白起同时而年辈稍长的秦国名将，《史记》的《秦本纪》《六国年表》《张仪列传》中有他上十处的军功记录。秦惠文王后元九年（前316），在秦国究竟是出兵东进伐韩还是南下伐蜀的廷议中，司马错以高瞻远瞩的战略分析，挫败了秦相张仪的伐韩主张，受命统兵灭蜀，因而守之③，从此截断了楚国的上游，威胁到楚国的腹地。秦昭襄王"六年，蜀侯辉反，司马错定蜀。"④司马错多次统兵与秦国的主要敌手东方的魏国、南方的楚国作战：秦昭襄王"十六年（前291），左更错取轵及邓。"⑤"十八年（前289），错攻垣、河雍，决桥取之。"昭襄王"二十一年（前286），错攻魏河内。魏献安邑。"⑥"二十七年，错攻楚。赦罪人迁

①《史记》卷一百三十《太史公自序第七十》，第10册，第3313页。

②《二十二子》，二十，《淮南子》第九卷《主术训》，第1246页。

③《史记》卷七十《张仪列传第十》，第7册，第2281—2284页。

④《史记》卷六《秦始皇本纪第六》，第1册，第210页。

⑤《史记》卷十五《六国年表第三》，于秦国栏内作"十八 客卿错击魏，至轵，取城大小六十一。"第2册，第739页。

⑥《史记》卷六《秦始皇本纪第六》，第1册，第212页。

之南阳。"①同年，"又使司马错发陇西，因蜀攻楚黔中，拔之。"②司马错多次担任灭蜀、攻魏、伐楚的主将，驰骋沙场长达三十六年之久。他也是司马迁在《史记》中除先父司马谈之外着墨最多的一位直系祖先，可见对其战略眼光和卓越战功的钦敬！司马错裔孙、司马迁的六世祖司马靳，也是秦国的大将。在司马错伐楚二十年之后，即秦昭襄王四十七年（前260），作为白起的副将，如《自序》所云"靳与武安君坑赵长平军"，《秦本纪》作白起"大破赵于长平，四十余万尽杀之"③，从此使赵国一蹶不振，为秦国东进清除了障碍。《秦本纪》在次年记载"武安君归"后，有"司马梗北定太原，尽有韩上党。正月，复守上党"的记事④。《秦本纪》中无"司马靳"其名，而梗、靳音近，这位司马梗或即《自序》中所述的六世祖司马靳，他与武安君白起于昭襄王五十年十二月一道被定为"有罪，死"，这即《自序》所说的"还而与之俱赐死杜邮"。惋惜之情溢于言表。

司马靳之孙、司马迁的四世祖司马昌，"昌为秦主铁官，当始皇之时"。据《汉书·地理志》的记录，有四十个郡国即山冶铁之处设有铁官，司马迁家乡的夏阳铁官亦在其中。但司马昌系"为秦主铁官"，一个"主"字表明他是秦廷主持冶金的总管。《汉书·百官公卿表》："治粟内史，秦官"，为九卿之一，属官有"铁市长、丞"。铁市长秩六百石，官阶虽不高，但所掌为农战利器，关系军国命脉；司马昌作为铁官，在秦始皇扫平六国的征战中所起的战勤保障作用不容小觑。而采矿、冶铸与配发又是复杂的系统工程，需要很高的专业学识与统筹才能方可胜任。司马迁在《货殖列传》中对天下的矿藏分布如数家珍，可能得自司马昌的传承。司马迁的三世祖司马无泽，"无泽为汉市长"。《史记·汉兴以来将相名臣年表》

---

① 《史记》卷十五《六国年表第三》，于楚国栏内作"秦击我，与秦汉北及上庸地。"第2册，第741—742页。

② 《史记》卷五《秦本纪第五》，第1册，第213页。

③ 《史记》卷五《秦本纪第五》，第1册，第213页。

④ 《史记》卷五《秦本纪第五》，第1册，第214页。

记载，高祖五年"入都关中"，六年"立大市，更命咸阳为长安"①。此大市当为新建京都长安而特设，汉大市市长则承担宫室营造材料的筹划调拨、日用商品的生产流通②。《货殖列传》中精辟的市场经济理论，相当程度上得益于曾祖司马无泽的赐予。司马迁的祖父司马喜（与战国时代担任中山国相的司马喜同名）生活在高后、文帝时代，为五大夫，这是二十等爵位中的第九等，属于高爵。他也许英年早逝，故事迹不详。司马喜生司马谈，"谈为太史公"，重续远祖太史的传统。

在司马迁对祖先功业的追溯中，我们可以见到这些杰出的先人有的世任天官，沟通天人，事神治民，又执掌宪典而为王者师；有的临危受命统兵平叛，成为维护国家统一的中兴名臣；有的驰骋沙场卓有战功而扬名于世；有的作为经济技术官员也有其独特贡献……他们的共同特征，诚如《太史公自序》所说的，无不"扶义俶傥，不令己失时，立功名于天下"。从司马迁对祖先功业的追溯中，也同时为读者提供了更多的信息：王室天官的传统自程伯休甫失其官守至今已断绝将近七百年，司马迁的直系祖先自祖父以上并无出任太史而主要以军功名世。司马迁既为远祖天官的光荣而自豪，也为直系祖先的军功而骄傲。而且自秦入汉，司马氏家族逐渐衰落，振兴门楣迫在眉睫。生活在汉家"有为"的时代，光宗耀祖的重任自然落在司马迁的肩头。而家族的传统实为多元，祖先的遗产又极其丰厚。青年司马迁如何展开自己的人生画卷，他所仰慕的诸多杰出祖先的范型，为他提供了多种可资选择的路径。

---

① 《史记》卷二十二《汉兴以来将相名臣年表第十》，第3册，第1120页。

② 笔者按：湖北张家山二四七号汉墓出土竹简吕后《二年律令》中的《秩令》有六百石的"长安西市令"，见《张家山汉墓竹简》，北京：文物出版社，2006年，第74页；《汉书·百官公卿表》内史属官有长安市令及长安四市长，见《汉书》，中华书局，1962年，第2册，第736页。均为高祖以后因应长安拓展后的需要分设，与高祖为初建长安特设的大市"汉市长"职责不同。

二、司马迁的少年心事——立功荣祖

司马迁于汉武帝建元六年（前135）诞生于左冯翊夏阳县（今陕西省韩城市）①。他诞生的时候，大汉王朝经过数十年的休养生息和文景无为之治，国力达到隆盛的顶峰。《史记·平准书》描绘了这样的图景：

> 至今上（武帝）即位数岁，汉兴七十余年之间，国家无事，非遇水旱之灾，民则人给家足，都鄙廪庾皆满，而府库余货财。京师之钱累巨万，贯朽而不可校。太仓之粟陈陈相因，充溢露积于外，至腐败不可食。众庶街巷有马，阡陌之间成群，而乘字牝者傧而不得聚会。守闾阎者食粱肉，为吏者长子孙，居官者以为姓号。故人人自爱而重犯法，先行义而后绌耻辱焉②。

就在司马迁诞生的这一年，信奉黄老学说的窦太皇太后寿终正寝，标志着实行了半个多世纪的黄老无为政治的终结。年轻气盛的汉武帝正式亲政，凭借着统一安定的政治局面与富足的经济实力和殷实的人丁优势，开始了"外攘夷狄，内兴功业"的汉家"有为"时代。

这是一个崇尚事功，尤其是崇尚军功的时代。高祖八年论功定封，因开国军功而裂土封侯者，不仅享有爵邑税赋，而且拥有封地的治权，一如往古的诸侯。封爵之誓曰："使黄河如带，泰山若厉，国以永存，爰及苗裔。"同时"申以丹书之信，重以白马之盟"。高后"复诏丞相陈平尽差列

---

① 关于司马迁出生年代的讨论，请参考拙作：1.《司马迁生于武帝建元六年新证》，《陕西师大学报》1988年增刊《全国史记学术研讨会论文专辑》，第95—106页；2.《从书体演变角度论〈索隐〉〈正义〉的十年之差——兼为司马迁生于武帝建元六年说补证》，《大陆杂志》第90卷第4期，1995年4月，第15—22页；3.《〈玉海〉所录〈正义〉佚文为考定司马迁生年提供确证》，《司马迁与〈史记〉研究年鉴·2011年卷》，商务印书馆，2013年，第3—8页。

② 《史记》卷三十《平准书第八》，第4册，第1420页。

侯之功,录第下竟,臧诸宗庙,副在有司。"①汉初军功出众者不仅荣获封侯之赏,而且在朝廷也掌控权力要津。"孝惠、高后时,公卿皆武力有功之臣"②,在文、景两朝,朝廷亦多武功大臣及其子弟。朝廷的这种权力结构,起了强大的导向作用,尚武轻文的风尚弥漫了整个社会。立功疆场,或奉使方外,以博封侯之赏,成为几代青年最高的人生追求。

即使被后世称作文士典型的司马相如、东方朔,亦尚武带剑。《史记·司马相如列传》载,蜀郡成都人司马相如"少时好读书,学击剑,故其亲名之曰'犬子'。相如既学,慕蔺相如之为人,更名相如。以赀为郎,事孝景帝,为武骑常侍"。武帝时"乃拜相如为中郎将,建节往使"巴蜀,略定西夷诸地,"还报天子,天子大悦"③。《汉书·东方朔传》载,武帝初即位,东方朔伏阙上书自荐曰:"臣朔……年十三学书,三冬文史足用。十五学击剑。十六学《诗》《书》,诵二十二万言。十九学孙吴兵法,战阵之具,钲鼓之教,亦诵二十二万言。凡臣朔固已诵四十四万言。又常服子路之言。臣朔年二十二,长九尺三寸,目若悬珠,齿若编贝,勇若孟贲,捷若庆忌,廉若鲍叔,信若尾生。若此,可以为天子大臣矣。"④可见其气吞斗牛的抱负。即使到后汉,建功封侯依然是热血青年的人生第一选择。班超家贫,抄书取值供养老母。久劳苦,投笔叹曰:"大丈夫无他志略,犹当效傅介子、张骞立功异域,以取封侯,安能久事笔砚间乎?"于是投笔从戎,在西域出入二十二载,以平定西域之功封定远侯⑤。即如汉末的曹操自述青年时的志向,也是"欲为国家讨贼立功,欲望封侯作征西将军,然后题墓道言'汉故征西将军曹侯之墓',此其志也"⑥。甚至到了南

① [汉]班固:《汉书》卷十六《高惠高后文功臣表第四》前《序》,北京:中华书局,1962年,第2册,第527页。以下凡引《汉书》版本同此。

②《史记》卷一百二十一《儒林列传第六十一》,第10册,第3117页。

③《史记》卷一百一十七《司马相如列传第五十七》,第9册,第2999,3046—3047页。

④《汉书》卷六十五《东方朔传第三十五》,第9册,第2841页。

⑤ [南朝宋]范晔:《后汉书》卷四十七《班超传第三十七》,北京:中华书局,1965年,第6册,第1571、1582页。以下凡引《后汉书》版本同此。

⑥ [东汉]曹操:《曹操集》,中华书局,1959年,第41页。

朝的梁代，武夫出身的曹景宗还口占绝句："去时儿女悲，归来笳鼓竞。借问行路人，何如霍去病？"①世人渴望立功封侯的心理强烈如此！

至于文士，仕途并不如此美妙。出身草莽的汉家开国皇帝刘邦，一向鄙弃儒生，打天下时曾扒下儒冠当尿壶；当了皇帝后还自夸"乃公居马上而得之，安事《诗》《书》！"②而《儒林列传》则指出："孝文帝本好刑名之言。及至孝景，不任儒者，而窦太后又好黄老之术，故诸博士具官待问，未有进者。"③武帝虽好文辞，然纵有治国辅政才具的文章辞赋之士，亦不过"倡优蓄之"，并不进用。汉武帝之前的唯一大儒贾谊，曾为汉王朝设计了一整套非秦复周的政治改革方案，却遭到军功元老大臣"绛、灌、东阳侯、冯敬之属"的排抑，指控他"专欲擅权，纷乱诸事"，汉文帝只得将其疏远外放，贾谊也因此于三十三岁的英年抑郁而终④。《公羊》大师董仲舒向武帝进天人三策，奠定了汉家治国的理论基础，为诸侯王相。后据《春秋》言阴阳之变，著《灾异之记》，被人告发其书"有刺讥"，下吏当死，差点丢了性命。虽特诏赦免，仍恐久获罪，托病免官居家，至卒只能以修学著书为事⑤。

司马迁一生就处在这样的崇武轻文的时代。受时代风尚和家族使命的强烈影响，青少年时代的司马迁的人生追求也是建功立业以扬祖致孝。这有许多迹象可寻。司马迁初入仕途担任的就是武职。他于"二十而南游江淮"返回长安后，在二十一二岁时就因任职太史公的父亲司马谈的保举，"于是仕为郎中"。郎中是皇帝的侍从武官，日常轮番执戟守卫宫门，皇帝出行则担任车驾护卫，员额多至千人。在汉代的内朝系统中，郎中是级别最低的小官，年俸只有比三百石至六百石，但因接近皇帝，常有临时委以重任或额外升迁的机会。因此出任小小的郎中武官遂成为京城二千石高官

①［南朝梁］曹景宗：《光华殿侍宴赋竞病韵诗》，《先秦汉魏晋南北朝诗》，《梁诗》卷五，北京：中华书局，1983年，中册，第1594页。

②《史记》卷九十七《郦生陆贾列传第三十七》，第8册，第2699页。

③《史记》卷一百二十一《儒林列传第六十一》，第10册，第3117页。

④《史记》卷八十四《屈原贾生列传第二十四》，第8册，第2492、2503页。

⑤《史记》卷一百二十一《儒林列传第六十一》，第10册，第3127—3128页。

子弟入仕之途的首选。

　　司马迁青年时所交的朋友亦都崇尚建功立业，渴望在武帝"有为"之世大展宏图。与司马迁同在元鼎期间（前116—前111）担任郎中有史可考的同袍有任安、田仁、李陵、苏武、霍光等人。田仁初以壮勇为大将军卫青舍人，多次从击匈奴。后由郎中至丞相长史，拜京辅都尉，迁丞相司直，督察京都贵戚大臣。任安起初亦为卫将军舍人，后由郎中护北军，出为扬州、益州刺史，入晋北军使者护军，监护汉帝国唯一的常备作战部队。司马迁与任安、田仁同居门下时，由于志趣相投、声气相通而成知交，司马迁称"仁与余善"，引安为"知己"。李陵是飞将军李广之孙，司马迁与他虽无深交，但对他的人品与将才赞赏有加，以为其人"有国士之风"，"虽古名将不过也"。苏武是李陵之友，后来以中郎将的官衔出使匈奴，被扣十九年坚持汉节不辱使命。至于霍光，作为名将霍去病之弟，年少为郎，在司马迁的郎官同僚中属于小弟辈，后来官拜大司马大将军，成为武帝临终托孤大臣。他的长史杨敞是司马迁的女婿。杨敞在汉昭帝元凤六年（前75）官拜丞相。司马迁虽未必与年幼于他上十岁的霍光为友，但霍光敬重司马迁则是可以想见的。

　　司马迁不仅因为自己躬逢"汉兴五世，隆在建元"的盛世而思积极进取，而且还切盼更多的山野遗材出山共襄大汉。他曾致书隐居岷山"材能绝人"的挚伯陵，"迁闻君子所贵乎道者三：太上立德，其次立功，其次立言"，希望他不要"独善厥身"，而"愿先生少致意"于当今的大时代①。

　　司马迁因尽心守职的忠勤和辩知闳达的才能在众多的郎官同僚中脱颖而出，进入汉武帝的视野。武帝有次与中郎东方朔谈论朝廷的贤材时说："方今公孙丞相、兒大夫、董仲舒、夏侯始昌、司马相如、吾丘寿王、主父偃、朱买臣、严助、汲黯、胶仓、终军、严安、徐乐、司马迁之伦，皆辩知闳达，溢于文辞"，问朔何与相比？武帝视司马迁为"辩知闳达，溢于文辞"的朝廷俊材。"武帝既招英俊，程其器能，用之如不及。时方外

　　① 司马迁《与挚伯陵书》，皇甫谧《高士传》引，[清]严可均校辑：《全上古三代秦汉三国六朝文》之《全汉文》卷二十六，北京：中华书局缩印本，1958年，第1册，第273页上栏。

事胡越，内兴制度，国家多事，自公孙弘以下至司马迁皆奉使方外，或为郡国守相至公卿"[①]。司马迁就是武帝所称的"奉使方外"的俊材之一。

青年司马迁在汉武帝"外事四夷"的战略部署中崭露头角。武帝在全力北击匈奴的同时，还用兵平定南方诸越、经略西南夷。元鼎六年（前111）春，汉王朝在平定南越后，武帝下令征越的一支未及参战的部队——"驰义侯遗兵（按：驰义侯，越人，遗是他的名字，姓氏失传。）"——"征西南夷"，平定那里的叛乱[②]，同时委任一名使者监护驰义侯遗出征。这名从郎官中选拔出来代表皇帝的使者便是司马迁。《太史公自序》"奉使西征巴、蜀以南，南略邛、笮、昆明"，回顾的就是令司马迁深感荣宠与自豪的经历。《说文·辵部》："征，正行也。"引申为征伐。正行者，表明其为堂堂正正的天子之师。《说文·田部》："略，经略土地也。"《左传·昭公七年》："天子经略"，杜《注》："经营四海，略有天下，故曰经略。"引申之，规取其地亦曰略地。《自序》说"西征""南略"，显然肩负重大的军事使命。西南夷平定后，新置了牂柯、越巂、沈犁、汶山、武都五郡。在一年多的时间里，司马迁代表朝廷随军巡视并安抚巴蜀以南新近开辟的五郡少数民族聚居的地区，不仅圆满完成了武帝托付的军政任务，而且实地考察了西南夷地区的民族历史、地理物产、民俗风情，以及与周边外国如身毒（即今印度）的商贸交通。日后编入《太史公书》的《西南夷列传》，当据这次圆满完成使命后向武帝的述职报告修撰而成。

这里有必要考察一下司马迁奉使西南夷时的官衔。故事：武帝朝奉使方外者，为显示大汉威仪，常以比二千石的中郎将或郎中将的官衔建节出使，武帝又通常选任卑官奉使临时赐予比二千石的中郎将或郎中将的官衔。如：1.建元六年（前135），遣王恢、韩安国击闽越，"乃使郎中将立〔繇君〕丑为越繇王，奉闽越先祭祀"[③]。2.元光五年（前130），番阳令（八百石）唐蒙上书通夜郎道以制南越。"上许之。乃拜蒙为郎中将……遂

---

①《汉书》卷六十五《东方朔传第三十五》，第9册，第2863页。

②《汉书》卷六《武帝纪第六》，第1册，第188页。

③《史记》卷一百一十四《东越列传第五十四》，第10册，第2981页。

见夜郎侯多同。……还报，乃以为犍为郡。"① 3.同年，蜀人司马相如为郎，亦言西夷邛、筰可置郡。"天子以为然，乃拜相如为中郎将，建节往使。"② 4.元狩四年（前119），武帝数问失侯庶人张骞以"大夏之属"，张骞建议用厚币交结乌孙等国以断匈奴右臂。"天子以为然，拜骞为中郎将"往使③。5.《史记·大宛列传》：元封三年（前108）前，楼兰、姑师等小国攻劫汉使使西国者，"王恢数使，为楼兰所苦"。徐广注曰："为中郎将。"④ 6.苏武字子卿，少以父任兄弟并为郎。稍迁至栘中厩监（太仆属官，六百石）。天汉元年（前100），"乃遣武以中郎将使持节送匈奴使留在汉者。"⑤ 以司马迁奉使西南夷的任务之重（平定叛乱，新置五郡）、监护主将级别之高（侯爵），原来郎官低微的身份显然不足以承担如此重任。参照武帝选任奉使方外使节的故事，司马迁极有可能被武帝临时赐予比二千石的中郎将官衔代表皇帝建节出使。这年司马迁年方二十五岁。追求建功立业以扬祖致孝的青年司马迁，仕途如日方升，不可限量。

但青年司马迁建金石之功、流永世之业的期望，却因其父太史公司马谈的临终遗命而戛然中止！

三、司马谈临终遗命与司马迁人生转向

对司马迁毕生发生最直接最深刻影响的是其父老太史公司马谈。何炳棣先生根据司马昌以下谱系及司马谈"仕于建元、元封之间（前140—前110）"、卒于元封元年等资料，推算司马谈"大约生于公元前180年，明年即汉文帝元年"⑥。青年司马谈曾在齐地游学，"学天官于唐都，受

---

① 《史记》卷一百一十六《西南夷列传第五十六》，第9册，第2994页。
② 《史记》卷一百一十七《司马相如列传第五十七》，第9册，第3046页。
③ 《史记》卷一百二十三《大宛列传第六十三》，第10册，第3168页。
④ 《史记》卷一百二十三《大宛列传第六十三》，第10册，第3172页。
⑤ 《汉书》卷五十四《李广苏建传第二十四》，第8册，第2460页。
⑥ 参见何炳棣：《有关〈孙子〉〈老子〉的三篇考证》，《"中央研究院"近代史研究所演讲集（2）》，2002年，第73页。

《易》于杨何，习道论于黄子"，奠定了深厚的学术基础。汉武帝刘彻（前140—前87年在位）即位后，企望兴复周道，特设二千石的史职太史公。**太史公为内廷官**，随王伴驾，载笔记录，执掌典籍，观象制历，尚存宗周旧制。司马迁在《报任安书》中说他身为太史"**陪外廷末议**"，便是明证。论者谓司马谈、迁父子任职的太史为外廷九卿之首的奉常属官，与司马迁的自述背戾，应予否定。司马谈因为远祖"世典周史"，更因为学识渊博，被武帝征召任命为汉家首任太史公，主领史职长达三十年。他曾撰中国学术史上的著名论文《论六家要旨》，第一次对春秋战国以来的诸子流派加以分析综合，厘分为阴阳、儒、墨、名、法、道德六家，根据《易大传》"天下一致而百虑，同归而殊途"的观点，指出六家"皆务为治"，都致力于把天下引向太平盛世，只是"为治"的取向不同，理论的表述有高有低而已。他对道德家之外五家的长处和短处分别予以肯定与批判，而对统合了诸家之长、扬弃了其短的道德家予以全面的推尊。司马谈青年时期正值黄、老道德之学鼎盛的文、景之世，深切感受到政治上清静无为方针指引下造就的政局的安定、经济的繁荣。任职太史公时，身处王朝中枢，又目睹武帝多欲有为政治的负面影响下产生的种种弊端。他借批评汉儒"博而寡要，劳而少功"的由头，委婉指出"夫神大用则竭，形大劳则敝。形神骚动，欲与天地长久，非所闻也"[1]，"神者生之本也，形者生之具也。不先定其神〔形〕，而曰'我有以治天下'，何由哉？"[2]这分明是对当今皇上多欲求仙痼疾的针砭。这是一篇**始发于论学而归结于论治**的大著作。在"罢黜百家，独尊儒术"严峻的思想文化控制背景下，司马谈撰著《论六家要旨》，不仅反映了他渊博的学识，更表现出他反潮流的批判精神。司马谈的人格、思想和学问，成为司马迁毕生的楷模。

司马谈数代单传，因此对独子司马迁的教养尤为精心。"迁生龙门"，童年在家乡夏阳的书塾受过初等的今文教育。武帝元朔二年（前127），令天下郡国豪杰及资产三百万以上者移居茂陵。京都二千石以上高官也蒙恩

---

① 《史记》卷一百三十《太史公自序第七十》引，第10册，第3289页。
② 《史记》卷一百三十《太史公自序第七十》引，第10册，第3292页。

在茂陵邑安家。据卫宏《汉旧仪注》，司马谈此时早由太史丞升任二千石的太史公，有幸将家眷由夏阳迁居茂陵显武里。越明年，司马迁在父亲指导下，"年十岁则诵古文"。司马迁郑重言之的这句话，其内涵实指自十岁起到二十壮游前止以诵习古文经籍为主要内容的从学经历。其中包括向孔安国请教《古文尚书》的训解，从董仲舒学习《公羊春秋》的大义。元鼎元年（前116），二十岁的司马迁已经研习了当时所能见读的今、古文典籍，文献的学问具备了坚实的根柢。司马谈随即为爱子安排了一次壮游天下的实践活动："二十而南游江、淮，上会稽，探禹穴，窥九疑，浮于沅、湘；北涉汶、泗，讲业齐、鲁之都，观孔子之遗风，乡射邹、峄；厄困鄱、薛、彭城，过梁、楚以归。"①在一两年的时间里，司马迁广泛地接触了社会的各个层面，体察了民众的思想和愿望，了解了各地的风俗民情和经济生活，考察了山川的形势，踏勘了历史的遗迹，采访了前人的异闻轶事，从而扩大了他的胸襟，开阔了他的眼界。司马谈指导爱子读万卷书行万里路的教养模式，遵循的是孔子成人教育的理念，也是有如东方朔所说的"可以为天子大臣"所做的准备。

汉武帝元封元年（前110），对于中华民族来说，是一个值得永远纪念的年头，而在中华文化史中也应有一大书特书的篇章。这年春天，当司马迁完成奉使西南夷的使命返回京都长安，准备向武帝述职时，正值武帝"始建汉家之封"，率领十余万众前往泰山举行封禅大典的时候。司马迁赶到洛阳，没有见到皇帝，却见到了沉疴不起的太史公司马谈。司马谈认为封禅应为天下苍生祈福，而武帝被方士所惑一心求仙祈求长生。君臣在封禅的目的上南辕北辙，司马谈被强制滞留洛阳，不准参与封禅大典，"故发愤且卒"。临终前老太史公"执迁手而泣"，给司马迁留下了一篇在文化史上具有伟大意义的遗嘱：

余先周室之太史也。自上世尝显功名于虞、夏，典天官事。后世

---

① 《史记》卷一百三十《太史公自序第七十》，第10册，第3293页。

中衰,绝于予乎?汝复为太史,则续吾祖矣。今天子接千岁之统,封泰山,而余不得从行,是命也夫,命也夫!余死,汝必为太史;为太史,无忘吾所欲论著矣。且夫孝始于事亲,中于事君,终于立身。扬名于后世,以显父母,此孝之大者。夫天下称诵周公,言其能论歌文、武之德,宣周、邵之风,达太王、王季之思虑,爰及公刘,以尊后稷也。幽、厉之后,王道缺,礼乐衰,孔子修旧起废,论《诗》《书》,作《春秋》,则学者至今则之。自获麟以来四百有余岁,而诸侯相兼,史记放绝。今汉兴,海内一统,明主贤君忠臣死义之士,余为太史而弗论载,废天下之史文,余甚惧焉,汝其念哉![1]

司马谈鉴于孔子作《春秋》绝笔四百年来,诸侯相兼,争战不已,历史记载荒废断绝,立志撰写一部上接《春秋》,下讫当代的历史著作。他尊重爱子的道路选择,支持司马迁在立功扬祖的仕途上向前奋进。他本人为著史做了许多的资料准备,撰就了某些篇章,但距撰著的目标成书尚远。由于始料未及的原因,在使得上继孔子事业的宏愿未成而“发愤且卒”的万不得已的情况下,他才不得不要求爱子放弃立功的追求,子承父业,接续自己毕生的大愿。他深情地回顾了列祖列宗世任天官的光荣传统,唯恐这个传统由于自己的意外辞世而从此断绝。因而以祈使的语气与爱子商量:“汝复为太史,则续吾祖矣。”也许他觉察到儿子略有迟疑,于是语气转为激烈:“余死,汝必为太史;为太史,无忘吾所欲论著矣!”称“必为”,则是斩截的命令,命令爱子放弃立功,转向立言,继任太史,以完成自己未完的论著。由“**复为**”到“**必为**”,对于仕途如日方升的青年司马迁来说,不啻是晴天霹雳。老太史公唯恐爱子一时难以理解自己的苦心,随即引用《孝经》关于孝道的格言予以开导,又列举周公、孔子立言扬名以显祖先的典范再加激励。最后详细交待了自己“所欲论著”的内容和意义。

---

[1]《史记》卷一百三十《太史公自序第七十》,第10册,第3295页。

司马迁深知："夫孝者，善继人之志，善述人之事者也。"（《礼记·中庸》）面对父亲的重托，他极度感动，"俯首流涕曰：'小子不敏，请悉论先人所次旧闻，弗敢阙。'"司马迁面对家族的、历史的、时代的重托，以及五百大运的神圣使命，一切世俗的功名利禄都显得微不足道，他强抑悲痛，诺诺连声地应承说："意在斯乎！意在斯乎！小子何敢让焉。"

司马谈的临终遗命导致司马迁人生目标的转向，价值标准的改铸，从此由追求立功转为著书立言。司马谈的遗命成为司马迁纂著的指南，精神的支柱，指引他历经磨难而无怨无悔地把第二部《春秋》——《太史公书》写下去。

司马谈辞世三年后的元封三年（前108），司马迁继任太史公，时年二十八岁。司马迁能以一名郎官出任二千石的太史公，当出自老太史公临终前的推荐，也因为武帝对青年司马迁谙熟旧典、溢于文辞的欣赏。司马迁在《报任安书》中一则说"仆赖先人绪业，得待罪辇毂下二十余年矣"，再则说"主上幸以先人之故，使得奉薄技出入周卫之中"，便是明证。何况司马迁还有不久前暂领比二千石的中郎将建节奉使西南夷的优良记录。

司马谈的临终遗命是司马迁纂著的指南。司马迁继任太史公后，"绌史记石室金匮之书"，主持编制"行夏之时"的太初历。五年后正当太初元年，此时开始述《史记》。"于是论次其文"，这句话遥承前文司马谈的谆谆教导："余死，汝必为太史；为太史，无忘吾所欲论著矣"，以及司马迁的庄严承诺："小子不敏，请悉论先人所次旧闻，弗敢阙。""其文"之"其"，指代老太史公司马谈；"文"则是他留下的遗稿以及搜集的大量史料；"悉论"之"论"，是整理编辑之意；"所次"之"次"，即序次，次其篇章之先后使之有序。因"其文"原未定稿，故须"论次"。可见此时司马迁对壶遂所说的"余所谓述故事，整齐其世传"，主要是根据先父的写作计划，编辑润色他的遗稿。而所次的旧闻，即司马谈所欲论著的内容：

　　自获麟以来四百有余岁，而诸侯相兼，史记放绝。今汉兴，海内一统，明主贤君忠臣死义之士，余为太史而弗论载，废天下之史文，余甚惧焉，汝其念哉！①

司马谈为司马迁"论次旧闻"规范了述史的断限。上限是"获麟以来"接续《春秋》（前481），下限是"汉兴，海内一统"的元鼎、元封之交（前110）。随着时势的发展和自身独特的遭际，司马迁对先父述史计划曾因应修正。第一次修正，是为纪念"行夏之时"的太初历的颁行，将叙事下限下延到太初元年（前104），即所谓"至太初而讫"。第二次修正，在李陵之祸出狱后的第二年，即太始二年（前95），是年武帝铸黄金为麟止。司马迁深感因李陵之祸而"身废不用矣"，与孔子见西狩获麟而叹"吾道不行矣"的心境极其相似，为了"究天人之际，通古今之变"，毅然将《太史公书》叙史上限由战国上伸至陶唐，与《尚书》断于尧取齐，下限则由"至太初而讫"下延到铸黄金为麟止的太始二年，即所谓"至于麟止"。《太史公书》也由太初编述的颂汉尽忠之史，升华为麟止后创作的拨乱反正之经。《自序》交待《太史公书》的断限为"卒述陶唐以来，至于麟止，自黄帝始。""陶唐以来"，是折中于夫子；"自黄帝始"，则是司马迁的独特创造。司马迁不仅描述了尧舜至治的盛世，更进而溯得尧舜至治的本源——黄帝法天则地。

司马谈为司马迁确立了撰史的指导方针。司马迁在完成太初历后，与同事上大夫壶遂讨论他能不能作第二部《春秋》时，再次提到先父的临终遗命："先人有言：'自周公卒五百岁而有孔子。孔子卒后至于今五百岁，有能绍明世，正《易传》，继《春秋》，本《诗》《书》《礼》《乐》之际？'意在斯乎！意在斯乎！小子何敢让焉。"②古人认为，五百年必有王者兴，其间必有名世者。伴随着新的圣王重整天下，也必将有一位文化巨人润色鸿业。司马迁以"孔子卒后至于今五百岁"的传人期许司马迁，要求他绍继夏商周三代的"明世"文明，以孔子整理的五经与创作的《春秋》的主旨为"本"，作为指导方针，撰作第二部《春秋》式的大著作。司马谈所

①《史记》卷一百三十《太史公自序第七十》，第10册，第3295页。
②《史记》卷一百三十《太史公自序第七十》，第10册，第3296页。

称的六经之"本"，司马迁在与壶遂论辩时曾有清晰的表述："《礼》以节人，《乐》以发和，《书》以道事，《诗》以达意，《易》以道化，《春秋》以道义。"①在《太史公书》的《滑稽列传》前序中所引"孔子曰"有同样的解说②。司马迁对先父之"意"心领神会，他不敢推让的，就是要做孔子五百年后的名世者，这是何等的担当！

司马谈为司马迁奠定了以人物为中心的述史模式。汉以前的史著有的记言，有的记事，也有记言记事并重者。以人物为中心的纪传体述史模式创自《太史公书》，并成为此后正史的范式。这虽说是司马迁的独创，但却发轫于老太史公的遗著。司马谈在病榻向其爱子交待"所欲论著"的内容时说："自获麟以来四百有余岁，而诸侯相兼，史记放绝。今汉兴，海内一统，明主贤君忠臣死义之士，余为太史而弗论载，废天下之史文，余甚惧焉。"可见他生前撰著的对象和搜集的史料主要是战国以来的人物，重点则是论载汉兴以来的"明主贤君忠臣死义之士"的事迹。而且《太史公书》以人物为中心的三种体例——本纪（明主）、世家（贤君）、列传（忠臣死义之士）已备雏形。

司马谈临终遗命是司马迁的精神支柱。司马迁遵循先父的指示全力著述《太史公书》到第七个年头，天汉三年（前98）春上，突遭李陵之祸，以莫须有的"诬上"重罪被武帝投入监狱，应"伏法受诛"。这时司马迁才三十八岁，而《太史公书》尚"草创未就"！司马迁深幽囹圄之中，"交手足，受木索，暴肌肤，受榜箠……当此之时，见狱吏则头枪地，视徒隶则心惕息"，精神与肉体受尽了非人的凌辱与虐待。他曾萌生过自裁以维护人格尊严的念头。但一想到《太史公书》草创未就，先父临终的重托尚未实现，家族的、历史的、时代的责任尚未完成，他就涣然清醒："钦念哉！钦念哉！"告诫自己，生命属于"草创未就"的《太史公书》，在《太史公书》完成前，自己无权选择自尽。先父的谆谆教导和郑重的托付给予他无穷的精神动力，从古圣先贤发愤著书"垂空文以自见"的榜样中又得

①《史记》卷一百三十《太史公自序第七十》，第10册，第3297页。
②《史记》卷一百二十六《滑稽列传第六十六》，第10册，第3197页。

到启发，他在交游莫救，左右亲近不为一言，而家贫又不足自赎的绝境下，以沉雄果毅的大勇自请奇耻大辱的腐刑，用"隐忍苟活"的惨痛代价，换取了续成《太史公书》的宝贵时间①。司马谈的临终遗命指导、鞭策、支持司马迁发愤著书，终于在征和二年（前91）巫蛊之难后完成了"究天人之际，通古今之变"的巨著——《太史公书》。

本文的结论是：司马氏家族的传统实为多元，司马迁并非出身于纯粹的"史官世家"。他身处汉武帝外攘四夷，内兴制作的"有为"之世，青少年时期志在建功立业，光耀祖庭。仕为郎中后，以"辩知闳达，溢于文辞"受武帝器重，奉使西征南略，仕途如日方升未可限量。由于始料未及的原因，太史公司马谈滞留河洛之间，"发愤且卒"，临终遗命司马迁接续太史的职务，完成自己未成的史著。遗命改变了司马迁的人生取向，由立功转为立言。假如元封元年之春没有发生司马谈、迁父子的洛阳诀别，也没有司马谈的临终遗命和司马迁的庄严承诺，以司马迁的学识、才具和气度，若遇合明君，定会如周、邵一般建金石之功，流永世之业；司马谈也会完成他所欲之论著，后人或会读到署名司马谈，叙事上接《春秋》起于战国，下讫元鼎、元封之际版本的《太史公书》。由于有了司马谈的临终遗命和司马迁的庄严承诺，中国历史长河中消失了可能出现的一位杰出的政治家、外交家抑或军事家司马迁的身影，却陶铸出一位千古一人的太史公司马迁，成就了一部为中华民族建树的永不倾颓的丰碑——司马谈与司马迁父子两代共同著作的《太史公书》一百三十篇。

此文系1992年9月为研究生所作专题讲稿。2015年10月整理于芜湖凤凰山下瓻陶斋。

（原载《渭南师范学院学报》2016年第1期）

---

① 《汉书》卷六十二《司马迁传第三十二》引录《报任安书》，第9册，第2730—2735页。

论《太史公书》"藏之名山，副在京师"

一、对"藏之名山，副在京师"两种解读的商榷

司马迁在《史记·太史公自序》中郑重宣告：

> 罔罗天下放失旧闻，王迹所兴，原始察终，见盛观衰，论考之行事，略推三代，录秦汉，上记轩辕，下至于兹，著十二本纪，既科条之矣。并时异世，年差不明，作十表。礼乐损益，律历改易，兵权山川鬼神，天人之际，承敝通变，作八书。二十八宿环北辰，三十辐共一毂，运行无穷，辅拂股肱之臣配焉，忠信行道，以奉主上，作三十世家。扶义俶傥，不令己失时，立功名于天下，作七十列传。凡百三十篇，五十二万六千五百字，为《太史公书》。序略，以拾遗补蓺，成一家之言，厥协六经异传，整齐百家杂语，藏之名山，副在京师，俟后世圣人君子。第七十[1]。

这段话与梁昭明太子萧统《文选》所收《报任少卿书》中所述《太史公书》撰述及处置情况相似：

---

① [汉]司马迁：《史记》卷一百三十《太史公自序第七十》，北京：中华书局，1982年，第10册，第3319—3320页。以下凡引《史记》版本同此。

仆窃不逊，近自托于无能之辞，网罗天下放失旧闻，略考其行事，综其终始，稽其成败兴坏之纪，上计轩辕，下至于兹，为十表，本纪十二，书八章，世家三十，列传七十，凡百三十篇。亦欲以究天人之际，通古今之变，成一家之言。草创未就，会遭此祸，惜其不成，是以就极刑而无愠色。仆诚已著此书，藏之名山，传之其人，通邑大都，则仆偿前辱之责，虽万被戮，岂有悔哉！①

这也足以证明司马迁在征和二年（前91）十一月回复任安赐书之前，"凡百三十篇，五十二万六千五百字"的《太史公书》全书业已定稿杀青；而《自序》称"藏之名山，副在京师"、《报书》谓"藏之名山，传之其人，通邑大都"，又足以证明司马迁对《太史公书》手稿已做好善后处置。

据《自序》可知，司马迁于《太史公书》诸篇杀青时，曾一一手录正、副两个文本：其正本保藏在"名山"，副本则留在京师。但"名山"究指谁何？副本又藏京师何处？由于太史公有意的隐约其词，却又是扑朔迷离，遂引发后世的种种猜测。

唐初颜师古为《汉书·司马迁传》"藏之名山，副在京师"作注云："藏于山者，备亡失也。其副贰本乃留京师也。"②从"副贰本乃留京师"的注语可知，颜师古认定"藏之名山"以"备亡失"的《太史公书》乃为正本。但颜《注》只释"藏之名山"的原因在于"备亡失"，而对"名山"的指涉及其含义却未著一字。或许颜师古以为史公所称"名山"系不言而喻之事。然从"其副贰本乃留京师"的注语，则可确知颜师古认为《太史公书》正本藏于京师之外。

盛唐开元（713—741）年间，司马贞撰《史记索隐》，有憾于颜《注》

① 司马迁《报任安书》传世有两种文本，一为班固《汉书·司马迁传》中所录，一为梁昭明太子萧统《文选》所收。《汉书》的文本有删节。拙作选取的是《文选》的文本（［梁］昭明太子萧统选编，［唐］李善并五臣注：《六臣注文选》卷四十一，《四部丛刊》初编本，张元济等辑，上海涵芬楼藏宋刊本影印，1922年，第二十五叶b—二十六叶a）。

② ［汉］班固：《汉书》卷六十二《司马迁传第三十二》，北京：中华书局，1962年，第9册，第2724页。以下凡引《汉书》版本同此。

的简略，乃据汲冢《穆天子传》及西晋郭璞为其书所作之《注》，别出心裁，为《太史公自序》"藏之名山，副在京师"作注云："言正本藏之书府，副本留京师也。《穆天子传》云'天子北征，至于群玉之山，（河）〔阿〕平无险，四彻中绳，先王所谓策府。'郭璞云'古帝王藏策之府。'则此谓'藏之名山'是也。"①司马贞认为藏之"名山"，即藏于帝王"书府"。而"书府"何在，司马贞亦未有明示，但参稽其《史记索隐序》称《索隐》书成，"虽未敢藏之书府，亦欲以贻厥孙谋云"的话语②，推测他之所谓"书府"，又似指当朝皇室藏书的御府。

与司马贞同时的盛唐著名史官刘知几在所著《史通》的《辨职第三十五》中却说："昔丘明之修《传》也，以避时难；子长之立《记》也，藏于名山。"③刘知几认为左丘明修《左传》之为避时难、司马迁撰《史记》之藏于名山，其正本都未呈献当代王朝的书府，其因实与颜师古注所说的"备亡失"同意。

然而近世以来的学者对颜《注》甚少关注，而特重司马贞的这条模棱两可的《索隐》注语，并由此引发不同的推论。影响较大者有陈直、易平二家。

陈直有论文《汉晋人对史记的传播及其评价》，其曰："太史公自序说，当时有两本，'藏之名山，副在京师'。所谓名山者，即是藏之于家。太史公卒后，正本当传到杨敞家中，副本当存在汉廷天禄阁或石渠阁。"④

易平、易宁有论文《〈史记〉早期文献中的一个根本问题——〈太史公书〉"藏之名山，副在京师"考》，则认为《太史公书》有藏、传二本：

①《史记》卷一百三十《太史公自序第七十》，第10册，第3321页。今本《索隐》"河平无险"句中"河"字，据《穆天子传》以及郭璞《注》，当为"阿"字之形讹。《尔雅·释地》："大陵曰阿。"《说文》："阿，大陵也。"彻，车迹也。《老子》廿七章："善行无彻迹。"彻，后世作"辙"。

②《史记》卷尾附录《史记索隐序》，第10册，第8页。

③〔清〕浦起龙释：《史通通释》卷十《辨职第三十五》，金匮浦氏静寄东轩藏本，上海棋盘街文瑞楼印行，光绪十九年（1893）印行，第4册，第七叶。

④陈直：《汉晋人对史记的传播及其评价》，《四川大学学报》（社会科学版）1957年第3期，第41页。

"'藏之名山，副在京师'两句互相发明。'藏之名山'本既曰'藏'(藏本)，'副在京师'本则为'传'(传本)……又，'在京师'本既曰'副'(副本)，藏'名山'本则为'正'(正本)。""正本应藏入汉廷秘府，即国家书府。""副本留在京师，以俟'传之其人'。"①

陈直说《太史公书》藏于家中，副本当存汉室秘府；易平说正本应藏于汉廷秘府，副本留在京师以待传人。两说相异。然异中有同，即都认为《太史公书》的正、副两个文本均藏于京师。以上两说是否有当，当先明何谓"京师"、何谓"名山"。

《春秋》桓公九年《经》曰："春，纪季姜归于京师。"《春秋公羊传》据《尔雅·释诂》"京，大也"及《易·师卦·传》"师，众也"，以释"京师"曰："京师者何？天子之居也。京者何？大也。师者何？众也。天子之居，必以众、大之辞言之。"②《公羊传》谓"京师"为"天子之居"，且人口众多、规模宏大，实为正解。

《汉书》卷六十三《武五子传·赞》："及巫蛊事起，京师流血，僵尸数万，太子子父皆败。"③又《汉书》卷六十六《刘屈氂传》，叙武帝赐丞相刘屈氂玺书曰："坚闭城门，毋令反者得出"，"诏发三辅近县兵，部中二千石以下，丞相兼将。"太子引兵"驱四市人凡数万众，至长乐西阙下，逢丞相军，合战五日，死者数万人，血流入沟中。"④二传合观，再参之以《三辅黄图》："太初元年，以渭城以西属右扶风，长安以东属京兆尹，长陵以北属左冯翊，以辅京师，谓之三辅"⑤，则知前汉"京师"必指长安

---

① 易平、易宁：《〈史记〉早期文献中的一个根本问题——〈太史公书〉"藏之名山，副在京师"考》，《南昌大学学报》(人文社会科学版)2004年第1期，第85—86页。此外，张大可认为"《史记》书成，正本藏于皇室书府，副本抄留家中"(《司马迁评传》，南京：南京大学出版社，1994年，第414页)，因无考证，故不予置评。

② 《春秋公羊传注疏》，清阮元校刻《十三经注疏》本，北京：中华书局，1980年缩印本，下册，第2219页中栏。

③ 《汉书》卷六十三《武五子传第三十三》，第9册，第2770—2771页。

④ 《汉书》卷六十六《公孙刘田王杨蔡陈郑传第三十六》，第9册，第881页。

⑤ [宋]李昉等：《太平御览》卷一百六十四引《三辅黄图》，中华书局，据商务印书馆1935年影宋本缩印，1960年，第797页下栏。

城，而非泛指包括长安以东的京兆尹、以西的右扶风、以北的左冯翊在内的京畿区域。故《太史公自序》所称的"副在京师"之京师，亦必指"天子所居"的长安城而言。然则《太史公书》的副本留在长安城中应无疑义。

《太史公自序》曰："藏之名山，副在京师。""名山"与"京师"对举，二者显非同地。问题是保藏正本的"名山"究竟何在。若谓"名山"即指长安城内的皇室书府，显然与"副在京师"冲突。这可从《穆天子传》得到确切的证明。司马贞《索隐》引《穆天子传》作注，掐头去尾，易滋误解。为便于讨论，且将穆天子与群玉之山相关的纪行文字引录于下：

> 吉日辛酉，天子升于昆仑之丘，以观黄帝之宫，而丰□隆之葬，以诏后世。……甲子，天子北征，舍于珠泽。……辛卯，天子北征东还，乃循黑水。癸巳，至于群玉之山，容□氏之所守。曰群玉田山，□知阿平无险（郭璞注：言边无险阻也），四彻中绳（郭璞注：言皆平直），先王之所谓策府（郭璞注：言往古帝王以为藏书策之府，所谓"藏之名山"者也），寡草木而无鸟兽（郭璞注：言纯玉石也）。爰有□木，西膜之所谓□[①]。

这段文字有数处值得注意。（一）穆天子参观的"黄帝之宫"并不在黄帝之都。据《史记·五帝本纪》，"诸侯咸尊轩辕为天子，代神农氏，是为黄帝"，黄帝定都京师"邑于涿鹿之阿"。昆仑之丘上的"黄帝之宫"，不过是黄帝巡游天下，"披山通道，未尝宁居"时驻跸的离宫之一，正如《穆天子传》郭璞注引陆贾《新语》所谓"黄帝巡游四海，登昆仑山，起宫室于其上"的临时住所。其距京师所在的"涿鹿之阿"远而又远。（二）"先王之所谓策府"所在的"群玉之山"，不仅不在"天子之居"的京师，而

---

① [晋]郭璞注，[明]范钦订，《穆天子传》卷二，四部丛刊初编，上海涵芬楼影印天一阁刊本，1920年。"容□氏之所守"，《太平御览》卷六百一十八引《穆天子传》作"容成氏之所守"。

且距"黄帝之宫"的离宫也甚遥远。《穆天子传》明谓"群玉之山"为远古诸侯"容成氏之所守"。"守"者，分封守土也。穆天子自"吉日辛酉"观于"黄帝之宫"，然后北征，迤逦而行，至辛卯之日方至于群玉之山。行程凡历三十二日之多，则群玉之山距黄帝昆仑之丘上的离宫之遥从而可见。（三）群玉之山是一座"寡草木而无鸟兽"的纯玉石山，为人迹罕至之所。郭璞注"先王之所谓策府"云："言往古帝王以为藏书策之府。"何谓"策"？杜预《春秋序》曰："《周礼》有史官，掌邦国四方之事，达四方之志。诸侯亦各有国史。大事书之于策，小事简牍而已。"[1]按：策，即册，编简而为之。大事事繁，简牍不足以容之，必书之于策。《释名》卷第六《释书契第十九》云："策，书教令于上，所以驱策诸下也。"[2]然则群玉之山作为先王的"策府"，所藏皆为"驱策诸下"治国平天下的教令法典。那么试问，先王为何要将"驱策诸下"的教令法典藏于远离京师人迹罕至的群玉之山？唯一正确的解释，当如颜师古注"藏之名山"所云："备亡失也。"先王之所以将书策藏之群玉之山，一来是因为它远离京师，罕为人知，可保守秘密，不会招致人为有意之破坏；二来因为它寡草木，故也无虞鸟兽来此觅食时无意之践踏，可确保文献安全。即使后世京师发生动乱，文献板荡，尚有秘藏名山的法典教令备份可供后王治国平天下参证。

《穆天子传》作为周穆王的游历起居注，其实是战国时代成书的类似小说家言的传记。其中记事虽不必尽为信史，但反映了时人的认知则无疑义。历代王朝更迭之际，社会剧烈震荡，随着旧京的被毁，典章文献往往荡然无存。宗周之亡，成周之衰，对文献摧残之严重，则是战国士人所习闻。《穆天子传》所叙"先王"于群玉之山对"驱策诸下"的法典所做的这种万全安排，实际上反映的是备受战乱荼毒的春秋战国时代学者的心

---

① [晋]杜预：《春秋序》，清阮元校刻《十三经注疏》之《春秋左传注疏》，中华书局缩印，1980年，下册，第1704页。

② [汉]刘熙：《释名》卷第六《释书契第十九》，四部丛刊初编本，上海涵芬楼借江南图书馆藏明嘉靖翻宋本影印，1922年。

态。要之，群玉之山虽为先王保藏驱策诸下的教令备份之"策府"，因而成为"名山"，然而却是远离京师皇室书府的一处特别安全的秘密典藏之所。近世以来的论者都将"群玉之山"这座保藏先王书策的"名山"解读为京师的皇室书府的代称，进而认为司马迁所说的"藏之名山"即指把《太史公书》正本呈奉京师长安汉室书府。这种观点与《穆天子传》"备亡失"以永垂不朽的原意谬以千里，自然也不得司马迁要将《太史公书》正本"藏之名山"的真实用心。

陈直称"所谓名山者，即是藏之于家"，指藏于家的是《太史公书》正本；而易平说"副本留在京师，以俟'传之其人'"，指藏于家的是《太史公书》副本。二人称《太史公书》正、副本的去向有异，而谓有一本留在司马迁之"家"则同。然则二人所指称的司马迁之"家"究在何处？按《太史公自序》"迁生龙门"，则知司马迁原籍在左冯翊夏阳县。又按司马贞于《太史公自序》"卒三岁而迁为太史令"句下《索隐》引西晋张华"《博物志》：'太史令茂陵显武里大夫司马迁'"[1]，可知司马迁任职太史令时的户籍所在地是茂陵邑。武帝元朔二年（前127），诏"徙郡国豪杰及訾三百万以上于茂陵"，同时移徙在京师供职的二千石以上的公卿大臣家实茂陵以示恩宠。秩禄二千石位比列卿的太史公司马谈，自有荣幸在这年的夏秋之交将家眷由左冯翊夏阳县原籍移居右扶风茂陵邑[2]。时年九岁的司马迁自此著籍茂陵。陈直与易平所说的"家"，自当指司马迁在茂陵邑显武里的新家无疑。但茂陵邑为右扶风属县，系畿辅之地，并非京师长安。司马氏的茂陵之家不仅无当"名山"之称，而且亦与司马迁"备亡失"的初衷违异。故陈直认为《太史公书》正本"藏之于家"，易平认为副本"留在京师以俟传人"，均与司马迁郑重言之的"藏之名山，副在京师"扞格，更与司马迁为《太史公书》的保全而于《六国年表序》发凡

①《史记》卷一百三十《太史公自序第七十》，第10册，第3296页。
②关于司马谈职任太史公其事，请参考拙作《为卫宏之司马迁"下狱死说"辨诬补证》第三节"太史公建置及职守考索"的论述。原载《安徽史学》1984年第3期，第20—29页；又见中国人民大学报刊复印资料《历史学》1984年第7辑。

起例所说的"《诗》《书》所以复见者，多藏人家，而史记独藏周室，以故灭"违戾，且司马迁茂陵之家系**"自家"**而非**"人家"**，故不可采信。

二、论"副在京师"

司马谈、迁父子先后职任太史公，自古相承职专记载，兼掌历象日月阴阳管数。二人都亲口说，论载汉兴以来"明主贤君忠臣死义之士"的丰功伟绩，是他们作为"有司"的本职。《太史公书》的五种体例中有"表"，"表"作为《太史公书》全书的总汇，其实也是本纪、世家、列传的编撰大纲。《报任安书》向知交任安通报《太史公书》的撰述历程时曾说："上计轩辕，下至于兹，为十表，本纪十二，书八章，世家三十，列传七十"。将"表"置于"本纪"之前，正反映了这样的事实：司马迁完成《太初历》之后，首先编制的是有关汉世的诸表，表是作史的大纲，而且汉世诸表曾经进呈武帝御览。《汉兴以来诸侯王年表》是汉世诸表的第一篇，其表《序》曰："臣迁谨记高祖以来至太初诸侯，谱其下益损之时，令后世得览。形势虽强，要之以仁义为本。"[1]称**"臣迁"**，即是进呈御览以备审查的明证。此表实具样稿的体式，以期批准后开始正式撰著。由此可见，司马迁说《太史公书》"副在京师"，是说按照汉武帝"广开献书之路""建藏书之策"的功令，将《太史公书》副本进呈朝廷。

司马迁进呈御览的《太史公书》副本入藏京师何处？前汉国家藏书的馆阁实有多所，据《太平御览》卷六百一十九引《七略》佚文及《汉书·艺文志》颜师古注引如淳所言："刘歆《七略》曰：'外则有太常、太史、博士之藏，内则有延阁、广内、秘室之府。'"[2]《七略》所说的**"外"**，乃指丞相系统的外朝诸府寺的专业藏书处，所藏图书典籍时称**"外书"**。《七略》所说的**"内"**，方是天子内廷的藏书处，所藏典籍文献时称**"中**

---

[1]《史记》卷十七《汉兴以来诸侯王年表第五》，第3册，第803页。

[2]《汉书》卷三十《艺文志第十》"于是建藏书之策"句下唐颜师古注引如淳说，第6册，第1702页。

书"或"中秘书"。前汉成帝河平三年（前26）时，刘向奉诏校理禁中皇室图书。校理对象非中秘书不校、不录。但校理中秘书时，也常引外书用以参证、补充，如校中书《列子》，曾参考太常书、太史书、臣向书；校中书《管子》《晏子》，都曾参考太史书。刘向编纂诸书提要成《别录》，诸书作者小传，皆抄撮自《太史公书》相应列传。后其子刘歆继其事，撮其指要著成前汉皇家图书分类总目《七略》。后汉初，班固作《汉书》，删节《七略》而为《汉书·艺文志》，其中"春秋家"著录有"《太史公》百三十篇"。据今存刘向《别录》残篇和班固《汉志》的著录，可以确知刘向、刘歆父子校书时，都曾利用过御府所藏司马迁呈献的"副在京师"的《太史公书》。易平认为《太史公书》正本"藏之名山"，"实藏于国家书府太史公府"。然而《别录》与《七略》确认**太史所藏为"外书"**，并非中秘书，**而外书不在刘向父子校理中秘书的范围**。如果《太史公书》入藏太史公府真为事实，就不会在刘向《别录》、刘歆《七略》以及班固《艺文志》中留下著录。若此，《太史公书》也许早就湮没无闻了。

前汉皇室收藏中秘书的馆阁主要有位于长安城内未央宫大殿之北的石渠阁与天禄阁。班固《西都赋》有云："天禄、石渠，典籍之府。"①这里又是名儒博士校订经籍、论辩经义之所。张衡《西京赋》有云："天禄、石渠，校文之处。"②《汉书·刘向传》记刘向"讲论五经于石渠"，而《汉书·扬雄传》亦记扬雄"校书天禄阁"③。扬雄元延二年（前11）为郎之岁，经成帝特批，得入石室尽观御府所藏典籍④。十多年后撰《法言》，

①［汉］班固：《西都赋》，［梁］昭明太子萧统选编，［唐］李善并五臣注：《六臣注文选》卷一，四部丛刊初编本，上海涵芬楼藏宋刊本影印，1922年，第十五叶。

②［汉］张衡：《西京赋》，［梁］昭明太子萧统选编，［唐］李善并五臣注：《六臣注文选》卷二，四部丛刊初编本，上海涵芬楼藏宋刊本影印，1922年，第八叶。

③《汉书》卷三十六《楚元王传第六》附《刘向传》，第7册，第1929页；《汉书》卷八十七下《扬雄传第五十七下》，第11册，第3584页。

④事见《艺文类聚》卷八十五引扬雄《答刘歆书》："雄为郎之岁，自奏少不得学，而心好沈博绝丽之文。愿不受三岁之奉，且休脱直事之繇，得肆心广意，以自克就。有诏可不夺奉，令尚书赐笔墨钱六万，得观书于石室。"［清］严可均校辑：《全上古三代秦汉三国六朝文》，第1册，《全汉文》卷五十二，北京：中华书局影印，1958年，第411页上栏。

其书的《问神篇》《寡见篇》《重黎篇》《渊骞篇》《君子篇》诸篇中，有许多对司马子长与《太史公书》的精彩评论。扬雄还续写《太史公书》自宣帝至哀、平时期。故班固在《汉书·司马迁传》的《赞》语中说："自刘向、扬雄博极群书，皆称迁有良史之才，服其善叙事理，辨而不华，质而不俚，其文直，其事核，不虚美，不隐恶，故谓之实录。"①以上史料证明刘向、扬雄不仅在前汉皇室御府的石渠阁或天禄阁见读了"副在京师"的《太史公书》，而且进行了深入研究，所以才能做出如班固所言的那般精审的评价。

其实更值得我们关注的是，早在刘向、扬雄等校书秘阁六七十年之前，桑弘羊就以御史大夫掌副丞相而其副手御史中丞兼掌兰台图籍秘书的便利，见读并研究过中秘所藏《太史公书》副本的某些篇章。其时上距司马迁的《太史公书》全书杀青不过十年左右。昭帝始元六年（前81），前汉王朝曾在京师长安召开过一次著名的盐铁会议，名义是"诏有司问郡国所举贤良文学民所疾苦。议罢盐铁榷酤"②，由丞相田千秋、御史大夫桑弘羊及其下属"丞相史""御史"与从天下征召来的六十余位"文学""贤良"辩论盐铁官营、酒类专卖和平准均输等大政方针的利弊去取。宣帝时，汝南桓宽根据会议记录及相关数据整理为《盐铁论》十卷六十篇③。此书所称的"大夫"就是御史大夫桑弘羊。他代表朝廷极力维护从武帝朝沿袭下来当初主要由他设计的盐铁官营、酒类专卖和平准均输等基本国策，辩论中他多次断章取义的节引《太史公书》相关段落作为论据以折论敌。如《本议第一》"大夫曰：……故工不出，则农用乏；商不出，则宝货绝。农用乏，则穀不殖；宝货绝，则财用匮。"④即意引《货殖列传》"《周书》曰：'农不出则乏其食，工不出则乏其事，商不出则三宝绝，

---

① 《汉书》卷六十二《司马迁传第三十二》，第9册，第2738页。
② 《汉书》卷七《昭帝纪第七》，第1册，第223页。
③ 《汉书》卷六十六《公孙刘田王杨蔡陈郑传·赞》，第9册，第2903页。
④ 郭沫若校订：《盐铁论读本》卷一《本议第一》，北京：科学出版社，1957年，第2页。以下引《盐铁论》，版本均同此。

虞不出则财匮少.'"①又《错币第四》"大夫曰:汤、文继衰,汉兴乘弊。一质一文,非苟易常也。……物极而衰,终始之运也。"②系意引《平准书》"是以物盛则衰,时极而转,一质一文,终始之变也。"③同篇"大夫曰:文帝之时,纵民得铸钱,冶铁,煮盐。吴王擅鄣海泽,邓通专西山。……吴、邓钱布天下,故有铸钱之禁。"④系引自《平准书》"至孝文时……令民纵得自铸钱。故吴,诸侯也,以即山铸钱,富埒天子。邓通,大夫也,以铸钱财过王者。故吴、邓钱布天下,而铸钱之禁生焉。"⑤《复古第六》大夫曰:"山海之利,广泽之畜,天下之藏也,皆宜属少府。陛下不私,以属大司农,以佐助百姓"云云⑥,系引自《平准书》"盐铁丞孔仅、咸阳言:'山海,天地之藏也,皆宜属少府,陛下不私,以属大农佐赋……'"⑦《毁学第十八》"大夫曰:司马子言'天下穰穰,皆为利往'。赵女不择丑好,郑姬不择远近,商人不愧耻辱,戎士不爱死力,士不在亲,事君不避其难,皆为利禄也。"⑧这段话节引自《货殖列传》⑨。《论邹第五十三》中桑弘羊引邹衍大九州岛之说以讽刺晚世之儒墨后学识见短浅的一大段话⑩,系节引《史记·孟子荀卿列传》中的《邹衍传》⑪。

我们从盐铁会议的论辩过程发现,主持会议的丞相田千秋"当轴处中,括囊不言,容身而去"⑫,自始至终从未引用过《太史公书》的任何文字,可以断定他并未见读过《太史公书》,以他持禄取容的秉性也不会

①《史记》卷一百二十九《货殖列传第六十九》,第10册,第3255页。

②《盐铁论读本》卷一《错币第四》,第10页。

③《史记》卷三十《平准书第八》,第4册,第1442页。

④《盐铁论读本》卷一《错币第四》,第10页。

⑤《史记》卷三十《平准书第八》,第4册,第1419页。

⑥《盐铁论读本》卷一《复古第六》,第13页。

⑦《史记》卷三十《平准书第八》,第4册,第1429页。

⑧《盐铁论读本》卷四《毁学第十八》,第37页。

⑨《史记》卷一百二十九《货殖列传第六十九》,第10册,第3256、3271页。

⑩《盐铁论读本》卷九《论邹第五十三》,第94页。

⑪《史记》卷七十四《孟子荀子列传第十四》,第7册,第2344页。

⑫《盐铁论读本》卷十《杂论第六十》,第108页。

有阅读此书的兴趣；论辩中相当活跃的"丞相史"和"御史"也从未引用《太史公书》的只字片语做论据以折论敌，想必是因为以他们的职位所限没有资格见阅御府所藏《太史公书》。从《盐铁论》提供的第一手史料判断，在《太史公书》副本入藏前汉皇室书府后，最先有选择地阅读并仔细研究过中秘所藏《太史公书》若干篇章的朝廷高官，御史大夫桑弘羊应是第一人；尊称司马迁为**"司马子"**的，桑弘羊也当是汉廷第一人——尽管以他的法家立场他并不理解也不认同司马迁与《太史公书》。

三、司马迁念兹在兹唯有"藏在名山"的正本

经由以上的讨论可知，司马迁将《太史公书》副本呈献京师长安皇室书府当无异议。而欲明司马迁为何要将《太史公书》正本"藏之名山"，这座"名山"又在何处，愚以为有必要先简略回顾司马迁的人生遭际与时代变迁的互动关系，从中觅取线索。

据笔者的研究，汉武帝建元六年（前135），"迁生龙门"。征和二年（前91）季冬，在巫蛊之难的背景下，司马迁因《太史公书》和《报任安书》"有怨言，下狱死"①。司马迁短暂的一生四十五年的岁月，差不多与武帝一朝相始终。二十多岁起，历仕郎中、太史公、中书令，身处朝廷中枢，侍从武帝左右，经历并见证了因武帝的"多欲"兴事、开边未已，导致前汉帝国由巅峰跌入谷底的全过程。比汉武帝年轻二十一岁的司马迁，对"今上"的认识和态度也由青少年时代的仰观崇拜到天汉以后的俯察审视。司马迁一生建树了彪炳千秋的两大伟业：一是主持编制太初历，实现了孔子"行夏之时"的理想；二是秉承先父做第二部《春秋》的遗命，创作了《太史公书》。司马迁一生经历了在灵魂中卷起狂澜的两大悲剧：一因"口语"横遭李陵之祸，而致"身废不用"；二因巫蛊之难拨乱反正无望，而慷慨赴义。独特的人生遭际与时代的剧烈变迁，在《太史公书》的

---

① ［汉］卫宏：《汉书旧仪注》，《史记》卷一百三十《太史公自序第七十》"藏之名山，副在京师，俟后世圣人君子"句下裴骃《集解》注引，第10册，第3321页。

撰述过程中刻下鲜明印记。

李陵之祸前，身为太史，为汉室撰史是司马迁的本职，他将《太史公书》诸篇副本按写作进度分批进呈御府，有如后世的班固著《汉书》、司马光撰《资治通鉴》分批将其著作陆续呈御一样①。副本呈献御府之后文字则不可更动。而《太史公书》正本原稿则在全书杀青前一直留于身边，尤其在李陵之祸后改任中书令，丧失史权，作史是个人行为，且只能秘密进行，其中某些篇卷随着对汉王朝由隆盛跌入衰败的观察和自己史识的演进，记事和视角容或有若干补充、修订之处。如班固在《汉书·司马迁传》的《赞》语中说《太史公书》纪事"讫于（大）〔天〕汉"②，证明他所见的"副在京师"的中秘本《太史公书》又副本纪事终止于司马迁因李陵之祸被武帝以"诬上罪"下狱的天汉三年（前98）初。而《太史公自序》和《报任安书》都说《太史公书》正本纪事"下至于兹"。"于兹"当指《太史公书》绝笔和《报任安书》写作的实际年份——征和二年（前91）。司马迁为在这年八月因巫蛊之难被武帝腰斩的知交田仁，在《田叔列传》传主后面匆匆补写了自"仁以壮健为卫将军舍人"至"坐纵太子，下吏诛死"九十九字的附传③。这可能是《太史公书》最后的纪事。正本方是一百三十篇俱全、史文最为完备的本子。《太史公自序》所统计的全书字数，当是据正本杀青本而言。《太史公书》正本才是司马迁以生命护卫的定本。

司马迁有先见之明。孔子作《春秋》，"贬天子，退诸侯，讨大夫，以

---

①［南朝宋］范晔：《后汉书》卷四十《班彪传上》记班固与陈宗、尹敏、孟异"共成《世祖本纪》。迁为郎，典校秘书。固又撰功臣、平林、新市、公孙述事，作列传、载记二十八篇，奏之。帝乃复使终成前所著书。"北京：中华书局，1965年，第1334页。司马光修《资治通鉴》，据［宋］李攸《宋朝事实》卷三云："自治平三年置局，每修一代史毕，上之。"《文津阁四库全书》本，北京：商务印书馆，2006年，第607册，第562页下栏。

②《汉书》卷六十二《司马迁传第三十二》，第9册，第2737页。

③《史记》卷一百四《田叔列传第四十四》，"下吏诛死"后尚有"仁发兵，长陵令车千秋上变仁，仁族死。陉城今在中山国。"二十二字，与上文文意不属，当是好事者于简侧所加傍注，被后人阑入正文。第9册，第2778页。

达王事"①。书成之后，喟然叹曰："后世知丘者以《春秋》，而罪丘者亦以《春秋》。"②司马迁发愤作《太史公书》，"述往事，思来者"，在论述秦、汉以来的现当代历史时，同样"贬天子，退诸侯，讨大夫，以达王事"，有所讥刺，深触时主权臣之忌。他与孔子有同样的预感：后世知迁者，以《太史公书》；而罪迁者，亦以《太史公书》。他预见到呈送到皇室书府的副本定会横遭砍削，其意已先发于《六国年表序》："秦既得意，烧天下《诗》《书》，诸侯史记尤甚，为其有所刺讥也。**《诗》《书》所以复见者，多藏人家，而史记独藏周室，以故灭。**惜哉！惜哉！"③他深恐父作子述椎心泣血的巨制毁于一旦，"文采不表于后世"，故于《太史公书》成书后，按照功令仅将副本呈献京师皇室秘府，而对正本特作严密的善后处置，秘藏"**人家**"。不出史公所料，《太史公书》副本呈献之后，果然被汉室审定为"谤书"，不仅禁锢于皇室秘府严禁外传，而且部分纪、传横遭武帝刊削。据前、后汉之际的古文经学家卫宏《汉书旧仪注》的记载："司马迁作《景帝本纪》，极言其短及武帝过。武帝怒而削去之。"④稍后，班固所撰《汉书》的《艺文志》"春秋家"著录的《太史公百三十篇》下自注和《司马迁传》内所附的《太史公书》书录，更明确记录他所亲见的御府所藏《太史公书》"十篇缺，有录无书"，正反映了经武帝皇室审定、删削的中秘《太史公书》文本存世的实际。

关于《太史公书》的最终去向，值得我们重点关注的是，司马迁在《太史公自序》与《报任安书》中有不同的表述。《自序》说"藏之名山，副在京师，俟后世圣人君子"⑤。而《报书》向任安通报他以生命护卫的

---

① 《史记》卷一百三十《太史公自序第七十》，第10册，第3297页。
② 《史记》卷四十七《孔子世家第十七》中司马迁所述孔子语。第6册，第1944页。语本《孟子·滕文公下》："世衰道微，邪说暴行有作，臣弑其君者有之，子弑其父者有之。孔子惧，作《春秋》。《春秋》，天子之事也。是故孔子曰：'知我者，其惟《春秋》乎？罪我者，其惟《春秋》乎？'"清阮元校刻《十三经注疏》，北京：中华书局缩印本，下册，第2714页下栏。
③ 《史记》卷十五《六国年表第三》，第2册，第686页。
④ 《史记》卷一百三十《太史公自序第七十》"藏之名山，副在京师，俟后世圣人君子"句下裴骃《集解》注引卫宏《汉书旧仪注》，第10册，第3321页。
⑤ 《史记》卷一百三十《太史公自序第七十》，第10册，第3320页。

《太史公书》已做万全处置以告慰知交时，只说"藏之名山传之其人通邑大都"，只字未提此外尚有"副在京师"的文本。证明司马迁对"副在京师"的文本能否安全传世并不抱多大希望，**他唯一念兹在兹的是"藏之名山"的《太史公书》正本**。为防后世散佚无迹可寻，他特地在《太史公自序》结尾著明全书的篇卷与字数："凡百三十篇，五十二万六千五百字，为《太史公书》"。

四、论"传之其人通邑大都"是"藏之名山"的密钥

《太史公书》正本"藏之名山"的"名山"究在何处？天下称岳的名山有五，关中之岳曰华山。司马迁说"藏之名山"，并非说真把《太史公书》藏入华山，但与华山也并非全无关系。**《报任安书》所说的"藏之名山传之其人通邑大都"应作一句读，其中已隐藏了开启这座"名山"的密钥**。这把密钥有两个要件，一是"传之其人"，二是"通邑大都"。把握了这两个要件，也就开启了这座"名山"的大门。

先论"传之其人"。司马迁在《报任安书》中郑重言之的"**传之其人**"，犹如佛教师徒传灯，是说将《太史公书》正本**直接传授**给值得信任并有智慧能够承受之人；而非如《太史公自序》所称的，要"**俟后世圣人君子**"。《史记·匈奴列传》："太史公曰：孔氏著《春秋》，隐桓之间则章，至定哀之际则微，为其切当世之文而罔褒，忌讳之辞也。"[1]《史记·十二诸侯年表序》又说："七十子之徒口受其传指，为有所刺讥褒讳挹损之文辞，不可以书见也。"[2]故《春秋》实多文字之外的微言大义。诚如章实斋所言："昔夫子之作《春秋》也，笔削既具，复以微言大义口授其徒，三传之作，因得各据闻见，推阐经蕴，于是《春秋》以明。……古人专门之学，必有法外传心，笔削之功所不及，则口授其徒，而相与传习其业，以

---

[1]《史记》卷一百十《匈奴列传第五十》，第9册，第2919页。
[2]《史记》卷十四《十二诸侯年表第二》，第2册，第509页。

垂永久也。"①司马迁说孔子著《春秋》，微言大义不可以书见，口授予七十子之徒，其实是为《太史公书》笔削现当代史事微文刺讥为免时难而不得不"藏之名山"发凡起例。"伐柯伐柯，其则不远"。汉景时的辕固生、汉武时的董仲舒，或因口语或因著书都几乎伤命，更是眼前的前车之鉴。司马迁著《太史公书》，以第二部《春秋》自期，叙写本朝尤其是"今上"当代的史事，所贬损大人当世君臣有威权势力，其中隐含的"刺讥褒讳挹损之辞"，处于武帝专制高压之下，为避时难，免遭亡佚，不得不隐约其词，"不可以书见"，而其著书的最高目标"究天人之际，通古今之变"中蕴含的微言大义，以及治乱兴亡之因、王霸义利之辨，都只能踵步先圣范式付诸口传，以期永垂久远。《报任安书》说，其书"藏之名山，传之其人"，孔子有七十子之徒可以口授其"传指"，但司马迁并无这样的弟子能够托付；史公方欲"隐其书而不宣"，故欲"传之"的"其人"，定非官方的秘府人士；而《史记》《汉书》中也无史文记载史公有男性子息，可以传其心法。然而史公有女，《汉书》卷六十六《杨敞传附子恽传》："恽母，司马迁女也。"。据《杨敞传》中"废昌邑王，立宣帝"的重大决策过程的叙事，可以见识她是一位有非凡智慧且临大事有大决断的奇女子。**能够得到太史公秘授《太史公书》正本及其"传指"的"其人"，最确当的唯一人选，非史公的爱女、杨敞的夫人、杨恽的母亲莫属。**她待字闺中时，有可能充当史公撰著的助手，得受其心法；出嫁杨府后，受史公托付，保守《太史公书》正本。其夫婿杨敞于昭帝始元六年（前81），由秩千石的大司马大将军霍光幕府司马升任中二千石的大司农之前，在京师长安并无专属府邸，她日常当都留在原籍华阴（请参看下文杨敞"昭帝末为丞相封安平侯"句下注释）。其幼子杨恽"始读外祖《太史公记》，颇为《春秋》"，定然得到她的悉心指导②。

次论"通邑大都"。《左传·隐公元年》："先王之制：大都不过参国之

①〔清〕章学诚：《文史通义》内篇五《史释》，《章学诚遗书》卷第五，北京：文物出版社，据吴兴嘉业堂刊《章氏遗书》本影印，1985年，第41页第3栏。

②《汉书》卷六十六《公孙刘田王杨蔡陈郑传第三十六》，第9册，第2889页。

一；中，五之一；小，九之一。"①其不以"大都"指称诸侯国都，更非指称天子的京师，则皎然若揭。战国秦汉时期，通邑大都亦泛称国都之外交通便利的都邑之大者。《报任安书》中所说的"通邑大都"，当指太史公的女婿杨敞的家乡华阴邑。《汉书·杨敞传》"杨敞，华阴人也"。华阴，战国时为秦、魏相争的战略要地。先属魏，为阴晋邑；后入秦，更名宁秦邑。汉高祖八年（前199）以宁秦邑改置华阴县。华阴是关东进入关中欲达京师的必经要冲，也是关中进出中原的唯一门户。武帝太初元年（前104）于京畿立三辅，长安以东的京兆尹置二千石的京辅都尉，以拱卫京师，治所即在华阴②。可见华阴邑是地道的通邑大都。在此，我们还要关注华阴与西岳华山的关系。《汉书·地理志上》：京兆尹华阴县，班固自注："太华山在南，有祠，豫州山。集灵宫，武帝起。莽曰华坛也。"③《史记正义》引《括地志》云："华山在华州华阴县南八里。"武帝所建的集灵宫（西岳庙前身），作为华山神灵的殿堂，就位于山北邑南。华阴县正是华山这座"**名山**"的坐落。司马迁援引群玉之山系先王策府这个古老的传说，以隐寓"藏之名山"实即藏于华山之阴的杨氏"**人家**"之意。

将《太史公书》正本秘藏华阴杨府可策万全。司马迁的女婿杨敞，为人"素谨"。给事大司马大将军幕府，担任军司马、长史，总理幕府事宜，甚得霍光"爱厚"。稍迁至大司农、御史大夫，昭帝末为丞相，封安平侯④。

---

① [晋]杜预：《春秋左传集解》，上海：上海人民出版社，1977年，第6页。

②《三辅黄图》卷之一："京辅都尉治华阴。"何清谷：《三辅黄图校释》，北京：中华书局，2005年，第11页。

③《汉书》卷二十八《地理志第八上》，第6册，第1543—1544页。

④《汉书》卷十九上《百官公卿表第七上》载，武帝"元狩四年初置大司马，以冠将军之号。"（第3册，第725页）《百官公卿表第七下》载，昭帝始元六年（前81），"大将军司马杨敞为大司农"。元凤四年（前77），"大司农杨敞为御史大夫"。元凤六年（前75），"御史大夫杨敞为丞相"。元平元年（前74），"丞相敞薨"。（第3册，第795—798页）前汉制度，二千石以上的中都官在京师长安方有专属府邸。杨敞在昭帝始元六年升任中二千石的大司农之前，作为大司马大将军霍光的属官司马，秩千石，家属只能在原籍。昭帝始元六年（前81），上距《太史公书》正本定稿杀青并秘密安置的武帝征和二年（前91），整整十年。这十年中，史公爱女与外孙杨恽日常当居于华阴。

霍光"结发内侍"（见《汉书·霍光传》的《赞》语），年幼于司马迁。在武帝元鼎（前116—前111）年间与司马迁俱为郎中，有同袍之谊。以后霍光迁诸曹侍中、为奉车都尉光禄大夫，侍从武帝左右，而司马迁则先后任太史公、中书令，二人都在武帝**内朝**任职，应该有很多交集。司马迁的人格与学问必为霍光所敬重。霍光作为武帝的托孤重臣，以大司马大将军的权位，辅佐幼主昭帝，主持朝政。国家承武帝奢侈师旅之后，海内虚耗，户口减半，霍光知时务之要，复修文景之政，轻徭薄赋，与民休息，其治国理念与司马迁近似。杨敞之深得霍光"爱厚"，除了他本人特出的才具外，与他是司马迁的女婿可能也有一定的关系。

五、司马迁手录《太史公书》正副两个文本的结局

新莽之末，天下大乱。地皇四年（公元23），长安兵起，先是更始军纵火焚烧未央宫，接着赤眉军又"烧长安宫室、市里……民饥饿相食，死者数十万，长安为虚，城中无人行"①。前汉皇室收藏中秘书的馆阁如石渠阁、天禄阁均在未央宫，经刘向、刘歆校理、著录的皇室藏书"凡三万三千九十卷"，在这场浩劫中悉毁于兵燹②。司马迁亲手录制的"副在京师"的《太史公书》也随之化为劫灰。

至于司马迁"藏之名山"转移华阴的《太史公书》正本，亦未能逃脱汉王朝专制帝王的魔掌。宣帝五凤四年（前54），司马迁的外孙，因口语之祸失爵家居华阴的杨恽，又因日食之变遭人诬告，加上《与孙会宗书》对今上和时局的怨怼之言，引发宣帝的震怒，以大逆无道罪将他腰斩，赀产抄没，妻子流放酒泉郡。连"诸在位与恽厚善者，未央卫尉韦玄成、京

---

① 《汉书》卷九十九《王莽传第六十九下》，第12册，第4193页。

② ［唐］魏征等：《隋书》，卷三十二《经籍志第二十七》载，汉成帝命光禄大夫刘向领衔校理皇室秘藏图书。"向卒后，哀帝使其子歆嗣父之业。乃徙温室中书于天禄阁上。歆遂综括群籍，撮其指要，著为《七略》：一曰《集略》，二曰《六艺略》，三曰《诸子略》，四曰《诗赋略》，五曰《兵书略》，六曰《术数略》，七曰《方技略》。大凡三万三千九十卷。王莽之末，又被焚烧。"北京：中华书局，1973年，第4册，第905—906页。

兆尹张敞及孙会宗等，皆免官"①。在这场钦定重案的抄家劫难中，被朝廷列为禁书的《太史公书》手稿正本从此不见任何著录，或就此散佚毁灭。

"藏之名山"的《太史公书》手稿正本虽然从此在天壤间消失，但薪尽火传，正本系统的《太史公书》并未灭绝。当汉王朝将司马迁因《报任安书》的怨怼之语判为"大逆"再度下狱处死，将进呈的《太史公书》定为"谤书"大加刊削禁锢秘府时，却未料到副本之外尚有一百三十篇全帙的正本"藏之名山"；更未料到在司马迁遇难之后不出十来年，正本的传抄本已在民间悄然流布。

使《太史公书》正本流布于世的功臣是司马迁的外孙杨恽。《汉书》卷六十六《杨敞传附子恽传》说："恽母，司马迁女也。恽始读外祖《太史公记》，颇为《春秋》。以材能称，好交英俊诸儒，名显朝廷。"②杨恽少读家藏《太史公记》，得从其母处聆受外祖的"传指"。《汉书》卷六十二《司马迁传》又说："迁既死，后其书稍出。宣帝时，迁外孙平通侯杨恽祖述其书，遂宣布焉。"③按：为，作也。述，亦作也。"祖述"者，则是师法前修，复加陈说也。据《汉书》杨恽本传"颇为春秋"的叙文，知其于宣布《太史公书》正本前，曾有意识地为《太史公书》的某些记事做了若干增益补充。所谓"宣布"，是说杨恽因口语之祸失爵家居时，内怀不服，乃不顾朝廷禁令，将秘藏的正本《太史公书》向休沐假期来华阴探访的"英俊诸儒"好友公开，又对《太史公书》的言外心法加以"祖述"解说，并提供笔墨简牍让他们抄录。杨恽以"大逆无道"之罪被宣帝处死，除了日食之变、《报孙会宗书》的愤懑之言这两条众所周知的"罪状"外，将禁书《太史公书》全书公然发表，并将微文刺讥的"传指"加以解说，深犯时禁，未尝不是一个更深层次的原因。司马迁用全部的生命撰著了《太史公书》，而杨恽拼却一死宣布了《太史公书》。杨恽不愧为太史公的贤外孙。由于杨恽"宣布"了家藏的正本《太史公书》，从宣帝五凤年间开始，

① 《汉书》卷六十六《公孙刘田王杨蔡陈郑传第三十六》，第9册，第2898页。
② 《汉书》卷六十六《公孙刘田王杨蔡陈郑传第三十六》，第9册，第2889页。
③ 《汉书》卷六十二《司马迁传第三十二》，第9册，第2737页。

在京畿地区《太史公书》正本系统的单篇抄本便渐次流传，散播民间。此时上距司马迁作《报任安书》不过三十余年。

司马迁亲手抄录的"副在京师"的中秘藏本《太史公书》，在西汉时代一直严禁外传。《汉书》卷八十《宣元六王传》载，成帝河平（前28—前25）中，东平王刘宇来朝，以叔父之尊"上疏求诸子及《太史公书》"。成帝以问大将军王凤，凤对曰："《太史公书》有战国从横权谲之谋，汉兴之初谋臣奇策，天官灾异，地形阸塞，皆不宜在诸侯王。不可予。"故成帝如凤言不允所请①。但与此事几乎同时，却有一个例外。据《汉书》卷一百《叙传上》所记，班彪二伯班斿"博学有俊材……与刘向校秘书。每奏事，斿以选受诏进读群书。上器其能，赐以秘书之副。时书不布，自东平思王以叔父求《太史公》、诸子书，大将军白，不许。"②成帝赐予班斿经过校理的中秘书副本中，愚以为当包含"副在京师"的经过武帝删削后"十篇缺有录无书"的《太史公书》副本的又副本。当司马迁亲手誊录的《太史公书》副本毁于王莽之乱时，赖安陵班氏家藏的赐书"十篇缺有录无书"的《太史公书》副本又副本，使副本系统的《太史公书》得以保全。

或谓东平王刘宇以成帝叔父之尊求《太史公书》尚不可得，又遑论其他？由此得出结论：自然谈不上还有流传于外的其他版本。但此说可议。班斿受赐"秘书之副"，并不仅仅因为他"博学有俊材"，协助刘向校理中秘书，最重要的因素当是其姐班婕妤"大幸"于成帝，而且得到太后的器重，"建始、河平之际，许、班之贵，顷动前朝。"③班斿所得赐书包括《太史公书》副本的又副本，可从下列二事得到佐证。其一，据《后汉书》卷四十《班彪列传》，班彪（3—54）于建武中自徐令病免家居，遂专心史籍之间，"乃继采前史遗事，傍贯遗闻，作后传数十篇"，又"斟酌前《史》而讥正得失"，作《史记略论》，对司马迁及其《太史公书》的得失

---

① 《汉书》卷八十《宣元六王传第五十》，第10册，第3324—3325页。

② 《汉书》卷一百《叙传第七十上》，第12册，第4203页。

③ 《汉书》卷八十五《谷永杜邺传第五十五》，第11册，第3460页。

做了全面而不乏精到的评论①，从而为后来班固在《汉书·司马迁传》的《赞》语中评论司马迁与《史记》所本。可见他对《太史公书》文本的精熟和研究的深入，若非拥有《太史公书》文本可随时参考则无此可能。而从班彪的经历来看，前汉终结的初始元年（8），彪年方六岁；地皇三年（22）王莽败时，彪始二十，新莽十五年间，彪未入仕；两汉之际三辅大乱，彪避难河西；直到后汉光武帝建武十二年（36），彪三十四岁时，在东都洛阳举司隶茂才，次年拜徐令。以病去官。后一度为望都长，卒于官。一生中无论在前汉还是后汉，都不可能有见读汉室中秘所藏副本《太史公书》的机会，更不要说可随时参考研究了。他作《史记后传》与《史记略论》，唯一的资料凭借只能是家藏赐书中的《太史公书》副本的又副本。其二，由于安陵班家受赐皇室藏书之副，好古之士如扬雄、桓谭之辈，不远千里来扣班氏之门，求观赐书。班府俨然成为皇室秘府之外的图书中心。班固于建武三十年（54）父卒之后，由洛阳返归安陵故里，"固以彪所续前史未详，乃潜精研思，欲就其业。"②若安陵家中无《太史公书》副本的又副本，则班彪不可能作《后传》六十五篇和《史记略论》，而班固更不可能在其父《后传》基础上赓续汉《史》。

汉明帝永平五年（62），有人上书明帝，指控班固"私改作国史"，有诏下固京兆狱，尽取其家书。其弟班超赶赴洛阳诣阙上书，具言班固所为著述意。而右扶风郡亦上其家书。明帝诏班固诣校书部，除兰台令史③。迁为郎，典校秘书。班固后奉诏撰《汉书》，自高帝刘邦开国至武帝刘彻之间的史事皆承袭《太史公书》。而其时皇室秘府原先所藏《太史公书》副本早已毁于王莽之乱，班固所依据的必是右扶风郡奉诏从其家所取并上呈皇室御府的赐书《太史公书》副本的又副本。然而，这个本子最终也未能幸免。《后汉书·儒林传》云，献帝初平元年（190），"董卓移都之际，吏民扰乱，自辟雍、东观、兰台、石室、宣明、鸿都诸藏，典策文章，竞

① 《后汉书》卷四十《班彪传第三十上》，第5册，1324—1327页。
② 《后汉书》卷四十《班彪传第三十上》，第5册，第1333页。
③ 《后汉书》卷四十《班彪传第三十上》，第5册，第1333—1334页。

共剖散。其缣帛图书，大则连为帷盖，小乃制为滕囊。及王允所收而西者，裁七十余乘，道路艰远，复弃其半矣。后长安之乱，一时焚荡，莫不泯尽焉。"①《隋书·经籍志》则记录后汉皇室图书在"董卓之乱，献帝西迁"之际，"两京大乱，扫地皆尽"②。"副在京师"的《太史公书》副本的又副本，在后汉河山板荡中也化为灰烬。

幸而后汉中期以后，社会上已流传一百三十篇俱全的《太史公书》（《史记》），这当是由"藏之名山"的正本、"副在京师"的副本两大系统的抄传本配补而成的本子，不过其中还羼入了汉人褚少孙等人续补增窜的数万文字。这个本子传承至今，但已非太史公司马迁手定的正、副本旧貌了。

一九九四年八月二十日初稿于芜湖凤凰山下窳陶斋。
二〇二一年一月二十日订补于芜湖凤鸣湖畔窳陶斋。

（原载《渭南师范学院学报》2021年第7期）

---

①《后汉书》卷七十九《儒林传第六十九》，第9册，第2548页。
②《隋书》卷三十二《经籍志第二十七》，第4册，第906页。

论裴骃"《史记集解》八十卷"系合本子注本

一、《史记·出版说明》关于三家注"都各自单行说"溯源

宋以前的《史记》古注，历经岁月筛汰，仅余南朝刘宋裴骃的《史记集解》、李唐司马贞的《史记索隐》和张守节的《史记正义》三种，世称《史记》三家注，经宋人合刻而流传至今。关于三家注与《史记》本文的关系，中华书局编辑部于1959年9月出版的点校本《史记》第一册卷首的《出版说明》做了如下表述：

> 三家注原先都各自单行①，跟《史记》卷数不相合。《隋书·经籍志》和《唐书·经籍志》著录《史记集解》八十卷，《新唐书·艺文志》著录《史记索隐》《史记正义》各三十卷。单刻的八十卷本《史记集解》早已失传，现在有把《集解》散列在正文下的《史记集解》一百三十卷。《正义》旧本失传，卷帙次第无可考。惟独《索隐》有

---

① 前汉儒者注经,诸经之注单独成书,不与经文相附,经、注各自单本别行。《〈史记〉出版说明》所说"三家注原先都各自单行"的"各自单行",系与《史记》本书相对而言,认为三家注原先都独自成书,不与《史记》本书相附;下文"把《集解》散列在正文下"这句话,更表明《出版说明》所持《集解》原先不与《史记》本书相附的立场。

明末毛氏汲古阁覆刻本，卷数仍旧①。

此说被海内外学界视作定论，或明或暗地辗转征引。如：程金造在《汲古阁单本史记索隐之来源和价值》中称："司马迁《史记》，今通行的注解，有裴骃《集解》、司马贞《索隐》和张守节《正义》三家。三家当初各自单行，也不与《史记》正文相附俪，卷帙更不全一致。"②易孟醇作《史记版本考索》，认为《史记》三家注"均标字列注，单独别行，所以卷数与《史记》一百三十卷不合。"③张新科、俞樟华合著的《史记研究史略》说："三家注开始都是单独成书，分别流传的。到了北宋，才有人将这三种注本打散，统一地穿插、编排在《史记》的正文下面，今天所能见到的最早的三家注合刻本，是南宋宁宗庆元年间的黄善夫本。"④应三玉的《〈史记〉三家注研究》是第一部全面、系统地研究《史记》三家注的专著，在《绪论》中说："《史记集解》、《史记索隐》、《史记正义》原各单行。""在版本形式上，作为《史记》传本，宋时出现了将《史记集解》、《史记索隐》及《史记正义》三家的注解一并散入《史记》正文下的刻本，这种以合注形态刊行于世的《史记》版本，即《史记集解索隐正义》，俗称《史记》三家注本。"⑤就连白寿彝先生任总主编的《中国通史》第四卷在介绍"基本史籍"中的《史记》三家注时，也说："三家注本各自单行，至北宋

---

① 中华书局编辑部：《史记·出版说明》，《史记》，北京：中华书局，1959年，第1册，卷首第4页。

② 程金造：《史记管窥》，西安：陕西人民出版社，1985年，第218页。

③ 易孟醇：《史记版本考索》，《出版工作》1987年第1—3期。此文后收入王利器主编《史记注译》，西安：三秦出版社，1988年，第20页。

④ 张新科、俞樟华：《史记研究史略》，西安：三秦出版社，1990年，第37页。

⑤ 应三玉：《〈史记〉三家注研究》，南京：凤凰出版社，2008年，第2页。

时始分隶于《史记》正文之下，形成今本模样。"[1]日本学者水泽利忠在所著的《史记之文献学的研究》中则认为"裴骃之《集解注》原本八十卷。原本或如《索隐》本那样。而该原本的形式传至唐末。"[2]可见影响之巨。

追本溯源，前引点校本《史记》的《出版说明》中关于三家注的断语，系承袭张元济（1867—1959）先生的《百衲本二十四史·史记》（南宋黄善夫三家注合刻本）的《跋》语：

> 迁史旧注今存者三家：曰宋裴骃《集解》，曰唐司马贞《索隐》，曰唐张守节《正义》。其始皆别自单行，与《史记》卷数不相合。隋、唐《志》，《集解》八十卷；《新唐志》，《索隐》《正义》各三十卷。今《集解》有单刻本，然已散入与正文相附。王鸣盛谓以一篇为一卷，疑始于宋人。《正义》旧本失传，卷帙次第亦无可考。独《索隐》存毛氏覆本，卷数如旧。《四库总目》谓三家合为一编，始于北宋[3]。

但上引关于三家注与《史记》正文关系的观点，亦非张元济先生的首创。在此之前，清乾嘉大家早有类似的论述。卢文弨（1717—1795）在《史记索隐校本序》中说："赵宋时始合《集解》《正义》俱系之《史记》正文下，遂致有割截牵并之失。"[4]钱大昕（1728—1804）在所著《十驾斋养新

---

[1] 白寿彝总主编：《中国通史》，上海：上海人民出版社，1995年，第5册，第2—3页。按：张新科等说"到了北宋，才有人将这三种注打散，统一地穿插、编排在《史记》的正文下面"，应三玉说宋时出现了将"三家的注解一并散入《史记》正文下的刻本"，白寿彝说三家注"至北宋时始分隶于《史记》正文之下"，一致认为《集解》原来与《索隐》《正义》一样，也是单本独行，不与《史记》本书相附。其实，自中华书局点校本《史记》于1959年9月出版之后，海内外研治《史记》者在论及三家注与《史记》本书的关系时，几乎无不认同《史记·出版说明》的相关论断。

[2] ［日］水泽利忠：《史记之文献学的研究》第四章"单注本"，《史记会注考证校补》，日本东京：史记会注考证校补刊行会，昭和四十五年（1970），第9册，第2页。

[3] 张元济：《百衲本二十四史·史记·跋》，上海涵芬楼影印南宋宁宗庆元间建安黄善夫刻本，1931年。

[4] ［清］卢文弨：《抱经堂文集》卷四，乾隆、嘉庆间刻本，第三叶a。

录》的"史记宋元本"条中更明确地说："《史记》〔之《集解》〕《索隐》、《正义》，皆各自为书，不与本书比附。"①四库馆臣邵晋涵（1743—1796）著有《南江书录》，也主三家注各自为书说，其在首篇《史记》题下论及三家注时称："《史记》注，传于后者三家：裴骃《集解》、司马贞《索隐》、张守节《正义》，其初各为一书，后人并附分注，以便检览。明监本《史记》亦三家并列也。"②邵晋涵也是《四库全书》所收《史记集解》《史记正义》两部史著的提要执笔者。邵氏所撰"《史记集解》一百三十卷江苏巡抚采进本"提要称，裴骃"乃采九经、诸史并《汉书音义》及众书之目，别撰此书。……原本八十卷，隋、唐《志》著录并同。此本为毛

---

① [清]钱大昕著，陈文和、孙显军校点：《十驾斋养新录》卷十三，南京：江苏古籍出版社，2000年，第272页。按：钱大昕所谓"皆各自为书，不与木书比附"，这里的"皆"字指代前文的"《史记》、《索隐》、《正义》"，"本书"指《史记》。以上三书不与《史记》比附，《索隐》《正义》自无问题，而《史记》不与本书（指《史记》）比附则明显不通。钱氏自称他所见的《史记》宋元刊本为耿秉本、蔡梦弼本、元中统本，"此三本皆有《索隐》而无《正义》"，但"此三本"实均含《集解》。钱氏又说，明"柯维熊校本金台汪谅刻始合《索隐》、《正义》为一书"，此"一书"亦同含《集解》。故上文所说的"史记"或为"集解"之误，或"史记"后误脱"集解"二字。因此，笔者据钱氏上下文意，在上述引文中增补"〔之《集解》〕"三字。

② [清]邵晋涵：《南江书录·文集第三》卷首《史记》条，贵池刘世珩校刊"聚学轩丛书"第五集第七种，光绪二十九年（1903）初刻本，第一叶b。按：邵晋涵所论中的"后人并附分注"六字是关键。云"后人"者，明合三家之注于《史记》本书之人并非三家注原作者；"并附"者，将三家之注一并附于《史记》本书；"分注"者，系三家之注各条分别系于《史记》相应文句下。这清楚地表明，邵晋涵是持在"后人并附分注"之前，《集解》与《索隐》《正义》同样都是独立于《史记》本书之外，与《史记》本书不相比附的立场的。

氏汲古阁所刊，析为一百三十卷，原第遂不可考。"①张元济先生称"隋、唐《志》，《集解》八十卷"，便采取《四库全书总目》中"《史记集解》一百三十卷"提要的说法："原本八十卷，隋、唐《志》著录并同。"但此说并不准确。由于南宋建安黄善夫本在中土已失传，清儒并不知道最早的《史记》三家注合刻本原初的真实形态，只能据明监本《史记》三家注的后出形态立论，出现差错，原不足怪，请容下文详论。

关于三家注与《史记》正文关系的最新权威表述，当属中华书局点校本二十四史修订本《史记》的《修订前言》所论：

> 《史记》三家注原本各自单行。《隋书·经籍志》及《旧唐书·经籍志》、《新唐书·艺文志》著录裴骃《集解史记》八十卷。《新唐书·艺文志》著录《史记索隐》、《史记正义》皆为三十卷。《集解》八十卷本早已失传，今本《集解》散入《史记》各篇之中。《史记正义》旧本亦已失传。《史记索隐》今有明末毛晋汲古阁单刻本三十卷。三家注中，《集解》最早与《史记》正文相附②，至南宋出现了《集

①［清］永瑢等：《四库全书总目》卷四五，北京：中华书局，1965年，上册，第398页。按：《四库全书总目》著录的这部《史记集解》一百三十卷，书名大误！自裴骃为《史记》作注之后，至《四库全书总目》成书之前，正史书志的著录并无"《史记集解》八十卷"及"《史记集解》一百三十卷"之书。江苏巡抚采进的本子，是明末毛氏汲古阁据古本考较，于崇祯十四年(1641)开雕，至清顺治十四年(1657)刻成的《十七史》本"司马迁《史记》一百三十卷 裴骃集解"。《四库全书总目》偷梁换柱，改题为"《史记集解》一百三十卷 宋裴骃撰"。这不仅篡改了书名，而且抹去原作者司马迁之名，并将注者改为撰者。由于《四库全书总目》的权威地位，所谓"原本八十卷，隋、唐《志》著录并同。此本为毛氏汲古阁所刊，析为一百三十卷"，遂成为张元济先生"百衲本"《史记·跋》"今《集解》有单刻本(引者按：即《四库全书总目》所称的"《史记集解》一百三十卷")，然已散入与正文相附"，点校本《史记》的《出版说明》"现在有把《集解》散列在正文下的《史记集解》一百三十卷"，以及《修订前言》"《集解》八十卷本早已失传，今本《集解》散入《史记》各篇之中"等错误论断的源头。

②按：《修订前言》既说"《史记》三家注原本各自单行"，又称"三家注中，《集解》最早与《史记》正文相附"，然则修订者提供给读者的信息必然是"最早"将《集解》与《史记》正文相附"者自非作者裴骃本人，而是裴骃之后的某个或某几个编辑者。

解》、《索隐》二家注合刻本,再由二家注本合以《正义》,最终形成了三家注合刻本。……现存最早的三家注合刻本为南宋建安黄善夫家塾刻本一百三十卷①。

清儒与张元济先生以及《史记》修订本《修订前言》都认为三家注"其始皆别自单行","不与本书比附"。若以此说论定《索隐》《正义》良是,因为二书有《史记索隐后序》《史记正义序》《新唐书·艺文志》的著录以及存世的毛氏汲古阁单刻本《索隐》为证;而若以此说范围《集解》,诸家均未提出实据,却立说旦旦,则颇令人生疑。《史记集解》原初是否不与《史记》正文相附而别自单行,《集解》八十卷本是否"早已失传",关系到今传《史记》正文如何承传以及三家注本如何形成等重要问题,确有寻根究底的必要。

二、隋、唐《志》著录裴骃"集解"依附"《史记》八十卷"而行

20世纪80—90年代,笔者在从事"今本《史记》版本源流、叙事断限及主旨迁变考略"课题的研究时,曾对《集解史记》及相关问题进行过仔细考察,得出如下的结论:裴骃以东晋徐广的《史记》校本为本,"采经传百家并先儒之说",又"时见微意",随文施注,取合本子注方式,为《史记》一百三十篇作"集解",合《史记》本文与裴氏注义为《集解史记》八十卷,自此《史记》始有全注本。裴氏注本亦为后世所有《史记》

---

① 点校本《史记》修订组:《修订前言》,《史记》(修订本)卷首,中华书局,2013年,第1册,第8页。

注本所从出①。但当时未以专论刊出，未对上述观点做详细疏证。

"合本子注"概念最早由陈寅恪先生提出，系针对六朝僧徒研究佛典同本异译因而编为"合本"的形式而发。本文研究的对象则为汉籍经史注本的形态，范畴不同，因此有必要对何谓汉籍"合本子注"重新做出定义。前汉学者注经，有多种体裁，其中有种注释体，所录经典文句书作大字，而注释则用小字双行附注其下，习称子注。《汉书·艺文志》著录有"《毛诗》二十九卷，《毛诗故训传》三十卷"，其中的"《毛诗故训传》三十卷"就是如此。**这种经注体式的出现，远在佛典传入中土数百年之前**。但诸经之注独自成书，经、注各自单行。这种不便诵读与讲说的书籍形态，随着汉魏之际学风的丕变也出现了新的文本体式。经学家马融（78—166）为《周礼》作注，欲省学者两读之难，故就经为注，首开其端②。经学大师郑玄（127—200）更于汉季打破经今古文学壁垒，兼综诸家，遍注群经，调和今古，择善而从。又以传统的经、注各自单行，不便阅读讲说，故集经、注为合本，从而开辟了经史写本合本子注的先河。"史记"由史书的通称成为司马迁《太史公书》的专名，也正发生在此时代学风嬗变的脉络中。《说文解字·木部》曰："本，木下曰本。"又曰："柢，木根也。"③本，即树木之根。引申之，所注之原书亦可称"本"。**所谓合本子注，就是经史正文书作大字，是为本；注解用小字双行夹注于所**

---

① 拙文《论裴骃"〈史记集解〉八十卷"系合本子注本》的初稿，是安徽省哲学社会科学研究基金项目"今本《史记》版本源流、叙事断限及主旨迁变考略"的结题报告（1993年）的第三节（未刊稿），该节的核心观点如本文所述。该观点最早公开于1999年10月26—28日在河南大学（开封）召开的"《史记》暨汉代文学研讨会"上笔者的大会报告中，题为《〈史记会注考证新增正义的来源和真伪〉辨正——程金造〈史记〉三家注研究平议之三》。该文一万六千字，刊发于《河南大学学报》（社会科学版）2000年第2期（3月出版，第37—44页）。《河南大学学报》所发论文的全文版为三万五千字的《程金造之"〈史记正义佚存〉伪托说"平议》，刊发于《台大历史学报》第25期，2000年6月，第181—229页。请参见该论文的"前言"部分。

② [清]孔颖达：《毛诗注疏》卷第一，清阮元校刻《十三经注疏》，北京：中华书局，1980年，上册，第269页中栏"郑氏笺"下《疏》。

③ [汉]许慎撰，[清]段玉裁注：《说文解字注》第六篇上，上海：上海古籍出版社，据经韵楼藏版影印，1981年，第248页下栏。

注正文字句之下，是为子。**子随根本，合全书本文与子注为一体，即合本子注**。如：魏何晏（195—249）的《论语集解》、西晋杜预（222—284）的《春秋左氏经传集解》、南朝刘宋裴松之（372—451）的《三国志注》等，都是如此。此后，汉人注经的经、传别行的注释传统，渐趋终结；而经史注本取更便诵读与传播的合本子注体式，转成常态。**经史合本子注体式的出现，是汉人注经方式的自然发展。**

或谓汉籍经史合本子注的体式，如裴松之《三国志注》、刘孝标《世说新语注》、杨衒之《洛阳伽蓝记》等，乃模拟魏晋南北朝僧徒合本子注之体①。然而此说似有倒果为因之嫌。因为可考的事实是，何晏于魏正始（240—248）中呈御的体例完备的《论语集解》，远早于释支愍度于东晋成帝（325—342年在位）时编成的《合首楞严经》与《合维摩诘经》，也略早于最初的 "合本" 之作的三国吴释支谦《合微密持经》②。至于敦煌石窟藏经洞、吐鲁番墓地等处发现的《论语郑氏（玄）注》残卷，早就是合本子注形态。所以，与其说是汉籍经史合本子注之体因袭了六朝僧徒研究佛典发明的合本子注的体式，不如说是六朝僧徒借鉴了此前汉儒注释经典所创造的体式。

以下笔者将依据上述合本子注的定义，从研读《隋书·经籍志》《旧唐书·经籍志》《新唐书·艺文志》及《宋史·艺文志》的著录入手，对 "《史记集解》" 注本形态进行考察。

《隋书·经籍志二》 "史部" 著录与《史记》相关的著作共四种：

《史记》一百三十卷《目录》一卷，汉中书令司马迁撰。

---

① 陈寅恪：《读洛阳伽蓝记书后》，《"国立中央研究院"历史语言研究所集刊》第捌本第贰分，1939年9月。此文后编入《陈寅恪中学论文选集》，上海：上海古籍出版社，1992年，第454—458页。

② 此取陈寅恪《支愍度学说考》之说："《出三藏记集》柒有支恭明《合微密持经记》云：'合微密持陀邻尼总持三本。（上本是陀邻尼，下本是总持微密持也。）'……'合本'之作殆以此为最初者矣。其'上本下本'即'上母下子'之意。" 参见陈寅恪：《陈寅恪史学论文选集》，上海：上海古籍出版社，1992年，第111页。

《史记》八十卷_{宋南中郎外兵参军裴骃注。}

《史记音义》十二卷_{宋中散大夫徐野民撰。}

《史记音》三卷_{梁轻车录事参军邹诞生撰①。}

司马迁所"撰"的"《史记》一百三十卷《目录》一卷",是白文无注本；而"《史记》八十卷"裴骃"注",则是裴注依附《史记》本文而行的文本。《隋书·经籍志》著录的是"裴骃注"的"八十卷"木《史记》。这也是隋朝和南朝学人读到的有裴注的《史记》文本。《隋书·经籍志》并无张元济先生所说的与《史记》本文不相附、"别自单行"的"《集解》八十卷"的著录。

《旧唐书·经籍志上》"乙部史录·正史类"著录与《史记》相关的著作共六种：

《史记》一百三十卷_{司马迁作。}

又八十卷_{裴骃集解。}

又一百三十卷_{许子儒注。}

《史记音义》十三卷_{徐广撰。}

《史记音义》三卷_{邹诞生撰。}

又三十卷_{刘伯庄撰②。}

"又八十卷"的"又"字，系表示省略"史记"二字，全称当是"《史记》八十卷"。《旧唐书·经籍志》著录的司马迁所"作"的"《史记》一百三十卷"，是白文无注本；而"裴骃集解"的"《史记》八十卷"，则是"集解"依附《史记》本文而行的文本。这是唐代开元十年（722）以前的学

---

① ［唐］魏征等：《隋书》卷三十三《经籍二》，北京：中华书局，1973 年，第 4 册，第 953 页。

② ［后晋］刘昫等：《旧唐书》卷四十六《经籍上》，北京：中华书局，1975 年，第 6 册，第 1987—1988 页。

人可以读到的有裴注的八十卷本《史记》。《旧唐书·经籍志》也无张元济先生所说的与《史记》本文不相附、"别自单行"的"《集解》八十卷"的著录。

《新唐书·艺文志二》"乙部史录·正史类"首先著录《史记》相关著作四种：

> 司马迁《史记》一百三十卷
> 裴骃集解《史记》八十卷
> 徐广《史记音义》十三卷
> 邹诞生《史记音》三卷①

《新唐书·艺文志》抄自晚唐内府书录。该书录在著录本朝著作时，遵照唐玄宗开元七年（719）的敕令："令丽正殿写四库书，各于本库每部为目录。其有与四库书名目不类者，依刘歆《七略》排为《七志》。其经史子集及人文集，以时代为先后，以品秩为次第。"②故于德宗贞元（785—804）中呈御的"陈伯宣注《史记》一百三十卷 贞元中上"之后，又首次著录：

> 司马贞《史记索隐》三十卷开元润州别驾。
> ………
> 张守节《史记正义》三十卷③

晚唐内府所藏"司马迁《史记》一百三十卷"是白文无注本，而"裴骃集解"的"《史记》八十卷"，则是"集解"依附《史记》本文而行的文本。

---

① [宋]欧阳修、宋祁：《新唐书》，卷五十八《艺文二》，北京：中华书局，1975年，第5册，第1453页。
② [宋]王溥：《唐会要》卷三十五，《文渊阁四库全书》本，台湾商务印书馆，1986年，第606册，第477页。
③《新唐书》卷五十八《艺文二》，第5册，第1457页。

这是晚唐学人可以读到的有裴注的八十卷本《史记》。在《新唐书·艺文志》中也找不到如同张元济先生所说的与《史记》本文不相附、"别自单行"的"《集解》八十卷"的著录。

《宋史·艺文志二》"正史类"，首先著录前三史四种，然后又著录与《史记》相关的著作二种：

> 司马迁《史记》一百三十卷_{裴骃等集注}。
>
> 又《史记》一百三十卷_{陈伯宣注}。
>
> 班固《汉书》一百卷_{颜师古注}。
>
> 范晔《后汉书》九十卷_{章怀太子李贤注}①。
>
> 张守节《史记正义》三十卷
>
> 司马贞《史记索隐》三十卷②

《宋史·艺文志二》首先著录的四种史著，都是注文依附本文而行的文本。《宋史·艺文志二》著录的这部"司马迁《史记》一百三十卷 裴骃等集注"，其实就是《新唐书·艺文志》著录的"裴骃集解《史记》八十卷"。《宋史·艺文志二》于《史记》注者"裴骃"后添一"等"字，作"裴骃等集注"，如同《宋史·艺文志一》于"《论语》十卷"的注者"何晏"后添一"等"字，作"何晏等集解"一样。或许《宋史》的编者认为《论语集解》与《史记集解》这两部著作，系聚合众多学者的成果而成，故与隋、唐《志》著录注者署名稍有不同，于注者主名后，特别添加一个"等"字，以示公平。或谓《宋史·艺文志二》著录的"司马迁《史记》一百三十卷 裴骃等集注"，即指《史记集解索隐正义》三家注合刻本，"裴骃"名后的"等"字代指司马贞与张守节。但此说的依据不足。宋朝官方从未刊刻《史记集解索隐》二家注合刻本与《史记集解索隐正义》三家注合刻本，而南宋后期坊刻的《史记集解索隐》二家注合刻本、《史记集解索隐正义》三家注合

---

① [元]脱脱等：《宋史》卷二百三《艺文二》，北京：中华书局，1977年，第15册，第5085页。

② 《宋史》卷二百三《艺文二》，第15册，第5086页。

刻本也均未入藏皇室书府，在《宋史·艺文志》中没有任何记录，便是明证。在进入版刻时代后，卷子本已无实用价值，卷、篇在称名上也无大区别。于是宋人按照《史记》的实际篇数，将集解《史记》八十卷析为一百三十卷。宋太宗淳化五年（994），官刻三史，《史记》即以"裴骃等集注"的《史记》一百三十卷写本为底本。但所刻书名是"《史记》"，而非"《史记集解》"。因此，《宋史·艺文志》也无张元济先生所说的与《史记》本文不相附、"别自单行"的"《集解》八十卷"的著录。

通过以上的考察，我们发现，无论是《隋书·经籍志》著录的"《史记》八十卷宋南中郎外兵参军裴骃注"，还是《旧唐书·经籍志》著录的"《史记》八十卷裴骃集解"，抑或《新唐书·艺文志》著录的"裴骃集解《史记》八十卷"，主体都是"《史记》八十卷"，这是根本；裴骃的"注"或称"集解"，则是枝叶，依附根本"《史记》八十卷"而行。这其实是集司马迁的《史记》正文（**本**）与裴骃的"注"或称"集解"（**子**）于一体的典型的合本子注本。在中国书籍史上，应该没有一部如同司马贞《史记索隐》、张守节《史记正义》那样的与《史记》主体不相附、"别自单行"的裴骃"《集解》八十卷"。

关于裴骃"《史记集解》"与《史记》本文的关系，清儒卢文弨、邵晋涵等，近人张元济，以及《史记》点校本《出版说明》与《史记》修订本《修订前言》所谓"《史记》三家注原本各自单行"，"《集解》八十卷本早已失传，今本《集解》散入《史记》各篇之中"云云，与《隋书·经籍志》《旧唐书·经籍志》《新唐书·艺文志》《宋史·艺文志》的著录完全不符。隋、唐《志》根本没有《出版说明》和《修订前言》所说的"《隋书·经籍志》及《旧唐书·经籍志》、《新唐书·艺文志》著录裴骃《史记集解》（或谓《集解史记》）八十卷"这样的著录；真实的著录是"《史记》八十卷宋南中郎外兵参军裴骃注""《史记》八十卷裴骃集解"和"裴骃集解《史记》八十卷"。从隋、唐与宋的史《志》著录可知，自南朝刘宋下讫赵宋的学者，所见读的"《史记集解》"都应该是注文依附《史记》本文而行的合本子注本。自清中期以讫于今二百五十多年来，在《史记》正文如何承传以及《史记》三家注本如何形成的问题上，主流学界对"《史记集解》"文本形态存在严重误解，应予澄清。

三、从《集解序》《索隐序》《索隐后序》看《史记集解》 为合本子注本

后汉中期以后，学界流传的一百三十篇俱全的《史记》文本，其实是由司马迁外孙华阴杨恽"宣布"的《太史公书》正本系统的抄传本[①]和汉室秘阁流出的"十篇缺，有录无书"[②]的《太史公书》副本系统的抄传本配补而成的本子。此前，又经前汉好事者如褚少孙、扬雄等人的续补增损，再辗转传抄，至魏晋以后就出现了如同《史记集解序》所说的"考较此书，文句不同，有多有少，莫辩其实"[③]的情形。南宋绍兴初杭州翻刻北宋本集解《史记》的裴《序》"较"字作"校"。毛氏汲古阁覆刻单本《史记索隐》所收裴《序》，"较"字亦作"校"。可见裴骃为《史记》做注解，事前曾悉心校勘多种《史记》写本，以选择一个可靠的文本作底本。他选择了徐广的校核本。

徐广（353—425），字野民，东莞郡姑幕（今山东诸城县）人。家世好学，至广尤精，百家数术，无不研览。自二十一岁时受诏校理东晋秘阁四部所见书起，至逝世止，历任晋室秘书郎、著作郎，宋室秘书监、中散大夫，在长达五十三年间，主持东晋和宋初的皇室馆阁秘书事业，并受诏撰修《晋纪》[④]。他在秘阁能见读当时大量的《史记》写本，因此方能"研核众本，为作《音义》，具列异同，兼述训解"[⑤]。**徐广"研核众本"**

---

① [汉]班固：《汉书》卷六十二《司马迁传》："宣帝时，迁外孙平通侯杨恽祖述其书，遂宣布焉。"北京：中华书局，1962年，第9册，第2737页。

②《汉书》卷六十二《司马迁传》，第9册，第2724页。

③ [南朝宋]裴骃：《史记集解序》，《史记》卷末，北京：中华书局，1959年，第10册，附录第3页。

④ [南朝宋]沈约：《宋书》卷五十五《徐广传》，北京：中华书局，1974年，第5册，第1547—1549页。

⑤ [南朝宋]裴骃：《史记集解序》，《史记》卷末，北京：中华书局，1959年，第10册，附录第4页。

时，必有其手定之一"本"，作为其"研核众本"与"具列异同"的标本。
这就为裴骃作"集解"选定《史记》最佳底本奠定了坚实基础。

裴骃说"以徐为本"，当指以徐广手定的《史记》文本为其作"集解"之"本"，而非指以徐广所著《音义》为其作"集解"之"本"。裴骃"集解"的主干，《史记集解序》自谓"采经传百家并先儒之说"，张守节《论注例》也明确指出，是六经的旧注以及"诸子诸史杂书及先儒解释善者，而裴骃并引为注。"在论到徐广的《音义》时，张氏说："**又**徐中散作音训，校集诸本异同，或义理可通者，称'一本云''又一本云'，自是别记异文，裴氏**亦**引之为注。"①张氏用了"又"字、"亦"字，表示徐广音训下于六经旧注与先儒解释善者一等，故"集解"自非以《音义》"为本"无疑。

裴骃《史记集解》取名仿魏何晏《论语集解》、晋杜预《春秋左氏经传集解》，体例除借鉴以上二书外，兼仿其父裴松之《三国志注》。何晏《论语集解》"集诸家之善，记其姓名；有不安者，颇为改易"②，以解《论语》。杜预《春秋左氏经传集解》"分经之年，与传之年相附，比其义类，各随而解之"③。裴松之《三国志注》则"务在周悉"，于陈寿原著有补其阙、备异闻、惩其妄等诸种义例④。裴骃汲取诸家之长，裁定自己的《史记》集解体例：

> 采经传百家并先儒之说，豫是有益，悉皆抄内。
> 删其游辞，取其要实，或义在可疑，则数家兼列。
> …………

---

① [唐]张守节：《史记正义·论注例》，《史记》卷末，北京：中华书局，1959年，第10册，附录第14页。

② [魏]何晏：《论语集解序》，清阮元校刻《十三经注疏》，北京：中华书局，1980年，下册，第2456页。

③ [晋]杜预：《春秋左氏传序》，《十三经注疏》下册，第1707页。

④ [南朝宋]裴松之：《上三国志注表》，《三国志》卷末，北京：中华书局，1959年，第5册，第1471页。

时见微意，有所裨补。

以徐为本，号曰《集解》。未详则阙，弗敢臆说[1]。

裴骃期望他按以上的体例所做的"集解"，对太史公伟大的著作《史记》能达到"譬嘒星之继朝阳，飞尘之集华岳"[2]的目标。"朝阳""华岳"以喻光辉与崇高的《史记》，"嘒星""飞尘"则自比微茫与细小的"集解"。继，续也，益也；集，聚也，止也。裴骃这个目标当取义于曹子建《求自试表》"冀以尘露之微，补益山海；萤烛末光，增晖日月"[3]，意谓期待自己所做的"集解"，譬如小星以微光依附朝阳，略助其辉，又如飞尘集聚华岳，微增其高一样，对《史记》能有所裨补。曰"继"曰"集"，则无异于宣布"集解"依附《史记》原本而行。裴骃集解《史记》八十卷，如同何晏《论语集解》、杜预《春秋左氏经传集解》一般，是合《史记》本文与裴骃集解于一体的合本子注本，而非如司马贞《史记索隐》三十卷、张守节《史记正义》三十卷那般，脱离《史记》本体，摘字列注、单本独行的著作形态。

唐人司马贞与张守节都精研过裴骃的集解《史记》八十卷，并且依据这个文本做他们的《索隐》与《正义》。司马贞在《史记索隐序》中说："宋外兵参军裴骃又取经传训释作《集解》，合为八十卷。"[4]按：裴骃注本若不附《史记》正文而行，小司马的序文当依上文"中散大夫东莞徐广始考异同，作《音义》十三卷"书例，书作"宋外兵参军裴骃又取经传训释，作《集解》八十卷"，在此不应出现"合"字。如今小司马序作"作《集解》，合为八十卷"，所谓"合"者，乃聚合《史记》本文与裴氏注解为八十卷。又按：裴骃的《史记集解序》说："司马迁据《左氏》《国语》"，司马贞《索隐》为此作注云："仲尼作《春秋经》，鲁史左丘明作

---

① 《史记集解序》，《史记》卷末，第10册，附录第4页。

② 裴骃：《史记集解序》，《史记》卷末，第10册，附录第4页。

③ 曹植：《求自试表》，[梁]萧统编选、[唐]李善等注：《六臣注文选》卷三十七《表上》，杭州：浙江古籍出版社，以《四部丛刊》影宋本为底本，1999年，第673页上栏。

④ 司马贞：《史记索隐序》，《史记》卷末，第10册，附录第7页。

《传》，合三十篇，故曰《左氏传》"①，与《史记索隐序》"作《集解》，合为八十卷"同一书例。司马贞在《史记索隐后序》中更明确地说："中兵郎裴骃，亦名家之子也，作《集解》，**注**、**本**合为八十卷，见行于代。"②"注"指裴骃所作"集解"，"本"指司马迁《史记》本文。注、本分指，早有前例。如东晋郭璞《注山海经叙》曰："《山海经目录》总十八卷：本三万九百十九字，注二万三百五十字，总五万一千二百六十九字。"③此书连同郭璞注的《穆天子传》，都是裴骃之前的合本子注古籍。

在此，有必要指出，点校本《史记》及修订本《史记》的点校者，将《史记索隐后序》的"又中兵郎裴骃亦名家之子也作集解注本合为八十卷见行于代"，凡二十六字，点作："又中兵郎裴骃，亦名家之子也，作《集解》注本，合为八十卷，见行于代"，是欠妥的。"作《集解》注本，合为八十卷"中的"集解"，义即集注。"集注注本"，叠床架屋，实属不辞；"合为八十卷"之"合"，系与谁合，也无着落。如此断句点逗，或恐是清儒和张元济先生等提出三家注其始皆各自为书而不与《史记》本书相附的成见横亘于胸所致。

四、从字数清点与数据分析看《史记集解》必为合本子注本

研究司马迁与《史记》，应寻求一个近真的《史记》文本。笔者曾于20世纪90年代初不惮其烦地以中华书局点校本《史记》（1982年第2版）为标本，动手对《史记》本文与三家注的字数予以逐篇逐行逐字地全盘清点并进行数据分析④，结果有许多重要的发现。

---

① 裴骃《史记集解序》、司马贞《索隐》，《史记》卷末，第10册，附录第1—2页。

② 司马贞：《史记索隐后序》，《史记》卷末，第10册，附录第9页。

③ 郭璞：《注山海经叙》，郭璞注，谭承耕校点：《山海经》（与郭璞注，洪颐煊校，张耒校点《穆天子传》合刊），长沙：岳麓书社，1992年，第191页。

④ 清点的成果曾制成《今本史记正文及三家注字数统计表》，共六表，[表1]—[表5]按《史记》五体分别统计，[表6]为《今本史记百三十篇正文及三家注字数合计》。此六表作为本文附录以备参考。

经清点，中华书局点校本《史记》正文实有569692字，而非司马迁自己统计的"五十二万六千五百字"。那溢出的43192字，扣除明确为褚少孙续补的25055字外，至少还有18137字并非太史公的原作，这还没有考虑削减因"副在京师"的中秘本"十篇缺，有录无书"而为前汉好事者补亡的部分。

《史记》一百三十篇，篇与篇之间长短悬殊。试以五体各举其最长与最短之例：

十二本纪　《秦始皇本纪》最长，多达13064字；《孝景本纪》最短，仅1373字。

十　表　《十二诸侯年表》最长，多达16665字；《三代世表》最短，仅2064字。

八　书　《封禅书》最长，多达10901字；《河渠书》最短，仅1655字。

三十世家　《晋世家》最长，多达12137字；《楚元王世家》最短，仅757字。

七十列传　《司马相如列传》最长，多达9100字；《司马穰苴列传》最短，仅730字。

周、秦、两汉学者著书，或称篇，或称卷。篇、卷有别。篇者，以竹简书之，以韦索或丝线编连。篇不论长短，但凡文意完足，首尾相应，即为一篇。卷者，以缣帛书之，于卷尾缀以转轴，以便舒卷。卷的容量一般大于篇。如：《汉书·艺文志》著录"《尚书古文经》四十六卷。为五十七篇。"[1]又著录："《尔雅》三卷二十篇。"[2]一部书通常由数卷构成，而同书之内卷的长度大致相当，以便装帙插架。篇长，一篇可为一卷；篇短，相邻数篇则合为一卷。魏晋以后，纸张作为主要书写载体，逐渐取代竹

---

①《汉书》卷三十《艺文志》，中华书局，1962年，第6册，第1705页。

②《汉书》卷三十《艺文志》，第6册，第1718页。

简，卷子也逐渐取代简编。裴骃为《史记》作集解时，**本纪、表、书、世家、列传中的长篇，一篇即作一卷，而其余短篇各自不能单独成卷者，则以相邻的短篇组合为卷**。这就是司马迁原著《史记》一百三十篇，裴骃集解《史记》编为八十卷的缘故。但裴骃集解《史记》八十卷，实含《史记》一百三十篇且篇目次第不变。

在点校本《史记》三家注中，《集解》八十卷，注文6938条，115870字；《索隐》三十卷，注文7101条，175816字，每卷平均5860字；《正义》三十卷，注文5315条，157152字，每卷平均5238字[①]。《索隐》与《正义》凭借其庞大的文字篇幅，自可"别自单行"。

值得认真研究的是"《史记集解》八十卷"的真实形态。按照清儒邵晋涵等、张元济先生以及点校本《史记》的《出版说明》的说法，三家注原先都"别自单行"，与《史记》正文不相附。如果此说为真，《集解》八十卷，共115870字，每卷平均1448字，那么《集解》每卷字数与《索隐》《正义》的字数极不相称。现存六朝和唐初《史记》卷子本每行大率十五至十八字，1448字尚不足百行，实难成卷。而且《集解》注文前密后疏，很不平衡。十二本纪有30025字，每卷平均2502字；十表有2039字，每卷平均只有204字；八书有12243字，每卷平均1530字；三十世家有31632字，每卷平均1054字；七十列传有39476字，每卷平均仅564字。像十表的每卷平均204字、七十列传的每卷平均564字，根本不可能独立成卷。这还是取的平均数。如果清点到具体篇章，有的"集解"字数少得令人吃惊。例如：《孝景本纪》589字，《三代世表》40字，《建元以来王子侯者年

---

① 宋人在以《史记正义》附刻于《史记集解索隐》形成《史记》三家注时，为减少与二注本的重复，对《正义》条目进行大量删削。日本泷川资言、水泽利忠、小泽贤二等三代学人从该国公私所藏《史记》古抄本、古版本栏外标注中辑得《史记正义》佚文1674条，38173字（参见小泽贤二《史记正义佚存订补》，水泽利忠编《史记正义之研究》，日本东京汲古书院，1994年）；笔者从宋人著作五种中辑得被《史记》三家注合刻者删削的《正义》佚文394条，其中全佚276条、部分遗佚118条，被删12242字（参见拙著《宋人著作五种征引〈史记正义〉佚文考索》[二十四史研究资料丛刊]，中华书局，2016年）。将中日学者辑得的《正义》佚文条数和字数，加上今本《史记》中的《正义》条数和字数，现在已知的《正义》条数和字数，分别达到7265条207567字。《正义》三十卷，每卷平均6919字。

表》92字，《汉兴以来将相名臣年表》84字，《律书》144字，《管蔡世家》174字，《楚元王世家》119字，《齐悼惠王世家》74字，《管晏列传》62字，《司马穰苴列传》12字，《孙子吴起列传》80字，《穰侯列传》102字，《魏公子列传》108字，《田单列传》144字，《蒙恬列传》45字，《魏豹彭越列传》115字，《田叔列传》120字，《循吏列传》102字，等等。**仅凭这样的"集解"注文字数，即使组合相邻的若干短篇也绝不可能成卷。**

幸运的是，我们还能见到现存距裴骃时代不远的《集解》卷子本残卷实物。日本滋贺县石山寺藏六朝钞本《张丞相列传第卅六》与相邻的《郦生陆贾列传第卅七》两篇合卷。在该钞本中，裴骃的注文以小字双行夹注于大字本文之下，文本形态是典型的合本子注。其中《张丞相列传》残缺前半，存自申屠丞相嘉传之"错客有语错"起至篇末，有本文1511字，集解14条、125字；《郦生陆贾列传》首尾大体完整，仅距篇末不远处残缺自"雪足杖矛曰"至"陈留令曰"凡315字，有本文3591字，集解27条、330字。全卷二篇本、注尚存5557字。清光绪二十六年（1900），敦煌石窟藏经洞发现大量写本卷子图书，其中有抄写于唐高祖李渊武德（618—626）初年的《史记》集解本的《燕召公世家》《管蔡世家》《伯夷列传》三卷①，这三篇敦煌卷子在抄写年代上距《史记》集解的成书时代亦不甚远。因为残缺严重，不便统计字数，但面对这三篇的文本形态，还能说"集解"与《史记》本文不相附，别自单行吗？

日本藏有唐抄卷子本裴骃集解《史记》本纪五篇，文本形态都是合本子注。兹以笔者收藏的复制本略举数例，以资比对。一、高山寺旧藏东洋文库藏《夏本纪》，有本文3205字，集解254条、4680字，本、注合7885字；二、高山寺旧藏东洋文库藏《秦本纪》，有本文8345字，集解123条、1606字，本、注合9951字；三、高山寺藏《周本纪》，卷首本文自开篇"周后稷名弃"至"号曰后稷"前残缺189字，集解缺3条、43字，存本文8108字，集解248条、4148字，本、注合12256字。又如《山海经》的《南山经

---

① 现藏法国巴黎国家图书馆，日本神田喜一郎照相编辑，陆志鸿整理《敦煌秘籍留真新编》（台湾大学1947年影印）收入了这三卷，可以参见。

第一》本、注合5654字,《西山经第二》本、注合8874字,《北山经第三》本、注合8128字。从以上诸例也可看出六朝经史合本子注卷子本每卷通常可能的容量当在万字上下,裴骃的集解《史记》八十卷当不例外。

字数清点与数据分析的结果,可以有力地证明,清儒邵晋涵等和张元济先生以及中华书局《史记》点校本的《出版说明》、修订本的《修订前言》所认为的"《史记集解》八十卷"与《史记索隐》三十卷、《史记正义》三十卷一样,也是别自单行而与《史记》本文不相附的观点,是不能成立的。裴骃集解《史记》八十卷的真实形态,只能如裴骃本人所言"譬嘻星之继朝阳,飞尘之集华岳",是合裴骃"集解"与司马迁《史记》本文为一体的合本子注本。

结　论

关于《集解》与《史记》本文的关系,清乾嘉大家卢文弨、钱大昕、邵晋涵等因未见《史记》六朝及唐卷子本与宋刻本,遂凿空为说,首倡三家注"其初各为一书"而不与《史记》本文相附之说。张元济先生信从其说,又误读隋、唐史《经籍志》《艺文志》有关《史记》的著录,遂在"白衲本二十四史"之《史记》卷尾的《跋》语中称:三家注"其始皆别自单行,与《史记》卷数不相合。隋、唐《志》,《集解》八十卷……今《集解》有单刻本,然已散入与正文相附。"中华书局《史记》点校本的《出版说明》、修订本的《修订前言》,几乎照录张先生的《跋》文,又新加"三家注中,《集解》最早与《史记》正文相附""《集解》八十卷本早已失传"的说法。清儒、张元济下及《史记》修订者之所以在《集解》与《史记》本书是否相附的问题上翻了车,盖因他们错误地设置了子虚乌有的隋、唐《志》"著录《史记集解》八十卷"这道过不去的坎,陈陈相因,一误再误,形成定势,遂使今本三家注《史记》的源头隐晦不明。

笔者通过研读《隋书·经籍志》《旧唐书·经籍志》《新唐书·艺文志》《宋史·艺文志》对"《史记集解》"的著录以追本溯源,解析《史记集解序》《史记索隐序》《史记索隐后序》关于"集解"与《史记》本文合体的言说，更通过全盘清点《史记》本文与三家注的字数并对所得数据归类分析，证实了清儒、张元济、中华书局《史记》点校本的《出版说明》与修订本的《修订前言》关于"《史记集解》八十卷""其始别自单行，不与《史记》正文相附"的论断不能成立。《集解》八十卷本也没有"早已失传"，北宋淳化五年官刻《史记》，所用底本就是裴骃集解的《史记》八十卷，只是按《史记》篇数析为一百三十卷而已。淳化本裴骃集解《史记》版片经真宗景德、仁宗景祐两次校勘修版，形成景祐二年定本，遂成为后世诸种版本之源头，瓜瓞绵延，一脉相承至今。今藏于傅斯年图书馆的北宋景祐监本《史记》，就是淳化本的勘正本。所以说，裴骃集解《史记》八十卷实质上从未失传。真正失传的是《新唐书·艺文志》著录的"司马迁《史记》一百三十篇"，此后不见正史《艺文志》有此书的踪影，大概是因为此书无注，而被有注本所取代。由此，更加彰显了裴骃集解《史记》八十卷在保存和传播《史记》文本上的卓越贡献。

本文的最后结论是：裴骃以东晋徐广《史记》校核本为本，"采经传百家并先儒之说"，又"时见微意"，随文施注，取合本子注形式，为《史记》一百三十篇作"集解"，合《史记》本文与裴氏注义为"《史记》八十卷"。前此，《史记》或有本无注，或有注无本。自"《史记》八十卷，裴骃集解"出，《史记》方有本注合一的本子行世。裴氏注本亦为后世所有《史记》注本所从出。唐司马贞据裴骃本作《史记索隐》，张守节据裴骃本作《史记正义》；北宋淳化官刻《史记》以裴骃本为底本，南宋蔡梦弼据裴骃本刻《史记集解索隐》二注本，黄善夫据裴骃本刻《史记集解索隐正义》三注本。"《史记》八十卷 裴骃集解"作为今本《史记》文本的源头，在《史记》三家注本形成与传播史上具有独一无二的崇高地位。

附录：今本《史记》正文及三家注字数统计表

表1 十二本纪

今本《史记》正文		集解		索隐		正义	
篇名	字数	条数	字数	条数	字数	条数	字数
五帝本纪第一	3643	172	3709	104	4441	204	8753
夏本纪第二	3205	254	4680	95	3752	91	5523
殷本纪第三	2856	80	1394	47	1596	41	1306
周本纪第四	8297	251	4191	87	2722	195	8526
秦本纪第五	8345	123	1606	51	1346	226	7617
秦始皇本纪第六	13064	176	3213	106	2795	278	6771
项羽本纪第七	9003	141	2550	87	2164	195	4144
高祖本纪第八	9469	144	2807	134	4216	114	3514
吕太后本纪第九	4399	50	1055	28	698	14	273
孝文本纪第十	5541	85	1886	60	1868	15	628
孝景本纪第十一	1373	28	589	26	627	37	767
孝武本纪第十二	6388	138	2345	75	2569	63	1968
十二本纪小计	75583	1642	30025	900	28794	1473	49790

表2 十表

今本《史记》正文		集解		索隐		正义	
篇名	字数	条数	字数	条数	字数	条数	字数
三代世表第一	2064	4	40	42	871	6	94
十二诸侯年表第二	16665	11	156	83	1287	2	34
六国年表第三	8937	43	427	55	856	4	181
秦楚之际月表第四	3592	16	146	45	951	1	54
汉兴以来诸侯王年表第五	5820	19	298	38	588	2	39
高祖功臣侯者年表第六	12902	33	366	222	2716	3	63
惠景间侯者年表第七	4850	21	200	107	922	0	0
建元以来侯者年表第八	6685	22	230	142	1269	0	0
建元以来王子侯者年表第九	4697	14	92	183	1231	0	0
汉兴以来将相名臣年表第十	4585	9	84	37	420	0	0
十表小计	70797	192	2039	954	11111	18	465

表3　八书

今本《史记》正文		集解		索隐		正义	
篇名	字数	条数	字数	条数	字数	条数	字数
礼书第一	2391	43	828	63	1623	71	1824
乐书第二	6953	298	4770	42	931	544	11716
律书第三	2539	14	144	48	1666	46	1335
历书第四	3131	34	647	48	2063	40	1378
天官书第五	8203	105	1631	174	5357	213	9832
封禅书第六	10901	111	1728	141	3935	50	1966
河渠书第七	1655	36	635	23	673	27	925
平准书第八	5347	87	1860	85	2371	5	97
八书小计	41120	728	12243	624	18619	996	29073

表4　三十世家

今本《史记》正文		集解		索隐		正义	
篇名	字数	条数	字数	条数	字数	条数	字数
吴太伯世家第一	3731	160	2595	94	4494	27	623
齐太公世家第二	7026	159	2268	52	1592	44	1284
鲁周公世家第三	5835	186	3373	48	1391	24	334
燕召公世家第四	2688	24	487	42	1481	13	220
管蔡世家第五	2588	16	174	23	700	16	434
陈杞世家第六	2414	27	438	27	1374	12	302
卫康叔世家第七	3390	51	760	34	1087	14	219
宋微子世家第八	4212	175	3103	38	1305	10	182
晋世家第九	12137	185	2460	90	2264	41	821
楚世家第十	10578	146	2169	84	1605	99	2860
越王句践世家第十一	3677	32	515	46	1200	27	1573
郑世家第十二	4655	65	888	32	580	12	927
赵世家第十三	11246	126	1775	69	1580	185	5091
魏世家第十四	5289	57	1093	85	1536	79	2976
韩世家第十五	2422	22	478	40	1031	37	1026

今本《史记》正文		集解		索隐		正义	
篇　名	字数	条数	字数	条数	字数	条数	字数
田敬仲完世家第十六	5762	37	561	65	1843	47	912
孔子世家第十七	7350	201	3801	78	3294	48	1890
陈涉世家第十八	3047	30	472	68	1701	20	352
外戚世家第十九	4135	11	275	80	2004	31	699
楚元王世家第二十	757	7	119	12	272	8	170
荆燕世家第二十一	1078	14	266	18	483	11	135
齐悼惠王世家第二十二	3519	9	74	29	477	23	324
萧相国世家第二十三	1827	12	356	20	401	3	46
曹相国世家第二十四	1860	28	396	36	703	39	894
留侯世家第二十五	3934	34	576	42	950	13	471
陈丞相世家第二十六	3470	23	663	12	330	2	59
绛侯周勃世家第二十七	2717	41	647	63	1429	41	1067
梁孝王世家第二十八	3083	16	199	29	824	14	418
五宗世家第二十九	2370	14	288	31	911	10	177
三王世家第三十	4149	21	363	42	1074	13	227
三十世家小计	130946	1929	31632	1429	39916	963	26713

表5　七十列传

今本《史记》正文		集解		索隐		正义	
篇　名	字数	条数	字数	条数	字数	条数	字数
伯夷列传第一	800	7	193	41	1469	24	1132
管晏列传第二	1035	4	62	16	438	26	814
老子韩非列传第三	2215	11	392	66	2249	69	2105
司马穰苴列传第四	730	1	12	12	316	9	89
孙子吴起列传第五	2176	4	80	23	576	5	73
伍子胥列传第六	3208	25	314	38	630	23	501
仲尼弟子列传第七	5262	196	3070	119	2634	47	1395
商君列传第八	2714	10	572	52	1146	16	254

今本《史记》正文		集解		索隐		正义	
篇名	字数	条数	字数	条数	字数	条数	字数
苏秦列传第九	7407	69	1132	135	3147	101	2055
张仪列传第十	6872	25	205	78	1528	44	757
樗里子甘茂列传第十一	3188	18	180	38	799	43	853
穰侯列传第十二	1742	9	102	24	179	12	181
白起王翦列传第十三	2546	25	595	22	289	39	729
孟子荀卿列传第十四	1385	10	476	32	1135	8	204
孟尝君列传第十五	3663	10	172	32	896	10	118
平原君虞卿列传第十六	3429	17	279	22	420	13	122
魏公子列传第十七	2650	7	108	19	272	3	17
春申君列传第十八	2974	17	214	31	564	30	440
范雎蔡泽列传第十九	7469	31	361	61	1230	28	608
乐毅列传第二十	2144	10	704	29	465	20	481
廉颇蔺相如列传第二十一	3739	14	237	28	629	20	351
田单列传第二十二	1142	9	144	17	300	7	102
鲁仲连邹阳列传第二十三	3918	40	1012	81	2844	29	680
屈原贾生列传第二十四	3332	87	1171	119	2724	43	793
吕不韦列传第二十五	1782	9	184	32	1026	13	493
刺客列传第二十六	5678	26	300	98	2613	28	542
李斯列传第二十七	7290	29	423	50	1554	28	552
蒙恬列传第二十八	1674	6	45	12	265	5	54
张耳陈余列传第二十九	4188	41	625	37	734	13	175
魏豹彭越列传第三十	1520	8	115	12	198	21	226
黥布列传第三十一	2481	21	368	28	530	20	346
淮阴侯列传第三十二	6169	44	607	35	823	29	365
韩信卢绾列传第三十三	2656	31	441	19	365	27	297
田儋列传第三十四	1705	21	218	9	187	8	218
樊郦滕灌列传第三十五	4569	51	825	59	1256	83	1008
张丞相列传第三十六	3692	40	643	22	559	12	198

今本《史记》正文		集解		索隐		正义	
篇名	字数	条数	字数	条数	字数	条数	字数
郦生陆贾列传第三十七	3906	27	330	39	804	17	248
傅靳蒯成列传第三十八	1107	21	243	20	395	15	284
刘敬叔孙通列传第三十九	2936	22	381	34	891	8	303
季布栾布列传第四十	1616	19	320	15	349	1	33
袁盎晁错列传第四十一	3009	39	534	21	462	6	138
张释之冯唐列传第四十二	1994	30	492	45	1067	12	172
万石张叔列传第四十三	2281	20	432	32	810	22	516
田叔列传第四十四	2207	11	120	13	182	20	406
扁鹊仓公列传第四十五	7354	56	535	82	1173	94	4236
吴王濞列传第四十六	4366	33	584	29	555	28	634
魏其武安侯列传第四十七	3836	54	938	48	1070	21	606
韩长孺列传第四十八	2272	15	170	19	307	11	137
李将军列传第四十九	3072	21	267	31	991	10	206
匈奴列传第五十	9078	91	988	121	3312	91	2185
卫将军骠骑列传第五十一	5893	62	673	85	1826	40	614
平津侯主父列传第五十二	5226	25	455	39	715	2	90
南越列传第五十三	2514	30	431	43	1029	7	115
东越列传第五十四	1349	15	187	17	364	6	113
朝鲜列传第五十五	1191	13	149	22	354	8	182
西南夷列传第五十六	1362	16	224	25	506	18	421
司马相如列传第五十七	9100	344	6142	306	9151	139	3507
淮南衡山列传第五十八	7058	55	966	35	684	22	353
循吏列传第五十九	944	4	102	11	257	3	127
汲郑列传第六十	2517	25	461	19	311	0	0
儒林列传第六十一	3428	27	325	31	761	17	375
酷吏列传第六十二	6010	79	1073	49	779	18	582
大宛列传第六十三	5507	48	743	36	1064	31	2533

续　表

今本《史记》正文		集解		索隐		正义	
篇名	字数	条数	字数	条数	字数	条数	字数
游侠列传第六十四	2025	13	288	36	589	6	138
佞幸列传第六十五	964	11	159	23	353	7	119
滑稽列传第六十六	4778	14	488	32	836	18	594
日者列传第六十七	2148	6	144	21	356	1	9
龟策列传第六十八	8425	43	661	39	668	18	335
货殖列传第六十九	4794	98	1449	118	2413	95	2233
太史公自序第七十	7835	77	1441	88	2925	69	2633
七十列传小计	251246	2447	39476	3172	75298	1837	44505

表6　今本《史记》百三十篇正文及三家注字数合计

今本《史记》正文		集解		索隐		正义	
五体	字数	条数	字数	条数	字数	条数	字数
十二本纪	75583	1642	30025	900	28794	1473	49790
十表	70797	192	2039	954	11111	18	465
八书	41120	728	12243	624	18619	996	29073
三十世家	130946	1929	31632	1429	39916	963	26713
七十列传	251246	2447	39476	3172	75298	1837	44505
三家注序		集解序 455		22 索隐前序 索隐后序	1067 466 545	28 正义序 史记正义	834 353 5419
合计	569692	6938	115870	7101	175816	5315	157152

　　庚子年(2020)除夕完稿于安徽芜湖凤鸣湖畔窳陶斋。2021年3月24日—28日修订。2021年7月10日—18日再次修订。

（原载《文学遗产》2022年第1期卷首）

第二辑　西楚霸王项羽结局研究

"项羽不死于乌江说"商榷

一、引言

西楚霸王项羽（前232—前202），由于司马迁《史记·项羽本纪》的实录描写，其乌江自刎的壮烈结局，千百年来都是国人耳熟能详的历史常识。但前不久著名"红学"家、中国人民大学国学院首任院长冯其庸教授，在上海《中华文史论丛》杂志2007年第2辑发表题为《项羽不死于乌江考》的鸿文，引据《项羽本纪》"太史公曰"称项羽"身死东城"，以否定《项纪》正文项羽乌江自刎的记叙，石破天惊地做出了"项羽是死于东城而不是死于乌江"的"新的结论"，激起重大反响。该文被主流媒体奉为中国文史界"意义重大"的学术范本。

笔者近日有幸拜读冯其庸先生的鸿文，在享受了"奇文共欣赏，疑义相与析"的乐趣并获得诸多教益之余，却也发现冯先生由于在古典文本解读方面，存在对《史记》史法的误会、句法的不明、训诂的缺失；研究方法上，征引古籍或移花接木，或以意增删，且常以想象替代考实；野外考察道听途说，以假作真，其结论实难成立。《项羽不死于乌江考》在文本解读和研究方法两个方面反映出来的问题以及对它的评价，关乎实事求是学风的导向与重建，实有进一步讨论的必要。冯先生的大作由引首、正文四节附加"赘言"构成。以下请容笔者依冯文的叙次将拜读后产生的疑惑不解与固陋之见奉陈冯先生道席，敬祈不吝赐教；同时亦欲借此机会同关心项羽结局与学风建设的朋友切磋。

二、项羽乌江自刎是太史公的实录，
"欲渡"与拒渡统一而不矛盾

《项羽不死于乌江考》第一节为"司马迁对项羽败、死的叙论"。作者为了"检验核证"项羽不死于乌江，引录了"最早的记录"——《史记》中有关项羽之死的"全部"文字，包括《项羽本纪》《高祖本纪》《樊郦滕灌列传》，以及《高祖功臣侯者年表》中因追击项羽于东城并"共斩项羽"而立功封侯者的"侯功"表文，然后断言：

> 此外如《汉书》、《资治通鉴》、《通鉴纪事本末》等书，也全同《史记》，故不再引。上述《史记》有关项羽之死的全部文字，除《项羽本纪》中有"于是项王乃欲东渡乌江。乌江亭长舣船待"两句涉及乌江，当另作分析外，其余无一处写到项羽乌江自刎。相反，却是明确说"身死东城"、"使骑将灌婴追杀项羽东城"……"所将卒五人共斩项籍"……其地点当然都是在东城。由此可见，《史记》里确实不存在乌江自刎之说。相反，却是用论断式的语言说："身死东城，尚不觉悟，而不自责，过矣。乃引'天亡我，非用兵之罪也'，岂不谬哉！"司马迁这样斩钉截铁的断语，以后的班固、司马光、袁枢等，都没有异辞，这难道不足以说明问题吗？①

如果事实果如冯先生所"检验核证"的那样——"《史记》里确实不存在乌江自刎之说"，《汉书》《资治通鉴》《通鉴纪事本末》等权威史书里同样不存在乌江自刎的记事，人们没有理由不相信冯先生所证发的"项羽不死于乌江"的"新的结论"。然而冯氏所言绝非事实。冯先生应该记得

---

① 冯其庸：《项羽不死于乌江考》，《中华文史论丛》2007年第2辑，第249—250页。

他前面征引的第一篇 "最早记录"——《项羽本纪》中，在 "于是项王乃欲东渡乌江。乌江亭长舣船待"，而项王临江不渡、赠骓报德之后，有如下的文字：

> 乃令骑皆下马步行，持短兵接战。独籍所杀汉军数百人。项王身亦被十余创。顾见汉骑司马吕马童，曰："若非吾故人乎?"马童面之，指王翳曰："此项王也。"项王乃曰："吾闻汉购我头千金，邑万户，吾为若德。"乃自刎而死。王翳取其头，余骑相蹂践争项王，相杀者数十人。最其后，郎中骑杨喜，骑司马吕马童，郎中吕胜、杨武各得其一体。五人共会其体，皆是。故分其地为五：封吕马童为中水侯，封王翳为杜衍侯，封杨喜为赤泉侯，封杨武为吴防侯，封吕胜为涅阳侯[1]。

司马迁在《项纪》中明确记叙了项羽在乌江渡口与汉军激战后从容 "自刎而死"，而《高祖功臣侯者年表》著录的那五位勇敢的侯爷 "共斩项羽"的真相又是如此！岂能说 "《史记》里确实不存在乌江自刎之说"！

冯先生为了论证他提出的 "项羽不死于乌江" 的 "新的结论"，自然是检阅过《汉书》《资治通鉴》《通鉴纪事本末》等史书的相关文字的，因为他明确作了交待：这些史著 "也全同《史记》，故不再引"。为了说明问题，笔者不惮其烦，还是要征引一下，以明究竟。

先看班固的《汉书》。《汉书》系奉诏之作，向以谨严著称。《汉书·项籍传》在项王临江不渡赠骓报德后，对关乎大汉龙兴楚亡汉胜最为关键的一幕是如此叙写的：

> 〔项羽〕乃令骑皆去马，步持短兵接战。羽独所杀汉军数百人。羽亦被十余创。顾见汉骑司马吕马童，曰："若非吾故人乎?"马童面

---

[1] ［汉］司马迁：《史记》卷七《项羽本纪第七》，北京：中华书局，1982年，第1册，第336页。以下凡引《史记》版本同此。

之，指王翳曰：“此项王也。”羽乃曰：“吾闻汉购我头千金、邑万户。吾为公得。”乃自刭。王翳取其头。乱相轹蹈争羽，相杀者数十人。最后杨喜、吕马童、郎中吕胜、杨武各得其一体，故分其地，以封五人，皆为列侯①。

班固在《汉书·项籍传》中明确叙写项王在乌江渡口“自刭”而亡，“自刭”即自刎，怎么能说《汉书》“无一处写到项羽乌江自刎”呢？

再检阅司马光的《资治通鉴》。《通鉴》卷十一《汉纪三》，记叙了项王在乌江渡口“乃以所乘骓马赐亭长”后：

> 令骑皆下马步行，持短兵接战。独籍所杀汉军数百人，身亦被十余创。顾见汉骑司马吕马童，曰：“若非吾故人乎？”马童面之，指示中郎骑王翳曰：“此项王也。”项王乃曰：“吾闻汉购我头千金、邑万户。吾为若德。”乃自刎而死。王翳取其头，余骑相蹂践争项王，相杀者数十人。最其后，杨喜、吕马童，及郎中吕胜、杨武各得其一体。五人共会其体，皆是，故分其户，封五人皆为列侯②。

司马光明确叙写了项羽在乌江渡口“自刎而死”，冯先生岂能一笔抹煞！

最后检索袁枢的《通鉴纪事本末》。其书卷第二《高祖灭楚》题下清晰记叙了项羽在乌江渡口临舟不渡、赠骓报德后，率领余骑皆弃马与汉军步战：

> ［项王］顾见汉骑司马吕马童曰：“若非吾故人乎？”马童面之，指示中郎骑王翳曰：“此项王也。”项王乃曰：“吾闻汉购我头千金、

---

① ［汉］班固：《汉书》卷三十一《陈胜项籍传第一》，北京：中华书局，1962年，第7册，第1819—1820页。以下凡引《汉书》版本同此。

② ［宋］司马光编著，［元］胡三省音注：《资治通鉴》卷十一《汉纪三》，上海：上海古籍出版社，据清胡克家覆刻元刊本缩印，1987年，上册，第71页。以下凡引《资治通鉴》版本同此。

邑万户，吾为若德。"乃刭而死①。

班固、司马光、袁枢等史学大家与太史公异口同声，在各自的史学名著中都以明确的文字著录了项羽在乌江渡口壮烈的结局——"乃自刭""乃自刭而死""乃刭而死"。面对先贤的明确记载，冯先生竟在论文开端加以屏蔽，坦然宣告《史记》等权威史书里"确实不存在乌江自刭之说"！从而将没有机会接触史书原著的一般读者以及有机会接触史书原著却懒于终读一卷的学人导入歧途。

冯先生为了彻底否定司马迁关于项羽于乌江自刭的实录，首先用大量笔墨力图证成"项羽乃欲东渡乌江。乌江亭长舣船待"一段文字文意"前后明显不接"，有"矛盾纰漏"：

> "项王乃欲东渡乌江"，《项羽本纪》的这句话，是意向性的话，是想东渡乌江，而不是已经到了乌江。一个"欲"字，充分说明了它的意向性和它的未遂性，这是一。其次是"东渡"这个词，既具有方向性，又有距离感。"东"字表明乌江在东城的东面，而且含有一定的距离（据安徽省交通部门提供的资料，东城离乌江还有二百四十华里）。……千万不能把项羽所处的地理位置弄模糊了，更不能把这句话的实在语义弄错了。项羽此时是在东城，这一点必须明确记住。项羽是"欲"（想要）东渡，实际上还没有离开东城②。

笔者按：冯先生说"欲"字包含"意向性"和"未遂性"，"东渡"具有"方向性"和"距离感"，就字面意义论，都对；但太史公文句的真实含义并非如冯先生所说的项王想从东城县邑向东到二百四十华里之外的乌江，而是项王想从江西的乌江向东渡过大江抵达江东的吴中。"东渡乌江"句中的"乌江"是地名而非水名，嘉庆《重修大清一统志》卷一百三十一

---

① [宋]袁枢：《通鉴纪事本末》，北京：中华书局，1979年，第1册，第120页。
② 《项羽不死于乌江考》，《中华文史论丛》2007年第2辑，第250—251页。

《和州·山川·乌江浦》："在州东北四十里，土多黑壤，故名。"[1]可证。乌江是秦九江郡东城县属下的一个亭。乌江亭濒临长江有乌江浦，是古代长江北岸重要的津渡，斜对岸便是牛渚圻，那里有直通吴中的驰道，秦始皇三十七年（前210）南巡会稽，便取牛渚东进。说项羽此时还在东城县域，自属正确；说项羽此时"还没有离开东城"县邑，则大谬。班固《汉书·项籍传》在叙完项王在东城县域的四隤山溃围、斩将、刈旗后，接着写道："于是羽遂引东，欲渡乌江。乌江亭长舣船待。"[2]用特笔加上"**遂引东**"三字，标明项王在四隤山溃围成功，随即引导麾下二十六骑向南驰往乌江亭准备东渡大江。详考见拙文第三节。

冯先生之所以有上引的论判，原因盖出于误读太史公"于是项王乃欲东渡乌江"的文本。众所周知，在先秦两汉的典籍中，介词"于"若与动词连用引进处所名词构成介宾结构时，介词"于"经常省略而无损文意。《史记》中这种句法更属常态。例如：

(1)《五帝本纪》："舜耕历山，渔雷泽，陶河滨，作什器于寿丘，就时于负夏。"[3]完整的句子应是："舜耕〔于〕历山，渔〔于〕雷泽，陶〔于〕河滨，作什器于寿丘，就时于负夏。"前面三个句子中的介词"于"均被省去。

(2)《项羽本纪》："将军战河北，臣战河南。"[4]完整的句子应是："将军战〔于〕河北，臣战〔于〕河南。"两个介词"于"均被省去。

(3)《封禅书》："天子病鼎湖甚。"[5]完整的句子应是："天子病〔于〕鼎湖甚。"句中介词"于"被省略。

(4)《太史公自序》："北涉汶、泗，讲业齐、鲁之都，观孔子之

---

① 嘉庆《重修大清一统志》(四部丛刊续编)，张元济等辑，上海涵芬楼影印清史馆藏进呈写本，1934年，第44册，第74页。以下凡引嘉庆《重修大清一统志》版本同此。

②《汉书》卷三十一《陈胜项籍传第一》，第7册，第1819页。

③《史记》卷一《五帝本纪第一》，第1册，第32页。

④《史记》卷七《项羽本纪第七》，第1册，第312页。

⑤《史记》卷二十八《封禅书第六》，第4册，第1388页。

遗风，乡射邹、峄；厄困鄱、薛、彭城，过梁、楚以归。"①完整的句子应是："北涉〔于〕汶、泗，讲业〔于〕齐、鲁之都，观孔子之遗风，乡射〔于〕邹、峄；厄困〔于〕鄱、薛、彭城，过梁、楚以归。"这段话中有四个介词"于"都被省去。

《项羽本纪》"于是项王乃欲东渡乌江"，其句式结构与上引诸例完全相同，完整的句式应为"于是项王乃欲东渡〔于〕乌江。"在这个文句中，"东渡〔于〕乌江"即"于乌江东渡"。"东渡"意指"向东渡过〔大江〕"，而不是冯先生所指的"'东'字表明乌江在东城的东面"。实际的地理方位也是乌江在东城县邑的南面而非"东面"。唐人刘知几《史通》卷六《叙事第二十二》曰：

> 夫史之称美者，以叙事为先。……夫国史之美者，以叙事为工。而叙事之工者，以简要为主。简之时义大矣哉！……文约而事丰，此述作之尤美者也②。

《项纪》"于是项王乃欲东渡乌江。乌江亭长舣船待"，在这两句连续的表述中，项王已抵达乌江亭，原本不言而喻。这正是太史公文约事丰、述作尤美的表征。冯先生既不明太史公的句法，又仅从句中截取个别字词，本先入之见，作孤立发挥，自难免"把项羽所处的地理位置弄模糊了"，更把太史公的"实在语意弄错了"。

冯先生又引"乌江亭长舣船待，谓项王曰：'江东虽小，地方千里，众数十万人，亦足王也。愿大王急渡。……'项王笑曰：'天之亡我，我何渡为！……'"然后批评说：

---

①《史记》卷一百三十《太史公自序第七十》，第10册，第3293页。
②[清]浦起龙释：《史通通释》卷六《叙事第二十二》，金匮浦氏静寄东轩藏本，上海棋盘街文瑞楼印行，清光绪十九年(1893)，第3册，第九叶、第十一叶。以下凡引《史通通释》版本同此。

这段文字，与上文明显矛盾。上文是说"于是项王乃欲东渡乌江。"这话是说项羽自己想渡乌江，乌江亭长是顺着他的思路劝他速速渡江。不料项羽却突然来了一个一百八十度大转弯，说"天之亡我，我何渡为？"好像他根本没有想渡乌江，上文"欲东渡乌江"似乎根本不是他的念头，文章前后明显不接。这是矛盾之一。

"乌江亭长舣船待"，这句话让人产生错觉，好像乌江亭长和项羽都已经在江边渡口了。而实际上项羽并未离开东城，也已不可能离开东城。所以这句话并非写实，乌江渡口离开东城还有二百四十华里，乌江亭长怎么可能舣了船，跑到东城来接项羽呢？这是文章明显的纰漏。这是矛盾之二①。

总之，"项王乃欲东渡乌江"与下文的"天之亡我，我何渡为"是前后矛盾的，而"乌江亭长舣船待"这句话并非实写，与当时所处的地理位置也完全不相符，所以是完全不可能的事。因此这句话是不足为据的②。

笔者按：要想明白太史公于此叙事有无"纰漏矛盾"，先要知悉项王"欲东渡乌江"的背景。其实我们只要细研《项羽本纪》，就不难知道项王"欲"从乌江浦东渡以达江东的意图，在"直夜溃围南驰"前已然决定。项王作此决定的背景是，"项王军壁垓下"，被"汉军及诸侯兵围之数重"之前，楚汉两大军事集团曾经进行过一场"决胜垓下"的大会战。司马迁在《项羽本纪》中略去不提，而运用互见法在《高祖本纪》中予以详叙：

〔汉〕五年，高祖与诸侯兵共击楚军，与项羽决胜垓下。淮阴侯将三十万自当之，孔将军居左，费将军居右，皇帝在后，绛侯、柴将军在皇帝后。项羽之卒可十万。淮阴先合，不利，却。孔将军、费将

①《项羽不死于乌江考》，《中华文史论丛》2007年第2辑，第251页。
②《项羽不死于乌江考》，《中华文史论丛》2007年第2辑，第252页。

军纵，楚兵不利，淮阴侯复乘之，大败垓下[①]。

此役汉王刘邦及诸侯集结的总兵力将近百万，而项王之卒只"**可十万**"。韩信指挥汉军大败楚师。楚军损失惨重，从此再无力组织反攻，不得不收缩残部退入垓下，凭借有利地形固守壁垒。项王夜闻四面楚歌，知淮海地区已尽入汉手，在此无法立足，唯有突围南走保守江东或有再度崛起的机会。故决心"溃围南驰"。由垓下南走江东，有东西两条路线。东路取道广陵——丹徒至吴中，路径最短。这是八年前项羽辅佐季父项梁率江东八千子弟开赴江西抗秦主战场时走过的路线，不同的是当年是自东而西，现在将是自西而东；但在汉王四年（前203），东线所经城邑直至江滨，已被齐王韩信麾下骑将灌婴攻占，广陵封渡[②]。当下可供项王选择的只有西路，取道乌江亭——牛渚圻——丹阳县，沿秦始皇三十七年（前210）东巡会稽的驰道至吴中。对项王来说，西路路径较长而且生疏，但除此别无选择。司马迁于"溃围"之后所下"南驰"二字，表明项羽对突围方向、行军路线的正确决策，这已为下文"项王欲东渡乌江"张本。史公叙事诚如刘知几所言："盖古之记事也，或先经张本，或后传终言，分布虽疏，错综逾密。"[③]因此，冯先生说"欲东渡乌江""根本不是"项王的"念头"的说法，是无端猜测。至于他在后文说"想东渡乌江的不是项王，而是项王的部从"，亦属无稽之谈。

"于是项王乃欲东渡乌江"句中的"**于是**"这个介词结构指代项王自东城县域的四隤山突围南驰乌江的时间，此时正预备从乌江浦东渡大江。"乌江亭长舣船待"，也非"空穴来风"。四隤山距离乌江浦不过三十里左右（详见拙文第三节）。当项王在四隤山"叱汉千骑，如猎狐兔"、溃围斩将刈旗之时，金鼓齐鸣、杀声动天的惨烈厮杀的情报不容不迅捷传到乌江亭。

---

① 《史记》卷八《高祖本纪第八》，第2册，第378—379页。

② 《史记》卷九十五《樊郦滕灌列传第三十五》："度淮，尽降其城邑，至广陵。"第8册，第2670页。

③ 《史通通释》卷六《浮词第二十一》，第3册，第六叶。

乌江亭辖乌江浦，为长江北岸津渡要冲，战争时期亭长自必掌控渡江之舟。作为西楚霸王的臣民，得到项王正在四隤山与汉军追骑激战的情报，亭长不难判断项王此番南下必为渡江，舣船以待项王东渡，正是亭长职责所在。他根本不需要如冯先生所说的跑到二百四十华里之外的东城县邑去接救项王，所谓"矛盾之二"，其实是捕风捉影。

项羽原本计划从乌江浦横渡大江回到江东以图后举的。乌江亭长也敦促他登舟启航："江东虽小，地方千里，众数十万人，亦足王也。愿大王急渡。今独臣有船，汉军至，无以渡。"从亭长的话可知，当项王伫立江滨之时，汉骑尚未追至，但并无多少时间可容耽搁，故亭长催促项王"**急渡**"；而渡船仅有亭长操舵的一条，项王只要登舟，汉军即使追至渡口，也只能望洋兴叹。这真是千载难逢的良机。然而项王在片刻的沉思犹豫之后，拒绝了亭长的盛意敦请。他的回答出人意料：

项王笑曰："天之亡我，我何渡为！且籍与江东子弟八千人渡江而西，今无一人还，纵江东父兄怜而王我，我何面目见之？纵彼不言，籍独不愧于心乎？"①

由"欲渡"转为拒渡，项羽的理由有二：一是天亡我，渡亦无用；二是无颜见江东父兄。面对滔滔大江，项羽心潮澎湃，自吴中起兵反抗暴秦以来八年的征程瞬间浮现脑际。他项羽"非有尺寸，乘势起陇亩之中，三年，遂将五诸侯灭秦，分裂天下，而封王侯，政由羽出，号为'霸王'"②，他认为是天意要他成功；五年与汉相争，尽管"身七十余战，所当者破，所击者服，未尝败北"，然而却在垓下一败涂地，"卒亡其国"③，他认为这也是天意，天要他亡，渡也枉然。"天道远，人道迩"，更使他羞愧得无地自容的是，八年前江东父兄托付给他的八千子弟，而今

① 《史记》卷七《项羽本纪第七》，第1册，第336页。
② 《史记》卷七《项羽本纪第七》，第1册，第338—339页。
③ 《史记》卷七《项羽本纪第七》，第1册，第334、339页。

竟无一人生还交付江东父兄。他现在只要踏上渡舟，即将面对江东父兄，他无法承受内心的愧疚。项羽是出身"世世将家"的楚国贵族子弟，身上承载着秦汉之际已难得一见的贵族品性，尽管他有剽悍残暴的一面，但尚正义、富同情、重责任、有担当、行事光明磊落，仍是其性格的主流。他对于灭秦以后，战火依然不熄，"楚汉久相持未决，丁壮苦军旅，老弱罢转漕"的现状深深不安，他希望及早结束这种局面，还民众以安宁和平。汉之四年，项王在广武曾"谓汉王曰：'天下匈匈数岁者，徒以吾两人耳，愿与汉王挑战决雌雄，毋徒苦天下之民父子为也。'"[1]当项王在乌江渡口面对亭长的唯一舟楫，在渡与不渡的问题上曾有过短暂的迟疑未决。乌江亭长之所以舣船"待"，正是因为他看到项王在千钧一发的紧迫时分还在沉吟，于是他将渡船枆在码头期"待"项王迅急登舟。然而"毋徒苦天下之民父子为也"的潜意识，在当下无颜见江东父兄表层意识的驱动下，促使项羽由"欲渡"突变为拒渡。这一巨大的变化，在冯先生看来是无法化解的大"矛盾"，文章亦"前后明显不接"。然而这一突变其实正是项羽全部人格的必然发展，反映了项羽在个人霸业与民众福祉两者之间的权衡抉择。"欲渡"是一般人面临绝境时的必然选项，而"拒渡"则是非常之人的项羽在非常形势之下所行的非常之事。原先"欲渡"的是项羽，面对舟楫拒渡的也是项羽，两件事相反相成在项羽一人之身达到了完美的统一，岂有"矛盾"可言？正是因为项羽能渡而不渡，宁愿自择战死沙场，以谢对他信任有加的江东父兄，以慰追随他转战南北壮烈牺牲的江东子弟的英灵，从而最终成就了项羽的完整人格。项羽也因此虽死犹生，赢得了千秋美誉。

论到项羽的人格与乌江拒渡的意义，明人汪佃在其《重修霸王庙记》中有段论述颇有思致：

> 撮其大节，得四善焉：夫鸿门之宴，沛公已在掌股间，重以亚父

之玦示、项庄之剑意，曾不一动其中。虽天命有归，人莫敢干，而项伯之晓譬已明，王之信誓已固，终莫之渝。至于乌江之遁，若从亭长之言，跳身独渡，鸠合余烬，西向以图再举，尚不知鹿死谁手。而王自分天亡，至死靡憾，盖诚知事之必不可成，不忍觊幸福于万一，重困江东之子弟也。故予谓其不除沛公近于义，不渡乌江邻于智，显存故交信也，阴全江东仁也。（项王庙碑。原碑已毁。）

冯先生是"红学"名家，自然知道人性的丰富多面与复杂易变，岂可以"是"与"不是"机械简单的二分法来论定如项羽这样的非常之人？关于项羽丰富而复杂的个性，钱锺书先生有段话说得好：

《项羽本纪》仅曰："长八尺余，力能扛鼎，才气过人"，至其性情气质，都未直叙，当从范增等语中得之。"言语呕呕"与"喑噁叱咤"，"恭敬慈爱"与"僄悍滑贼"，"爱人礼士"与"妒贤嫉能"，"妇人之仁"与"屠坑残灭"，"分食推饮"与"玩印不予"，皆若相反相违；而既具在羽一人之身，有似两手分书、一喉异曲，则又莫不同条共贯，科以心学性理，犁然有当。《史记》写人物性格，无复综如此者①。

笔者认为，钱先生的这段话或许可以化解冯先生关于"欲渡"与"拒渡"冰火不容的困惑。

三、东城快战发生在东城县域的四隤山

《项羽不死于乌江考》的第二节为"从司马迁对项羽自垓下至东城的战斗历程的叙述看项羽的死地"。冯先生依据《项羽本纪·太史公曰》称

---

① 钱锺书：《管锥编》，北京：中华书局，1979年，第1册，第275页。

项羽"身死东城",便坚执项羽死于东城县邑,认为项羽乌江自刎乃"空穴来风",出自后人传说。他在论述"项羽当时所在的地点"时,先征引《项羽本纪》:

> 项王至阴陵,迷失道,问一田父,田父绐曰"左"。左,乃陷大泽中。以故汉追及之。项王乃复引兵而东,至东城,乃有二十八骑。汉骑追者数千人。项王自度不得脱。

然后下判断:

> 据此,项羽当时所处地点是在东城,而"汉骑追者数千人,项王自度不得脱",后面还有"卒困于此""天之亡我""今日固决死"等项羽的话,可见项羽已困死在东城,不可能突围出去了。

还特别提醒读者,这是"这一历史事件的基本事实,我们分析问题,不能离开这个基本事实作任意的猜测。"①

但细心的读者不难察觉,关于"东城"这个地点,太史公所称的"东城"指的是"**地**"——东城县域,对此《项羽本纪》中关于东城快战发生地的"山"及后来自刎的处所乌江都有清楚的表述。而冯先生所谓的"东城"却指的是"**点**"——东城县邑,这从冯先生在其大作中不惜用十二次笔墨予以强调的"东城至乌江还有二百四十华里"得到确定。可见司马迁笔下的"东城"与冯先生所称的"东城"并非同一概念。这一点倒是"必需明确记住"的。《项羽本纪》中叙说项王"至阴陵",意谓进入阴陵县境,而非指进入阴陵县城,否则何来"迷失道",又何必请"田父"指路,更不会受绐陷入大泽。同样,"至东城"是指由阴陵县境进入东城县域,并非指进入东城县城。冯先生想必记得,汉王三年(前204)十二月,项

---

① 《项羽不死于乌江考》,《中华文史论丛》2007年第2辑,第250页。

王分封的九江王英布被汉使诱降投汉，项王令"项伯收九江兵"，九江国属县悉数归入西楚王国版图，以大司马周殷守之。《史记·秦楚之际月表》有明确记载：汉王三年十二月，"〔英〕布身降汉，地属项籍。"①汉四年七月，汉王"立布为淮南王"②。盖为虚授，并无实地，其时淮南地属项王。汉王五年十二月，楚汉在垓下决战，项王兵败南走时，沿途所经之楚九江郡下属的钟离县、阴陵县、东城县，以及江滨的历阳侯国，并未易汉帜。这从冯先生曾经征引的《樊郦滕灌列传》：

> 项籍败垓下去也，〔灌〕婴以御史大夫受诏将车骑别追项籍至东城，破之。所将卒五人共斩项籍，皆赐爵列侯。降左右司马各一人，卒万二千人，尽得其军将吏。下东城、历阳③。

可证在项王自刎之前，阴陵、东城、历阳都还有楚军守城，所以在项王死后，仍需灌婴率兵去"下"。"下"者，以武力攻克也。如果"至阴陵""至东城"真如冯先生所言是指进入阴陵、东城县治，那么项王完全可以调动守城将士助其抗击汉军追骑。试想以项王之英武，楚卒之善战，三年前的彭城之战，项王仅率三万士卒即横扫五十多万诸侯联军如落叶，项王现在若有阴陵、东城楚卒助战，灌婴的数千（笔者按：渡淮过程中减员，不会再有五千）车骑又何堪一击！然而历史的真实是，项王为了争取南驰渡江的时间，沿途并未进入他治下的任何一座县城，更未调集守城士卒助战。因此，冯先生固执"东城"即东城县治（"距离乌江二百四十华里"），"当时项羽被困死在东城""再也无法脱身了"云云，才是凭虚造说"空穴来风"。

根据《项羽本纪》的记载，项羽即使在东城快战后也并未"被困死"，而是再度溃围南驰：

---

① 《史记》卷十六《秦楚之际月表第四》，第3册，第790页。
② 《史记》卷十六《秦楚之际月表第四》，第3册，第795页。
③ 《史记》卷九十五《樊郦滕灌列传第三十五》，第8册，第2671页。

项王乃复引兵而东，至东城，乃有二十八骑。汉骑追者数千人。项王自度不得脱。谓其骑曰："吾起兵至今八岁矣，身七十余战，所当者破，所击者服，未尝败北，遂霸有天下。然今卒困于此，此天之亡我，非战之罪也。今日固决死，愿为诸君快战，必三胜之，为诸君溃围，斩将，刈旗，令诸君知天亡我，非战之罪也。"乃分其骑以为四队，四向。汉军围之数重。项王谓其骑曰："吾为公取彼一将。"令四面骑驰下，期山东为三处。于是项王大呼驰下，汉军皆披靡，遂斩汉一将。是时，赤泉侯为骑将，追项王，项王瞋目而叱之，赤泉侯人马俱惊，辟易数里。与其骑会为三处。汉军不知项王所在，乃分军为三，复围之。项王乃驰，复斩汉一都尉，杀数十百人，复聚其骑，亡其两骑耳。乃谓其骑曰："何如？"骑皆伏曰："如大王言。"①

在这段精彩的叙述中，项王先是聚其二十八骑于一座山顶，面对包围他们的数千汉骑，分为四队，布为环形防御阵法，锋刃朝外，集蓄其势。然后"令四面骑驰下，期山东为三处"，以为疑兵。同时，项王率先大呼驰下，汉军皆如弱草随风倒伏，"遂斩汉一将"，并成功地与其骑在该山的东坡"会为三处"，使汉军"不知项王所在"，不得不"分军为三，复围之"，从而使汉军每一包围圈都被项王的战术大大削弱。此时，项王再度从东坡驰击汉骑，"复斩汉一都尉，杀数十百人"。在汉军惊慌失措的档口，项王将分散东坡的三处将士复聚为一，在使汉骑蒙受巨大杀伤的过程中，项王仅"亡其两骑耳"。经过这场被后世称作"东城快战"的激烈战斗后，项王能够"复聚其骑"，并从容自豪地对其部属说："何如？"可见项王统率的二十六骑已胜利地突出汉骑的重围，按预定目标，向乌江奔驰了。灌婴所率的数千汉骑在东城县域的这座"山"上并未能将项王"困死"。

项王凭借东城县域内的这座"山"势，居高临下，胜利溃围，而当时项王并不知此山何名。故太史公根据本纪纪主的立场也只据实书作"期山

① 《史记》卷七《项羽本纪第七》，第1册，第334—335页。

东为三处"。班固作《汉书》时，此山早成名闻遐迩的"四隤山"，《汉书·项籍传》将《项羽本纪》的"乃分其骑以为四队，四向。汉军围之数重"，作如下的修改：

> 于是引其骑因四隤山而为圆阵外向。汉骑围之数重①。

意谓项王此时领导他的二十八名骑士登上四隤山，凭借山势布下圆形军阵，锋刃朝外，面对包围的汉军骑兵。此山何以名为"四隤"？《汉书》颜师古《注》引"孟康曰：四下隤陁（tuí yǐ）也。"《广雅·释诂二》："隤，衺（xié）也。"《集韵·纸韵》："陁，邪皃。"可知隤、陁皆倾斜之义。四隤山正因山势四面均自山顶向山麓绵延倾斜成缓坡梯形而得名。项王在南驰途中选择此山在山顶布为圆阵，是因此山的山形地貌便于居高临下俯冲敌阵。班固清楚地知道项王"东城快战"的战场在四隤山，而不在东城县邑。北魏的郦道元也清楚项王在四隤山溃围斩将后成功率骑南走。《水经》卷第三十《淮水》经文："淮水又东，池水注之"之下《注》曰：

> 水出东城县，东北流，迳东城县故城南，汉以数千骑追羽，〔羽〕帅二十八骑引东城，因四隤山，斩将而去，即此处也②。

那么，这座位于秦代东城县域的四隤山究在何处？现存地理志书最早记录项羽"东城快战"发生地四隤山的，当数北宋初年史臣乐史所撰《太平寰宇记》，该书卷一百二十四《淮南道二·和州》，在和州所领乌江县有下述记载：

> 四隤山　在县西北七十五里。项羽既败垓下，东走至东城，所从惟二十八骑，汉兵追者数千，羽乃引骑（回）〔因〕四隤山而为圆阵，

---

① 《汉书》卷三十一《陈胜项籍传第一》，第7册，第1818页。
② 王国维校：《水经注校》，上海：上海人民出版社，1984年，第975页。

即此山也①。

北宋王存等奉敕编撰的《元丰九域志》卷第五《淮南路·和州历阳郡》领县三：历阳、含山、乌江。所领属的乌江县下，有《注》文：

乌江　州东北三十五里，四乡。汤泉、永安、石碛、新市、高望五镇。有四隤山、大江、乌江浦②。

南宋王象之撰《舆地纪胜》二百卷，其《自序》称："余少侍先君宦游四方，江淮荆闽，靡国不到。"该书大量征引《太平寰宇记》文，其卷第四十八《淮南西路·和州》，同样著录了和州乌江县的四（隤）〔隤〕山，但对山距县邑的里程有所修正：

四（隤）〔隤〕山　在乌江县西北三十里，直阴陵山。项羽既败于垓下，走至东城，所从惟二十八骑，汉兵追者千余，乃引骑依四（隤）〔隤〕山为圆阵，即此山也。今山石上有走马足痕③。

此条显然参考了《太平寰宇记》，但将《太平寰宇记》所记四隤山距乌江县邑里程字误修正为"西北三十里"。《舆地纪胜》的更正是对的。

嘉庆《重修大清一统志》卷七十三《江苏统部·江宁府一》"山川"，录有阴陵山和四溃山云：

阴陵山　在江浦县西南四十五里。又西南十里有四溃〔隤〕山，

---

①［宋］乐史：《太平寰宇记》，《文津阁四库全书》本，北京：商务印书馆，2006年，第469册，第209页。以下凡引《太平寰宇记》版本同此。按："在县西北七十五里"句中的"县"字疑为"州"字之误。明刻《和州志·舆地志》："四溃山在州北七十里。"可证。

②［宋］王存等：《元丰九域志》，北京：中华书局，1984年，第202—203页。

③［宋］王象之：《舆地纪胜》卷第四十八，北京：中华书局，据文选楼钞本影印，1992年，第3册，第1937页。以下凡引《舆地纪胜》版本同此。

皆接安徽和州界①。

嘉庆《重修大清一统志》卷一百三十一《和州》"山川"，录有四溃山曰：

> 阴陵山，在州北八十里，山小多石，俗以为项王迷道处。又有四溃山，在州北七十里，亦名四马山，接江苏江宁府江浦县界。《寰宇记》：四溃山在乌江县西北七十五里，即项羽溃围处。《舆地纪胜》：在乌江县西北三十里，直阴陵山②。

清顾祖禹《读史方舆纪要》卷二十九《南直》十一《和州》"山川"：

> 阴陵山　　在州北八十里，山小多石，俗以为项王迷道处。又有四溃山，在州北七十里，亦名四马山，俗传以为项羽败走至此，依山为阵，四面驰下，溃围斩将处云③。

根据《舆地纪胜》、嘉庆《重修大清一统志》、《读史方舆纪要》等地理志书著录的四隤山的四至里程：东北距江浦县城五十五里、东南距乌江县（今和县乌江镇）三十里，西北距全椒三十五里，可以确定四隤山的坐标在安徽和县、全椒、江苏江浦三县交接处，今名四马山或四溃山的，正是历史上项羽与汉骑将灌婴所率汉军追骑于"东城"鏖战的古战场。这座山峦经过实测，海拔标高81.7米，相对高度约为50米。山形略呈四面缓坡梯形，平均坡度为5°～10°。山顶宽平无峰。山势呈东北/西南走向。山脚长边2公里多，宽边约1公里，周回5公里略多。四隤山距全椒县城18公

---

① 嘉庆《重修一统志》卷七十三《江宁府一》"山川"，第24册，第140页。
② 嘉庆《重修大清一统志》卷一百三十一《和州》"山川"，第44册，第66页。
③ ［清］顾祖禹：《读史方舆纪要》，《续修四库全书》本，上海：上海古籍出版社，据宛溪顾氏世藏上海图书馆现藏顾祖禹当日手定原本影印，第600册，第701页。

里，距江浦县城28公里，距乌江13公里，乌江距江浦县城亦为28公里。古地志所记里程与实测结果基本相符。这座不算多高又不太小的四隤山，其梯形缓坡顶部宽平的山峦正好可供项王与其二十八骑在山顶布下环形防御阵势，然后纵骑驰下，冲决汉围，斩将，刈旗。这座首次被班固写入《汉书》的四隤山，距项王"欲渡"的乌江浦不足三十华里，项王的千里骓马片刻可至。

然而冯先生别有所解。他说："《本纪》明确说'自度不得脱'，'卒困于此'，'今日固决死'，可见项羽已不可能突围出来了，怎么可能再到全椒和乌江呢？"①"'今日固决死'。这更是十分明确地说明项羽已'必死'。"②又说："这场战斗是发生在东城，而不是发生在乌江……而这时项羽等二十六人已是'下马步行，持短兵接战'。从东城到乌江是二百四十华里，即使是且战且退，'步行'还能走二百四十里吗？"③

其实项王"自度不得脱"的"度"是忖度、估量之辞，并非必"不得脱"；至于"今日固决死"，无非是表达出万死而不求侥幸一生的决心，而并非如冯先生所说的"必死"。这三句话与项羽在巨鹿之战前，下令破釜沉舟烧庐舍"以示士卒必死无一还心"同一机杼，岂可将项王的或然之思当作必然的结果！当年的事实分明是项王在东城县域的四隤山两度溃围斩将刈旗之后，率领二十六骑胜利突围南趋乌江了。

至于说项王与其麾下壮士二十六骑在东城"下马步行，持短兵接战"，更属天外奇谈。众所周知，手持刀剑之类短兵的步卒擅长近身与敌格斗，这就是项羽少时不愿学的"剑，一人敌"的功夫，难以抵御骑士战马的冲击与戈矛之类长兵的击刺。马步交战，步兵显处劣势。项王与其麾下壮士明明都有骏马可乘，却弃而步行与汉骑交锋，谙熟步骑战法的项王岂会作此荒唐的部署？而细绎太史公在《项羽本纪》中所描述的"东城快战"场面，分明有项王"谓其骑""乃分其骑以为四队""令四面骑驰下""于是

①《项羽不死于乌江考》，《中华文史论丛》2007年第2辑，第262页。
②《项羽不死于乌江考》，《中华文史论丛》2007年第2辑，第259页。
③《项羽不死于乌江考》，《中华文史论丛》2007年第2辑，第266页。

项王大呼驰下""与其骑会为三处""项王乃驰""复聚其骑""骑皆伏曰"等诸多文字，皆为骑战，而绝无"下马步行接战"的只字片语。冯先生如此造说，为的是坐实他如下的设想——"从东城到乌江是二百四十华里，即使是且战且退"，"步行"也决不能走到乌江，若此，"乌江自刎"自属"空穴来风"。但臆测不等于事实，《史记》文本具在，岂容任意曲解！

太史公在《项羽本纪》中叙写项王"乃令骑皆下马步行，持短兵接战"，是在距东城县邑二百四十华里之外的乌江渡口。不仅不在东城县邑，甚至也不在东城快战战场的四𬯀山。先是项王将自己乘坐的骏马名骓奉赠给被他尊称为"长者"的乌江亭长，然后才下令骑从与他一样下马步战。文字显白，毫无歧义。冯先生将项王乌江步战硬要嫁接到东城县邑，此举未免过分了一点。

冯先生为了力证项羽不可能"步走"二百四十里到乌江自刎，还推出一项有力的"证据"——《史记·灌婴列传》"追项籍至东城，破之。"他对"破之"特加疏解：

"破"者，"灭"也。也就是在东城消灭了项羽。所以下文就是总结性的语言"所将卒五人共斩项籍，皆赐爵列侯"①。

既然"在东城"就"消灭了项羽"，"所将卒五人共斩项籍"，那么项王又岂能复活步行二百四十华里赶到乌江再行自刎？

但冯先生的这项"力证"存在天然的缺陷，缺陷在于冯先生"破者，灭也"自我作故式的训诂。先请看《史记·项羽本纪》中的下列文字：

汉五年，汉王乃追项王至阳夏南，止军，与淮阴侯韩信、建成侯彭越期会而击楚军。至固陵，而信、越之兵不会。楚击汉军，大破之②。

①《项羽不死于乌江考》，《中华文史论丛》2007年第2辑，第266页。
②《史记》卷七《项羽本纪第七》，第1册，第331页。

《高祖本纪》也同叙此事。按冯先生的训解，"破"，已是"消灭"；"大破"，则更是彻底干净的消灭。若此，汉王及其部众断无孑遗，两个月后的垓下会战绝不会发生，更不待说楚亡汉兴刘邦荣登皇帝宝座了。然而这只是当下盛行的一种"戏说"，而戏说之所以可能则原于冯先生在训诂上出了一点小小的毛病。

且看古典字书是如何训解消、灭、破这几个字的。《说文·水部》："消，尽也。"又曰："灭，尽也。"故消、灭二字可以互训。更古的字书《尔雅·释诂下》："灭，绝也。"综而言之，"消灭"为完全除尽之辞，而"破"的含义与此有别。《说文·石部》："破，石碎也。"段玉裁《注》云："引伸为碎之偁。"即碎裂不整之意。又《正字通·石部》："破，行师败其军，夺其地，皆曰破。"故"破之"，就是"败之"；"大破之"，就是"大败之"。如此而已。冯先生将"破"训为"消灭"，是夸张失度了。事实是项王在固陵并未消灭汉王刘邦及其大军，仅是把他打得大败而已，所以《项羽本纪》"大破之"的下文是"汉王复入壁，深堑而自守。"至于灌婴的数千骑兵在东城县域的四隤山也仅杀死了项王的两名骑士，并没有就此"消灭"项王。此时此地灌婴"所将卒五人"更没有"共斩项籍"。所以《项羽本纪》的下文才有乌江渡口的步骑激战和项王壮烈自刎的场面描写。

四、秦代的乌江亭地属东城而与历阳无涉

冯先生为了彻底否定项羽自刎乌江其事，特别提出"乌江在秦汉地属历阳说"：

> 乌江在汉代属历阳（唐称和州），与东城是相隔遥远的不同地域，如果项羽真死在乌江，则司马迁的论赞就应该说"身死历阳"或者迳说"身死乌江"，而不应该说"身死东城"；《高祖本纪》也应该说"使骑将灌婴追杀项羽历阳"或"乌江"，而不应该说"东城"。归根结蒂，《史记》说项羽死于东城是没有错，"项羽乌江自刎"的空穴来

风，与《史记》并无关系①。

司马迁在《项羽本纪·太史公曰》中说项羽"身死东城"，而冯先生又说"乌江在汉代属历阳（唐称和州）"，这对项羽死于乌江说无异是釜底抽薪。冯先生十分肯定地说"乌江在汉代属历阳"，在《项羽不死于乌江考》中虽未出示任何根据，但在同刊同期发表的姐妹篇《千百年来一座有名无实的九头山》中胸有成竹地说：

> 秦汉之际，乌江属历阳县，这有明确记载②。

他所说的"明确记载"，就披露在此语的前文：

> 同书（笔者按：指唐李吉甫撰《元和郡县图志》）阙卷逸文卷二《淮南道》：
> 滁州：
> 九斗山，在〔全椒〕县南九十余里。昔项羽兵败，欲东渡乌江，途经此山，与汉兵一日九斗，因名。
> 历阳县：
> 乌江浦，在县东四里，即亭长舣船之处③。

笔者按：《元和郡县图志》是唐代中期的地理总志。作者李吉甫，《旧唐书》本传称他"该洽多闻，尤精国朝故实，沿革折衷，时多称之。"自京出任外官，"留滞江淮十五余年，备详闾里疾苦"。唐宪宗元和（806—

---

① 《项羽不死于乌江考》，《中华文史论丛》2007年第2辑，第255页。
② 冯其庸：《千百年来一座有名无实的九头山》，《中华文史论丛》2007年第2辑，第282页。
③ 〔唐〕李吉甫撰，贺次君点校：《元和郡县图志》附《阙卷佚文》卷二，北京：中华书局，1983年，第1076、1078页。以下凡引《元和郡县图志》版本同此。

820）间两度入相①。所撰《元和郡县图志》，《四库全书总目》评价甚高：
"舆记图经……其传于今者，惟此书为最古，其体例亦为最善。后来虽递相损益，无能出其范围。今录以冠地理总志之首，著诸家祖述之所自焉。"②既然冯先生征引的是权威的地理志书，作者又曾居官"江淮十五余年，备详闾里疾苦"，而"乌江浦"正是其为官江淮时所属之地，那么该书著录秦汉之际"乌江浦"地属历阳县，又岂容有误？难怪冯先生要肯定地说"这有明确记载"了。

冯先生的引文出自中华书局出版的《元和郡县图志》附录"阙卷逸文"。然而检核原书，竟发现冯先生引文造假。为了验明真相，且容将冯氏引文与原书列表对照：

表1　《元和郡县图志》原文与冯其庸引文对照表

《元和郡县图志》阙卷逸文卷二《淮南道》	冯其庸论文征引
滁州： 　全椒县，晋改南谯县。（《纪胜·滁州》）武德二年，始属滁州。（同上） 　九斗山，在县南九十余里。昔项羽兵败，欲东渡乌江，途经此山，与汉兵一日九斗，因名。（《纪胜·滁州》）	滁州： 　九斗山，在〔全椒〕县南九十余里。昔项羽兵败，欲东渡乌江，途经此山，与汉兵一日九斗，因名。
和州： 　历阳县，本秦旧县，项羽封范增为历阳侯。县在水北，故曰历阳。（《纪胜·和州》）北齐以两国通和，改曰和州。（同上） 　乌江县，魏黄初三年，曹仁据乌江以讨吴。晋太康六年始于东城置乌江县，隶历阳郡。（《纪胜·和州》） 　乌江浦，在县东四里，即亭长舣船之处。（《纪胜·和州》）	历阳县： 　乌江浦，在县东四里，即亭长舣船之处。

①［后晋］刘昫等：《旧唐书》卷一百四十八《裴垍李吉甫李藩权德舆列传第九十八》，《二十五史》（百衲本），杭州：浙江古籍出版社，缩印宋刊本，1998年，第4册，第273页。以下凡引《旧唐书》版本同此。
②［清］永瑢等：《四库全书总目》卷六十八《史部二十四·地理类一》，北京：中华书局，1965年，上册，第595页。以下凡引《四库全书总目》版本同此。

通过比对，可以清楚地看出，冯先生在此使用了偷梁换柱的技巧，将《元和郡县图志》原本明确记载的地属"乌江县"的乌江浦，置换到"历阳县"名下，充当"秦汉之际，乌江属历阳县"的所谓"明确记载"，并且特意删去《元和郡县图志》关于乌江县设置沿革的极为重要的记录——**"晋太康六年始于东城置乌江县"**。这种做派不论是疏忽还是有意，其客观效果都难免有提供伪证的嫌疑。

中华书局本《元和郡县图志》附录的阙卷逸文，系清末学者江阴缪荃孙自南宋王象之编撰的《舆地纪胜》辑出。和州诸条辑自《舆地纪胜》卷第四十八。该书中华书局1992年曾据文选楼钞本影印，装为八册。可参看第三册之1927、1928页。

东城与历阳并为秦县。东城县见诸史籍，最早为《史记·陈涉世家》，秦二世二年，符离人葛婴奉陈涉之命，徇蕲县以东，"葛婴至东城，立襄彊为楚王。"[①]葛婴在蕲东连下数城，至东城始立襄彊为楚王，可证东城为蕲东大县。汉武帝元封元年封东粤繇王居股为东城侯，万户。更足证东城为大县。历阳县首见诸史籍，最早为《项羽本纪》，"汉之三年（前204），项王数侵夺汉甬道，汉王食乏，恐，请和，割荥阳以西为汉。项王欲听之。历阳侯范增"谏止[②]。可证灭秦之后，项王分封王侯时，封范增为历阳侯，秦历阳县遂成西楚王国的历阳侯邑。

乌江本为秦置东城县下属的亭。晋武帝司马炎太康六年（285）以秦置东城县属乌江亭附近地域设置乌江县，与历阳县并属淮南郡。南朝刘宋王朝废去东城县，而西晋初从东城县域析置的乌江县一直存在到元末明初。在此之前，乌江从未隶属历阳县，更不待说"秦汉之际，乌江属历阳县，这有明确记载了"。明洪武初，省乌江县，以乌江津以东置江浦县，以西并入历阳县，这是乌江隶属历阳之始。至于冯文提到的**"和县"**，得名更晚，民国元年（1912）废州府建制，始改和州为和县。

检阅历代舆地志书，从无秦汉之际乌江亭隶属历阳县的记载，真正

①《史记》卷四十八《陈涉世家第十八》，第6册，第1954页。
②《史记》卷七《项羽本纪第七》，第1册，第325页。

"有明确记载"的则是乌江亭原属秦置东城县。且看下列记载。

（一）唐李吉甫撰《元和郡县图志》之《淮南道·和州》领有乌江县：

> 乌江县，魏黄初三年，曹仁据乌江以讨吴。晋太康六年始于东城
> 置乌江县。
> 乌江浦，在县东四里，即亭长舣船之处①。

（二）五代后晋刘昫监修《旧唐书·地理志三·淮南道·和州》，载唐
代和州领乌江县：

> 乌江　　汉东城县之乌江亭，属九江郡。北齐为密江郡。陈为临
> 江郡。后周为问江郡。隋为乌江郡。县皆治此②。

笔者按：刘昫生于唐僖宗光启元年（885），卒于后晋出帝开运二年
（945）。在后唐明宗长兴三年（932）为相，监修国史。《旧唐书》系刘昫
于后晋天福五年（940）至开运二年（945）奉敕以唐代史臣吴兢等所撰唐
代国史旧稿为蓝本撰述，"故具有典型"③。其《地理志》据李唐王朝地志
簿书编撰，故州县沿革详明可据。

（三）北宋乐史撰《太平寰宇记》卷一百二十四《淮南道二·和州》：

> 元领县三：历阳、乌江、含山。
> 乌江县（原注：〔和州〕东北四十里，旧十五乡，今四乡），本秦
> 乌江亭，汉东城县地。项羽败于垓下，东走至乌江，亭〔长〕舣船待
> 羽处也。魏黄初三年，曹仁据乌江以讨吴。晋太康六年始于东城界

---

① 《元和郡县图志》附《阙卷佚文》卷二，第1078页。
② 《旧唐书》卷四十《地理志三》，《二十五史》（百衲本），第4册，第108页。
③ 《四库全书总目》卷四十六《史部·正史类二》，《旧唐书》提要对该书的评语，上册，
第410页。

（至）〔置〕乌江县。隋为乌江郡①。

《太平寰宇记》是北宋初期著名的地理总志。作者乐史，字子正。生于五代后唐长兴元年（930），仕后唐为秘书郎。入宋，太平兴国五年（980）举进士，擢为著作佐郎，召为三馆编修。迁著作郎、直史馆，转太常博士。景德四年（1007）卒，终年七十八岁。宋太宗始平天下，乐史作为史官，为维护国家统一，因合舆图所隶，考寻始末，条分件系，撰成《太平寰宇记》二百卷。《四库全书总目》称是书"采掇繁富，惟取赅博。……盖地理之书，记载至是书而始详，体例亦自是书而大变。然史书虽卷帙浩博，而考据特为精核。"②当代历史地理学家王文楚亦称该书"在《元和郡县图志》的基础上进一步发展……内容更为充实，体裁愈趋完备，为后世纂修地理总志所遵循……是一部承先启后、继往开来的划时代巨著。"③

（四）宋刻《太平御览》卷一百六十九《州郡部一五·和州》引"《汉书》曰：汉军追项羽至江，东城乌江亭长舣舟待之。"④可见《御览》的编者据《汉书》同样认为乌江亭地属秦东城县。

（五）南宋王象之撰《舆地纪胜》卷第四十八《淮南西路·和州》叙和州所领乌江县之沿革曰：

> 在州东北三十五里。《寰宇记》云："本秦乌江亭，汉东城县地。项羽至乌江，乌江亭长舣船待，即此处也。"《元和郡县志》云："魏黄初三年，曹仁据乌江以讨吴。晋太康六年始于东城置乌江县，隶历阳郡。"又按《晋志》，淮南郡下始有乌江县。沈约《宋志》于历阳郡

---

① [宋]乐史：《太平寰宇记》，《文津阁四库全书》本，第469册，第209页。
② 《四库全书总目》卷六十八《史部·地理类一》，上册，第595—596页。
③ 王文楚：《宋版〈太平寰宇记〉前言》，《宋本太平寰宇记》，北京：中华书局，2000年，书首《前言》第6—7页。
④ [宋]李昉等编：《太平御览》，北京：中华书局，据宋刻影印，1960年，第1册，第823页上栏。

下书云：“乌江令，二汉无有。”《晋书》有乌江，《太康地志》属淮南。而《南齐志》临江郡下有乌江县。《隋志》云：“梁置江都郡。后齐改为齐江郡。陈又改为临江郡。周又改为同江郡。开皇初郡废，属和州。大业初置历阳郡。”《唐志》隶和州。《国朝会要》（笔者按：此处“国朝”指撰者所处的宋朝）云：“绍兴五年废为镇，七年复为县。”①

按：王象之，字仪父，婺州金华人，庆元元年（1195）进士。所撰《舆地纪胜》二百卷，为宋朝著名地理总志之一，约成书于南宋理宗宝庆三年（1227）。是书分府州沿革、县沿革、风俗形胜、景物、古迹等目，所述内容丰富。该书同样记载乌江县“本秦乌江亭，汉东城县地。”并述项羽与此地的关系：“项羽至乌江，乌江亭长舣船待，即此处也。”

我们从西晋太康六年（285）于东城县析置的乌江县域的大小以及与此相关的文献，可以间接推知秦楚之际东城县辖区的大致范围。

北宋王存等奉敕编撰北宋地理总志《元丰九域志》十卷，《四库全书总目》卷六十八称是书“文直事核”，“最为当世所重”。其书卷第五《淮南路·和州历阳郡》领属历阳、乌江、含山三县。其述乌江县曰：

乌江　州东北三十五里。四乡。汤泉、永安、石碛、新市、高望五镇。有四隤山、大江、乌江浦②。

又《舆地纪胜》卷第四十八《淮南西路·和州》叙录乌江县的“景物”，有“汤泉，在乌江县东北五十七里，韩熙载为之《记》。”又著录“安阳渡，《元和郡县志》云：在乌江县东北八十里，与上元县对岸。”③笔者按：唐上元二年（761）以江宁县改名上元县，治所即今南京市。宋因

---

① 《舆地纪胜》卷第四十八，第3册，第1928页。
② ［宋］王存等：《元丰九域志》，北京：中华书局，1984年，第202—203页。
③ 《舆地纪胜》卷第四十八，第3册，第1933、1938页。

之。与上元县对岸的"安阳渡",即今之浦子口(习称"浦口"),为南北津渡要冲。明洪武九年(1376)置江浦县,曾以此为治所。而《元丰九域志》所录乌江县辖五镇均在江苏江浦县境(现为浦口区),汤泉、高望的镇名沿用至今。由此可知乌江县不仅辖有今安徽和县东部的乌江镇,更领有乌江镇以东的江苏江浦县全境。

乌江县有六合山。沈约撰《宋书·孝武帝本纪》:大明七年(463)二月,"车驾校猎于历阳之乌江。己未,车驾登乌江县六合山。庚申,割历阳、秦郡置临江郡。"①《隋书》卷三十一《地理志下》:历阳郡所统"乌江县……有六合山。"而后世六合山在江苏六合县南境,山南即江浦县。由此可知隋唐之前的乌江县还领有六合县毗邻江浦县的部分地域。

郦道元《水经注》卷三十《淮水》:"淮水又东,池水注之。"《注》文曰:"水出东城县,东北流,迳东城县故城南。"②笔者按:"水出东城县",明谓池水发源于东城县域。源头发脉处在今安徽肥东县东北部的八斗、白龙两镇的山谷间。由此可证秦汉之东城县西境含今肥东县的东北部。

西汉九江郡领有的全椒县系从秦东城县析置,而当时的全椒县还包有后世新置的滁县和来安县。综合以上文献,秦楚之际的东城县北与钟离县接壤,西与阴陵、合肥相邻,东与盱眙连接,南达大江之滨,辖区包括今安徽省的定远、全椒、滁县、来安与和县的东北部,以及江苏的江浦全县和六合县的南境,东西宽二百余华里,南北达二百五十华里③。

冯先生不相信秦汉时有如此大的县级建制,并以此为理由否定乌江亭地属东城县。他在《千百年来一座有名无实的九头山》中说:

秦汉时县之辖区皆在一百华里左右,如阴陵县距东城县,只有九

---

① [梁]沈约:《宋书》卷六《孝武帝本纪第六》,《二十五史》(百衲本),杭州:浙江古籍出版社,据宋蜀大字本缩印,1998年,第2册,第232页。

② 王国维校:《水经注校》,上海:上海人民出版社,1984年,第975页。

③ 秦楚之际的东城县域南北的长度,《明史》卷四十一《地理志一》,凤阳府"距南京三百三十里",可作参照系。《二十五史》(百衲本),杭州:浙江古籍出版社,1998年,第8册,第98页。

十多华里，东城至全椒，也不出百里，今东城至和县尚有二百四十华里，岂能为一县？[1]

笔者按：说"秦汉时县之辖区皆在一百华里左右"，以及所举例证，恐有以偏概全之嫌。冯先生如是说，估计是有见于班固《汉书·百官公卿表》"县大率方百里"这样的话。但班固"话"下还有话："其民稠则减，稀则旷"。这才圆通而切事实。

秦始皇一统天下后，尽废封建，行政架构实行朝廷—郡—县三级制，以郡统县，而郡、县皆直属皇帝。县的基本行政职能是为帝国征税赋、聚甲兵、兴徭役，并维持治安。故**设县以户籍多寡为依据**。中原民众而地辟，则县域小；淮海以南民寡而地荒，则县域广。班固说"县大率方百里"，系沿袭西周封建公侯的封域传统，属名义上的标准，而事实上执行的则是"其民稠则减，稀则旷"。秦汉时的大县、小县，是按户籍的多寡，而不指县域的广狭。人口多而县域小，亦为大县；人口少而县域广，亦称小县。秦分天下为三十六郡，今天的河南一省当时就分设三川、东郡、颍川、南阳、陈郡五郡；而在长江流域，由于地旷人稀，开发程度低下，郡域辖境极大，秦之九江郡竟辖有今天安徽淮河以南与江西全省以及湖北东边的一部；一个会稽郡也辖今天江苏的太湖流域、上海市以及浙江大部，这就是《项羽本纪》中乌江亭长所说的"江东"，"江东虽小，地方千里"，而人口只有"众数十万人"。这两个郡所辖之县也各不过二十左右，而每县面积竟与中原一个郡相当。中原地区由于人口稠密，经济发达，县域远比今日之县为小。如《太平寰宇记》卷一《河南道一·东京上·开封府》："府境　东西三百里，南北三百五十里"，竟设置十六县，其中开封、浚仪、封丘、陈留、尉氏、雍丘、襄邑、考城、阳武、中牟、太康、长垣、酸枣、扶沟、鄢陵凡十五县，皆为秦、汉旧县，每县辖地仅方数十里。再看长江北岸的舒州。《太平寰宇记》卷一百二十五《淮南道三·舒州》，州

---

[1] 冯其庸：《千百年来一座有名无实的九头山》，《中华文史论丛》2007年第2辑，第282页。

境"东西五百八十三里，南北三百三十五里"，春秋时为皖国。北宋设置怀宁、桐城、望江、宿松、太湖五县。除桐城"本汉枞阳县地"外，其余四县皆"本汉皖县地"。可见秦、汉时皖县县域大至见方三五百里。项羽"徙义帝于长沙，都郴"的秦楚之际的郴县，属蛮荒之地，县境竟大至五六百里见方。那么秦代地处长江北岸、开发程度与皖县相当且县域相近的东城县见方二百多里，（"今东城至和县尚有二百四十华里"）又何足惊怪！只要认真检阅历朝正史地理志，追本探源，厘清郡县置废分合沿革脉络，冯先生的困惑或可涣然冰释。

如前所考，既然秦楚之际的乌江亭从属于东城县，而与历阳县无涉，司马迁在《项羽本纪》的论赞中自然不会按冯先生所设计的说"身死历阳"，但也不会"迳说'身死乌江'"，而必说"身死东城"，这是太史公的史法。

在秦代郡县两级的行政架构中，县是皇帝控驭臣民的最低一层正式机构，县令、县长均由皇帝直接委任。县下有乡、有亭，乡、亭之长是郡、县署置的小吏，不属帝国职官序列。史书地理志的著录到县为止，而不及乡、亭，因为乡、亭不属帝国正式行政机构。《汉书·百官公卿表第七上》曰：

> 大率十里一亭，亭有长。十亭一乡，乡有三老，有秩、啬夫、游徼。三老掌教化。啬夫职听讼，收赋税。游徼徼循禁贼盗。县大率方百里，其民稠则减，稀则旷。乡、亭亦如之。皆秦制也[1]。

笔者按："十里一亭"的"里"，指居民聚落。《说文》："里，居也。"作为秦、汉户籍管理最低一级的单位，"里"的户数，据《后汉书》卷九十七《百官志五》："里有里魁"。《本注》曰："里魁掌一里百家。"[2]后汉"一里百家"的制度当承袭秦与前汉。亭所管辖的地域也是"民稠则减，稀则

---

① 《汉书》卷十九《百官公卿表第七上》，第3册，第742页。
② 《后汉书》卷九十七《百官志五》，《二十五史》（百衲本），第1册，第1011页。

旷"。于是在中原有见方不足十里的亭，在地旷人稀的沿江地带也有见方数十里的亭。《汉书·百官公卿表第七上》保存了西汉末期全国县、乡、亭的统计数字：

> 凡县、道、国、邑千五百八十七，乡六千六百二十二，亭二万九千六百三十五[①]。

平均每县辖四乡、二十亭。乡、亭既非帝国正式行政机构，为数又如此之多，即使是史书撰成的当代，如果不著录乡、亭所属的县，人们谁也弄不清楚某个乡、亭在帝国所在的方位。史书记叙列传人物的籍贯，一般也只录其所出的郡县而不及乡亭。因此，司马迁在叙写项羽的结局时，据事录实为自刭于"乌江"，而为了让后人清楚地知道项王最后结局的"乌江"所处的县域，他运用互见法，在作为《项羽本纪》总结的"太史公曰"中，按乌江所从属的帝国正式的行政区划的县书写为"身死东城"。"身死东城"与乌江自刭，是同篇前后互见足义。乌江自刭与《高祖本纪》"使骑将灌婴追杀项羽东城"、《樊郦滕灌列传》"别追项籍至东城，破之。所将卒五人共斩项籍，皆赐爵列侯"以及《高祖功臣侯者年表》与此相关人物的侯功纪录，则是异篇互见，相为补充，其间只有统一而实无矛盾。

五、项羽乌江自刭说并非始自元人杂剧

冯先生在大作第四节"乌江自刭说的溯源述流"中，首先再次用铁定的语气说，"《史记》、《汉书》均无'乌江自刭'之说"。然后引《史记正义》："《括地志》文云：'乌江亭，即和州乌江县是也。……《汉书》所谓乌江亭长舣船以待项羽，即此也。'"据此推断："这里虽然提到'乌江亭长舣船待'这句话，但也未及'自刭'之类的说法，所以项羽乌江自刭

---

① 《汉书》卷十九《百官公卿表第七上》，第3册，第742—743页。

之说，到唐代似乎还未有文字可稽"①。

这种推断令人纳闷。记得冯先生往年注释过《历代文选》，应该知道古人作注的体例是只为首次出现的词语作注。冯先生所引《史记正义》的体例是仿唐初陆德明《经典释文》摘字列句为注的作法，这里是为"东渡乌江"作注，自然"未及"215字之后的"自刎"之说，且"自刎"文意显白，亦无须加注。冯先生是有意误设路标，将读者引入他预设的圈套。果然，他接着告诉读者，他"所看到的最早的项羽乌江自刎的文字资料是元代中期剧作家金仁杰的《萧何月夜追韩信》杂剧。"随即摘引"该剧第三折下半部分到第四折末的文字"，以明"在这个杂剧里形象地描写了项羽乌江自刎"，并说"也可能正是戏剧的作用，'乌江自刎'的传说才得以广泛传播。"②

笔者按：冯先生的上述说法太过武断。司马迁作《史记》时上距项羽之死还不足百年，他在《项羽本纪》的正文里早已叙述了项王在乌江渡口作出不渡的抉择后，将宝马赐予乌江亭长，然后持短兵与汉军步战，最后伏剑自刎，将大好头颅赐予"故人"吕马童以领取封侯之赏。

东汉初年的班固，奉诏撰《汉书》，《后汉书》本传称"当世甚重其书，学者莫不讽诵焉。"③《汉书》的《项籍传》同样翔实记载了项羽在乌江"自刭"而亡。冯先生怎能信口开河地说"《史记》、《汉书》均无'乌江自刎'之说"呢？

北宋司马光撰《资治通鉴》、南宋袁枢撰《通鉴纪事本末》，都著录了项羽乌江自刎的过程。何待元朝中期的金仁杰作杂剧才出现项王乌江自刎的故事！

元朝以前，在淮海任职的封疆大吏以及众多的词人墨客，以霸王项羽乌江拒渡壮烈自刎为题材的诗赋为数甚夥。

---

① 《项羽不死于乌江考》，《中华文史论丛》2007年第2辑，第267—268页。

② 《项羽不死于乌江考》，《中华文史论丛》2007年第2辑，第268—269页。

③ 《后汉书》卷四十《班彪列传第三十附子固传》，《二十五史》（百衲本），第1册，第766页。

唐文宗、武宗朝两度为相的李德裕，于唐文宗开成元年（836）出为滁州刺史，次年授扬州大都督府长史、淮南节度副使知节度事，在江淮之间担任地方官多年，谙熟其地山川形胜、风俗民情以及历史掌故。曾作《项王亭赋并序》，其《序》称：

> 丙辰岁（笔者按：指唐文宗开成元年）孟夏，余息驾乌江。晨登荒亭，旷然远览。……余尝论之，汉祖犹龙，项氏如虎，龙虽困而其变不测，虎虽雄而其力易摧，一神一鸷，宜乎夐绝。然舣舟不渡，留骓报德，亦可谓知命矣。自汤、武以干戈创业，后之英雄莫高项氏。感其伏剑此地，因作赋以吊之。

其《赋》曰：

> 登彼高原，徘徊始曙，尚识舣舟之崖，焉知系马之树？望牛渚以怅然，叹乌江之不渡，想山川之未改，嗟斯人之何遽！……追昔四隤之下，风烟将暮，大咤雷奋，重瞳电注，叱汉千骑，如猎狐兔。谢亭长而依然，愧父兄兮不渡。既伏剑而已矣，彼群帅兮犹惧。虽伯业之无成，亦终古而独步[①]。

赋序及赋文中两度提到项王"伏剑"，所谓"伏剑"，即"自刎"的代称。李德裕系唐宪宗朝宰相李吉甫之子。吉甫任相期间，撰唐王朝地理总志《元和郡县图志》五十四卷。其书卷九《河南道五·濠州》有如下记载：

> 管县三：钟离、定远、招义
> 东城县故城，在〔定远〕县东南五十里。项羽自阴陵至此，尚有二十八骑。南走至乌江亭。灌婴等追羽，杨喜斩羽于东城，即此

---

① ［清］董诰等编：《全唐文》卷六百九十七，上海：上海古籍出版社，据扬州官刻本剪贴缩印，1990年，第3171页。

地也①。

笔者按："此地"，正直指上文"乌江亭"。这里也点明了乌江亭地属秦东城县。

宋人龚相，曾为乌江县令，作《项王亭赋并叙》。其《叙》文有云：

> 余令乌江之明年，职闲讼稀，得以文史自娱。于是询考境内遗迹，将欲验古事，察风俗。恨其兵火之余，故老灰灭，无复在者；而前人遗迹，往往化为榛莽狐狸之区矣！独项王亭去古寖远，于邑为近，余每登眺焉。……余尝谓三代以后，盖有不仁而得天下者。若夫魏晋之兴，皆假唐虞称禅代，大率怀奸饰诈，篡窃取之，其实逼夺。下至刘裕、萧道成之流，如蹈一律，覆宗灭祀，延及无辜，可为流涕。若杨坚、朱温，直盗贼尔，固不足道也，岂非所谓不仁而得天下者哉！夫项王之起，年二十四，不阶尺土，自奋邱垄，二年而平秦霸天下，废立王侯，政由一己。虽所为有异于高祖，然以曹操、司马懿而视，王真畏人也。余又览观山川，想追骑云集，王以短兵接战，英勇不衰。谢亭长顾吕马童之时，其视死生为何如！雄烈之气凛凛而在。邑人庙祀至于今不怠者，岂以王之亡秦兴汉之功大、而得失自我、不为奸诈篡夺、真磊落大丈夫也哉！②

唐代诗人于季子有《咏项羽》绝句：

> 北伐虽全赵，东归不王秦。
> 空歌拔山力，羞做渡江人③。

---

①《元和郡县图志》卷九，第235—237页。
②《全宋文》卷四一四九，上海：上海辞书出版社、合肥：安徽教育出版社联合出版，2006年，第352—354页。
③《全唐诗》卷八十，北京：中华书局，1960年，第872页。

李贺《马诗二十三首之十》称：

> 催榜渡乌江，神骓泣向风。
> 君王今解剑，何处逐英雄①。

杜牧有《题乌江亭》：

> 胜败兵家事不期，包羞忍耻是男儿。
> 江东子弟多才俊，卷土重来未可知②。

汪遵有《项亭》诗：

> 不修仁德合文明，天道如何拟力争？
> 隔岸故乡归不得，十年空负拔山名③。

胡曾有《乌江》诗：

> 争帝图王势已倾，八千兵散楚歌声。
> 乌江不是无船渡，耻向东吴再起兵④。

宋代的王安石作《乌江亭》：

> 百战疲劳壮士衰，中原一败势难回。
> 江东子弟今虽在，肯与君王卷土来？⑤

① 《全唐诗》卷三百九十一，北京：中华书局，1960年，第4404页。
② 《全唐诗》卷五百二十三，北京：中华书局，1960年，第5981页。
③ 《全唐诗》卷六百二，北京：中华书局，1960年，第6959页。
④ 《全唐诗》卷六百四十七，北京：中华书局，1960年，第7419页。
⑤ 《全宋诗》卷五百七十，北京：北京大学出版社，1998年，第6732页。

女诗人李清照作《绝句》：

> 生当作人杰，死亦为鬼雄。
> 至今思项羽，不肯过江东①。

宋初词人李冠有《六州歌头·项羽庙》长调：

> 秦亡草昧，刘项起吞并。鞭寰宇。驱龙虎。扫欃枪。斩长鲸。血染中原战。视余、耳，皆犬鹰。平祸乱。归炎汉。势奔倾。兵散月明。风急旌旗乱，刁斗三更。共虞姬相对，泣听楚歌声。玉帐魂惊。
> 泪盈盈。念花无主。凝愁苦。挥雪刃，掩泉扃。时不利。骓不逝。困阴陵。叱追兵。呜喑摧天地，望归路，忍偷生！功盖世，何处见遗灵？江静水寒烟冷，波纹细、古木凋零。遣行人到此，追念益伤情。胜负难凭！②

唐宋诗人凭吊乌江霸王灵祠留下许多佳作，都或明或暗提到项羽的乌江自刎。以上仅摘抄若干以示例，但亦足以证明冯先生所谓的"项羽乌江自刎之说，到唐代似乎还未有文字可稽"，"最早的项羽乌江自刎的文字资料是元代中期剧作家金仁杰的《萧何月夜追韩信》杂剧"，纯为不实之词。以上所录都是常见的诗文，相信早经冯先生法眼。不过冯先生为了维护"项羽不死于乌江"的独特"发现"，故意一概抹煞罢了。

六、《史记》所述秦汉史未可轻议

唐人司马贞《史记索隐序》说得对："《史记》者，汉太史司马迁父

---

①《全宋诗》卷一千六百二，北京：北京大学出版社，1998年，第18006页。
②《全宋词》，北京：中华书局，1965年，第1册，第114页。

子之所述也。"①司马谈约生于汉文帝即位年（前180）前后②。汉武帝即位之初，征聘"世典周史"的后裔且学识渊博的司马谈担任大汉王朝的太史公。"太史公仕于建元、元封（前140—前110）之间"，主领史职长达三十年之久。司马谈鉴于孔子作《春秋》绝笔五百年来，诸侯相兼，征战不已，历史记载中断放绝，立志撰写一部上继《春秋》、下迄当代，翔实记载"明主贤君忠臣死义之士"的历史著作。为此不仅做了充分的资料准备，而且还草创了一批手稿。汉武帝元封元年（前110），司马谈因在封禅大典的目的上与武帝南辕北辙，被强制滞留洛阳，不准参预其事，"故发愤且卒"。在弥留之际，将生前未能实现的继续孔子的事业、作第二部《春秋》的宏愿，委托给他的独子司马迁。司马迁强抑悲痛，对父亲作出庄严承诺："小子不敏，请悉论先人所次旧闻，弗敢阙！"③司马迁继任太史公后，经过他卓绝千古的努力，背负李陵之祸的奇耻大辱，用了近二十年的功夫，在父谈遗稿的基础上，上伸下延，加工润色，终于在武帝征和二年（前91）巫蛊之难后，实现了先父作第二部《春秋》的遗愿，著成了被后世称作《史记》的《太史公书》。

这部伟大的上起黄帝、下迄汉武的通史，于楚汉之际以至武帝时代的当代史叙事尤为翔实可据。司马迁父子两代编纂这段历史，除了个人超群的天赋和特别坚韧的毅力等主观因素外，还有充足的客观条件：

（一）司马谈之生上距楚亡汉兴及项羽之死（前202）不过二十余年，青年时代及见汉初功臣及其子弟辈，并与其中某些人士交游，故熟悉楚汉之际的新鲜掌故。这在《史记》不少人物列传中都有所交待。司马迁生于汉武帝建元六年（前135），上距项羽之死，亦不过六十余年，距他正式撰著《史记》的武帝太初元年（前104），亦不足百年。司马迁有机会与汉初大功臣的孙辈交游，从他们那里也获得不少可贵的现代史口述史料。

---

① 《史记》卷尾附录《史记索隐序》，第10册，第7页。

② 此取何炳棣先生说，参见《读史阅世六十年》第二十章"老骥伏枥：先秦思想攻坚"，桂林：广西师范大学出版社，2005年，第460页。

③ 《史记》卷一百三十《太史公自序第七十》，第10册，第3288、3295页。

（二）司马谈司马迁父子两代相继任职太史公，不仅掌管王朝图籍及郡国每年的上计簿书卷宗，有如《太史公自序》所称"百年之间，天下遗文古事靡不毕集太史公"，而且因太史的职责所在有权"绁石室金匮之书"，亲见宗庙及太常寺秘藏的皇室玉册及开国功臣的功录、剖符封侯的丹书铁券等文书秘档。《史记》中汉初开国功臣的列传正据以传述，其中攻城略地及斩获首级等战功的记载，精确到令人咋舌的个位数。

（三）司马谈青年时代曾游学齐鲁。"学天官于唐都，受《易》于杨何，习道论于黄子"①。任职太史公后随从武帝祭祀、巡行，到过很多地方。司马迁"二十而南游江淮"，特别仔细踏勘了以彭城为中心的楚汉相争的战场，还考察了刘邦丰沛集团大功臣的乡间故宅，从当地故老耆旧那里采访了开国帝王将相发迹前的故事旧闻。入仕为郎，特别是继任太史公后，更随从武帝巡游、祭祀，走遍了天下。《史记》的诸多篇章其资料来源不仅仅是前代遗存的文献档案，而且还有父子两代实地考察所获的鲜活资料。文献与考察的结合，使得《史记》中的现当代史更具可信度。

（四）《史记》的编纂原本是职务行为。司马谈临终遗命司马迁说："今汉兴，海内一统，明主贤君忠臣死义之士，余为太史而弗论载，废天下之史文，余甚惧焉，汝其念哉！"司马迁答覆编制太初历的同僚壶遂，他能不能作《春秋》的问难时说："汉兴以来，至明天子，获符瑞，封禅，改正朔，易服色，受命于穆清，泽流罔极，海外殊俗，重译款塞，请来献见者，不可胜道。臣下百官力诵圣德，犹不能宣尽其意。且士贤能而不用，有国者之耻；主上明圣而德不布闻，有司之过也。且余尝掌其官，废明圣盛德不载，灭功臣世家贤大夫之业不述，堕先人所言，罪莫大焉。余所谓述故事，整齐其世传，非所谓作也。"②这都清楚地表明，编纂大汉王朝兴起以来的现、当代史，正是太史公一官的天职，而《太史公书》则是太史公的职务作品，必须呈奉皇上御览审定，并入藏中秘资治。《史记》十表中的汉室第一表是《汉兴以来诸侯王年表第五》，《表序》有言："臣

---

① 《史记》卷一百三十《太史公自序第七十》，第10册，第3288页。
② 《史记》卷一百三十《太史公自序第七十》，第10册，第3295、3299—3300页。

迁谨记高祖以来至太初诸侯，谱其下益损之时，令后世得览。形势虽强，要之以仁义为本。"①称"臣迁"，正是进呈武帝御览，以备审查的明证。仅仅因为必须呈御这一因素，司马迁在整理著录楚灭汉兴以来的历史时，凡重大事件也必得准确无误。即使司马迁因李陵之祸下狱，从此失去太史公的官守，出狱后被汉武帝改任中书令，公余重操史笔，已是私史；然而自汉惠帝除挟书令，"广开献书之路"，加以武帝"建藏书之策"（《汉书·艺文志》），私人著述也须呈献王室御府。所以《太史公自序》说，完成之作的《太史公书》，除正本"藏之名山"妥为保存外，还须留"副在京师"。因此，楚灭汉兴以来重大历史事件的记载，作为私史，同样也必得准确无误。

班固有见于此，所以才说《太史公书》"其言秦汉详矣。"唐代的刘知几也说："观子长之叙事也，自周以往，言所不该，其文阔略，无复体统。洎秦汉以下，条贯有伦，则焕炳可观，有足称者。"②其中备受汉室关注的，就有《项羽本纪》。诚如冯先生所言，"垓下之围以后的文字……正是项羽彻底失败毁灭，刘邦取得最后伟大胜利的重要情节。"③对于汉室来说，这样重大而又敏感的话题，若非项羽真在乌江自刎，司马迁岂敢如此笔诸简端？太史公在《项羽本纪》的正文里说项王在乌江"自刎而死"，是据事录实；因为乌江亭属东城县，而县是秦代郡县行政体制下皇帝控驭臣民的最低一层正式行政机构，亭则不是，所以在"太史公曰"里庄重而正式地书为"身死东城"。"乌江自刎"与"身死东城"两者都是太史公的实录，是一篇之中的互见足义。

清代乾嘉学者赵翼说："一代修史，必备众家记载，兼考互订，而后笔之于书。……即如班固作《汉书》，距司马迁不过百余年。其时著述家，岂无别有记载？倘迁有错误，固自当据以改正。乃今以《汉书》比对，武帝以前，如《高祖纪》，及诸王侯年表，诸臣列传，多与《史记》同，并

---

① 《史记》卷十七《汉兴以来诸侯王年表第五》，第3册，第803页。
② 《史通通释》卷六《叙事第二十二》，第3册，第十叶。
③ 《项羽不死于乌江考》，《中华文史论丛》2007年第2辑，第254页。

有全用《史记》文一字不改者。然后知正史之未可轻议也。"①班固《汉书》的《项籍传》，除个别文字的修整外，几乎是"全用《史记》文"，他记叙垓下之围及乌江自刎的场面就是如此，原因即在于他考核了太史公的史文翔实无误，故直接录入《汉书》。在既没有真正读通《项羽本纪》原文文本，又拿不出任何值得一顾的其他根据，就轻议司马迁亲手著录的项羽乌江自刎的文字，自以为是唐以后的民间传说的羼入，恐怕不是一个学人应有的谨慎。

《论语·子罕篇》第四章曰："子绝四：毋意，毋必，毋固，毋我。"大意是说，先生平素绝无这四种毛病：不悬空猜测，不全称肯定，不拘泥固执，不自以为是。这种处事立行的态度，也可移作治学为文的标准，做考据尤应向此努力。

2007年11月15日起草，2008年元旦改定于芜湖凤凰山下竂陶斋。

[原载《一个不容置疑的史实》卷首1—55页，和县项羽与乌江文化研究室编，皖CH-2008-003号，2008年1月印刷。作为"项羽学术研讨会"的主题文件，易题为《〈项羽不死于乌江考〉评议》，编入《乌江论坛》(项羽学术研讨会论文集——《史记论丛》第五集)，西安：陕西人民教育出版社，2009年，第13—60页。本文原第六节为"《项羽不死于乌江考》研究方法质疑"，应《文史哲》杂志编辑部之约，自文中析出，另成专论《〈项羽不死于乌江考〉研究方法平议》，发表于《文史哲》2010年第2期。]

---

① [清]赵翼：《廿二史札记》卷一《史汉不同处》，北京：中国书店，据世界书局1939年版影印，1987年，第10—11页。

《项羽不死于乌江考》研究方法平议

一、引言

西楚霸王项羽（前232—前202），由于司马迁《史记·项羽本纪》的实录描写，在华语世界是妇孺皆知的历史名人，其乌江自刎的壮烈结局，千百年来更是耳熟能详的历史常识。但前不久著名"红学"家、中国人民大学国学院首任院长冯其庸教授，在上海《中华文史论丛》2007年第2辑发表《项羽不死于乌江考》，引据《项羽本纪》"太史公曰"称项羽"身死东城"，以否定《项纪》正文项羽乌江自刎的记叙，石破天惊地作出了"项羽是死于东城而不是死于乌江"的"新的结论"。为支撑这个断案，冯先生还"考出"项王陷入的阴陵大泽即今淮南市东的高塘湖、项王东城快战的四隤山即定远县城南六十里的嗟虞墩、"乌江在汉代属历阳（唐称和州），与东城是相隔遥遥的不同地域"，甚至断言《项纪》中"乌江亭长舣船待"以下的文字有"错简"、"《史记》里确实不存在乌江自刎之说"。南京大学博士生导师卞孝萱教授随即公开致函称赞他"发展了王国维的双重论证法"，"考出项羽乌江自刎之说，源于元杂剧"、"大文出而后项羽死于东城，可为定论"。多家报刊对冯文纷纷转载，网络平台更为冯说推波助澜。一时间，两千多年来从无疑义的项羽乌江自刎的定说大有一朝颠覆之势。更加引发震撼的是，《中国文化报》2007年8月25日头版整版刊发冯先生的《项羽不死于乌江》，特加《编者按》，"编者认为，《项羽不死于乌江考》一文，虽只是2007年中国文史界的'一件小事'，却意义重大"；《光明日报》2007年9月11日的"光明论坛"发表题为《"不忘启迪"的示范意义》的署名文章，号召"广大学者"学习冯《考》中体现出来的"大家的学术风范"；某省教育厅随即指定冯《考》为普通高中《〈史记〉选读》课程的必读参考文献。如此看来，《项羽不死于乌江考》的问世，其意义似乎已超越项羽究竟是死于何地的具体论争，而具有为中国文史界导向的指标价值。

但笔者依然坚信项羽"乌江自刎"与"身死东城"都是《史记》的实录，二者完全统一而无丝毫矛盾。故而对与此相左的《项羽不死于乌江考》的理据进行了全面的清理，发现被人誉为"可为定论"的冯先生的"新的结论"，纯系捕风捉影凭虚造说。为澄清历史真相，笔者以《史记》《汉书》《资治通鉴》等史籍为基本依据，参以历代舆地志书的相关记载，特撰《项羽死于乌江考》（载《淮阴师范学院学报》2008年第2期），指出：项羽东城快战发生在东城县域的四隤山。秦代的乌江亭地属东城县。项羽"欲渡乌江"与临江拒渡二者统一于一身，是其人格的必然发展。司马迁叙写项羽的结局，在《项羽本纪》正文中据事录实为自刎于乌江，而在篇终赞语中正式书为"身死东城"，是同篇前后互见足义，体现了太史公严谨的史法。

冯其庸先生在《项羽不死于乌江考》中，对"项羽是死于东城（邑）而不是死于乌江"的"新的结论"的论证，由于种种失误，实难成立。究其原因，窃以为一是出于对太史公文本的误读，二是出自研究方法的失当，而二者又互为因果。但是冯《考》反映出来的学风失正的问题，在时下具有某种普遍性，却未引起学界的充分关注，主流媒体反而是一片溢美之词。冯先生这篇被称为"意义重大"的论文，在文本解读、研究方法以及"学术品性"上，真的具有"示范意义"还是相反，对它的评介关乎实事求是学风的导向与重建，实有进一步讨论的必要。

二、对冯先生之《史记》文本解读的质疑

冯先生在《项羽不死于乌江考》开篇，为了"检验核证"项羽的死地，引录了"最早的记录"——《史记》中有关项羽之死的"全部"文字，然后断言：

> 上述《史记》有关项羽之死的全部文字，除《项羽本纪》中有"于是项王乃欲东渡乌江。乌江亭长舣船待"两句涉及乌江，当另作分析外，其余无一处写到项羽乌江自刎。相反，却是明确说"身死东城"，"使骑将灌婴追杀项羽东城……"①

又告诉读者："此外如《汉书》、《资治通鉴》、《通鉴纪事本末》等书，也全同《史记》，故不再引"，也就是说这几部著名史书同样不存在项羽乌江自刎之说。经过这番经营，从而为"项羽不死于乌江说"建立起权威的史料基础。如果《史记》等著名史籍真如冯先生所"检验核证"的那样——"确实不存在乌江自刎之说"，"却是明确说'身死东城'"，人们自无理由不相信冯先生所证发的"项羽不是死于乌江而是死于东城"的"新的结论"。

然而冯先生所言绝非事实。冯先生应该记得就在他开篇所引的第一篇"最早的记录"——《史记·项羽本纪》"于是项王乃欲东渡乌江。乌江亭长舣船待"之下，太史公用299字详叙了项王于乌江渡口在临江不渡、赠骓报德之后，持短兵与汉军追骑激战后从容"自刎而死"。文字显白，毫无歧义。班固、司马光、袁枢等史学大家与太史公异口同声，在各自的史学名著《汉书》《资治通鉴》《通鉴纪事本末》中都以明确的文字著录了项羽在乌江渡口壮烈的结局——"乃自刭""乃自刎而死""乃刎而死"。面

---

① 冯其庸：《项羽不死于乌江考》，《中华文史论丛》2007年第2辑，第249页。

对先贤的明确记载，冯先生在其论文的发端竟然全加屏蔽，坦然宣告《史记》等权威史书里"确实不存在乌江自刎之说"！从而将没有机会接触史书原著的一般读者以及有机会接触史书原著却懒于终读一卷的学人导入歧途。

冯先生采用此等非常处置，为的是力挺他的项羽乃"死于东城县邑"的独特"发现"。支撑这个"发现"的有三个基点：其一是太史公称项羽"身死东城"；其二是乌江距东城有二百四十华里，项羽不可能"东渡乌江"；其三是项羽在东城已被灌婴消灭。然而这三个貌似有据的基点，均属对《史记》文本的误读。以下逐一讨论。

其一，冯先生依据《项羽本纪》"太史公曰"称项羽"身死东城"，便坚执项羽死于东城邑，认为项羽乌江自刎乃"空穴来风"，出自后人传说。他在论述"项羽当时所在的地点"时，先征引《项羽本纪》：

> 项王至阴陵，迷失道，问一田父，田父绐曰"左"。左，乃陷大泽中。以故汉追及之。项王乃复引兵而东，至东城，乃有二十八骑。汉骑追者数千人。项王自度不得脱。

然后下判断：

> 据此，项羽当时所处地点是在东城，而"汉骑追者数千人，项王自度不得脱"，后面还有"卒困于此""天之亡我""今日固决死"等项羽的话，可见项羽已困死在东城，不可能突围出去了。

还特别提醒读者，这是"这一历史事件的基本事实，我们分析问题，不能离开这个基本事实作任意的猜测。"[①]

但细心的读者不难察觉，关于"东城"这个地点，太史公所称的"东

---

① 《项羽不死于乌江考》，《中华文史论丛》2007年第2辑，第250页。

城"指的是"**地**"——东城县域,对此,《项纪》中关于东城快战发生地的"山"及后来自刎处所的乌江都有清楚的表述。而冯先生所谓的"东城"却指的是"**点**"——东城县邑,这从冯先生在其大作中不惜用十二次笔墨予以强调的"东城至乌江还有二百四十华里"得到确定。可见司马迁笔下的"东城"与冯先生所称的"东城"并非同一概念。这一点倒是"必需明确记住"的。《项羽本纪》中叙说项王"至阴陵",意谓进入阴陵县境,而非指进入阴陵县城,否则何来"迷失道",又何必请"田父"指路,更不会受绐陷入大泽。同样,"至东城"是指由阴陵县境进入东城县域,并非指进入东城县城。根据《项羽本纪》的记载,项羽率领的二十八骑曾在东城县域内的一座无名小山——后来班固在《汉书·项籍传》中称作"四隤山"——与汉军追骑发生过一场著名的"东城快战",而项羽即使在东城快战后也并未被"困死",而是再度溃围南驰,直趋乌江渡口。《项羽本纪》中"东城"出现两次,一为正文中的"至东城",一为篇末赞语中的"身死东城",其真实含义均为东城县域;而冯先生却都误读为东城县邑,遂徒滋纷扰。

其二,冯先生为了彻底否定司马迁关于项羽于乌江自刎的实录,首先用大量笔墨力图证成"项羽乃欲东渡乌江。乌江亭长舣船待"一段文字文意"前后明显不接",有"矛盾纰漏":

"项王乃欲东渡乌江",《项羽本纪》的这句话,是意向性的话,是想东渡乌江,而不是已经到了乌江。一个"欲"字,充分说明了它的意向性和它的未遂性,这是一。其次是"东渡"这个词,既具有方向性,又有距离感。"东"字表明乌江在东城的东面,而且含有一定的距离(据安徽省交通部门提供的数据,东城离乌江还有二百四十华里)。……千万不能把项羽所处的地理位置弄模糊了,更不能把这句话的实在语义弄错了。项羽此时是在东城,这一点必须明确记住。项羽是"欲"（想要）东渡，实际上还没有离开东城①。

今按：冯先生说"欲"字包含"意向性"和"未遂性"，"东渡"具有"方向性"和"距离感"，就字面意义论，都对；但太史公文句的真实含义并非如冯先生所说的项王想从东城县邑向东到二百四十华里之外的乌江，而是项王想从江西的乌江向东渡过大江抵达江东的吴中。"东渡乌江"句中的"乌江"是地名而非水名，嘉庆《重修大清一统志》卷一百三十一《和州·山川·乌江浦》："在州东北四十里，土多黑壤，故名。"②可证。乌江是秦九江郡东城县属下的一个亭。乌江亭濒临长江有乌江浦，是古代长江北岸重要的津渡。斜对岸便是牛渚圻，那里有直通吴中的驰道，秦始皇三十七年南巡会稽，便取牛渚东进。说项羽此时还在东城县域，自属正确；说项羽此时"还没有离开东城"县邑，则大谬。班固《汉书·项籍传》在叙完项王在东城县域的四隤山溃围、斩将、刈旗后，接着写道："于是羽遂引东欲渡乌江。乌江亭长舣船待。"③用特笔加上"遂引东"三字，标明项王在四隤山溃围成功，随即引导麾下二十六骑向东驰往乌江亭准备渡江。

冯先生之所以有上引的论判，原因盖出于误读太史公"于是项王乃欲东渡乌江"的文本。众所周知，在先秦两汉的典籍中，介词"于"若与动词连用引进处所名词构成介宾结构时，介词"于"经常省略而无损文意。《史记》中这种句法更属常态，例多不备举。

《项羽本纪》中"于是项王乃欲东渡乌江"，完整的句式应为"于是项王乃欲东渡〔于〕乌江。"在这个文句中，"东渡〔于〕乌江"即"于乌江东渡"。"东渡"意指"向东渡过〔大江〕"，而不是冯先生所指的"'东'字表明乌江在东城的东面"。实际的地理方位也是乌江在东城县邑的南面

①《项羽不死于乌江考》，《中华文史论丛》2007年第2辑，第250—251页。

② 嘉庆《重修大清一统志》（四部丛刊续编），张元济等辑，上海涵芬楼影印清史馆藏进呈写本，1934年，第44册，第74页。

③〔汉〕班固：《汉书》卷三十一《陈胜项籍传第一》，北京：中华书局，1962年，第7册，第1819页。

而非"东面"。唐人刘知几《史通》卷六《叙事第二十二》曰：

> 夫史之称美者，以叙事为先。……夫国史之美者，以叙事为工。而叙事之工者，以简要为主。简之时义大矣哉！……文约而事丰，此述作之尤美者也[1]。

《项纪》"于是项王乃欲东渡乌江。乌江亭长舣船待"，在这两句连续的表述中，项王已抵达乌江亭，原本不言而喻。这正是太史公文约事丰、述作尤美的表征。冯先生既不明太史公的句法，又仅从句中截取个别字词，本先入之见，作孤立发挥，自难免"把项羽所处的地理位置弄模糊了"，更把太史公的"实在语意弄错了"。

其三，冯先生为了力证项羽不可能"步走"二百四十里到乌江自刎，还提出一项有力的"证据"——《史记·灌婴列传》"追项籍至东城，破之。"他对文中的"破之"特加疏解——

> "破"者，"灭"也。也就是在东城消灭了项羽。所以下文就是总结性的语言"所将卒五人共斩项籍，皆赐爵列侯"[2]。

既然"在东城"就"消灭了项羽"，"所将卒五人共斩项籍"，那么项王又岂能复活步行二百四十华里赶到乌江再行自刎？

但冯先生的这项"力证"存在天然的缺陷，缺陷在于冯先生"破者，灭也"自我作故式的训诂。先请看《史记·项羽本纪》中的下列文字：

> 汉五年，汉王乃追项王至阳夏南，止军，与淮阴侯韩信、建成侯彭越期会而击楚军。至固陵，而信、越之兵不会。楚击汉军，大

---

① [清]浦起龙释:《史通通释》卷六《叙事第二十二》,金匮浦氏静寄东轩藏本,上海棋盘街文瑞楼印行,清光绪十九年(1893),第3册,第九叶、第十一叶。

② 《项羽不死于乌江考》,《中华文史论丛》2007年第2辑,第266页。

破之。

《高祖本纪》也同叙此事。按冯先生的训解，"破"，已是"消灭"；"大破"，则更是彻底干净的消灭。若此，汉王及其部众断无孑遗，两个月后的垓下会战绝不会发生，更不待说楚亡汉兴刘邦荣登皇帝宝座了。然而这只是当下盛行的一种"戏说"，而戏说之所以可能则原于冯先生在训诂上出了一点小小的毛病。

且看古典字书是如何训解消、灭、破这几个字的。《说文·水部》："消，尽也。"又曰："灭，尽也。"故消、灭二字可以互训。更古的字书《尔雅·释诂下》："灭，绝也。"综而言之，"消灭"为完全除尽之辞，而"破"的含义与此有别。《说文·石部》："破，石碎也。"段玉裁《注》云："引伸为碎之偁。"即碎裂不整之意。又《正字通·石部》："破，行师败其军，夺其地，皆曰破。"故"破之"，就是"败之"；"大破之"，就是"大败之"。如此而已。冯先生将"破"训为"消灭"，是夸张失度了。事实是项王在固陵并未消灭汉王刘邦及其大军，仅是把他打得大败而已，所以《项羽本纪》"大破之"的下文是"汉王复入壁，深堑而自守。"至于灌婴的数千骑兵在东城县域的四隤山也仅杀死了项王的两名骑士，并没有就此"消灭"项王。此时此地灌婴"所将卒五人"更没有"共斩项籍"。所以《项羽本纪》的下文才有乌江渡口的步骑激战和项王壮烈自刎的场面描写。

三、对冯先生研究方法的平议

《项羽不死于乌江考》在研究方法上的失误，也是层见叠出，姑举六端予以商榷。

其一，冯先生为了证成他的"项羽不死于乌江"的先入之见，在征引《史》文及相关古籍时，常有意无意使用移花接木的技巧。如为了彻底否定项羽自刎乌江之事，特别提出"乌江在秦汉地属历阳说"：

乌江在汉代属历阳（唐称和州），与东城是相隔遥远的不同地域，如果项羽真死在乌江，则司马迁的论赞就应该说"身死历阳"或者迳说"身死乌江"，而不应该说"身死东城"；《高祖本纪》也应该说"使骑将灌婴追杀项羽历阳"或"乌江"，而不应该说"东城"。归根结蒂，《史记》说项羽死于东城没有错，"项羽乌江自刎"的空穴来风，与《史记》并无关系①。

司马迁在《项羽本纪》"太史公曰"中说项羽"身死东城"，而冯先生又说"乌江在汉代属历阳"，这对项羽死于乌江说无异是釜底抽薪。冯先生十分肯定地说"乌江在汉代属历阳"，在《项羽不死于乌江考》中虽未出示任何根据，但在同刊同期发表的姐妹篇《千百年来一座有名无实的九头山》②中胸有成竹地说："秦汉之际，乌江属历阳县，这有明确记载。"他所说的"明确记载"，就披露在此语的前文：

同书（笔者按：指唐李吉甫撰《元和郡县图志》）阙卷逸文卷二《淮南道》：

滁州：

九斗山，在〔全椒〕县南九十余里。昔项羽兵败，欲东渡乌江，途经此山，与汉兵一日九斗，因名。

历阳县：

乌江浦，在县东四里，即亭长舣船之处。

今按：《元和郡县图志》是唐代的地理总志。作者李吉甫，《旧唐书》本传称他"该洽多闻，尤精国朝故实，沿革折衷，时多称之。"自京出任外官，"留滞江淮十五余年，备详闾里疾苦"。唐宪宗元和（806—820）间

①《项羽不死于乌江考》，《中华文史论丛》2007年第2辑，第255页。
②冯其庸：《千百年来一座有名无实的九头山》，《中华文史论丛》2007年第2辑，第275页。

两度入相①。所撰《元和郡县图志》,《四库全书总目》评价甚高:"舆记图经……其传于今者,惟此书为最古,其体例亦为最善。后来虽递相损益,无能出其范围。今录以冠地理总志之首,著诸家祖述之所自焉。"②既然冯先生征引的是权威的地理志书,作者又曾居官"江淮十五余年,备详闾里疾苦",而"乌江浦"正是其为官江淮时所属之地,那么该书著录"乌江浦"地属历阳县,又岂容有误?难怪冯先生要肯定地说"这有明确记载"了。

冯先生的引文出自中华书局出版的《元和郡县图志》附录"阙卷逸文"③。然而检核原书,竟发现冯先生引文造假。为了验明真相,且容将冯氏引文④与原书列表对照:

表1 《元和郡县图志》原文与冯氏引文对照表

《元和郡县图志》阙卷逸文卷二《淮南道》	冯其庸论文征引
滁州: 　全椒县,晋改南谯县。(《纪胜·滁州》)武德二年,始属滁州。(同上) 　九斗山,在县南九十余里。昔项羽兵败,欲东渡乌江,途经此山,与汉兵一日九斗,因名。(《纪胜·滁州》) 和州: 　历阳县,本秦旧县,项羽封范增为历阳侯。县在水北,故曰历阳。(《纪胜·和州》)北齐以两国通和,改曰和州。(同上) 　乌江县,魏黄初三年,曹仁据乌江以讨吴。晋太康六年始于东城置乌江县,隶历阳郡。(《纪胜·和州》) 　乌江浦,在县东四里,即亭长舣船之处。(《纪胜·和州》)	滁州: 　九斗山,在(全椒)县南九十余里。昔项羽兵败,欲东渡乌江,途经此山,与汉兵一日九斗,因名。 历阳县: 　乌江浦,在县东四里,即亭长舣船之处。

---

① [后晋]刘昫等:《旧唐书》卷一百四十八《裴垍李吉甫李藩权德舆列传第九十八》,《二十五史》(百衲本),杭州:浙江古籍出版社,缩印宋刊本,1998年,第4册,第273页。

② [清]永瑢等:《四库全书总目》卷六十八《史部二十四·地理类一》,北京:中华书局,1965年,第595页。

③ [唐]李吉甫撰,贺次君点校:《元和郡县图志》,北京:中华书局,1983年,第1076、1078页。

④ 冯其庸:《千百年来一座有名无实的九头山》,《中华文史论丛》2007年第2辑,第275页。

通过比对，可以清楚地看出，冯先生将《元和郡县图志》原本明确记载的地属"乌江县"的乌江浦，置换到"历阳县"名下，充当"秦汉之际，乌江属历阳县"的所谓"明确记载"，并且特意删去《元和郡县图志》关于乌江县设置沿革的极为重要的记录——**"晋太康六年始于东城置乌江县"**。这种做派不论是疏忽还是有意，其客观效果都难免有提供伪证的嫌疑。

如果这仅是一例，或可用偶然疏忽予以辩解。但将《项羽本纪》明确叙写的项王在乌江渡口将所乘骓马赠予乌江亭长后，下令随从壮士弃马步行，持短兵与汉军追骑接战的场面，删去项王赠骓报德、临江不渡的情节，而将弃马步战以下文字嫁接到"东城快战"之下，说什么"项羽'令骑皆下马步行，持短兵接战'的这场战斗""是承上文'今日固决死，愿为诸君快战'而来的，是整个东城之战的一部分，因而地点是在东城，不是在乌江。"[①]则分明是有意为之，岂可用疏忽失察所能推诿？

其二，冯先生在征引《史》文时又常删削与己观点不利的重要文字，人为地制造太史公文章的"纰漏"，扭曲文本原义，以证其说。他这样征引《项羽本纪》：

> 乌江亭长舣船待，谓项王曰："江东虽小，地方千里，众数十万人，亦足王也。愿大王急渡。……"项王笑曰："天之亡我，我何渡为！……"

然后断定，"这段文字，与上文明显矛盾。""好像他根本没有想渡乌江，上文'欲东渡乌江'似乎根本不是他的念头，文章前后明显不接。"[②]

在这段引文中，冯先生对《史》文两处使用删节号进行技术处理。第一处被删没的是"今独臣有船，汉军至，无以渡"三句，原文显示当下汉骑尚未追至，而亭长"独有船"，项王东渡有充足的条件，只要登舟离岸，

---

①《项羽不死于乌江考》，《中华文史论丛》2007年第2辑，第265—266页。

②《项羽不死于乌江考》，《中华文史论丛》2007年第2辑，第251页。

汉骑即使赶到渡口，也只能徒呼奈何。这三句对表现项王欲渡而亦可渡而终于不渡的心理变化非常重要的话语，被有意删削。第二处被删没的是"且籍与江东子弟八千人渡江而西，今无一人还，纵江东父兄怜而王我，我何面目见之？纵彼不言，籍独不愧于心乎？"这六句话用"且"字领起，更进一层地袒露了项王当下真实的胸襟，诉说了他临江不渡的原因：除了天意的因素，更重要的是人情——他亏欠江东父兄的重托，再也无颜见江东父老。项王面对乌江亭长催他"急渡"的盛情，将由"欲渡"到"拒渡"的理由诉说得合情而又合理。将被削的文字补足，上下文意密合无间，哪有"纰漏"？冯先生是通过肢解太史公的文章，人为地制造矛盾以耸人听闻。

其三，冯先生征引名家言论作证时，常掩盖论者语境，断章取义，似是而实非。冯先生为了证明太史公的文章"有矛盾纰漏"，先截引班固、裴骃、李长之诸家之言，特别在"甚多疏略，或有抵梧""时有纰缪""偶而有着矛盾"下面加上着重号，然后归结为"可见无论是古人或今人都已经注意到《史记》的叙事中，是存在着'矛盾'和'纰缪'的。"对于"这种现象"产生的原因，冯先生再次引用班固《汉书·司马迁传赞》以代言：

> 最早班固就指出："故司马迁据《左氏》、《国语》，采《世本》、《战国策》，述《楚汉春秋》，接其后事，讫于（大）〔天〕汉。"所以"甚多疏略，或有抵梧。"①

并在上述引文中间特意加上"所以"二字，提供给读者的信息是，班固批评司马迁《史记》"述《楚汉春秋》，接其后事"，叙述楚汉史事，"疏略""抵梧"之处"甚多"。那么，《项羽本纪》叙事出现如冯文所言的纰漏矛盾，自属不争的事实。

---

① 《项羽不死于乌江考》，《中华文史论丛》2007年第2辑，第252页。

然而这并非班固的本意。只要将班固《汉书·司马迁传》的原话原原本本引出：

> 故司马迁据《左氏》、《国语》，采《世本》、《战国策》，述《楚汉春秋》，接其后事，讫于（大）〔天〕汉，其言秦汉，详矣。至于采经摭传，分散数家之事，甚多疏略，或有抵梧①。

即可明白，班固称司马迁《史记》"其言秦汉，详矣"，正是高度肯定《史记》所述秦汉史事详尽信实。故《汉书》述秦楚之际直至武帝天汉年间的史事一本《史记》，无所更张。"至于"以下，班固另起一意。所谓"采经摭传，分散数家之事"进行的编纂，系指秦汉以前——自黄帝讫六国——的史事。太史公由于上古文献不足征，而东周王室所藏天下史记及六国国史，由于对秦国"有所刺讥"，均被秦始皇焚毁，可供撰史参考的"独有《秦记》，又不载日月，其文略不具"（《史记·六国年表》）②，故叙先秦史事，"甚多疏略，或有抵梧"，实所难免。班固的上述评论，实事求是，为古今诸多《史记》研究者所认同。而冯先生与此独异，他特意删削班固评论中"其言秦汉详矣。至于采经摭传，分散数家之事"三句，将本来针对《史记》所述先秦史事"甚多疏略，或有抵梧"的批评，采用换头术，将它嫁接到"述《楚汉春秋》，接其后事，讫于（大）〔天〕汉"之下，从而使之成为针对《史记》所述楚汉之间史事（《项羽本纪》正在其中）的批评。这种作法，不仅是对班固评论原意的歪曲，更是对《史记》叙事性格的亵渎。

其四，冯先生为了力挺其"项羽不死于乌江"的新说，在引用文献作证时不仅任意删削，隐没要害，而且还轻言《项羽本纪》乌江拒渡一段文字有"错简"或"脱漏"，更有甚者，还敢给《太史公书》添加文字：

---

① 《汉书》卷六十二《司马迁传第三十二》，第9册，第2737页。

② ［汉］司马迁：《史记》卷十五《六国年表第三》，北京：中华书局，1982年，第2册，第686页。

　　我认为这两个句子（笔者按：指"于是项王乃欲东渡乌江。乌江亭长舣船待"两句），其中可能有错简。我设想，可能"于是项王乃欲东渡乌江"一句文字有脱漏，我以为"于是项王"下脱"之众"（大意）这样两个字，全句应为"于是项王之众乃欲东渡乌江"。这就是说想东渡乌江的不是项王，而是项王的部从，所以下文紧接乌江亭长的一段劝说，然后接"项王笑曰，天之亡我，我何渡为"一大段说明项王不能渡江的道理。这样文章才上下贯通，没有矛盾①。

　　在校勘学中，"错简"与"脱漏"是两个性质完全不同的概念。"错简"又称"舛乱"，是指底本文字有颠倒，或单错，或互错，或衍漏错。凡此皆应依可靠的版本或他书确凿的证据予以改正，并在校记中说明改正的依据。冯先生所说的"脱漏"，校勘学术语称"脱"或"夺"，是指底本文字有阙字漏句，须据可靠版本或他书确凿依据审慎加以补足，并出校记说明。《项纪》"于是项王乃欲东渡乌江。乌江亭长舣船待"，两句文意顺畅，不可互乙，绝无"错简"的可能。即使两句中果有"脱漏"，冯先生也是将错简与脱夺两种异质的错误混为一谈。冯先生在无任何《史记》版本依据或他书确凿证据的情况下，随意在"项王"之下添加"之众"二字，遂使《史》文文意发生本质的变化，由"项王欲渡"变为"项王部从欲渡"。冯先生以为如此方可为他所认为的《项纪》叙事的"矛盾"和"纰漏"补罅。殊不知添加"之众"二字，项王在垓下"直夜溃围南驰"就不是自主决策，而是被"麾下壮士骑从者八百余人"胁裹南逃。历史人物项羽一向是特立独行的非常之人，在他短暂而灿烂的一生中，还从未有过受人胁裹之事。至于麾下八百壮士也绝不会作出胁裹项王的行为。冯先生随意添加的"之众"二字，不仅扭曲了项王的形象，也诋毁了项王骑从的忠诚。这绝对不是司马迁的意思。添字立说是考据学的大忌，看来冯先生不小心犯忌了。

---

　　①《项羽不死于乌江考》，《中华文史论丛》2007年第2辑，第260页。

其五，冯先生写这篇考证文章，常以想象替代考实。文中不时出现"好像""似乎""有可能""也可能""也许""我设想""我揣想"之类的话头。其中最令人失惊的是将乌江亭长设想为被围在东城的"二十六人之一"：

> 还有一个问题，项羽困在东城，已只有二十六人。乌江亭长既不能从天而降，为什么凭空多出一个乌江亭长来？如果要勉强解释一下，那末这个乌江亭长就是二十六人之一，他或原是乌江亭长。乌江对岸就是金陵，是吴地，渡船是两面停靠的，这一面是楚，那一面是吴，正是吴头楚尾。也许这个亭长就是当年随项羽从征的八千子弟之一，现在转战至此，他熟知吴中情况，也熟知乌江渡口的渡船，故劝项羽东渡乌江。而且说："江东虽小，地方千里，众数十万人，亦足王也。愿大王急渡。今独臣有船，汉军至，无以渡。"这段话的口气，一是极熟悉吴中情况，二是更清楚乌江渡口的情况。所以我设想这个乌江亭长只能是二十六人之一。我的这一猜测，当然没有任何根据，但二十六人以外，不可能多出一个人来，因为东城离乌江还有二百四十华里，是无论如何来不了人的[①]。

这段话发挥了充分的想象力，但固塞不通之处却也不少。冯先生说"这个乌江亭长""或原是乌江亭长"，"就是当年随项羽从征的八千子弟之一，现在转战至此（按：指东城县邑）"。众所周知，秦、汉时代县以下的乡、亭吏员，包括三老、亭长，都由县令遴选当地人担任，江东籍贯的子弟岂能担任江西的乌江亭长？如果这位亭长本籍在江西，在"江西皆反"的情势下，他又因何得知项梁在吴中起兵，特特东渡不远千里赶到吴中冒充江东子弟从征？冯先生说此人"熟知乌江渡口的渡船……而且说：'……今独臣有船，汉军至，无以渡'"，如果乌江亭长果是被困在东城的

---

① 《项羽不死于乌江考》，《中华文史论丛》2007年第2辑，第260—261页。

"二十六人之一",他从江西跑到江东,追随项羽征战于今已经八年,居然还熟知乌江渡口他"独"有的那条渡船依然隐藏江滨某处且随时可以启用,而乌江渡八年中再别无渡船而被迫停渡,天下岂有此事?又岂有此理?《史》文叙写项王深感乌江亭长的善意,"乃谓亭长曰:'吾知公长者。吾骑此马五岁,所当无敌,尝一日行千里,不忍杀之,以赐公。'"如果乌江亭长果是"二十六人之一",他自有坐骑,又何须项王赠马?项王称亭长为"长者"。长者乃年长有德者之称,其年辈必在项王之上。项羽吴中起兵时"年二十四"。从会稽郡所属各县所"得精兵八千人",即所谓江东八千子弟,其年龄一般当比项羽年少,否则不会称作"子弟"。这位被项王尊为"长者"的江西乌江亭长又岂能列入江东子弟的行列?太史公地下有知,拜读冯《考》至此,当亦感匪夷所思。

《项羽不死于乌江考》的随意性还突出表现在对陆贾及其《楚汉春秋》的处分上,近千字的评述早已溢出无征不信、无证不立的考据学的基本规范,而近乎小说家言。兹事繁复,暂不置辩。

其六,冯《考》还多处显现出欺瞒读者的企图。兹举一例,对冯先生的"项羽不死于乌江说"构成最大障碍的,是北宋初年史官乐史(930—1007)在其所撰北宋地理总志《太平寰宇记》卷一百二十四《淮南道二·和州》对所领三县之一的乌江县的下述著录:

　　乌江县(本注:〔州治历阳〕东北四十里,旧十五乡,今四乡)本秦乌江亭。汉东城县地。项羽败于垓下,东走至乌江,亭长舣船待羽处也[1]。

冯先生在其大作中对此只字不提,而且自我作故说"秦楚之际乌江地属历阳",还说"这有明确记载"。其实冯先生心中明白,这是在玩空手道的险招。为了化险为夷,他不得不在《项羽不死于乌江考》正文之后加写

① 〔宋〕乐史:《太平寰宇记》卷一百二十四《淮南道二·和州》,《文津阁四库全书》本,北京:商务印书馆,2006年,第469册,第209页。

一段《赘言》，以图推倒《太平寰宇记》的上述记载。所持两条论据，均摘自历史地理学家王文楚先生为中华书局影印之《宋本太平寰宇记》撰写的《前言》，一是《太平寰宇记》"所载政区，主要太平兴国后期制度"；二是乐史去世后，该书出于"后人改补"。冯氏由此导出结论："由此可见，《太平寰宇记》的记载，已非秦汉旧制。其所说'乌江县，本秦乌江亭。汉东城县地'，实不可信。"[1]

然而只要检阅《太平寰宇记》以了解该书的体例，并通读王文楚先生的《前言》，便会发现冯先生的两条"论据"都难以立足。《太平寰宇记》所载政区，确实是宋太宗"太平兴国（976—983）后期制度"，乌江县隶属和州，正是当时的政区制度。但书中所称乌江县"本秦乌江亭。汉东城县地"云云，是追溯乌江县的历史沿革。这正是中国古代舆地志书自《汉书·地理志》起逐渐形成的优良传统，即在著录本朝地理行政区划州郡府县的同时，均详叙其置废析并的历史演变。《太平寰宇记》所载宋太宗太平兴国年间府、州、县沿革，多上溯周、秦、汉，以迄五代、宋初，从而为研究历代政区建置变迁提供了重要资料。冯先生以该书"所载政区，主要太平兴国后期制度"，来否定该书对乌江县历史沿革的追溯，实属文不对题。论据其二的"乐史故世之后，出于'后人改补'。故所载政区，离秦汉已甚远"[2]的说法，给人的强烈印象是，既然《太平寰宇记》所载"主要太平兴国后期制度"，那么今本所载秦汉政区建制的文字，当系乐史死后由后人改补窜入，因而是一部不可征信的地理著作。但事实绝非如此。冯先生所引"后人改补"四字出自王文楚所撰《前言》的下列段落：

> 至于书载惠州，据《宋会要·方域》、《元丰九域志》诸书记载，是为真宗天禧五年（一〇二一年）改浈州置；书载通州"天圣元年（一〇二三年）改曰崇州，明道二年（一〇三三年）复故"，这惠州、通州的政区改置，天禧离乐史去世已有十四年，明道已达二十六年，

---

[1]《项羽不死于乌江考》，《中华文史论丛》2007年第2辑，第271页。

[2]《项羽不死于乌江考》，《中华文史论丛》2007年第2辑，第270页。

实出于后人改补①。

很清楚，王文楚《前言》所云"出于后人改补"，是特指惠州与通州改置二事，除此之外，全书均属乐史原作。而冯先生隐瞒王文之所特指，仅从中抉取"后人改补"四字，采取模糊化的手法，将其放大，施加全书，从而制造出《太平寰宇记》不可征信的假象，进而达到认定该书记载"乌江县，本秦乌江亭。汉东城县地""实不可信"的目的。这"实出于"王文楚《前言》原意之外。

中国历朝官修地理总志，系根据郡（州）县地理志以及上计制度下州郡每年岁终向朝廷呈报郡内众事的簿记图表等资料汇总编制而成，除边疆四裔因路途遥远信息不全记载偶有讹错外，中土部分可信度甚高。对其中的记载，除非掌握确凿的证据，不宜轻易否定。

四、对冯先生"野外考察"之再考察

冯先生很重视野外考察，主流媒体更对此予以全面肯定。实地考察自是获取真知的良方之一，但前提是务须踏实审慎，切忌浮光掠影道听途说。以此检核冯文实地考察的结果，却颇令人生疑。冯文有两项重要的考察成果，一为阴陵大泽的方位，一为虞姬墓即四溃山，二者均与"项羽不死于乌江"的结论密切相关。姑以二者为个案略作讨论。

先看阴陵大泽。《史记·项羽本纪》曰："于是项王乃上马骑，麾下壮士骑从者八百余人，直夜溃围南出，驰走。平明，汉军乃觉之，令骑将灌婴以五千骑追之。项王渡淮，骑能属者百余人耳。项王至阴陵，迷失道，问一田父，田父绐曰'左'。左，乃陷大泽中。以故汉追及之。"②这里有两个关键词："直夜"与"平明"。《广雅·释诂一》："直，正也。"直夜

---

① 王文楚：《宋版〈太平寰宇记〉前言》，《宋本太平寰宇记》，北京：中华书局，2000年，书首《前言》第5页。

② 《史记》卷七《项羽本纪第七》，第1册，第334页。

者,正夜也。周秦时称"夜半",汉武帝太初改历后称"子夜",相当于零时前后。《尔雅·释诂下》:"平,成也。"平明者,成明也。周秦时又称"平旦",为东方既白,日将出未出之时。季冬夜长,当在凌晨五时前后。由项王直夜溃围南驰,到汉军平明发觉追赶,其间有五六小时的时差。如果项王不是失道受绐身陷大泽,汉骑是不可能"追及"的。可见,阴陵大泽是项羽自垓下南驰乌江实施东渡计划失败的关键地点。

阴陵大泽在阴陵城东,抑或在西?《史记》注家裴骃、司马贞、张守节均未出注。冯先生似乎是两千多年来对阴陵大泽所在给出答案的第一人:

> 我曾两次到阴陵调查,第二次就是今年(笔者按:指2005年)十一月十六日,今阴陵旧城址尚在,已立有文物保护碑,老百姓叫此处为古城村……如今从古城村向西,便是一片大泽,其最低洼处至今仍是一片茫茫无际的湖泊,水面上有长数公里的窑河大桥。项羽因为陷入大泽中,"以故汉追及之"[1]。

从文中提及的"窑河大桥",可以确知其下便是南北狭长二十多公里、东西宽约三四公里的高塘湖,地处安徽淮南市与凤阳、定远两县分界处。冯先生告诉人们,它便是当年项羽陷入的阴陵大泽,"至今"仍是茫茫无际的湖泊,两千多年前当更为广阔,难怪当年项王陷入其中,久久不得脱身。

今按:冯先生将淮南市东的高塘湖当作项王身陷的阴陵大泽,是犯了不应有的常识性错误。高塘湖的前世是一条流淌了千百年的河流,名唤洛涧,今名青洛河,源出安徽定远县狼窝山,西北流至淮南市东入淮。入淮口是历史上赫赫有名的洛口。高塘湖的今生,湖龄不超过半个世纪。20世纪40年代起,青洛河由于受黄泛及黄河夺淮的影响,下游河床淤积抬升,

---

[1] 《项羽不死于乌江考》,《中华文史论丛》2007年第2辑,第259页。

水流不畅，中游多年积水，汇为巨浸，渐成高塘湖。此前这里既无湖也无泽。1998年出版的《淮南市志·地理编》有明确记载，一查便知。若向高塘湖周边原住民中任何一位花甲老者请教其形成历史，也立见分晓。可惜冯先生失去了这两种并不难得的机会，本着先入之见，在窑河大桥上驱车一过，见到茫茫水域，便肯定阴陵大泽就在这里。他说"如今从古城村向西，便是一片大泽"。其实高塘湖东距阴陵遗址的古城村有二十多公里，哪里是"向西便是"！冯先生"曾两次到阴陵调查"，却得出如此与事实相违的调查结论，委实令人吃惊。

既然冯先生给出的古阴陵大泽即今高塘湖的答案为无根之说，那么真正的阴陵大泽又在哪里？其实正史中并非一无线索可寻。唐代姚思廉撰《梁书》卷十二《韦睿列传》载，梁天监五年（506）末，北魏中山王元英寇北徐州，围刺史昌义之于钟离，众号百万。次年二月，梁武帝命令豫州刺史韦睿将兵救钟离。当时钟离守城梁军仅有三千，军情异常紧急。"睿自合肥径道由阴陵大泽行，值涧谷，辄飞桥以济师。"[1]三月，大破魏军于钟离。司马光撰《类篇》："径，直也。"径道，即直道。故《资治通鉴》卷一百四十六《梁纪二》著录其事，即书为"睿自合肥取直道，由阴陵大泽行，值涧谷，辄飞桥以济师。"[2]从"取直道，由阴陵大泽行"的叙文可知，阴陵大泽大致在合肥（梁朝豫州刺史治所）与钟离（梁朝北徐州刺史治所，今安徽凤阳县东北二十里）的南北联线上，值古东城县邑（今定远县城东南五十里大桥乡三官集）西北、古阴陵县邑（今定远县城西北六十五里靠山乡古城村）东南，约在今定远城西西卅店一带。盖为古濠水、古洛涧水、古池水等水系在低洼处汇聚而成的沼泽。它西距冯先生指称的阴陵大泽（今高塘湖）将近四十公里。这片阴陵东南当年项王身陷的大泽，历经岁月沧桑逐渐淤塞。在项王陷身七百多年后，梁朝名将韦睿尚可在初

---

① [唐]姚思廉：《梁书》卷十二《柳偃席阐文韦睿列传第六》，《二十五史》（百衲本），杭州：浙江古籍出版社，据北京图书馆藏宋刊元补本缩印，1998年，第2册，第721页。

② [宋]司马光编著，[元]胡三省音注：《资治通鉴》，上海：上海古籍出版社，据清胡克家覆刻元刊本缩印，1987年，上册，第974页。

春时分勉强经泽中行军，到唐朝初年李泰编撰《括地志》时已不加著录，可能已湮为农田了。

再看虞姬墓。冯先生对这座"历历在目"的虞姬墓有两段描述：

今东城西北谭村有土山曰"嗟虞墩"，传即项王令骑四面驰下处。今当地人尚称此山为"四溃山"。其地属东城，我曾二至其地调查。

今东城西北不远处，有谭村，其地有虞姬墓。《定远县志》载："虞姬墓即嗟虞墩，县南六十里，近东城。"我曾两次去虞姬墓，墓高约25米，为一自然土山。据传，项羽在决战前，将虞姬之首埋于此，即作最后的决战。所以此高阜又名"四溃山"。决战后，项羽即自刎于东城①。

冯先生将他两度考察虞姬墓的见闻告诉人们：虞姬墓是一座高达25米的"自然土山"，这座"高阜"便是项王一行二十八骑东城决战的古战场所在，所以又名"四溃山"，项王即自刎于近旁的东城邑。可见虞姬墓在"项羽不死于乌江说"中的分量之重。

但最早提出项羽不死乌江的计正山先生"所见"的虞姬墓，与冯先生"所说"的虞姬墓，虽同为一墓，却颇有参差。他在二十多年前发表的《项羽究竟死于何地?》中这样说：

高达数丈的虞姬墓至今犹在，定远县志载："虞姬墓即嗟虞墩，县南六十里近东城。"②

① 冯其庸：《千百年来一座有名无实的九头山》，《中华文史论丛》2007年第2辑，第280—281页。
② 计文原载《光明日报》1985年2月13日。《新华文摘》(半月刊)2007年第17期重刊，第62页。

计先生在题为《项羽并非死于乌江》的近作中对虞姬墓有更详细的描述，并配发了题为《今日虞姬墓》的照片：

> 形如丘峦的虞姬墓至今犹在，安徽省文化厅副厅长李修松率领有关专家实地考察后认定其形制、封土皆为典型汉墓。笔者认为这是汉高祖刘邦为鲁公项羽举行隆重葬礼之后，东城县为虞姬头颅加封土而形成的墓，西汉时便建祠辟田祭祀①。

现任定远县文化局局长的计正山先生是土生土长的定远人，他所见的虞姬墓其高仅"达数丈"，在冯先生的笔下竟拔高到"约25米"。更为奇怪的是，经安徽省文化厅组织"专家实地考察后认定其形制、封土皆为典型汉墓"，是"加封土而形成的墓"，在冯先生笔下摇身一变，竟变成"一自然土山"，而且还是项羽率领的二十八员骑士在那里与数千汉骑进行东城决战的赫赫有名的"四溃山"。从《今日虞姬墓》的照片看，覆斗形汉墓形制的嗟虞墩（即虞姬墓），高不过数丈，底座周围不过数十丈，墓顶平地不会超过数方丈。试问其上岂能容项王将其二十八骑分为四队，布为圆阵，又约定分四面俯冲敌阵后在墓的东坡分三处集结？别说小小的虞姬墓办不到，就是高峻宏大如秦始皇陵，其墓顶也不具备这样的条件。对虞姬墓的描绘，计先生所见与《太平寰宇记》所载定远县虞姬冢"高六丈"相符②，应毋庸置疑；而冯先生所言则夸张失实，未免有点真事隐去、假语村言的味道。这难道是"二至其地调查"所应有的结果？再说，20世纪前所有的地理志书，都从未有虞姬墓又名"四溃山"的记载。即使是好事文人的野史笔记也不好意思将一座土墩叫做"四溃山"。

此外，冯先生的文章还有几处知识性的失误，顺便拈出二例纠其疏

---

① 计正山：《项羽并非死于乌江》，《江淮时报》2007年7月10日。
② [宋]乐史：《太平寰宇记》卷一百二十八《淮南道六·濠州定远县》录有"虞姬冢，在县东六十里，高六丈，即项羽败杀姬葬此。"（《文津阁四库全书》本，北京：商务印书馆，2006年，第469册，第243页）。宋制"六丈"，约合18米。计文与此相符，故可征信。

失，以免以讹传讹。

其一，冯先生自称调查过《项羽本纪》涉及的一些史迹和地理位置，其中包括古盱眙（笔者按：《史》文"眙"作"台"），冯文括注为"项羽立楚怀王孙心为义帝处"①。这条长仅十二字的括注包含两点错误。一是首立楚怀王孙熊心的是项羽季父项梁而不是项羽，王号是"楚怀王"，而不是"义帝"。立楚怀王孙心是在秦二世二年六月（前208）项梁主持薛城大会期间。《项羽本纪》详记其事：项梁接纳居鄹人范增"复立楚之后"的建议，"乃求楚怀王孙心民间，为人牧羊，立以为楚怀王，从民所望也。……都盱台。"②二是项羽尊楚怀王为"义帝"，在灭秦之后的汉元年正月（前206），项羽为义帝选定的都城是长沙郴县，而不是盱眙。《项羽本纪》记其事曰：项羽"乃尊怀王为义帝"。"汉之元年四月，诸侯罢戏下，各就国。项王出之国，使人徙义帝，曰：'古之帝者地方千里，必居上游。'乃使使徙义帝长沙郴县。"③

其二，冯先生说："我们知道《史记》有六朝抄本二种：《史记集解张丞相列传》残卷，此卷日本高山寺藏，罗振玉有影印本；另一种是《史记集解郦生陆贾列传》一卷（藏、印同上）。"④

这段话也有两点错误。一是《史记集解张丞相列传》残篇及《郦生陆贾列传》一篇共抄为一卷，而非两卷。这两篇抄本卷子系抄在佛教密宗作法书《金刚界次第》经卷的背面幸而存传。二是此卷由日本滋贺县石山寺所藏，而非高山寺所藏。1918年2月，罗振玉影印时将"石山寺藏"误记为"高山寺藏"。贺次君作《史记书录》时未加校核而沿其误。冯先生又沿《史记书录》之误。《史记书录》出版迄今半个世纪，仍沿其误，可为一叹。石山寺藏抄本《张丞相列传》卷首残缺，存自申屠丞相嘉传之"错客有语错"起至篇末，全；《郦生陆贾列传》自篇首到篇末，仅脱落一纸，

---

① 《项羽不死于乌江考》，《中华文史论丛》2007年第2辑，第246页。

② 《史记》卷七《项羽本纪第七》，第1册，第300页。

③ 《史记》卷七《项羽本纪第七》，第1册，第320页。

④ 《项羽不死于乌江考》，《中华文史论丛》2007年第2辑，第254页。

残"雪足杖矛曰"至"陈留令曰"，凡三百十五字。此卷"民"字不避讳，抄写年代至迟在唐太宗李世民即位为皇帝之前。

至于日本高山寺收藏的《史记》唐抄本有本纪四篇，即《夏本纪》《殷本纪》《周本纪》《秦本纪》，均为《集解》本。除《周本纪》缺卷首第一纸凡一百八十九字外，其余三篇均为全帙。笔者有高山寺藏《夏本纪》《周本纪》《秦本纪》的复制本，故略知其形制。

清代乾嘉学者赵翼说："一代修史，必备众家记载，兼考互订，而后笔之于书。……即如班固作《汉书》，距司马迁不过百余年。其时著述家，岂无别有记载？倘迁有错误，固自当据以改正。乃今以《汉书》比对，武帝以前，如《高祖纪》，及诸王侯年表，诸臣列传，多与《史记》同，并有全用《史记》文一字不改者。然后知正史之未可轻议也。"①班固《汉书》的《项籍传》，除个别文字的修整外，几乎是"全用《史记》文"，他记叙垓下之围及乌江自刎的场面就是如此，原因即在于他考核了太史公的《史》文翔实无误，故直接录入《汉书》。冯先生既没有真正读通《项羽本纪》原文文本，又拿不出任何值得一顾的其他根据，就轻议司马迁亲手著录的项羽乌江自刎的文字，自以为是唐以后的民间传说的羼入，居然还"考出项羽乌江自刎之说，源于元杂剧"，恐怕有失一个学人应有的谨慎。

《论语·子罕》曰："子绝四：毋意，毋必，毋固，毋我。"大意是说：先生平素绝无这四种毛病：不悬空猜测，不全称肯定，不拘泥固执，不自以为是。这是孔子处事立行的态度。也可移作治学为文的标准。做考据尤应向此努力。

应《文史哲》编辑部之约,2009年9月至10月据《〈项羽不死于乌江考〉商榷》的相关内容改作。

（原载《文史哲》2010年第2期）

---

① [清]赵翼：《廿二史札记》卷一《史汉不同处》,北京:中国书店,据世界书局1939年版影印,1987年,第10—11页。

埃下之战遗址地望考

　　汉王五年（前202）十二月，相持将近五年的楚汉相争进行最后的决战。战役结局是西楚霸王项羽（前232—前202）兵败埃下自刎乌江，而汉王刘邦（前256—前195）则在同盟诸侯及部属将相拥戴下荣登皇帝宝座，创建了中国历史上第一个长期统一的大汉王朝。这场决战的战场是埃下还是陈下？埃下的真正方位又在何方？近来颇有争议①。本文拟对以上议题做点粗略的梳理。

一、楚汉最后决战在埃下展开毋庸置疑

　　汉王四年（前203）九月，汉王刘邦与西楚霸王项羽在荥阳广武山缔结鸿沟和约，"中分天下，割鸿沟以西者为汉，鸿沟而东者为楚。"②这项和约符合当时军民渴望弭息战祸、休养生息的大愿，所以汉、楚两军"皆

---

　　① 与传统认为埃下之战遗址在今安徽灵璧县东南、沱河北岸不同，苏诚鉴撰《埃下战场在河南不在安徽》[载《安徽师大学报》（哲学社会科学版）1979年第2期]、《从"四面楚歌"再探埃下战场所在》（载《安徽史学》1988年第3期），提出"埃下"即"陈下"（今河南省淮阳县）；陈可畏撰《楚汉战争的埃下究竟在今何处》（载《中国史研究》1998年第2期），以为埃下在陈县（今河南省淮阳县）北部；辛德勇撰《论所谓"埃下之战"应正名为"陈下之战"》（载《中国社会科学院历史研究所学刊》第一集，北京：社会科学文献出版社，2001年），亦持与苏、陈二氏相同的观点。

　　② [汉]司马迁：《史记》卷七《项羽本纪第七》，北京：中华书局，1982年，第331页。以下引用此书，版本不再出注。

呼万岁"。项王履约实时遣返前年彭城大战时俘获留作人质的"汉王父母妻子",解除与汉方的战争状态,从广武前线"引兵解而东归"。由于楚都彭城已被汉军灌婴攻占,项王不得不引军向东偏南沿着鸿沟与颍淮相连的河道东侧,撤向西楚边郡陈郡,想利用那里优越的战略位置和丰饶的物力资源,进行休整补给。

张良与陈平揣摩汉王刘邦必"取天下"的欲望,献策趁"楚兵罢食尽"之时,"因其机而遂取之"。汉王采纳其计,撕毁和约,于五年(前202)十月率本部兵马追击项王。前锋樊哙攻占陈城以北八十余里的战略要地阳夏城(今河南太康县),汉王进驻阳夏西南三十余里、陈城西北四十二里的固陵高地,与齐王韩信、梁相国彭越约期合击楚军。齐、梁大军至期不会。项羽对刘邦的背信弃义非常愤怒,向固陵汉军发起反击。汉王迎战大败,"复入壁,深堑而自守"。焦虑不安的刘邦向张良请计,张良提出汉王与韩信、彭越"共分天下",使各自为战的良策。刘邦发使告韩信、彭越:"并力击楚。楚破,自陈以东傅海与齐王,睢阳以北至谷城与彭相国。"韩信、彭越得到分地的承诺,皆报曰:"请今进兵"。

当时能够根本改变楚汉形势的是齐王韩信的大军。然而临淄至陈下将近千里,数十万大军携带辎重粮秣以日行一舍(三十里)计,一个月后方可全部抵达。在此期间,项王挟固陵初战大胜的声势,又在西楚王国内线作战,若再采取正确的战略战术,在齐、梁大军到来之前,未必没有彻底解决汉王的可能。然而汉军两支外线作战的骁骑的不期而至,一支是齐王韩信于汉四年(前203)二月派出经略东楚的御史大夫灌婴统领的郎中骑兵,在攻占楚都彭城后,由东而西攻城略地,杀至距陈下不过百余里的苦县颐乡(今河南鹿邑县东),与刘邦会合;一支是刘邦由荥阳派出在西楚薛郡、泗水一带机动作战的骑都尉靳歙的骑兵,自北向南"还击项籍陈下"[1],使形势发生向汉方有利的转化。有了这两支极具冲击力的劲旅的参与,于是汉王刘邦与谋臣张良等策划并实施了一场颇具规模的第二次固

---

[1]《史记》卷九十八《傅靳蒯成列传第三十八》,第8册,第2710页。

陵之战，亦称陈下之战。这就是《史记·樊郦滕灌列传》所说的樊哙"围项籍于陈，大破之"[1]、灌婴"与汉王会颐乡。从击项籍军于陈下，破之"[2]；《高祖功臣侯者年表》著录的曲城侯蛊逢"以都尉破项羽军陈下，功侯"[3]、宣曲侯丁义"为郎骑将，破钟离昧军固陵，侯"[4]、汾阳侯靳强"起阳夏，击项羽，以中尉破钟离昧，功侯"[5]、广平侯薛欧"以将军击项羽、钟离昧功，侯"[6]。此战汉军大胜，十多位将领立功封侯。楚军损失惨重，大将钟离昧所部全军覆没，钟离昧脱身逃亡，左令尹吕清、令尹灵常、陈县令利几临阵倒戈而被汉王封侯。楚军实力折损殆半，从此失去对汉军大举反击的实力。因此，近年有学者力主陈下之战即楚汉最后决战，垓下为陈下地名，垓下之战是陈下之战的别称。

笔者以为，陈下之战并非楚汉的最后决战，而只是垓下决战的序幕。对此笔者另有《鸿沟媾和与垓下会战》专题讨论。

陈下之败使项王损兵折将，加以寿春沦陷，大司马周殷叛变投敌，陈城失去腹地，兵员补充、粮秣征收皆失来源。更严重的是，情报显示齐王韩信、梁相国彭越、淮南王英布与刘贾周殷数十万大军正从东北、北方、东南开赴陈下与汉王会师途中。项王不能困守陈城，相时度势，走为上策，于是选择适宜路线东撤垓下，以利休整将士、恢复元气，或相机再战，或退保江东。于是才有了历史上著名的垓下之战。

《史记》的本纪、世家都明确著录楚汉最后决战发生在垓下。《项羽本纪》叙其事曰：

> 韩信乃从齐往，刘贾军从寿春并行，屠城父，至垓下。大司马周殷叛楚，以舒屠六，举九江兵，随刘贾、彭越皆会垓下，诣项王。项

---

[1]《史记》卷九十五《樊郦滕灌列传第三十五》，第8册，第2656页。
[2]《史记》卷九十五《樊郦滕灌列传第三十五》，第8册，第2670页。
[3]《史记》卷十八《高祖功臣侯者年表第六》，第3册，第911—912页。
[4]《史记》卷十八《高祖功臣侯者年表第六》，第3册，第922页。
[5]《史记》卷十八《高祖功臣侯者年表第六》，第3册，第961页。
[6]《史记》卷十八《高祖功臣侯者年表第六》，第3册，第886页。

王军壁垓下，兵少食尽，汉军及诸侯兵围之数重①。

《高祖本纪》叙其事曰：

> 五年，高祖与诸侯兵共击楚军，与项羽决胜垓下。淮阴侯将三十万自当之，孔将军居左，费将军居右，皇帝在后，绛侯、柴将军在皇帝后。项羽之卒可十万。淮阴先合，不利，却。孔将军、费将军纵，楚兵不利，淮阴侯复乘之，大败垓下。项羽卒闻汉军之楚歌，以为汉尽得楚地，项羽乃败而走，是以兵大败。使骑将灌婴追杀项羽东城。斩首八万，遂略定楚地②。

《荆燕世家》亦详记其事：

> 汉五年，汉王追项籍至固陵，使刘贾南渡淮围寿春。还至，使人间招楚大司马周殷。周殷反楚，佐刘贾举九江，迎武王黥布兵，皆会垓下，共击项籍③。

诚如唐人司马贞所言，"《史记》者，汉太史司马迁父子之所述也。"（《史记索隐序》）司马谈之生上距楚亡汉兴及项羽之死不过二十余年，青年时代及见汉初开国功臣及其子弟，并与其中某些人士交游，熟悉楚汉之际的新鲜掌故。司马迁之生上距项羽之死也不过五六十年，他"二十而南游江淮"时，曾亲访丰沛功臣的故里，踏勘彭城周边楚汉相争的战场遗址，他也有机会与汉初大功臣的孙辈如樊他广等交游，从他们那里获得可

---

① 《史记》卷七《项羽本纪第七》，第1册，第332—333页。
② 《史记》卷八《高祖本纪第八》，第2册，第378—379页。
③ 《史记》卷五十一《荆燕世家第二十一》，第6册，第1993—1994页。

贵的口述史料①。司马谈、迁父子相继任职太史公，不仅掌管王朝图籍计书，而且因太史职任所在有权"绌石室金匮之书"，亲见宗庙及太常寺秘藏的皇室玉册及开国功臣的功录、剖符封侯的丹书铁券等文书秘档。从司马谈、迁父子关于太史职责的自述，可知编纂大汉龙兴以来的现当代史，正是太史公的天职，在司马迁遭遇李陵之祸前，《太史公书》原是太史公的职务作品，必须呈送皇上御览审定。作为楚灭汉兴的最后决战的战场所在及战役名称的著录，容不得丝毫讹错。基于以上种种因素，《史记》所述楚汉最后决战发生在垓下，毋庸置疑。两汉人士也从无疑义。

二、垓下系沛郡洨国境内的一所村落

楚汉最后决战发生在垓下。垓下又在哪里？其实汉魏文献早有答案。《史记·项羽本纪》："韩信乃从齐往，刘贾军从寿春并行，屠城父，至垓下。"裴骃《史记集解》为"垓下"作注，先引东晋徐广的《史记音义》："在沛之洨县。洨，下交切。"又引东汉末人李奇曰："沛洨县聚邑名也。"司马贞《史记索隐》引曹魏博士张揖的《三苍注》为"垓下"作注曰："垓，堤名，在沛郡。"②《集解》与《索隐》一致指出"垓下"的地望在沛郡洨县，垓下是聚邑而非城市。李奇、张揖、徐广为"垓下"作注的依据都来自班固《汉书·地理志》。

《汉书》卷二十八《地理志第八上》："沛郡 故秦泗水郡，高帝更名。莽曰吾符。属豫州。"沛郡共领三十七县，其中有"洨"。班固如此著录："洨侯国。垓下，高祖破项羽。莽曰育成。"③《汉书》系班固奉诏之作，向以谨严著称。书中

---

① 对此，《史记》卷九十五《樊郦滕灌列传第三十五》有明确交待："太史公曰：吾适丰沛，问其遗老，观故萧、曹、樊哙、滕公之家，及其素，异哉所闻！方其鼓刀屠狗卖缯之时，岂自知附骥之尾，垂名汉廷，德流子孙哉？余与他广通，为言高祖功臣之兴时若此云。"（《史记》第8册，第2673页）。

②《史记》卷七《项羽本纪第七》，第1册，第332—333页。

③［汉］班固：《汉书》卷二十八《地理志第八上》，《二十五史》（百衲本），杭州：浙江古籍出版社，据宋景祐刊本缩印，1998年，第1册，第397页。

的《地理志》是正史地理志之祖，极具权威性。班固作《地理志》，注重郡、县的置废析并沿革，用简明文字注明原委。郡下所属各县，一般只记录县名。若系汉前所置，或王莽更名，则于县名下出小字"本注"说明沿革。如《地理志下·淮阳国》领九县，首县为"陈"，班氏如此著录："陈<small>故国，舜后胡公所封，为楚所灭。楚项襄王自郢徙此。莽曰陈陵。</small>"若县内有具历史意义的乡聚山川，也于县名下出小字"本注"点出。如《地理志上·沛郡》领三十七县，其中有蕲县，班氏如此著录："蕲<small>垂乡，高祖破黥布。都尉治。莽曰蕲城。</small>"

　　班固于县名下所作本注已形成规范的体例。所谓"蕲<small>垂乡，高祖破黥布</small>"，是说蕲县县域内有垂乡，高祖在那里打败黥布；而不是说蕲县县城就是垂乡。根据这个本注体例，可知"洨<small>垓下，高祖破项羽</small>"，是说洨侯国境内有垓下，是高祖打败项羽之所；而绝不能解为洨城就是垓下，垓下就是洨城。

　　若与范晔《后汉书》对照，就更为明晰。《后汉书》附晋人司马彪撰《郡国志二》，沛国领有二十一城，其中有"洨"，司马彪如此著录："洨，有垓下聚"，其下有刘昭小字补注："<small>高祖破项羽也。</small>"[1]可见洨是"城"，而垓下是"聚"。再看《汉书》卷十二《平帝纪》，平帝元始三年立学官，"郡国曰学，县道邑侯国曰校，……乡曰庠，聚曰序。"颜师古注曰："聚小于乡。"[2]可知聚是较大村落的意思。故许慎《说文解字》说："聚，邑落曰聚。"段玉裁《注》云："按：邑落，谓邑中村落。"[3]段氏所说的"邑"义同于"县"。垓下是洨县县域内一个村落。

　　郦道元《水经注》卷三十《淮水》经文："淮水又东，径夏丘县南"之下的《注》文有与《汉书·地理志》《后汉书·郡国志》相似的记载："洨水又东南流于洨县故城北，县有垓下聚，汉高祖破项羽所在也。"[4]

---

①［南朝宋］范晔：《后汉书》志第二十《郡国二》，北京：中华书局，1965年，第12册，第3427—3428页。

②《汉书》卷十一《平帝纪第十二》，《二十五史》（百衲本），第1册，第325页。

③［汉］许慎撰，［清］段玉裁注：《说文解字注》，上海：上海古籍出版社，据经韵楼藏版影印，1981年，第387页上栏。

④ 王国维校：《水经注校》，上海：上海人民出版社，1984年，第974页。

洨城为西汉洨侯侯邑。洨侯吕产是吕太后之侄。《史记》卷十九《惠景间侯者年表第七》作"郊侯"，侯功栏记载："吕后兄悼武王身佐高祖定天下，吕氏佐高祖治天下，天下大安，封武王少子产为郊侯。"《索隐》："郊，一作'洨'，县名，属沛郡。"①吕产于吕太后元年（前187）始封郊侯，六年（前182）改封吕王，郊（洨）侯国除为洨县。洨县县邑遗址在今安徽固镇县濠城镇。

三、《史记正义》垓下"今在亳州真源县东说"不可采信

楚汉相争最后决战的垓下战场，《汉书·地理志》明确记载在沛郡洨县境内，汉魏六朝以迄初唐，八百年中从无异说。异说出现在唐玄宗开元二十四年（736）杀青成书的《史记正义》。张守节于《项羽本纪》"韩信乃从齐往，刘贾军从寿春并行，屠城父，至垓下"句下，为"垓下"作《正义》曰：

> 按：垓下是高冈绝岩，今犹高三四丈，其聚邑及堤在垓之侧，因取名焉。今在亳州真源县东十里，与老君庙相接②。

《正义》此说得现代史家范文澜认可：

> 刘邦得秦民拥护，又联合诸侯王，与项籍苦战四、五年，屡败屡起。前二〇二年，垓下（在河南鹿邑县境。一说在安徽灵璧县，按当时军事形势，应以在鹿邑县境为是）决战，项籍败死。刘邦立为皇帝，统一中国，开创历史上著名的汉朝③。

---

① 《史记》卷十六《惠景间侯者年表第七》，第3册，第980页。
② 《史记》卷七《项羽本纪第七》，第1册，第333页。
③ 范文澜：《中国通史简编》修订本第二编，北京：人民出版社，1964年第4版，第28页。

故垓下为河南鹿邑县说也有相当影响。

张守节长于六书地理之学，为《史记》作《正义》时，凡遇古时地名，大都引据初唐李泰主编之地理总志《括地志》（全书早佚），以唐时地名予以对释。但所作"垓下"《正义》并未征引《括地志》，也未出具其他文献依据，显系张氏自出心裁。然而张守节此项裁断是有问题的。

首先，此说与《汉书·地理志》"垓下"属沛郡洨国的权威纪录背戾。亳州真源县秦汉时为苦县，苦县秦楚之际属陈郡，东距沛郡的洨国四百余里，岂可牵合为一！又，《汉书·地理志下》有"淮阳国"，领有九县，陈为首县，班氏本注："故国，舜后胡公所封，为楚所灭。楚顷襄王自郢徙此。莽曰陈陵"；其次有苦县。而于苦县，班氏本注仅简注："莽曰赖陵。"①不见陈县与苦县境内有"垓下"踪影。可知垓下与陈郡无涉。

其次，张守节关于"垓下"的注释不能自圆其说。就在《项纪》"至垓下"的上文"刘贾军从寿春并行，屠城父"句下，《正义》云：

> 父音甫。寿州寿春县也。城父，亳州县也。屠谓多刑杀也。刘贾入围寿州，引兵过淮北，屠杀亳州、城父，而东北至垓下②。

按：城父县春秋初原为陈国夷邑，后入楚，系战略要地，遗址在今安徽亳州东南七十里处的城父集。张守节认定的"垓下"在真源县（今为河南鹿邑县）东十里，即秦汉时的苦县所在，其地方位在城父的"西北"，而不是"东北"。方向颠倒若此，显系向隅而造。垓下"今在亳州真源县东十里说"，一与权威文献扞格，二非田野踏勘所得，自无采信的价值。

四、垓下聚当在濠城东北二十余里处

近年有文物考古单位在安徽固镇县东濠城镇北二里许沱河南岸的"霸

---

① 《汉书》卷二十八《地理志第八下》，《二十五史》（百衲本），第1册，第400页。
② 《史记》卷七《项羽本纪第七》，第1册，第332—333页。

王城"（原名圩里村）进行考古发掘，有重大发现。此处20世纪80年代即号称"垓下遗址"。据发掘成果新闻通报得悉，考古专家取得共识：此处是目前发现的、能够确切认可的史前大汶口文化最早的遗址，是当时黄河中下游和淮河流域最早的城市。这里也是汉代洨城遗址。考古专家推断其前身即垓下，这是当年项羽退守至垓下，利用原有早期城址进行二次修筑，凭借优势的地理条件与刘邦抗衡所造成的结果①。

笔者以为，在濠城镇"霸王城"通过考古发掘，发现五千多年前大汶口文化最早的城市遗址，对于研究淮河流域历史文化具有重要意义。确定"霸王城"即西汉洨侯吕产侯邑旧址，与《史记·惠景间侯者年表》《汉书·地理志》、郦道元《水经注·淮水注》等权威文献若合符契，说明固镇县濠城镇"霸王城"具有重大的历史文化价值。但将"霸王城"推断为垓下遗址，则窃有所疑。第一，将未经确切证明的"霸王城"先行定名为"垓下遗址"，发掘后又未经充分论证就宣布其即为垓下遗址，岂非陷入循环论证的怪圈？其次，"霸王城"确是洨城遗址，但洨城是城，而垓下仅是洨侯国境内的一个聚落，二者属于不同层级，岂可牵合为一？这种推断既与汉魏权威文献违戾，亦有移花接木之嫌，恐难以成立。

垓下聚并非濠城镇北俗称的"霸王城"，而实另有其地。明、清方志及旧版历史地名辞典称垓下在安徽灵璧县东南、沱河北岸，并非空穴来风。唐、宋两代权威的舆地志书不仅为垓下在沱河之北说出具了有力的文献支撑，也为当今探寻垓下聚的真正所在提供了清晰的线索。

唐人李吉甫撰《元和郡县图志》卷十《河南道五·宿州·虹县》有如下记载：

> 西至州二百里。本汉旧县，属沛郡。虹，《汉书》作"蚛"字。
> 垓下聚，在县西南五十四里。汉高祖围项羽于垓下，大破之，即

---

① 据《安徽日报》2010年6月12日新闻稿《固镇垓下大汶口文化遗址被评为十大考古新发现》及相关报道。

此地也。按：汉洨县属沛郡_{洨音绞}，汉垓下即洨县之聚落名也①。

《元和郡县图志》是唐代的地理总志。作者李吉甫，《旧唐书》本传称他"该洽多闻，尤精国朝故实，沿革折衷，时多称之"。自京出任外官，"留滞江淮十五余年，备详闾里疾苦。"唐宪宗元和（806—820）间两度拜相②。所撰《元和郡县图志》四十卷，《四库全书总目》评价甚高："舆记图经，……其传于今者，惟此书为最古，其体例亦为最善。后来虽递相损益，无能出其范围。今录以冠地理总志之首，著诸家祖述之所自焉。"③李吉甫撰著此书，充分利用了皇家秘藏图籍档案，又曾居官"江淮十五余年，备详闾里疾苦"，而沛郡各县正是他居官江淮所属之地，对于垓下聚的著录自可征信。

北宋初乐史撰《太平寰宇记》卷十七《淮南道十七·宿州》有如下记载：

> 虹县，〔州〕东南一百五十六里。旧十乡，今三乡。汉县，属沛郡。
>
> 濠城，在县西南七十八里，即汉洨县也。属沛郡。垓下，洨县之聚落名。
>
> 垓下，在县西五十里。汉兵围项王于垓下，大败之。有庙，在县西五十里④。

---

① [唐]李吉甫：《元和郡县图志》，《文津阁四库全书》本，北京：商务印书馆，2006年，第467册，第244—245页。

② [后晋]刘昫等：《旧唐书》卷一百四十八《裴垍李吉甫李藩权德舆列传卷第九十八》，《二十五史》（百衲本），杭州：浙江古籍出版社，缩印宋刊本，1998年，第4册，第273页。

③ [清]永瑢等：《四库全书总目》卷六十八《史部二十四·地理类一》，《元和郡县志四十卷》提要，北京：中华书局，1965年，上册，第595页。

④ [宋]乐史：《太平寰宇记》，《文津阁四库全书》本，北京：商务印书馆，2006年，第468册，第74—75页。

《太平寰宇记》是北宋初年著名地理总志。乐史作为朝廷史臣，为维护国家统一，因合舆图所隶，考寻始末，条分件系，撰成《太平寰宇记》二百卷。《四库全书总目》称赞此书"采掇繁富，惟取赅博。……盖地理之书，记载至是书而始详，体例亦自是而大变。然史书虽卷帙浩博，而考据特为精核。"①

按：唐、宋两朝宿州所辖之虹县县治，即今安徽泗县县城所在地。以上两部地理总志对垓下聚的地望均以虹县县治作为坐标元点。《元和郡县图志》说，"垓下聚，在县西南五十四里。"《太平寰宇记》说，"垓下，在县西五十里。"《太平寰宇记》还提供了一条具特殊价值的数据："濠城，在〔虹〕县西南七十八里。"根据以上数据，可以推知真正的垓下聚遗址当在濠城镇东北二十四里至二十八里，西北距灵璧县城四十余里、东北距泗县县城四十至四十五里的范围之内探寻，其地约在灵璧县毗邻泗县西界的单圩—后翟庄一带地势较高处。

楚汉垓下会战，汉方联军刘邦本部不少于二十万，韩信自将齐军三十万，彭越梁军至少五万，刘贾、英布、周殷九江军当近十万，总数在七十万左右，号称百万，而以韩信为前敌总指挥。所以日后大汉皇帝刘邦论及韩信之功时才会说"连百万之军，战必胜，攻必取，吾不如韩信"②。项王兵力只"可十万"。双方投入的总兵力将近百万之众，战场应在垓下聚周遭方圆百里的更为广阔的地带。垓下聚不过是项王会战大败之后，收缩残部据此村落高地退守之所。此时项王手下的楚军仅余数万，与汉军兵力几近十与一之比。孙子曰："用兵之法，十则围之。"③所以《项羽本纪》才会有这样的文字："项王军壁垓下，兵少食尽，汉军及诸侯军围之数重。"往日所向披靡的西楚霸王现在真的是日暮途穷了。

---

① 《四库全书总目》卷六十八《太平寰宇记一百九十三卷》提要，上册，第595—596页。

② 《史记》卷八《高祖本纪第八》，第2册，第381页。

③ 曹操、杜牧等：《孙子集注》，卷之三《谋攻篇》，《四部丛刊》初编本，张元济等辑，上海涵芬楼借江南图书馆藏明嘉靖刊本影印，1922年，第136页。

附:垓下之战形势图

南京三江学院许盘清教授制图

　　2010年6月10日初稿,6月20日改定于芜湖赭麓窳陶斋

（原载《古文献与岭南文化研究:古文献与岭南文化国际学术研讨会论文集》,北京:华文出版社,2010年。此前又以《垓下聚遗址当在濠城东北》为题,刊《光明日报》2010年9月7日《理论周刊·史学》）

项羽所陷阴陵大泽考

  阴陵大泽，这片首见于《史记·项羽本纪》的古老湖沼，尽管在那里曾发生过项王因迷途身陷其中的故事，却并未引起《史记》注家和读者的多大关注。2007年冯其庸教授发表《项羽不死于乌江考》，率先考出秦汉之际的阴陵大泽即古阴陵城址以西的高塘湖。然而也有学者对高塘湖即古阴陵大泽的新解不以为然，根据南宋王象之《舆地纪胜》和明、清《直隶和州志》的相关记载，认为古阴陵大泽即今安徽和县东北阴陵山旁的红草湖。如此看来，秦楚之际的阴陵大泽，旧说在江之北的历阳红草湖，新解在淮之南的阴陵高塘湖，南北悬隔，孰是孰非？抑或根本是另有其地？阴陵大泽实际方位的确定，对于厘清项王垓下突围南驰乌江的史实又有何价值？都是值得深入探究的问题。

一、阴陵大泽是导致项羽东渡乌江退保江东计划失败的关键地点

  汉四年（前203），楚汉战争进入第四个年头。西楚霸王项羽（前232—前202）因为战略上犯了一系列错误，已由优势转为劣势，"是时，汉兵盛食多，项王兵罢食绝"。项王不得已于此年八月间与汉王刘邦（前256—前195）签定和约，"中分天下，割鸿沟以西者为汉，鸿沟而东者为楚"。九月，项王如约遣返前年俘获留作人质的"汉王父母妻子"，解除与汉王的战争状态，引兵东归。汉王刘邦采纳谋臣张良、陈平建议，趁"楚

兵罢食尽"之机，引兵追击项王①。于是在汉五年（前202）十二月，楚汉双方在垓下（今安徽灵璧县东南五十里沱河北岸）展开最后决战。会战前，项王的西楚王国所统九郡中的陈郡、泗水郡、东海郡、东阳郡、东郡、薛郡、砀郡以及楚都彭城已被齐王韩信、魏相国彭越攻占，为项王镇守寿春的大司马周殷也已叛楚投汉。唯余九江郡东南部数县及江东的鄣郡与会稽郡未易汉帜。司马迁在《史记·项羽本纪》中对垓下战役仅略作提点，而在《高祖本纪》中运用互见法予以详叙：

> 〔汉〕五年，高祖与诸侯兵共击楚军，与项羽决胜垓下。淮阴侯将三十万自当之，孔将军居左，费将军居右，皇帝在后，绛侯、柴将军在皇帝后。项王之卒可十万。淮阴先合，不利，却。孔将军、费将军纵，楚兵不利，淮阴侯复乘之，大败垓下②。

垓下会战，汉王刘邦及齐、梁等诸侯集结的总兵力将近百万，而项王之卒只"可十万"。韩信指挥汉军大败楚师。项王损失惨重，无力组织反攻，不得不收缩残部退入垓下，凭借有利地形固守壁垒。

项王夜闻四面楚歌，心知淮海地区包括楚都彭城已尽入汉手，在此无法立足，唯有退保江东或可再度崛起。故决心"溃围南出"。项王由垓下南走江东，本有东西两条路线。东路取道东阳（今江苏盱眙县东南）南下，由广陵（今江苏扬州）渡江，经丹徒（今江苏镇江）至吴中。对项王来说，东路既熟又近。这是八年前他与季父项梁率江东八千子弟开赴江西反秦主战场时所经路径。不同的是当年自东而西，而今则将自西而东。但在汉四年（前203），东线所经城邑直至江滨的广陵，已被齐王韩信麾下骑将灌婴攻取，此路不通③。当下南走路径只剩西路，即取道钟离（今安徽

---

① ［汉］司马迁：《史记》卷七《项羽本纪第七》，北京：中华书局，1982年，第1册，第330—331页。

② 《史记》卷八《高祖本纪第八》，第2册，第378—379页。

③ 《史记》卷九十五《樊郦滕灌列传第三十五》载：骑将灌婴"度淮，尽降其城邑，至广陵。"第8册，第2670页。

凤阳县东）渡淮，南下东城，由乌江浦（今安徽和县东北）渡江，经牛渚（今安徽省马鞍山市采石矶）、丹阳，沿秦始皇三十七年（前210）东巡会稽的驰道至吴中。对项王来说，西路既生且长，但除此别无选择：

> 于是项王乃上马骑，麾下壮士骑从者八百余人，直夜溃围南出，驰走。平明，汉军乃觉之，令骑将灌婴以五千骑追之。项王渡淮，骑能属者百余人耳。项王至阴陵，迷失道，问一田父，田父绐曰"左"。左，乃陷大泽中。以故汉追及之。项王乃复引兵而东，至东城，乃有二十八骑。汉骑追者数千人[1]。

司马迁所下"直夜溃围南出驰走"八字，表明项王对突围的时机、方向与军行路线的正确决策，已为后文"项王乃欲东渡乌江"张本。"直夜"与"平明"两个时间词值得关注。《史记·项羽本纪》"直夜溃围南出驰走"，《汉书·项籍传》作"夜直溃围南出驰"。可知"夜直"与"直夜"同义。《说文》云："直，正见也。"由此引伸，"直"有端正不偏之义。故《广雅·释诂一》云："直，正也。""直夜"或"夜直"者，即正夜或夜正也。周秦又称"夜半"，汉武帝太初改历后则称"子夜"，相当现代时计的零时左右，即俗称半夜三更之时。"平明"又称"平旦"。《荀子·哀公篇》："君昧爽而栉冠，平明而听朝"[2]。刘向《新序·杂事四》引作"君昧爽而栉冠，平旦而听朝"[3]。可知"平明"与"平旦"同义。在时辰上晚于"鸡鸣"而早于"日出"。《尔雅·释诂下》："平，成也。"平明者，成明也。周秦又称"平旦"，为东方既白日将出未出之时。汉武帝太初改历后则称"寅时"。相当于现代时计的凌晨三至五时。季冬夜长，平明当在五时稍后。由"直夜"到"平明"，项王较汉追骑占有五六小时的先机。

---

[1]《史记》卷七《项羽本纪第七》，第1册，第334页。

[2]［周］荀况：《荀子》第二十卷《哀公篇第三十一》，《二十二子》本，上海：上海古籍出版社，据清光绪初浙江书局辑刊本影印，1986年，第361页上。

[3]［汉］刘向撰，赵善诒疏证：《新序疏证》卷四《杂事四第十九》，上海：华东师范大学出版社，1989年，第112页。

如果不出太大的意外，汉骑是不可能"追及"的。自垓下至乌江，全程四百三十华里，凭借项王"日行千里"的骓马和麾下八百壮士的精骑的脚力，以均速每小时四十至五十华里计，扣除渡淮与进食饮水的时间，项王南走可在午后未时（下午两三点钟）从容抵达乌江渡口（参见附论一）。然而意外频生：一是渡淮舟楫不足，二是至阴陵因迷失道，三是受绐陷入大泽。

项王统率麾下八百壮士，直夜溃围，南驰乌江，必自钟离北岸渡淮。百里行程，"鸡鸣"即至。面对阻断南北的淮水，舟楫不足当即成为难以克服的难题。据《梁书·韦睿列传》及《资治通鉴·梁纪二》的记载，钟离东北十八里的淮水中有邵阳洲与道人洲两大洲渚，皆可屯兵十数万。足见古时淮水钟离段河面远较近代为宽，即使隆冬枯水季节，济渡亦非易事。钟离渡口用于日常济渡的公船原本不多，深夜也无从征集民船助渡。秦朝县属"公船"定制仅长秦度三丈三尺①，最多能载两骑。在河宽船少的情势下鸡鸣始渡，直至日出，渡过者不过百余骑。情况紧急，项王不能坐待骑从全渡，在钟离城下集结"骑能属者百余人"便匆匆南驰。仅仅因为渡淮舟楫不足，非经战斗便减员十分之八。

项王率领百余骑壮士沿濠水东岸急驰七十里，穿越县域界山山口，进入阴陵县境。原本顺畅的南行征程陡生变故。隆冬腊月，黄淮流域辰时（七八点钟）常起的浓雾，极有可能与项王不期而遇，军无向导，遂"迷，失道"。辗转徘徊，无法前行。良久，幸遇一位田父，向他打探南行道路。田父指曰"左"。项王一行遵示在浓雾中向"左"（实为向西）奔驰，"乃陷大泽中"。等到发现上当，不少马匹与骑士在草甸泥淖中已陷灭顶之灾。挣扎到午前浓雾渐消，方向已明，项王引导侥幸脱险的二十八骑折而向东，驰入东城县境。

①据传世《商鞅方升》实测，秦度1尺合公制23.1公分（厘米），一丈合公制231公分（厘米）、2.31公尺（米）。秦度三丈三尺合公制7.6公尺（米）。秦代公船定制长度见里耶秦简所载《秦律》，湘西龙山县里耶古城出土。参考《里耶秦简译注》，载《中国出土资料研究》第8册，文物出版社，2004年。

项王在天时上遭遇冬雾迷失道路，在人和上受田父之绐，在地利上陷入阴陵大泽仅余二十八骑。天时、地利、人和全失，原来较汉骑所占的五六小时先机，至此丧失殆尽，败局业已注定。半天之内，项王连遭三次意外挫折，而非以拔山盖世自负的他所可抗御，不得不承认这是他的宿命："此天亡我，非战之罪也！"心灵深处已植下在乌江临舟不渡的根苗。天时、地利、人和三者之中，冬雾失路、田父绐指是因，深陷大泽造成"汉追及之"是果。可见阴陵大泽是导致项王南驰乌江退保江东计划失败的关键地点。

至于汉军骑将灌婴，平明方受命追击项王，日出到达淮滨，他可以胜利者的威权征调淮上数十里内所有舟船搭建浮桥以济车骑。渡淮后，军有向导，不愁冬雾障目迷途，更不会迂道向西陷入阴陵大泽。他原先缺少的五六小时先机，在天时、地利、人和上得到补偿，因此项王一行二十八骑在东城县域被他"追及"，并不为奇。

二、历阳红草湖并非阴陵大泽

项羽东渡计划之所以失败，最重要的原因在于被田父所绐陷入阴陵大泽而被汉骑追及。然而阴陵大泽的确切方位，裴骃《集解》、司马贞《索隐》、张守节《正义》，在《史记·项羽本纪》中均未出注。现存南宋以前颇具权威的舆地志书，如唐代李吉甫撰《元和郡县图志》，北宋乐史撰《太平寰宇记》、王存等撰《元丰九域志》以及欧阳忞撰《舆地广记》，也无阴陵大泽的只字片语。

北宋以后、明清以前的舆地志书，著录"项王迷失道处"的是"阴陵山"，而不是"阴陵大泽"。始见于南宋王象之撰《舆地纪胜》，《纪胜》撰成于宋宁宗嘉定十四年（1221），付梓于宋理宗绍定（1228—1233）初年。其书卷四十八《淮南西路·和州·景物上》记载：

阴陵山，在乌江县西北四十五里，即项羽迷失道处①。

初刻于宋理宗嘉熙三年（1239）祝穆所撰《方舆胜览》，卷四十九《淮西路·和州·山川》有相同的记载②。以后，明朝李贤等奉敕编纂的《大明一统志》和清代官修嘉庆《重修大清一统志》的《和州·山川》对"阴陵山"的著录，均沿袭南宋王象之的说法，都用"**即**"肯定和州阴陵山为"项羽迷失道处"。

将和州（历阳）阴陵山与阴陵大泽联为一体，始于明、清两代的和州地方志。清末高照纂修、光绪十四年（1888）付梓的《直隶和州志》，大体沿袭明刻《直隶和州志》旧文，其书卷四《舆地志·山川》著录"阴陵山"，除采南宋王象之的说法外，又踵事增华：

> 阴陵山　州北八十里，项王迷道处，上有刺枪坑，为项王立枪地。旁有泽，名红草湖，春夏之交，潦水涨发，弥漫无际，即阴陵九曲泽。泽中有项王村，项王失路于泽中，周回九曲，后人因以为名③。

清乾隆六十年（1795）进士历阳人陈廷桂（1768—1842）纂辑《历阳典录》四十卷，梓刻于同治六年（1867），其书卷四《山川二》，辑录明修《直隶和州志》关于阴陵山的叙文，并将《和州志》对《述异记》的暗引转为明引以作书证：

> 阴陵山　州北八十里。旁有泽，名红草湖，春夏之交，潦水涨发，弥漫无际，所谓阴陵大泽者也。《述异记》："阴陵九曲泽，泽中有项王村。项王失路于泽中，周回九曲，后人因以为名。"当即

---

① [宋]王象之：《舆地纪胜》，北京：中华书局，据文选楼钞本影印，1992年，第3册，第1938页。

② [宋]祝穆：《方舆胜览》，《文津阁四库全书》本，北京：商务印书馆，2006年，第471册，第93页。

③ [清]高照纂修：《直隶和州志》卷四《舆地志》，清光绪十四年（1888）刊刻。

此地①。

陈廷桂认为和州北境的红草湖，即"所谓阴陵大泽"，亦即《述异记》的"阴陵九曲泽"。近时有学者坚执今和县东北的红草湖"即项羽迷失道处"的阴陵大泽，其据在此。

但将和州历阳红草湖认定为项王当年受给陷入的阴陵大泽，根据似嫌不足。首先与《史记》违戾。《项羽本纪》历述项王自垓下南驰乌江征程所经，先后为：垓下溃围南驰→渡淮→至阴陵，迷失道，被给陷入阴陵大泽→出泽引而东，至东城县境→快战四隤山（此依《汉书·项籍传》说）→南驰乌江亭，临江拒渡，步战自刎。《项纪》中的"阴陵"是县而非山，在淮水之南，东城县西北。《汉书·地理志》有明确著录，唐张守节《史记正义》于"项王至阴陵"句下更引唐初李泰《括地志》，"阴陵县故城在濠州定远县西北六十里"②，点明阴陵县故城在唐代的具体方位。南宋王象之《舆地纪胜》认为和州阴陵山"即项羽迷失道处"，是将《史记》所叙项羽行程完全弄颠倒了。《直隶和州志》《历阳典录》不过是承袭其误而已。

其次，《历阳典录》所引书证出自任昉《述异记》（见附论二），但与原著严重差异。《述异记》二卷的作者任昉，乐安博昌（今山东博兴县）人。曾任南朝梁代御史中丞、秘书监、掌著作，校定秘阁四部篇卷，是齐、梁间与沈约齐名的文学家兼学者，《梁书》有传。所撰杂传、地志、文章五百余卷，"盛行于世"。《述异记》二卷撰著于梁武帝天监七年（508）以前，其书卷下涉及项羽事迹二则，前后相联。其一为"今乌江长亭，亭下有骓马塘，即当时乌江亭长叙身待项王处。"此则《太平御览》之《地部三九·塘》全文征引③。其二曰：

①［清］陈廷桂纂辑：《历阳典录》卷四《山川》，清同治六年（1867）刊刻。
②《史记》卷七《项羽本纪第七》，第1册，第335页。
③［宋］李昉等编：《太平御览》，北京：中华书局，据宋刻本影印，1960年，第346页上栏。

今阴陵故城九曲泽，泽中有项王村，即项籍迷失路处。项王失路
于泽中，周回九曲，后人因以为泽名①。

古地志中所称"故城"，与"故县"相当。秦汉以郡统县。《汉书·地理
志》著例为：某郡，县若干。如："河内郡，县十八"；而《后汉书·郡国
志》著例则为：某郡，领若干城。如："河内郡，十八城。"是《后汉志》
所称之"城"，即《前汉志》之"县"。故所谓"阴陵故城九曲泽"，即
"阴陵故县九曲泽"。《述异记》原书明确指出项王迷失道处在阴陵故县九
曲泽。而《历阳典录》征引时，删去原著"阴陵故城九曲泽"句中"故
城"二字，遂将淮南的阴陵县曲解为近江的阴陵山，进而误会阴陵山旁的
红草湖为"阴陵大泽"。这与《述异记》的本意是南辕北辙了。

第三，清代著名历史地理学家顾祖禹《读史方舆纪要》手定原稿本对
和州阴陵山即项王迷失道处的说法不予采信。其书卷二十九《南直十一·
和州》：

阴陵山　在州北八十里，山小多石。俗以为项王迷道处②。

他用"俗以为"三字与前此诸书的用"即"划清界线。而在卷二十一《南
直三·凤阳府·定远县》下著录：

阴陵城　在县西北六十里。故楚邑。即项王败至阴陵迷失道
处也③。

则用"即"字肯定定远县境的故"阴陵城"方是真正的项王迷失道处。关

①［南朝梁］任昉：《述异记》，《文津阁四库全书》本，北京：商务印书馆，据国家图书馆
藏本影印，2006年，第1051册，第604页。
②［清］顾祖禹：《读史方舆纪要》，《续修四库全书》本，上海：上海古籍出版社，据宛溪
顾氏世藏上海图书馆现藏顾祖禹手定原稿影印，1996年，第600册，第701页。
③顾祖禹：《读史方舆纪要》，《续修四库全书》本，第600册，第673页。

于历阳阴陵山旁的红草湖并非项王迷失道处的阴陵大泽，后文第四节更有确凿的证据。

三、阴陵大泽亦非今淮南高塘湖

阴陵大泽的地理方位最近有了新的"发现"。著名"红学"家冯其庸教授于2007年第2辑《中华文史论丛》发表鸿文《项羽不死于乌江考》，说他"从1982年起，开始调查《项羽本纪》的一些史迹和地理位置，……1986年我又两次调查垓下、灵璧和定远的东城、阴陵、虞姬墓，又到乌江作了调查。2005年11月14日，我再次到定远调查了东城、阴陵、大泽等遗址，二十年前调查过的古城遗址，现在都已立了碑记"①。

关于阴陵大泽的地理位置，他是这么说的：

> 我曾两次到阴陵调查，第二次就是今年（笔者按：指2005年）十一月十六日，今阴陵旧城址尚在，已立有文物保护碑，老百姓叫此处为古城村。……如今从古城村向西，便是一片大泽，其最低洼处至今仍是一片茫茫无际的湖泊，水面上有长数公里的窑河大桥。项羽因为陷入大泽中，"以故汉追及之"②。

从文中提及的"窑河大桥"，可以确知此桥在淮南市通往合（肥）徐（州）高速公路的连接线上。桥下"茫茫无际的湖泊"，便是南北狭长20多公里，东西宽为2~3公里的高塘湖，因为它的北端有上窑镇，故又名窑湖，位于安徽淮南市与凤阳、定远两县交界处，古代地属寿春。冯教授告诉人们，这片位于古阴陵邑西的湖泊，便是二千二百多年前项王受田父之给陷入的阴陵大泽！"至今"仍是茫茫无际的湖泊，两千年前自必更为广阔，难怪项王陷入其中，久久不能脱身，而被"汉追及之"。

---

① 冯其庸：《项羽不死于乌江考》，载《中华文史论丛》2007年第2辑，第246页。
② 《项羽不死于乌江考》，《中华文史论丛》2007年第2辑，第259页。

冯教授"两次到阴陵调查","发现"了自南朝刘宋裴骃作《史记集解》以来一千五百年间文献少有记载的阴陵大泽的地理位置，而主流媒体对冯先生"实地调查精神"的高调抬举，更增添了冯氏新说的可信度。

实地调查自是获取真知的良方之一，但前提是这种调查务须踏实审慎，切忌浮光掠影道听途说。冯教授在《项羽不死于乌江考》的姐妹篇《千百年来一座有名无实的九头山》里也特别强调"在史地学的范围里，必须大力提倡求真求实，提倡实地调查的精神"①。以此检核冯教授关于阴陵大泽"实地调查"的结果，却颇令人生疑。毋庸讳言，冯先生将今日淮南市东的高塘湖认作两千多年前项王陷入其中的"阴陵大泽"，是犯了不应发生的常识性错误。秦汉之际的阴陵城在莫耶山南麓，周边一二十里范围内地势高敞，根本不存在形成大泽的自然条件。而被冯教授认做"阴陵大泽"的高塘湖的**前世**，本是条流淌了千百年的河流，古名洛涧，今唤青洛河，源出安徽定远县狼窝山，西北流至淮南市东入淮。高塘湖的**今生**，湖龄不超过半个世纪。1938年，黄河在郑州花园口决口以后，青洛河受黄泛及黄河夺淮的影响，下游泥沙淤积，河床抬升，水流不畅，中游多年壅堵积水，汇为巨浸，渐渐演变为"茫茫无际"的高塘湖。20世纪中叶以前，如今高塘湖所在及其周边，既无泽更无湖存在，何来"阴陵大泽"？1998年出版的《淮南市志·地理编》，对高塘湖形成的历史有明确记载，一查便知。若向高塘湖周边原住民中任何一位花甲老者请教，也会立见分晓。可惜冯教授失去了这两种并不难得的机会，胸怀项羽不可能到北距东城县邑二百四十里的乌江自刎的先入之见，在窑河大桥上驱车一过，见到桥下茫茫水域，便宣称两千多年前的"阴陵大泽"就在这里。他说"如今从古城村向西，便是一片大泽。"其实高塘湖东距阴陵城遗址的古城村有20多公里，哪里是"向西便是"！冯教授两次到阴陵"实地调查"，却得出如此与事实相违的调查结论，委实令人吃惊。这不禁提醒人们，对某些高调宣布的"实地调查结论"，真的需要重新作一番切实认真的实地调查进行验证。

① 冯其庸：《千百年来一座有名无实的九头山》，《中华文史论丛》2007年第2辑，第282页。

四、阴陵大泽在合肥与钟离南北连线上

既然将历阳阴陵山认作项羽迷失道处、红草湖为项王陷入的阴陵大泽，出自南宋王象之《舆地纪胜》以来的附会之说；而今人冯其庸教授将半个世纪之前方逐渐成形的高塘湖考证为二千多年前的阴陵大泽，同为无稽之谈，那么，秦汉之际的阴陵大泽，又在何方？根据笔者有限的知见，正史中似乎并非一无线索可寻。

唐初姚思廉所撰《梁书》卷十二《韦睿列传》记载，梁武帝天监二年（503），韦睿自京都建康（今江苏南京）出为辅国将军、豫州刺史领历阳太守。天监四年（505），梁师北伐后魏，韦睿受命都督诸军，进讨合肥。合肥既平，韦睿迁豫州治所于合肥。天监五年（506）岁末，后魏中山王元英寇北徐州，围刺史昌义之于钟离（今安徽凤阳县东北临淮关），众号百万，连城四十余。次年二月，梁武帝诏命韦睿率豫州之众往救。由合肥驰救钟离，有东、西两条县际官道可供选择。东路自合肥东北行，经丰城县城（原东城县，梁天监三年更名），再北上钟离。西路自合肥北行，取道阴陵县城，再沿莫耶山南麓东北行至钟离。这两条官道均迂远而非直达，而当时钟离守城梁军仅有三千，军情异常危急。韦睿毅然决然选定直趋钟离的中道。《梁书·韦睿列传》称："睿自合肥迳道，由阴陵大泽行，值涧谷，辄飞桥以济师"[1]。车驰卒奔，旬日而至。三月，大破魏军于钟离。司马光撰字书《类篇·辵部》："迳，直也。"按：《梁书》所称的"迳道"，义即直道。故司马光撰《资治通鉴》卷一百四十六《梁纪二》著录韦睿驰救钟离之役，即书为："睿自合肥取直道，由阴陵大泽行，值涧谷，辄飞桥以济师"[2]。从"取直道，由阴陵大泽行"的叙文可知，阴陵大泽

---

① ［唐］姚思廉：《梁书》卷十二《刘俍席阐文韦睿列传第六》，《二十五史》（百衲本），杭州：浙江古籍出版社，据北京图书馆藏宋刊元补本缩印，1998年，第2册，第721页。

② ［宋］司马光编著，［元］胡三省音注：《资治通鉴》卷一百四十六《梁纪二》，上海：上海古籍出版社，据清胡克家覆刻元刊本缩印，1987年，上册，第974页。

当大致在合肥与钟离（梁朝北徐州刺史治所）的南北连线上。这就排除了阴陵大泽在合肥东南二百余里的和州阴陵山旁红草湖及在阴陵县邑之西的高塘湖两种可能性。真正的阴陵大泽当在古东城县邑（遗址在今安徽定远县城东南五十里大桥乡三官集）西北、古阴陵县邑（遗址在定远县城西北六十五里靠山乡古城村）东南，约在今定远城西西卅店以南一带。西卅店南部东西各一、二十里范围内地势低洼且地形复杂。阴陵大泽盖为古濠水、古洛涧、古池水等水系及莫耶山南麓花水在低洼处汇聚而成的沼泽。这片当年令项羽迷途陷入其中从而丧失乌江东渡先机的阴陵大泽，历经岁月沧桑，逐渐萎缩淤塞。在项王身后七百多年，韦睿在初春时分已可率军冒险从其中通过，而唐玄宗开元二十四年（736）杀青的《史记正义》于阴陵大泽已不著一字。张守节长于地里之学，他常以唐时地名对释《史记》中的古地名，《史记正义》不为"阴陵大泽"设注，可能其时阴陵大泽已湮为桑田了。但残迹尚存。清雍正六年（1728）刊印的《古今图书集成·方舆汇编》之《职方典》卷八百二十九《凤阳府部·定远县》有如下记载："石塘湖在县西十五里""秦塘、胡迤塘、济明塘，俱在县西南二十里""马长涧在县西二十五里""白涧在县西三十五里""清流塘在县西三十里""关塘在县西南四十里"。这些塘口及山涧均在古阴陵大泽范围之内。有些塘口如今已改建成小型水库。

笔者敢于做上述的论判，因为有韦睿和昌义之为证。韦睿任梁豫州刺史，同时兼领历阳太守。如果历阳阴陵山旁的红草湖就是阴陵大泽，那么他受命北上驰救钟离，"自合肥取直道，由阴陵大泽行"，则将是北其辕而南其辙直趋江东了。韦睿驰救的对象昌义之，也是梁朝名将，《梁书》卷十八有传："昌义之，历阳乌江人也。……天监二年，迁假节督北徐州诸军事、辅国将军、北徐州刺史，镇钟离。"[1]作为历阳乌江人，自然更清楚他的家乡并无"阴陵大泽"；而韦睿自合肥北上所经的"阴陵大泽"，正在昌义之北徐州防区之内。韦睿与昌义之对阴陵大泽的认知，与韦、昌同为

---

① 《梁书》卷十八《张惠绍冯道根康绚昌义之列传第十二》，《二十五史》（百衲本），第2册，第731页。

梁朝大臣的任昉在所撰《述异记》中明确说"阴陵大泽"是"今阴陵故城九曲泽",若合符契。

附论一：项羽马队自垓下奔驰乌江一日可达

中国史记研究会曾于2008年8月19日至25日组织专家考察组,以《史记》《汉书》关于项羽自垓下南驰乌江的记叙为根本依据,参考历代舆地志书的相关记载,配合卫星遥感地图提供的山水、道路形态,辅之以与当地名宿长老的座谈与采访,对项羽自垓下突围南驰乌江的经行路线进行全程田野踏勘,并形成《项羽自垓下突围南驰乌江经行路线考察报告》[①]。根据《考察报告》提供的信息,项羽自垓下突围渡淮后,由钟离南下东城直趋乌江渡口,必须由清流关隘口穿越江淮分水岭,最合理亦最可能的路径,是走明代凤阳府(古钟离县)至京师南京的驿道。虽说是明代的驿道,其实也是千百年来无数官商军旅车行马走形成的由淮南通向江东的孔道。此道由滁州清流关过山,从江浦县(今浦口区)渡江至南京,据《明史·地理志一》的记载,全程三百三十里。而到乌江渡口,则从清流关分道南下全椒县,过滁河,经四隤山到乌江亭,全程亦为三百三十里。垓下至乌江,另加垓下至钟离的一百里,全程为四百三十里。

项王一行能否在一日之内连续奔驰五百里并抵达乌江亭,西汉的两则史料可作参证。《史记·刘敬叔孙通列传》载,"刘敬从匈奴来,因言'匈奴河南白羊、楼烦王,去长安近者七百里,轻骑一日一夜可以至秦中'。"[②]秦中,即泾渭平原。《汉书·王吉传》载,王吉为昌邑国中尉。昌邑王"好游猎,驱驰国中,动作亡节。"王吉上疏劝谏云:"臣闻古者师日行三十里,吉行五十里……今者大王幸方舆,曾不半日,而驰二百里,百

---

① 载《乌江论坛》,西安:陕西人民教育出版社,2009年;又载《渭南师范学院学报》2009年第1期。

② 《史记》卷九十九《刘敬叔孙通列传第三十九》,第8册,第2719页。

姓颇废耕桑，治道牵马……"①按：秦、汉一里，等于417.5米，合0.84今里。匈奴轻骑可连续奔驰"七百里"（合585今里），昌邑王两个多时辰也可驱驰"二百里"（合170今里）。

而项王与其骑从的马骑当更进于此。项王对亭长称骓马"尝一日行千里"（合835今里）。这里的"一日"仅指白天，故古有千里马日行一千夜走八百之说。项王"麾下壮士骑从者八百余人"，当系项王的近卫将士，其乘骑之骏良自不待言。项王与其骑从自垓下突围，南驰乌江，四百三十里行程，扣除渡淮及进食饮水的时间，若非遇非常变故，以奔驰平均时速四十至五十里计，至日仄未时（下午两三点钟），应可从容抵达乌江浦。

附论二：任昉《述异记》可证阴陵大泽即阴陵故县九曲泽

正史著录的《述异记》共有两部：一为祖冲之撰《述异记》十卷，一为任昉撰《述异记》二卷。祖冲之为南朝宋、齐间学者，职任宋南徐州从事，《宋书》无传，惟《宋书·律历志下》详载其表上所创"大明历"以及与戴法兴往复辩难之词。祖冲之撰《述异记》十卷，《隋书·经籍志》列入"史部·杂传类"，此类杂传其内容当如《隋志·史部杂传类后序》所言，多"率尔而作，不在正史"，往往"序鬼物奇怪之事……而又杂以虚诞怪妄之说"②。《旧唐书·经籍志》因之，亦归入"乙部史录·杂传类"，为"鬼神二十六家"之一。《新唐书·艺文志》始将祖冲之撰《述异记》改列"丙部子录·小说家类"。北宋初叶李昉等奉敕编纂《太平御览》，征引至为浩博，但未将祖冲之撰《述异记》列入卷首《太平御览经史图书纲目》（即征引书目），《宋史·艺文志》亦未加著录。可能已于唐末五代之际亡佚。

---

① [汉]班固：《汉书》卷七十三《王贡两龚鲍传第四十二》，《二十五史》（百衲本），杭州：浙江古籍出版社，据宋景祐刊本缩印，1998年，第1册，第514页。

② [南朝宋]祖冲之：《述异记》十卷。已佚。其书见诸[唐]魏征等：《隋书》卷三十三《经籍志二》，北京：中华书局，1973年，第4册，第982页。

任昉为南朝齐、梁间著名作家兼学者,《梁书》有传。梁武帝天监(502—519)初,任御史中丞、秘书监,手定秘阁纷杂的四部篇卷,坟籍无所不见。家虽贫,聚书至万余卷,率多异本,且有秘阁所无者。昉善属文,尤长载笔,当世王公显贵表奏莫不出自昉手。昉撰杂传二百四十七卷、地记二百五十二卷、文章三十三卷。萧统《文选》收录任昉文章多达十九篇。《述异记》二卷,并非学术著作,亦无严整编次,所录系从群书采辑先世故事,亦记“今”时异闻,以备属文用事之需。书中极少神鬼怪诞之事,与祖冲之《述异记》不同。《太平御览》卷九百七十《果部七·梅》下,先引“《述异记》曰:嘉兴县”云云,紧随其后又引“任昉《述异记》曰:邯郸有”云云;卷九百七十八《菜茹部三·瓜》下先引“《述异记》豫章郡”云云,紧随其后又引“任昉《述异记》曰:汉章帝”云云,**显然任昉《述异记》与祖冲之《述异记》为同名异书。任昉《述异记》二卷,虽然《宋史·艺文志·小说类》方见著录,但北宋初叶的《太平御览》卷首征引书目已列入“任昉《述异记》”,书中并以“任昉《述异记》曰”方式大量征引。南宋之初,晁公武《郡斋读书记》为任昉《述异记》特立专目评述考证。明代新安程荣编刻《汉魏丛书》,据北宋庆历四年刊本收入任昉《述异记》,流传至今。

《四库全书总目》以《梁书》任昉本传所记著作篇目“不及此书”、下卷“地生毛”条为任昉卒后之事,遂断署名任昉的《述异记》为“后人依托,盖无疑义”,理据似嫌不足。《旧唐书·经籍志》与《新唐书·艺文志》的“丙部子录·杂家”,并著录任昉撰《文章始》一卷,而本传亦“不及此书”;又《新唐书·艺文志》“乙部史录·杂传记类”著录任昉撰《荆扬二州迁代记》四卷,本传亦“不及此书”,岂能轻易定为“后人依托”?至于《述异记》下卷羼入数则任昉身后的记事,亦为书抄类古籍在板刻之前传抄中杂有后人附益的常事,连《史记》都不例外。清人以此作为辨伪的要件并不科学。被清人定为“伪书”的古籍,近年常为地下考古发现证明为真,例多不备举。再者,正史之经籍志或艺文志,仅为当朝皇家秘阁书目,当朝散处民间的典籍,往往被后世右文的皇朝征集入藏秘阁，而被著录在后世正史的艺文志。《宋史·艺文志》中就有不少为隋、唐经籍志未曾著录的隋、唐以前的典籍，因此并不能轻易认定后朝正史艺文志著录了前朝正史艺文志未有之书即为"伪托"。即使承认《四库全书总目》断定今传任昉《述异记》"或后人杂采类书所引《述异记》，益以他书杂记，足成卷帙"，不无道理，也不能改变书中所有条目出自唐代以前的事实，而非唐以后人所可伪造。因此，笔者以为今传任昉《述异记》下卷中两则关涉到项羽自垓下南驰乌江的材料可信并可征引以作佐证。

项羽自垓下南驰乌江经行路线示意图

2008年10月初至12月18日撰于安徽芜湖凤凰山下瘱陶斋。

（原载《学术月刊》2009年第3期）

项羽垓下突围南驰乌江路线考察报告*

中国史记研究会
和县项羽与乌江文化研究室　　联合考察组

一、考察缘起

西楚霸王项羽（前232—前202），由于司马迁《史记·项羽本纪》的实录描写，在华语世界是妇孺皆知的历史名人，其乌江自刎的壮烈结局，千百年来更是耳熟能详的历史常识。但前不久著名"红学"家、中国人民大学国学院首任院长冯其庸教授，在上海《中华文史论丛》2007年第2辑发表《项羽不死于乌江考》，引据《项羽本纪·太史公曰》称项羽"身死东城"，以否定《项羽本纪》正文项羽于乌江自刎的记叙，得出"项羽是死于东城而不是死于乌江"的"新的结论"。为支撑这个断案，冯先生还"考"出项王陷入的阴陵大泽即今淮南市东的高塘湖、项王东城快战的四隤山即定远县城东南六十里的嗟虞墩、"乌江在汉代属历阳（唐称和州），与东城是相隔遥远的不同地域"，甚至断言《项羽本纪》中"乌江亭长舣船待"以下的文字有"错简"、"《史记》里确实不存在项羽乌江自刎之说"。南京大学博导卞孝萱教授随即在某国字号平面媒体公开致函称誉冯先生

---

*本文由袁传璋执笔。

"考出项羽乌江自刎之说，源于元杂剧"、"大文出而后项羽死于东城（邑），可为定论"。卞教授还盛赞冯先生"发展了王国维的二重论证法"，"敢以质诸天下学人。"多家报刊对冯文予以转载或摘要推介，网络平台更为冯文推波助澜。更加引发震撼的是，《中国文化报》2007年8月25日头版整版刊发冯先生的《项羽不死于乌江》，特加《编者按》，盛赞《项羽不死于乌江考》的发表，"虽只是2007年中国文史界的'一件小事'，却意义重大"；《光明日报》2007年9月11日的"光明论坛"发表题为《"不忘启迪"的示范意义》的署名文章，号召"广大学者"学习冯文所体现的"大家的学术风范"。由于主流媒体对冯文的高调抬举，两千多年来从无疑义的项羽乌江自刎的定说大有一朝颠覆之势。

项羽自垓下突围、南驰乌江，原欲退保江东以图后举，然而却临江拒渡步战自刎，这个举动不仅最终成就了项羽的完整人格，而且也具有重大的历史意义。项羽的最后抉择，为长达五年的楚汉战争画上了句号，从而为长期统一繁荣昌盛的大汉王朝的诞生揭开了序幕。我们坚信《项羽本纪》关于项羽结局的两种书法——乌江自刎与"身死东城"，都是司马迁的实录，是同篇前后互见足义，二者完全统一而无丝毫矛盾，应毋庸置疑。坊间对司马迁实录项王乌江自刎的文字的误读与曲解，已造成了不容忽视的认识混乱。而《项羽不死于乌江考》在文本解读和研究方法两个方面反映出来的问题以及对它的评价，关乎实事求是学风的导向与重建，更应严重关注。

为了正本清源，恢复历史真相，中国史记研究会的张大可、袁传璋、许盘清，偕和县项羽与乌江文化研究室的金绪道、范汝强、章修成一行六人，组成联合考察组，于2008年8月19日至25日，自北向南先后实地考察了安徽灵璧县境的虞姬墓、垓下遗址，凤阳县临淮镇东古钟离县淮河渡口，定远县境的阴陵县遗址、阴陵大泽残迹、东城县遗址、嗟虞墩，滁州市古清流关驿道，全椒县南荒草湖与和县北红草湖遗迹，全椒与和县交接处的阴陵山，和县与浦口交接处的四隤山，和县乌江霸王灵祠。考察中得到沿途各县宣传文化部门的鼎力相助，在此谨申谢意。

二、项羽自垓下南驰乌江路径沿途要点

这次考察以《史记》《汉书》关于项羽自垓下南驰乌江的记叙为根本依据，参考唐宋以来舆地志书的相关记载，配合卫星遥感地形图，进行实地田野踏勘，辅之以与当地名宿长老的座谈或采访，确定了项羽陷入的阴陵大泽与东城快战所在地四隤山的实际方位，进一步明晰了项羽自垓下南驰乌江的经行路线。现将考察的知见报告如下。

1.虞姬墓

虞姬墓在安徽灵璧县城东十五华里的虞姬乡霸离村，位于灵泗公路南侧，南距垓下遗址约五十华里。秦汉之际，此地属项羽的西楚王国泗水郡。现为安徽省重点文物保护单位。虞姬墓在"文革"中遭严重破坏，冢土被削大半，墓葬情况大部暴露。据当时现场目击者言，遗骸为女性，孤身葬，身首相连。无棺椁和殉葬明器。以三块长约2米的石板构成三角形石棺，两头各以长方形石板封堵，显系仓猝掩埋。石棺北、东、西各30米处残存汉砖围墙墙基。墓地四周散落汉瓦残片，可证此墓汉代已加保护。现今所见虞姬墓系20世纪80年代中期修复，墓体圆形，基径11米，用青砖砌筑1.2米高护墙，连封土通高约6米。墓南有清代光绪二十七年（1901）知县杨兆鋆所立墓碑，高约1.8米，中刻"西楚霸王虞姬墓"，碑额横披刻"巾帼千秋"，两侧刻对联"虞兮奈何自古红颜多薄命，姬耶安在独留青冢向黄昏。"联语取自宋碑，只改易下联"独留青冢祭秋风"中"祭秋风"三字为"向黄昏"。碑阴刻杨兆鋆撰《虞美人》词。原有的宋、明碑碣已无存。

定远县城南六十华里也有虞姬墓，俗称"嗟虞墩"，传说虞姬身首异葬，灵璧葬身，定远葬首。晚清安徽巡抚冯煦所撰《重修虞姬墓碑文》对此有所辨说："或谓定远之南，亦有姬墓，彼葬其首，此葬其身。花歌草舞，傅会有之；头岱腹嵩，荒唐颇甚！间尝考其图史，按其山川，知仓黄遇敌之时，正慷慨捐生之处。金钿委地，知故垠之未湮；紫玉成烟，信佳

城之不远。"（录自虞姬墓碑刻）其说可从。

2.垓下

《项羽本纪》："项王军壁垓下，兵少食尽，汉军及诸侯兵围之数重。"垓下，是秦泗水郡洨县的一个村落。秦亡，泗水郡属项羽的西楚王国。洨县故城在灵璧县南五十华里外洨水（今名沱河）南岸东濠城集（今属固镇县）。《汉书·地理志》沛郡下属有洨国，班固自注云："洨，侯国。垓下，高祖破项羽。"张守节《史记正义》称垓下"今在亳州真源县东十里，与老君庙相接"，与《汉志》相违，不可从。垓下遗址在灵璧县城东南五十华里处，古洨水北岸，即今韦集镇垓下村（原名单圩老庄胡村）及其附近高地。据郭沫若主编《中国史稿地图集》标示，地处东经117°38′、北纬33°21′。从卫星遥感地形图可见其地北部平缓，南部陡峭，呈半岛状由北向南伸展，属自然形态的高岗绝崖地形，面积约25万平方米，合375亩左右。在一望无际的淮北平原，此处实为易守难攻之地。楚汉垓下会战，双方投入的兵力号称百万，战场应在垓下地块之外更为广阔的地带。垓下当为项王会战大败后，收缩残部据此高地退守之处。上个世纪在遗址附近常有秦汉陶器、楚汉兵器、秦汉砖瓦残片出土。如今垓下是庄稼繁茂的旱地，除立有"垓下遗址"的文物保护碑外，已不见往昔激烈厮杀的战场痕迹。

3.钟离古淮河渡口

《项羽本纪》："于是项王乃上马骑，麾下壮士骑从者八百余人，直夜溃围南出，驰走。……项王渡淮，骑能属者百余人耳。"项羽渡淮处为钟离县古渡口。钟离，春秋前为钟离子国。春秋末期先后为吴、楚所据，为钟离邑。秦于此置钟离县，属九江郡。秦亡，地属项羽的西楚王国。明初于此置凤阳县。钟离古城遗址在今凤阳县城东北二十五里临淮镇东六里的临淮高地上，城垣残高3—4米，东西宽360米，南北长380米，有四门。北临淮水。俗传此处为"霸王城"，谓项王渡淮后于此筑城以抗御汉军追骑。此说纯属附会。遗址现为安徽省文物保护单位。古濠水于钟离城东入淮（《水经注·淮水注》："豪水东北流，迳其县西，又屈而南转，东迳其城南，又北历其城东，迳小城而北流注于淮。"），入淮口处为南北津渡要冲。此次考察，正值淮河汛期，河水饱满，河面宽达数百米。据《梁书·韦睿列传》及《资治通鉴·梁纪二》记载，钟离城东北十八里的淮河中有邵阳洲、道人洲，均可屯兵数万，足证古时淮河钟离段远较近代为宽，即使隆冬枯水季节，济渡亦非易事。项羽自垓下南驰乌江，必自钟离北岸渡淮。渡口日常用于济渡的"公船"原本不多，黎明前也无从征集民船助渡。《秦律》法定县属"公船"长仅秦度三丈三尺（合今制7.4米），最多能载两骑。在河宽船少，军情紧急的情势下，直至日出，项王的八百余骑非经战斗，渡淮后严重减员，"骑能属者百余人耳"，立即率队南驰，实属无可奈何之事。

4.阴陵

《项羽本纪》："项王至阴陵。"阴陵，故楚邑。秦置县，属九江郡。秦亡，地属项羽西楚王国。东汉曾为九江郡治。《史记正义》引李泰《括地志》云："阴陵县故城在濠州定远县西北六十里。"遗址在今定远县西北六十里靠山乡古城村。《水经注》卷三十《淮水》："淮水又北，迳莫耶山西"句下《注》："山南有阴陵县故城。"卫星遥感地形图显示，莫耶山横亘在钟离、阴陵之间百余里，山体高大，骑者不可攀跻。两县直线距离虽仅八十余里，但不可直达而须绕山而行。阴陵城在莫耶山南十余里，其地高爽。《大清一统志》卷一百二十六《凤阳府·古迹》"阴陵故城"条引《县志》："城周二里，故址犹存。"考察所见遗址玉米地中秦汉屋瓦残片散布的范围，实远较"城周二里"为大。还发现村民门前有用以垫地的长一米宽半米的古旧大石板，村民皆云从遗址暗渠中挖出，可证阴陵古城有较好的地下排水体系。古城村村西有一倾圮的陈铎祠，当地传说陈铎即在阴陵城西将项王骗向大泽的"田父"，汉高祖感恩，封陈铎为官，建祠奉祀。此说实不可信。因为"项王至阴陵"，实指进入阴陵县境，而非如冯其庸先生所说的"一个'至'字，明确交待项羽已到了阴陵。"若果进入了人烟稠密的阴陵城，何来"迷失道"，又何必请"田父"指路，更不会受绐陷入阴陵城西的"大泽"。更重要的是，真正的"阴陵大泽"在阴陵城东南三十里外，而阴陵城西根本不存在什么"大泽"。冯先生所考察的"大泽"，系现代的堰塞湖，而且不在古阴陵县境。

5.阴陵大泽

《项羽本纪》："项王至阴陵，迷失道，问一田父，田父绐曰：'左'。左，乃陷大泽中。以故汉追及之。"阴陵大泽是导致项王南趋乌江退保江东计划失败的关键地点。然而它究竟在何处，《史记》三家注均未出注。南宋以前权威的舆地志书也无阴陵大泽的只字片语。以致后世出现一些无端的臆测。其实正史中并非一无线索可寻。《梁书·韦睿列传》记载：梁武帝天监五年（506）岁末，后魏中山王元英寇梁北徐州，围刺史昌义之于钟离（今凤阳县东北二十五里临淮镇），众号百万，而钟离守城梁军仅有三千，军情异常紧急。次年二月，梁武帝命豫州刺史韦睿率众北援钟离。"睿自合肥迳道，由阴陵大泽行，值涧谷，辄飞桥以济师"，车驰卒奔，旬日即至钟离城下，三月，大破魏师。司马光撰《类篇·辵部》："迳，直也。""迳道"，即直道。故《资治通鉴》即直书其事为"睿自合肥取直道，由阴陵大泽行。"由此可知阴陵大泽位于合肥与钟离（梁北徐州刺史治所）的南北连线上，当古东城县邑西北、阴陵县邑东南，约在今定远县城西西卅店以南一带。从此次田野踏勘所见及卫星遥感地形图所示，西卅店南部东西各一二十里范围内地势低洼且地形复杂。阴陵大泽盖为古池水、古洛涧、古濠水等水系及莫耶山南花水在其处汇聚而成的沼泽。历经沧桑，阴陵大泽早已淤塞成田，但残迹尚存。《古今图书集成·方舆汇编》之《职方典》卷八百二十九《凤阳府部·定远县》有如下记载："石塘湖在县西十五里""秦塘、胡迤塘、济明塘，俱在县西南二十里""马长涧在县西二十五里""白涧在县西三十五里""清流塘在县西三十里""关塘在县西南四十里"。这些塘口均在古阴陵大泽范围之内。有些塘口如今已改建成小型水库。

关于阴陵大泽的所在尚有附会不足信的新旧二说，在此略作辨析。旧说"阴陵山，在乌江县西北四十五里，即项羽迷失道处"，为南宋王象之《舆地纪胜》首次提出。《大明一统志》与《大清一统志》承袭其说。《直隶和州志》及《历阳典录》进而认为和州北境八十里阴陵山旁红草湖即"所谓阴陵大泽",并引《述异记》为证:"阴陵九曲泽,泽中有项王村。项王失路于泽中,周回九曲,后人因以为名。"但此说首先颠倒了《史记·项羽本纪》所述项王自垓下南驰乌江的征程;其次,此说引述《述异记》失真。《述异记》的作者任昉,是齐、梁时期与沈约齐名的作家兼学者,《述异记》卷下原文为:"今阴陵故城九曲泽,泽中有项王村,即项籍迷失路处。项王失路于泽中,周回九曲,后人因以为泽名。"明确指出项王迷道处在阴陵县九曲泽。而《历阳典录》删削原著"今阴陵故城九曲泽"句中"故城"一字,遂将淮南的阴陵邑误会为近江的阴陵山,进而误会阴陵山旁的红草湖为阴陵大泽;第三,韦睿任梁豫州刺史兼领历阳太守,如果历阳阴陵山旁红草湖真是"阴陵大泽",那么他受命北上驰救钟离,"自合肥取直道,由阴陵大泽行",则将是北其辕而南其辙直趋江南了。韦睿驰救的对象北徐州刺史昌义之,也是梁朝名将,《梁书》本传开篇即称"昌义之,历阳乌江人。……守钟离。"昌义之自然更清楚项王陷入的"阴陵大泽",并不在他的家乡,而在他北徐州刺史的防区之内。故旧说无据,不可从。

新说"阴陵大泽"即今凤阳、定远与淮南三县市交界处的高塘湖,为冯其庸教授在《项羽不死于乌江考》一文中所独创:"今阴陵旧城址尚在,已立有文物保护碑,老百姓叫此处为古城村。……如今从古城村向西,便是一片大泽,其最低洼处至今仍是一片茫茫无际的湖泊,水面上有长数公里的窑河大桥。项羽因为陷入大泽中,'以故汉追及之'。"从冯文提及的"窑河大桥",可确知此桥架设在淮南市通向合(肥)徐(州)高速公路的连接线上,桥下"茫茫无际的湖泊",便是南北长20多公里、东西宽为2~3公里的高塘湖。冯先生虽说两度造访阴陵遗址,却犯了不应犯的常识性错误。阴陵城在莫耶山南麓,周边一二十里内地势高敞,根本不存在形成大泽的自然条件。而被他认作"阴陵大泽"的高塘湖,在古城村以西五十华里处,哪里是"向西便是"?更重要的是,高塘湖的前世是条流淌了千百年的河流,古名洛涧,今名青洛河,源出定远县,西北流至淮南市东入淮；高塘湖的今生，湖龄不足半个世纪。1938年黄河在郑州花园口决口以后，青洛河受黄泛及黄河夺淮的影响，下游河床淤塞抬升，水流不畅，中游多年积水，汇为巨浸，逐渐演变为"茫茫无际"的高塘湖。20世纪中叶以前，如今高塘湖所在及其周边，既无湖也无泽存在，何来"阴陵大泽"？1998年出版的《淮南市志·地理编》对高塘湖的历史有明确记载，一查便知；若向高塘湖周边原住民中任何一位老者请教，也立见分晓。被冯先生妄指为"阴陵大泽"的高塘湖，东距项王陷入其中的真正的阴陵大泽在七十华里开外。欲知阴陵大泽的详细资讯，可参阅袁传璋撰《项羽所陷阴陵大泽考》（《学术月刊》2009年第3期）。

6.东城

《项羽本纪》："项王乃复引兵而东，至东城，乃有二十八骑。汉骑追者数千人。"东城，秦置县，属九江郡。秦亡，属项羽的西楚王国。项王"至东城"，意指自阴陵大泽脱险后，引军向东，进入东城县域，而非指进入东城县城。《史记正义》引李泰《括地志》云："东城县故城在濠州定远县东南五十里。"秦汉东城县邑遗址在今定远县东南五十里处大桥乡三官村。残存夯土城墙依稀可见，南北长各二里，东西长各一里半，城周七里。南临池水（今名池河）。遗址现为农田，出土橘黄色网纹秦瓦及灰色绳纹汉瓦残片甚多，间有秦、汉瓦当碎片。村民用从遗址中拣拾的秦、汉瓦片铺路。卫星遥感地形图显示，出阴陵大泽，东南至东城县邑所处的池河流城，地势低平，无甚险阻。但东城县邑以东四十里至一百里之间，存在两条呈东北—西南走向的山系，各长一百余里，山体较大，为江淮之间天然险阻。其中在今定远县境的山系，《古今图书集成·方舆汇编》之《职方典》卷八百二十九《凤阳府部·山川考》著录有如下诸山："相公山，在县东六十里，上有楚相令狐子伯庙""大横山，在县东七十里，以山横界东南，故名""皇甫山，在县东七十里，相传皇甫将军屯兵于此""大山，在县东七十里，山高大，因以名""五尖山，在县东六十里""喜龙山，在县东南六十里""东山，在县东六十里""豁鼻山，在县东六十里""郎峰山，在县东南六十里"。在今滁州、全椒县境的有清流山、琅琊山等。

秦汉之际的东城县，为江淮之间的大县，北与钟离县接壤，西与阴陵、合肥相邻，东与盱眙相接，南达大江之滨而与历阳相连，辖区包括今安徽的定远、全椒、滁县、来安与和县的东北部，以及江苏的江浦（今属浦口区）全县和六合县的南境，东西宽约二百华里，南北长达二百五十华里。详考可参阅袁传璋撰《"项羽不死于乌江说"商榷》之第四节"秦代的乌江亭地属东城而与历阳无涉"。

7. 嗟虞墩

定远嗟虞墩，又称虞姬墓、虞姬冢，文献始见于《史记·项羽本纪》"有美人名虞"句下盛唐张守节所撰《史记正义》："《括地志》云：'虞姬墓在濠州定远县东六十里。长老传云项羽美人冢也。'"据此，虞姬墓当在定远县东六十里池河镇附近。而北宋史臣乐史所撰《太平寰宇记》卷一百二十八《淮南道·濠州定远县》下亦有著录："虞姬冢，在县南六十里，高六丈，即项羽败杀姬葬此。"但改《括地志》的"县东"为"县南"，未出所据。民间传说项羽自垓下携虞姬首级突围，至此掩埋，心中伤悲，故俗呼"嗟虞墩"。晚清安徽巡抚冯煦在为灵璧虞姬墓所撰《重修虞姬墓碑文》中，已辨析其说荒唐不经。现多采《太平寰宇记》为说，认为嗟虞墩在今定远县南六十里二龙乡谭村附近，东北距东城县邑遗址约二十华里。《集韵》："墩，平地有堆者。"从嗟虞墩的名称，即可知其为人工堆筑而成。墩前路旁有定远县政府近年所立"西楚霸王虞姬之墓"石碑，碑上横披及联语均自灵璧虞姬墓碑复制。嗟虞墩孤特兀立于旱粮农地中，整体呈不规整的覆斗状，基底直径约十二三丈，高不足六丈。顶部平坦，呈刀把形，东西长约四丈，南北宽约一丈，北部凹陷，当为雨水长期冲刷剥蚀所致。四侧呈45°坡。自墩顶放眼四望，数里之内不见有任何高出地表的土丘。

冯其庸先生将这座小小的土堆指认为项王"东城快战"的四溃山。他在《项羽不死于乌江考》的姐妹篇《千百年来一座有名无实的九头山》中对此"山"有两段描述："今东城西北谭村有土山曰'嗟虞墩'，传即项王令骑四面驰下处。今当地人尚称此山为'四溃山'。其地属东城，我曾二至其地调查。""我曾两次去虞姬墓，墓高约25米，为一自然土山。据传，项羽在决战前，将虞姬之首埋于此，即作最后的决战。所以此高阜又名'四溃山'。决战后，项羽即自刎于东城。"但最早提出项羽死于定远的计正山**"所见"**的虞姬墓与冯先生**"所说"**的虞姬墓并不相同。计先生在二十多年前发表的《项羽究竟死于何地？》中说："高达数丈的虞姬墓至今犹在"。在2007年7月10日《江淮时报》所发《项羽并非死于乌江》中说："形如丘峦的虞姬墓至今犹在，安徽省文化厅副厅长李修松率领有关专家实地考察后认定其形制、封土皆为典型汉墓。"奇怪的是，计正山所见的虞姬墓其高仅"达数丈"，在冯先生笔下竟拔高到25米；安徽省文化厅组织"专家实地考察后认定其形制、封土皆为典型汉墓"，计正山也肯定是"加封土而形成的墓"，在冯先生笔下竟使它变成"一自然土山"的"高阜"，而且还是两千多年前项王率领二十八骑在其上分为四队布为环阵与数千汉骑进行"东城快战"的"四溃山"！我们实地考察所见的嗟虞墩，其高不足六丈，基底周回不过数十丈，墩顶平地至多五六丈，其上岂能容项王布阵，又约定四面俯冲汉阵后在墓的东坡分三处集结？再说，20世纪前所有的舆地志书，包括好事文人的野史笔记，都从未有说定远嗟虞墩又名"四溃山"的记载，谁好意思将一座五六丈高的土墩称做"四溃山"？

8.清流关

清流关在今滁州西南二十余里，为清流山上一处险要的关隘。在定远县与全椒县之间横亘着两条西南—东北走向、长达百余里的山脉，阻扼江淮之间交通。唯有清流山系北端有一隘口，可容车马通行，千百年来即为淮南通向江东的孔道。南唐于此建筑关城，名清流关，防备后周南侵金陵。明代此关是凤阳府至京师应天府南京驿道的必经之处。清流关南口有近年所建"古清流关"牌坊。关口城墙残存。清流关驿道由不规整的青石板铺砌，道宽六尺，道中有车轮长期碾压形成的其深逾寸的辙沟。据一位年逾六旬的村民称，清流关原先有座霸王庙，供奉霸王与关圣，香火甚盛。20世纪50年代初政府为破除迷信，砸毁神像，1958年"大跃进"时拆下梁柱造手推车修水利,"文革"中拆墙修大队部,庙遂荡然无存。

9.阴陵山

阴陵山,始见于南宋王象之撰《舆地纪胜》。其书卷第四十八《淮南西路·和州·景物下》著录:"阴陵山,在乌江县西北四十五里,即项羽迷失道处。"《大明一统志》卷十八《滁州·全椒县》下著录:"九斗山,在全椒县东南二十五里,一名阴陵山。昔项羽兵败欲东渡乌江,道经此山,与汉兵一日九战,故名。"《大清一统志·江苏统部·江宁府一》录有:"阴陵山,在江浦县西南四十五里……接安徽和州界。"可知阴陵山原在全椒、和县、江浦三县交接处。1989年因政区调整,此山全在和县石杨镇内。此次田野考察所见及卫星遥感地形图所示,阴陵山呈东北—西南走向,有峰九,与九头山名实相符。因传说项王曾在此山与汉骑一日九战,故又名九斗山。山长10余公里,宽5公里,占地40平方公里。地理坐标为东经118°18′,北纬38°02′。山北为滁河,河北即全椒县境。滁河南北地势低洼,港汊纵横,河之北旧有荒草湖,河之南旧有红草湖,传即项王迷道的阴陵大泽。往昔的湖沼现已湮为圩田。石杨镇境滁河南岸圩堤上有近年所立"项王迷道处"石碑。阴陵山东距江浦县城22公里,南距四隤山8公里、乌江镇22公里,北距全椒县城12公里,西距和县历阳镇36公里。

10.四隤山

《项羽本纪》:"(项王)乃分其骑以为四队,四向。汉军围之数重。项王……令四面骑驰下,期山东为三处。"《汉书·项籍传》:"于是引其骑因四隤山而为圜阵外向。汉骑围之数重。"项王在东城县境内命令其二十八骑"期山东为三处"时,并不知此山何名。班固《汉书》始称此山曰"四隤山"。《汉书》颜师古《注》引孟康曰:"四下隤陁也。"隤、陁,皆倾斜之貌。四隤山因山势四面均自山顶向山麓绵延倾斜成梯形缓坡而得名。班固清楚项王"东城快战"的战场在四隤山而不在东城县邑,郦道元也知道项王在四隤山溃围、斩将后成功率骑南走。现存志书最早记录四隤山方位的,是北宋乐史所撰《太平寰宇记》,其书在《淮南道·和州》所属乌江县下云:"四隤山,在县西北七十五里。项羽既败于垓下,东走至东城,所从唯二十八骑，汉兵追者数千，羽乃引骑回四隤山而为圆阵，即此山也。"按："在县西北七十五里"句中之"县"字，当为"州"字之误。南宋王象之撰《舆地纪胜》修正为"四隤山，在乌江县西北三十里，直阴陵山。"《大清一统志·江苏统部·江宁府一》录有阴陵山"西南十里有四溃山，皆接安徽和州界。"同书《和州》录有："四溃山，在州北七十里，亦名四马山，接江苏江宁府江浦县界。"据以上地理志书著录四隤山的四至里程，可以确定其地理坐标在安徽和县与江苏江浦县交界处，滁河及阴陵山之南、江浦县石桥镇北，今名四溃山或四马山的，正是两千多年前项王在东城县域与汉骑鏖战的古战场。这次实地考察所见，四隤山呈东北—西南走向，山形略呈四面梯形缓坡，平均坡度为5°~10°。山顶宽平无峰。实测山高海拔81.7米，相对高度约为50米。山脚长边2公里多，宽约1公里，周回5公里左右。这座不算多高又不太小的四隤山，其梯形缓坡、顶部宽平的山峦正可供项王与其二十八骑在山顶布下环形防御阵势，然后纵骑驰下，冲决汉围，斩将，刘旗。山下除西北十多里有阴陵山外，周边地势宽敞低平，亦可容数千汉骑布下数重包围阵势。四隤山距乌江浦渡口不到三十里，项王与其二十六骑冲决汉围后南驰片刻可至。今四隤山属江苏南京市浦口区，与安徽和县毗连。

11.乌江

《项羽本纪》："于是项王乃欲东渡乌江。乌江亭长舣船待。"《史记正义》引《括地志》："乌江亭即和州乌江县是也。晋初为县。《注水经》云江水又北，左得黄律口，《汉书》所谓乌江亭长舣船以待项羽，即此也。"乌江，原为秦时东城县属下滨江的一个亭。作为县级建制，始见于《晋书·地理志下》，为西晋扬州淮南郡所辖十六县之一，与历阳县并列。沈约撰《宋书·州郡志》"乌江令"下原注："二汉无。《晋书》有乌江，《太康地志》属淮南。"太康（280—289）为西晋武帝司马炎的年号。《晋书》的《地理志》正是以《太康地志》为蓝本编制。据此可知，乌江设县始于晋武帝太康年间。《旧唐书·地理志》云："乌江，汉东城之乌江亭，属九江郡。"据此可知，乌江县系西晋初年自秦汉东城县析置。北宋初史臣乐史所撰《太平寰宇记》卷一百二十四《淮南道二·和州》有更明确的记载:"乌江县,〔州〕东北四十里,旧十五乡,今四乡。本秦乌江亭,汉东城县地。项羽败于垓下,东走至乌江,亭长舣船待羽处也。魏黄初三年,曹仁据乌江以讨吴。晋太康六年,始于东城界置乌江县。隋为乌江郡。"乌江自晋初置县,历经六朝、唐、宋、元诸代,或为淮南郡属县,或为临江郡及乌江郡治所,或从属和州、历阳郡,咸与历阳县并立而不相统属。据《明史·地理志一》,乌江县于明朝洪武初年裁省,西境并入历阳县而成乌江镇,东境析入应天府江浦县。溯源追本,绝无乌江亭"秦汉时属历阳县"其事。冯其庸先生为了力挺其"项羽不死于乌江"的"新的结论",在其论文中采用偷梁换柱的技巧,将唐人李吉甫《元和郡县图志》原本明确记载的地属"乌江县"的乌江浦,置换到"历阳县"名下,并蓄意删削《元和郡县图志》关于乌江县设置沿革的记录——"晋太康六年始于东城界置乌江县",以充当"秦汉之际,乌江属历阳县"的所谓"明确记载"。欲知其详,可参阅袁传璋撰《"项羽不死于乌江说"商榷》第四节"秦代的乌江亭地属东城而与历阳无涉"的相关论述。

12.霸王灵祠

西楚霸王灵祠,又称项亭、霸王庙,在和县县城东北四十里乌江镇,位于镇东南三里凤凰山上。现为安徽省重点文物保护单位。秦汉时,此地为东城县乌江亭滨江之乌江浦,系大江北岸的重要津渡,斜对江即牛渚圻(又称采石矶),为大江南岸重要津渡。凤凰山乃滨江高丘。西楚霸王项羽与其二十六骑自四隤山溃围至此,临时改变退保江东的决定,婉谢乌江亭长劝渡的好意,在赠骓报德后,与其骑从皆弃马与汉骑步战,最后壮烈自刎。其首级及四肢被汉将王翳、吕马童等五人分割领赏。战后,乌江亭民众收敛项王遗骸及血衣殡葬于凤凰山上,并建亭祭祀,曰"项亭"。唐初已于此建祠奉祀。唐肃宗上元年间,李白族叔李阳冰为项祠篆额曰"西楚霸王灵祠"。唐文宗开成元年(836)孟夏,滁州刺史李德裕息驾乌江,登项亭览观,以为"自汤武以干戈创业,后之英雄莫高项氏",感其伏剑此地,因作《项王亭赋并序》以吊之。嗣后,词人墨客及州郡长官过项祠均有感而题咏不绝。据记载，项王祠鼎盛时有庙宇九十九间之多。屡遭兵燹，多次复建。现在所见之"西楚霸王灵祠"，系20世纪80年代中期根据胡耀邦同志的建议复建。建有仿汉阙大门、享殿、墓道、陵园、乌江亭、三十一响钟亭、抛首石、碑苑等。

三、项羽南驰路线探索

汉王四年（前203），楚汉战争进入第四个年头。"是时，汉兵盛食多，项王兵罢食绝"，项王不得已于此年八月与汉王刘邦签订和约，"中分天下，割鸿沟以西者为汉，鸿沟而东者为楚。"（《项羽本纪》。以下引文凡出自《项羽本纪》者，不再注。）九月，项王如约引兵东归，而汉王则趁"楚兵罢食尽"之机，引兵追击。于是双方于汉五年十二月（前202年初）在垓下最后决战。会战前，西楚王国所统九郡中的泗水、东海、东阳、东郡、薛、陈、砀等郡及楚都彭城均已被齐王韩信、魏相国彭越攻占，唯余原秦九江郡东南部数县及江东的鄣郡、会稽郡未易汉帜。会战展开时，汉王及诸侯联军集结兵力号称百万，而项王之卒只"可十万"。韩信指挥汉军大败楚师。项王收缩残部退入垓下高地固守壁垒，汉军围之数重。项王夜闻四面楚歌，心知在淮海已无立足可能，唯有退保江东，凭借会稽、鄣郡与闽中，或有再度崛起之机。故决意"直夜溃围南出，驰走。"

项王由垓下突围南趋江东，原有东、西两条路径。东路渡淮后取道东阳（今江苏盱眙县东南）南下，由广陵（今江苏扬州）渡江，经丹徒（今江苏镇江）至吴中。对项王来说，东路既熟又近。这是八年前他与季父项梁率江东八千子弟开赴江西反秦主战场时所经路线。不同的是，当年自东而西，而今则将自西而东。但在汉四年（前203），东线所经城邑直至江滨的广陵，已被汉骑将灌婴攻取，此路不通。西边的寿春因楚大司马周殷背叛，也落入汉军之手。当下唯余西路，即取道钟离渡淮南下，由东城县乌江亭渡江，经牛渚、丹阳（秦汉县邑，今为安徽马鞍山市博望区所属丹阳镇），沿秦始皇三十七年（前210）东巡会稽的驰道至吴中。对项王来说，西路既生且长，但除此别无选择。司马迁在《史记·项羽本纪》中历述项王自垓下南驰乌江征程所经，先后为：垓下溃围南驰→渡淮→至阴陵，迷失道，被绐陷入阴陵大泽→出泽引而东，至东城县境→快战四隤山（此依《汉书·项籍传》说）→南驰乌江亭，临江拒渡，步战自刭。

项羽由钟离南趋乌江，最合理亦最便捷的路径是走明代凤阳府至南京的驿道。虽说是明代的驿道，其实也是千百年来无数官商军旅车行马走形成的大道。这条驿道由凤阳县的二铺、总铺、黄泥铺，到定远县的练铺、池河驿、大柳树驿，穿越滁州清流关到滁阳驿，再经江浦县浦子口，渡江到南京，全程三百三十华里。而到乌江渡口，则从清流关分道南下，经石沛到全椒葛城驿，过滁河，经江浦县四隤山到乌江亭，全程亦为三百三十华里。加上垓下至钟离北渡口的一百华里，垓下至乌江的总路程在四百三十华里之内。由项王溃围南出的"**直夜**"，到汉军发觉的"**平明**"，项王较汉军追骑占有五六小时的先机。如果不出太大的意外，汉骑是不可能"追及"的。以军马均速每小时五十华里计，扣除渡淮耗费的时间，项王南驰原可在午后从容抵达乌江渡口。在无数千汉骑尾追的情况下，项王也许不会产生临江拒渡的念头，若此，楚汉相争**最终结局**的历史或许是另外一番景象。

然而意外频频发生。一是渡淮舟楫不足，鸡鸣始渡，直至日出，八百余骑渡过者不过百余骑，非经战斗便减员十分之八。二是至阴陵因迷失道。项王统率百余骑壮士沿濠水东侧驿道南驰七十余里，到练铺处进入阴陵县境，原本顺畅的南行征程陡生变故。隆冬腊月，黄淮流域辰时（七八点钟）常起的浓雾不期而遇，方向全失，无法前行。三是受绐陷入大泽。幸遇"田父"，向他问路。田父绐曰"左"。项王遵示在浓雾中向"左"（实为向西）疾驰，遂陷入今定远城西西卅店南的"大泽"中，不少骑士与马匹在草甸泥淖中陷入灭顶之灾。挣扎到午前浓雾渐消，方向已明，项王引导侥幸脱险的二十八骑折而向东，进入东城县境。此时虽走上了正确的路径，从大柳树南过清流关，走全椒，据四隤山，却早已被汉骑追及。项王在天时上遭遇冬雾迷失道路，人和上受田父之绐，在地利上陷入阴陵大泽仅余二十八骑。天时、地利、人和全失,原来较汉骑所占的五六小时先机丧失殆尽,败局业已注定。半天之内,项王连遭三大意外挫折,而非以拔山盖世自负的他所可抗御,不得不承认这是他的宿命:"此天亡我,非战之罪也!"心灵深处已植下了在乌江临舟拒渡的根苗。面对滔滔大江和乌江亭长的盛意邀渡,项王在个人霸业与民众福祉两者之间作出常人难以理解的权衡,毅然决然自择战死乌江沙场,以谢对他信任有加的江东父兄,以慰追随他转战南北壮烈牺牲的江东子弟的英灵,从而最终成就了项羽的完整人格。项羽也因此虽死犹生,赢得了千秋美誉。

[原载《乌江论坛》(项羽学术研讨会论文集——《史记论丛》第五集),西安:陕西人民教育出版社,2009年。本书所收为作者原稿]

项羽垓下溃围南驰乌江经行地点相关文献辑编

凡　例

一、本编为厘清项羽自垓下败退乌江所经政区、地点而编辑，取材仅限历代正史及具权威性的古舆地志书。诸凡相关故事、传说均所不取。

二、本编取材均选较早较好的版本，如正史取浙江古籍出版社影印《二十五史》（百衲本），并附通行之中华书局点校本页码，以便检索；《太平寰宇记》《明一统志》取《文津阁四库全书》本，《读史方舆纪要》取顾祖禹手定稿本，等。

三、凡入编文献，正史按朝代前后、舆地志书按成书早晚编排，资材不避因袭重复，以明地名变迁、政区置废析并之源委。

四、凡对政区变迁、地名所在有所辨证钩沉，则以"辑者按"语予以申明。

一、正史的著录

垓下

①《史记·项羽本纪》："韩信乃从齐往，刘贾军从寿春并行，屠城父，至垓下。"

②《史记·项羽本纪》："项王军壁垓下，兵少食尽，汉军及诸侯兵围之数重。"

裴骃《集解》：徐广曰："在沛之洨县。洨，下交切。"骃按：应劭曰："垓音该。"李奇曰："沛洨县聚邑名也。"

司马贞《索隐》：张揖《三苍注》云："垓，堤名，在沛郡。"

张守节《正义》：按：垓下是高冈绝岩，今犹高三四丈，其聚邑及堤在垓之侧，因取名焉。（《史记》，中华书局点校本，1982年，册一，页333）

班固《汉书·地理志上》："沛郡，故秦泗水郡，高帝更名。莽曰吾符。属豫州。"领三十七县，其中有"洨，侯国。垓下，高祖破项羽。莽曰育成。"应劭曰："洨水所出，南入淮。"（宋景祐刊本，杭州：浙江古籍出版社百衲本《二十五史》缩印，1998年，册一，页397；《汉书》，中华书局点校本，1962年，册六，页1572）

范晔《后汉书·郡国志二》："沛国，二十一城"，领有"洨，有垓下聚"。刘昭注："高祖破项羽也。"（宋绍兴刊本，浙江古籍出版社百衲本《二十五史》缩印，1998年，册一，页997；《后汉书》，中华书局点校本，1965年，册十二，页3427）

辑者按：秦、汉洨县之故城在安徽灵璧县南五十里沱河南岸东濠城（现属固镇县）。沱河即古洨水。垓下故址在灵璧县东南五十里沱河之北，为一北高南低，北部平缓、南部陡峭向南延伸的半岛状地块。

阴陵

《史记·项羽本纪》："项王渡淮，骑能属者百余人耳。项王至阴陵。"

《集解》：徐广曰："在淮南。"

《正义》：《括地志》云："阴陵县故城在濠州定远县西北六十里。《地理志》云阴陵

县属九江郡。"（《史记》，中华书局点校本，1982年，册一，页335）

阴陵大泽

《史记·项羽本纪》："项王至阴陵，迷失道，问一田父，田父绐曰'左'。左，乃陷大泽中。以故汉追及之。"

辑者按：阴陵大泽是关系项羽南驰乌江计划成败的关键地点。然而阴陵大泽究在何处，《史记》三家注均未出注。但正史中并非一无线索可寻。唐姚思廉撰《梁书》卷十二《韦睿列传》载：梁天监五年（506）末，魏中山王元英寇北徐州，围刺史昌义之于钟离，众号百万，连城四十余。次年二月，梁武帝命令豫州刺史韦睿率豫州之众救钟离。"睿自合肥迳道由阴陵大泽行，值涧谷，辄飞桥以济师。"三月，大破魏军于钟离。《类篇·辵部》："迳，直也。"迳道，即直道。故《资治通鉴》卷一百四十六《梁纪二》即直书为"睿自合肥取直道，由阴陵大泽行，值涧谷，辄飞桥以济师。"**可知阴陵大泽在合肥与钟离**（今安徽凤阳县城东北二十五里临淮关）**的南北连线上，**值古东城县邑（今定远县东南五十里大桥乡三官集）西北、阴陵县邑（今定远县西北六十五里靠山乡古城村）东南，约在今定远城西西卅店以南左右各一二十里一带，盖为古濠水、洛涧水等水系在低洼处汇聚而成的沼泽，已堙。明人李贤等撰《明一统志》卷十七称和州阴陵山为"项羽迷失道处"，清人顾祖禹撰《读史方舆纪要》卷二十九谓"全椒县九斗山西五里有迷沟，相传项羽迷道陷大泽处"，颠倒了《史记》所叙项羽南驰征程，均附会不足信。今人冯其庸称阴陵大泽即今安徽凤阳、定远与淮南三县市交界处的高塘湖，而高塘湖20世纪中期以后方才形成，东距阴陵遗址将近五十里，东距当年项羽陷入的大泽有八十多里，且与《梁书》所指阴陵大泽方位不合，亦属无稽之谈。

东城

①《史记·项羽本纪》："项王乃复引兵而东，至东城，乃有二十八骑。"

②《史记·项羽本纪》："太史公曰：……身死东城，尚不觉寤而不自责，过矣。"

《集解》：《汉书音义》曰："县名，属临淮。"

《正义》：《括地志》云："东城县故城在濠州定远县东南五十里。《地理志》云东城县属九江郡。"（《史记》，中华书局点校本，1982年，册一，页335）

《汉书》卷二十八《地理志上》：九江郡，领县十五，有"东城"，与寿春、阴陵、历阳、全椒、合肥诸县并列。（宋景祐刊本，浙江古籍出版社百衲本《二十五史》缩印，1998年，册一，页397；《汉书》，中华书局点校本，1962年，册六，页1569）

《后汉书》卷九十六《郡国志三·徐州刺史部下邳国》："武帝置临淮郡。〔东汉明帝〕永平十五年（72）更为下邳国。领十七城"，其中之"东成县"，当即《汉书·地理志》著录的"东城"。（宋绍兴刊本，浙江古籍出版社百衲本《二十五史》缩印，1998年，册一，页999；《后汉书》，中华书局点校本，1965年，册十二，页3461—3462）

〔唐〕房玄龄等撰《晋书》卷十五《地理志下·扬州》："**淮南郡**　秦置九江郡。汉以为淮南国。汉武帝置为九江郡。〔晋〕武帝改为淮南郡，统县十六"：寿春、成德、下蔡、义城、西曲阳、平阿有涂山、历阳、全椒、阜陵汉明帝时沦为麻湖、钟离故州来邑、合肥、逡遒、阴陵、当涂古涂山国、东城、乌江。（宋刊本，浙江古籍出版社百衲本《二十五史》缩印，1998年，册二，页28；《晋书》，中华书局点校本，1974年，册二，页460）

〔唐〕魏征等撰《隋书》卷三十一《地理志下》：**钟离郡**　统县四：钟离、定远、化明、涂山。于定远县下注云："旧曰东城。**梁改曰定远**，置临濠郡。后齐改曰广安。开皇（581—600）初郡废。又有旧九江郡，后齐废为曲阳县，县寻废。又有梁置安州，侯景乱废。"（元大德刊本，浙江古籍出版社百衲本《二十五史》缩印，1998年，册三，页1056；《隋书》，中华书局点校本，1973年，册三，页874）

辑者按：东城，秦置县，属九江郡。《集解》谓"属临淮"，误。东城作为县级建制，自两汉，中经三国，下迄两晋，均相沿袭。自梁朝沈约所撰《宋书·州郡志》起，不见东城县建制，盖废于南朝刘宋王朝。而"乌江"作为县级建制，始见于《晋书·地理志下·扬州淮南郡》，著录于"东城"之后。《旧唐书·地理志》称"乌江　汉东城县之乌江亭，属九江郡"，为得其实。

山东　四隤山

①《史记·项羽本纪》："乃分其骑以为四队，四向。汉军围之数重。项王谓其骑曰：'吾为公取彼一将。'令四面骑驰下，期山东为三处。于是羽大呼驰下，汉军皆披靡，遂斩汉一将。"

②《汉书·陈胜项籍传》："〔羽〕于是引其骑因四隤山而为圜阵外向。汉骑围之数重。羽谓其骑曰：'吾为公取彼一将。'令四面骑驰下，期山东为三处。于是羽大呼驰下，汉军皆披靡，遂杀汉一将。"

辑者按：项王命令其二十八骑"期山东为三处"时，并不知此山何名。班固《汉书》始称此山曰"四隤山"。四隤山为项羽自垓下溃围南驰乌江途中"东城快战"的战场所在。其所处县域及方位四至，详本编第二部分古舆地志书的相关记载。

乌江

《史记·项羽本纪》："于是项王乃欲东渡乌江。乌江亭长舣船待。"

《集解》：瓒曰："在牛渚。"

《索隐》：按：晋初属临淮。

《正义》：《括地志》云："乌江亭即和州乌江县是也。晋初为县。《注水经》云江水又北，左得黄律口，《汉书》所谓乌江亭长舣船以待项羽，即此也。"（《史记》，中华书局点校本，1982年，册一，页336）

辑者按：《集解》引"瓒曰：在牛渚"，此下疑有脱文。郦道元《水经注》卷二十八《沔水中》："牛渚在姑熟、乌江两县界中也。"牛渚为江南著名津渡，晋人臣瓒不容不知。乌江"在牛渚"，其误显然，盖由后人传抄或刊刻时删落所致。又，《正义》所引《注水经》"江水又北左得黄律口"云云共二十六字，今本《水经注》无有。

［唐］房玄龄等撰《晋书》卷十四《地理志下·扬州》：淮南郡　统县十六，其十五为"**东城**"，紧随其后的则是"**乌江**"。

［梁］沈约撰《宋书》卷六《孝武帝本纪》：大明七年（463）二月，"车驾校猎于

历阳之乌江。己术，**车驾登乌江县六合山**。庚申，割历阳、秦郡置临江郡。"（宋蜀大字本，浙江古籍出版社百衲本《二十五史》缩印，1998年，册二，页232；《宋书》，中华书局点校本，1974年，册一，页131。）

《宋书》卷三十五《州郡志一·南兖州刺史》：秦郡太守　　领县四：秦、义成、尉氏、怀德。于"怀德令"下书云：宋"孝武大明五年（461）立。**又以历阳之乌江县，并此为二县，立临江郡。**前废帝永光元年（465）省临江郡，怀德即住郡治，乌江还本也。"（宋蜀大字本，浙江古籍出版社百衲本《二十五史》缩印，1998年，册二，页366；《宋书》，中华书局点校本，1974年，册四，页1057）

《宋书》卷三十六《州郡志二·南豫州》：历阳太守　　"晋惠帝永兴元年（304）分淮南立，属扬州。安帝割属豫州。……今领县五：……历阳令，汉旧县，属九江。**乌江令，二汉无。《晋书》有乌江，《太康地志》属淮南。**"（宋蜀大字本，浙江古籍出版社百衲本《二十五史》缩印，1998年，册二，页367；《宋书》，中华书局点校本，1974年，册四，页1072）

［梁］萧子显撰**《南齐书》卷十四《州郡志·南豫州》：临江郡**　　"［齐高帝］建元二年（480）罢并历阳。后复置"。领县三：**乌江**、怀德、酂。

历阳郡　　领县三：历阳、龙亢、雍丘。（宋蜀大字本，浙江古籍出版社百衲本《二十五史》缩印，1998年，册二，页593；《南齐书》，中华书局点校本，1972年，册一，页254—255）

［唐］魏征等撰《隋书》卷三十一《地理志下》：历阳郡　　"**后齐立和州**"。统历阳、乌江二县。　乌江："梁置江都郡。后齐改为齐江郡。陈又改为临江郡。周改为同江郡。开皇初郡废。大业初，置历阳郡。有六合山。"

江都郡　　统县十六，有全椒、六合县。全椒："梁（502—557）曰北谯，置北谯郡。后齐（550—577）改郡为临滁。后周（557—581）又曰北谯。［隋文帝］开皇（581—600）初郡废，改县为滁水。［炀帝］大业（605—618）初改名焉。有铜官山、九斗山。"六合："旧曰尉氏，置秦郡。后齐置秦州。后周改州曰方州，改郡曰六合。开皇初郡废，四年（584）改尉氏曰六合，省堂邑、方山二县入焉。大业初州废。又后齐置瓦梁郡，陈（557—589）废。有瓜步山、六合山。"（元大德刊本，浙江古籍出版社百衲本《二十五史》缩印，1998年，册三，页1056；《隋书》，中华书局点校本，1973年，册三，页873—874）

［后晋］刘昫等撰《旧唐书》卷四十《地理志三·淮南道》："和州　　隋历阳郡。

武德三年（620），杜伏威归国，改为和州。天宝元年（742）改为历阳郡。乾元元年（758）复为和州。旧领县二。"天宝领县三："历阳　汉县，属九江郡。东晋（317—420）置历阳郡。宋（420—479）为南豫州。北齐（550—577）置和州。隋（581—618）为历阳郡。国初复为和州。皆治此县。"

乌江　**汉东城县之乌江亭，属九江郡**。北齐为密江郡。陈为临江郡。后周为问江郡。隋为乌江郡。县皆治此。

含山　"武德六年（623）置，八年废。长安四年（704）复，为武寿县。神龙元年（705），复为含山。"（宋绍兴刊本，浙江古籍出版社百衲本《二十五史》缩印，1998年，册四，页108；《旧唐书》，中华书局点校本，1975年，册五，页1574—1575。）

〔元〕脱脱等撰**《宋史》**卷八十八《地理志四·淮南西路》："和州，上，历阳郡，防御。南渡后为姑熟、金陵藩蔽也。"县三："历阳，紧，有梁山、栅江二寨。含山，中，有东关砦。**乌江，中，〔宋高宗〕绍兴五年（1135）废为镇，七年（1137），复**"。（元至正刊本，浙江古籍出版社百衲本《二十五史》缩印，1998年，册五，页254；《宋史》，中华书局点校本，1977年，册七，页2183—2184）

〔明〕宋濂等撰**《元史》**卷五十九《地理志二·河南江北等处行中书省、淮西江北道肃政廉访使·庐州路》："和州，中，唐改历阳郡，后仍为和州。宋隶淮南西道。元〔世祖忽必烈〕至元十三年（1276），置镇守万户府。明年，改立安抚司。又明年，升和州路。二十八年（1291），降为州，隶庐州路。旧设录事司，后入州自治。领三县：历阳，上，倚郭。含山，中。**乌江，中**。"（明洪武刊本，浙江古籍出版社百衲本《二十五史》缩印，1998年，册七，页602；《元史》，中华书局点校本，1976年，册五，页1411）

〔清〕张廷玉等撰**《明史》**卷四十《地理志一·南京》："和州　元治历阳县，属庐州路。〔明太祖〕洪武（1368—1398）初，省州入县。二年（1369）九月，复改县为州，仍属庐州府。七年（1374）属凤阳府。寻直隶京师。梁山在南，与当涂县博望山夹江相对，谓之天门山，亦曰西梁山。又东南有横江，南对当涂县之采石矶。西南有栅江，即濡须水，入江之口也。南有白石水，又有裕溪河，源出巢湖，皆南流注于江。西有麻湖，亦曰历湖，〔明成祖〕永乐（1403—1424）中堙。**东北有乌江县，洪武初省**。东有浮沙口、南有裕溪镇二巡检司。又南有牛屯河巡检司，后移于**乌江镇，即故乌江县也**。"（清武英殿刊本，浙江古籍出版社百衲本《二十五史》缩印，1998年，册八，页99；《明史》，中华书局点校本，1974年，

册四，页931—932）

应天府 领县七，中有**江浦县**："府西。**本六合县浦子口巡检司。洪武九年（1376）六月改为县，析和、滁二州及江宁县地益之**。二十五年（1392）七月，移于江北新开路口，仍置巡检司于旧治。东南滨大江，有江淮卫，洪武二十八年（1395）正月置。又有西江口巡检司。"（清武英殿刊本，浙江古籍出版社百衲本《二十五史》缩印，1998年，册八，页98；《明史》，中华书局点校本，1974年，册四，页911—912）

辑者按：据《史记·项羽本纪》，项王自垓下溃围南驰，渡淮后至阴陵，迷失道，受绐陷大泽。出泽后复引兵而东，至东城，乃有二十八骑，以东城县域一座无名小山为依托，居高临下突击汉骑，溃围、斩将、刘旗后再度南驰至乌江渡口。乌江原为秦时东城县属下江滨的一个亭。乌江，作为县级建制，始见于《晋书·地理志下》的记载，为西晋扬州淮南郡所辖十六县之一，与历阳县并列而紧随东城县之后。《宋书·州郡志》"乌江令"原注："二汉无。《晋书》有乌江，《太康地志》属淮南。"太康（280—289）为晋武帝司马炎的年号。《晋书》的《地理志》正是以《太康地志》为蓝本编成。据此可知，**乌江设县始于晋武帝太康年间**。《旧唐书·地理志》云："乌江，汉东城县之乌江亭，属九江郡。"据此可知，**乌江县系晋初自汉东城县析置**。乌江，自晋初置县，历经六朝、唐、宋、元诸代，或为淮南郡属县，或为临江郡及乌江郡治所，或从属和州、历阳郡，**咸与历阳县并立而不相统属**。据《明史·地理志一》的记载，乌江县于明朝洪武初年裁省，西境并入历阳县而为乌江镇，东境析入应天府江浦县。**溯源追本，绝无乌江"秦汉时属历阳县"其事**。

附：历阳

《史记·项羽本纪》："汉之三年，项王数侵夺汉甬道，汉王食乏，恐，请和，割荥阳以西为汉。项王欲听之。历阳侯范增曰：'汉易与耳，今释弗取，后必悔之。'项王乃与范增急围荥阳。"

辑者按：历阳，作为地名首见于此。由"历阳侯"可知，灭秦之后，项羽主持分封王侯时，封范增为历阳侯，于是秦时九江郡领属的历阳县遂成为西楚王国之历阳侯邑。历阳，民国元年（1912）更名和县，即今安徽和县。

二、古舆地志书的著录

［北魏］郦道元撰

《水经注》四十卷

据王国维《水经注校》本，上海人民出版社，1984年，第1版。

垓下聚

卷三十《淮水》："淮水又东，迳夏丘县南"下《注》文："浍水又东南流于浍县故城北。县有垓一聚（一作垓下聚），汉高祖破项羽所在也。"（页974）

阴陵县

卷三十《淮水》："淮水又北，迳莫耶山西"下《注》文："山南有阴陵县故城。汉高祖五年，项羽自垓下，从数百骑，夜驰渡淮，至阴陵，迷失道，左陷大泽。汉令骑将灌婴以五千骑追及之于斯县者也。"（页968）

东城县

卷三十《淮水》："淮水又东，池水注之"下《注》文："〔池〕水出东城县，东北流，迳东城县故城南。汉以数千骑追羽，〔羽〕帅二十八骑引东城，因四隤出，斩将而去，即此处也。《史记》孝惠八年（前187），封淮南厉王子刘赐为侯国。"（页975）

辑者按：《注》文称池水"出东城县"，明谓池水源出秦、汉时之东城县域。其源头发脉处，在今安徽肥东县东北部的八斗、白龙两镇的山谷间。可证秦、汉之东城县西境包今肥东县东北部一带地域。

［唐］李吉甫撰

《元和郡县图志》四十卷

据中华书局，1983年，第1版。

东城县故城

卷九《河南道五》：东城县故城，在县东南五十里。项羽自阴陵至此，尚有二十八骑，南走至乌江亭。灌婴等追羽，杨喜斩羽于东城，即此地也。（页236—237）

辑者按："杨喜斩羽于东城"，系约《史记·项羽本纪》"最其后，郎中骑杨喜，骑司马吕马童，郎中吕胜、杨武各得其一体"的叙文。"即此地"云者，上承"南走至乌江亭"之"乌江亭"而言，明确说明"乌江亭"地属"东城县"。

滁州·全椒县

九斗山 在县南九十余里。昔项羽兵败，欲东渡乌江，途经此山，与汉兵一日九斗，故名。（页1076）

和州·历阳县

本秦旧县，项羽封范增为历阳侯。县在水北，故曰历阳。北齐以两国通和，改曰和州。横江，在县东南二十六里，直江南采石渡处。（页1077）

和州·乌江县

魏黄初三年（222），曹仁据乌江以讨吴。**晋太康六年（285）始于东城置乌江县，隶历阳郡。** 安阳渡，在县东北八十里，与上元县对岸。 乌江浦，在县东四里，即亭长舣船之处。（页1077—1078）

辑者按：李吉甫《元和郡县图志》原《序》称，其书起京兆府，尽陇右道，凡四十七镇，成四十卷。每镇皆图在篇首，冠于叙事之前，故名《元和郡县图志》。宋时图已亡，并阙淮南道卷。"滁州·全椒县"以下三条，录自中华书局本《元和郡县图志》附《阙卷逸文》卷二，清江阴缪荃孙自南宋王象之撰《舆地纪胜》所引《元和郡县图志》辑出。乌江县下的安阳渡，即浦子口（今习称浦口）。上元县，唐肃宗上元二年（761）以江宁县更名，治所即今江苏南京市。

[宋] 乐史撰

《太平寰宇记》二百卷，存一百九十三卷

据《文津阁四库全书》本，国家图书馆藏，商务印书馆影印，2006年。

卷一百二十四《淮南道二·和州》：

和州历阳郡 今理历阳县。《禹贡》扬州之域。春秋时楚地。《左氏传》云："吴取楚太子建之母于巢。"又云："楚囊师于棠。"杜预："楚地。"和州盖分为二邑，皆楚境。战国时犹为楚地。秦属九江郡。汉为历阳县，属郡不改。《土地十三州志》云："扬州后

徒于阴陵。"今按：濠州定远县界阴陵故地是也。即知汉末兼为扬州。在吴时为重镇。晋为淮南郡。东晋改为历阳郡。元领县三：历阳、乌江、含山。

历阳县 元十二乡，今八乡，本汉旧县也。南有历水，故名历阳。九江都尉居之，属九江郡。后汉为扬州所理之地。

> **麻湖，**亦古历阳城之城地，在县西三十里，源出桑山。《淮南子》云："历阳之郡一夕反而为湖。"

乌江县 〔州〕东北四十里，旧十五乡，今四乡。**本秦乌江亭，汉东城县地。**项羽败于垓下，东走至乌江，亭长舣船待羽处也。魏黄初三年（222），曹仁据乌江以讨吴。**晋太康六年（285），始于东城界置乌江县。**隋为乌江郡。

> **四隤山，**在县西北七十五里。项羽既败垓下，东走至东城，所从惟二十八骑。汉兵追者数千。羽乃引骑因四隤山而为圆阵，即此山也。

> **项亭，**《汉书》云：汉军追羽至东城，乌江亭长舣船待之，即此。今有庙，在县南三里。《史记》云："身死东城"，是也。

江水经州城北下五里，与上元县分中流为界。**乌江浦，**在县东四里。**安阳渡，**在县东北八十一里，与上元县对界。（《文津阁四库全书》本，册469，页206—209）

> **辑者按：**四隤山在乌江县西北三十里。《寰宇记》云"在县西北七十里"，疑"县"字系"州"字之误。明刻《直隶和州志》云："四隤山在州北七十里"，可证。

卷一百二十八《淮南道·濠州》：

> **定远县，**〔州〕南一百里。旧十乡，今九乡。**本汉东城县地。**《汉书·淮南王传》：汉文帝封淮南厉王长子良为东城侯，属九江郡也。

> **古曲阳城，**在县西北九十五里，秦时为曲阳县。王莽割入阴陵县。

> **故阴陵城，在县西六十里。**汉为县，属淮南郡。《汉书·项籍传》云：羽败于垓下，溃围南走。骑将灌婴追。羽至淮，过阴陵，迷失道，即此处。

> **废定远城，**在县西南八十五里。

> **废东城，汉县故城。**项羽自阴陵至此，又南走乌江亭，杨喜等斩羽于此。在县东南。梁亦置临濠，即于此，在县东。《括地志》："东南五十里。"

> **虞姬冢，**在县南六十里，高六丈，即项羽败杀姬葬此。

> **项羽庙，**在县西六十里。故老相传云：项羽既败，迷于此地，后立庙。（《文津阁四库全书》本，册469，页242—243）

［北宋］王存等奉敕撰

《元丰九域志》十卷

据中华书局，1984年，第1版。

卷第五《淮南路·和州历阳郡》：

领县三：历阳、含山、乌江

乌江，州东北三十五里，四乡。汤泉、永安、石碛、新市、高望五镇。有四隤山、大江、乌江浦。（页202—203）

辑者按：《元丰九域志》，北宋神宗元丰（1078—1085）年间王存等奉敕编撰的地理总志。所录乌江县辖五镇，均在今江苏省江浦县境（现为浦口区），汤泉、高望（今称高旺）两镇的镇名沿用至今。可证直至北宋，乌江县不仅辖有今安徽省和县东部的乌江镇，而且辖有乌江镇迤东江浦县全境。

［北宋］欧阳忞 撰

《舆地广志》三十八卷

据《文津阁四库全书》本，国家图书馆藏，商务印书馆影印，2006年。

卷二十《淮南东路·滁州》：

上、**滁州**　　春秋属吴。战国属楚。秦及二汉属九江郡。晋时属淮南郡。宋置新昌郡。齐置南谯州。北齐改郡为临滁郡。后周改曰北谯。隋开皇（581—600）初，郡皆废，改南谯州为滁州。大业（605—618）初，州废，属江都郡。唐武德二年复置。天宝元年更曰永州郡。今县三。

望、**清流县**　　**本汉全椒县地**。后魏置顿丘县及新昌郡南谯州。故城在今县西南八十里。北齐徙来治此。隋开皇初，改为滁州，废郡为新昌县，十八年改曰清流。大业初，州废，属江都郡。唐置滁州。周世宗征南唐，李璟使皇甫晖屯清流关，为周师所败，晖被擒于此。

望、**来安县**　　本永阳县。唐景龙三年，**析清流县置，属滁州。后改为来安**。

紧、**全椒县**　　二汉属九江郡。晋属淮南国，后废。梁置北谯县及北谯郡。北齐改县曰临滁。后周复曰北谯。隋开皇初，郡废改县曰滁水。大业初，改曰全椒，属江都郡。唐属滁州。二汉**阜陵县**，属九江郡，明帝时沦为麻湖。晋属淮南郡，后废焉。

故城在今县南。（册0470，页344—345）

卷二十一《淮南西路·和州》：

上、**和州**　春秋属吴。战国属楚。秦、汉属九江郡。汉末扬州之刺史自寿春徙治此。吴为重镇。晋属淮南郡，及惠帝永和元年分置历阳郡。宋兼置南豫州，齐、梁皆因之。北齐改置和州。隋开皇初，郡废。大业初，州废，复置历阳郡焉。唐武德三年，改为和州。天宝元年曰历阳郡。皇朝因之。今县三。

紧、**历阳县**　秦、汉属九江郡。汉末为扬州治。晋为历阳郡。宋置南豫州。北齐置和州。隋、唐因之。有历湖。

中、**含山县**　唐武德四年（621）析历阳置，八年省。长安四年（704）复置，更名武寿。神龙元年复故名。有濡须水，吴孙权筑濡须坞以拒曹公。汉建安二十年（215），公自围之不克。后黄武二年（223），魏军又攻之，不拔。（册0470，页349）

中、**乌江县**　**本秦东城县之乌江亭**。项羽欲渡乌江，即此。二汉属九江郡。**晋置乌江县，属淮南郡**。魏置江都郡。北齐改为齐江郡。陈改为临江郡。后汉改为同江郡。隋开皇初，郡废，属和州。（册0470，页349）

卷二十一《淮南西路·濠州》：

上、**濠州**　本钟离子国。春秋时楚灭之以为县。吴又取之楚。战国复属楚。秦及二汉属九江郡。晋属淮南郡。东晋时置钟离郡。宋、齐、梁因之。齐兼置北徐州。北齐改名曰西楚州。隋开皇（581—600）初郡废，置濠州。大业（605—618）初，州废置钟离郡。"濠"字初作"豪"，唐元和三年（808）改从"濠"。天宝元年（742）复曰钟离郡焉。皇朝因之。今县二。

望、**钟离县**　故钟离子国，嬴姓。后为楚边邑。楚平王时，吴之边邑卑梁处女与钟离小童争桑，两家交怒相攻灭。两邑长又怒而起兵相攻，遂灭卑梁。吴王闻之，又怒使公子光伐楚，拔钟离而还。东晋置钟离郡。隋置濠州。唐因之。又后魏置当涂县及马头郡。北齐改为马头县，置荆山郡。隋开皇初，郡废，改县曰涂山，属濠州。唐武德七年（624），省入钟离。有涂山，禹之所娶也。有濠水，庄子与惠子观鱼之所。梁武帝堰淮水于钟离以灌寿春，即此。

望、**定远县**　**本汉东城县，属九江郡**。项羽兵败东城，即此地。东汉因之。晋属淮南郡。**梁改东城曰定远，置临濠郡**。北齐改郡曰广安。隋开皇初，郡废属濠州。唐因之。晋曰西曲阳，属淮南郡。北齐省之，定远来属。（册0470，页350—351）

[南宋] 王象之撰

《舆地纪胜》二百卷

据文选楼钞本影印，全八册，中华书局，1992年，第1版。

卷第四十八《淮南西路·和州》：

[州沿革]

和州上　历阳郡，防御。《九域志》。《禹贡》扬州之域。《寰宇记》。在春秋时为楚地，此据《寰宇记》。战国犹为楚地。《寰宇记》。秦为历阳县，隶九江郡。此据《元和郡县志》。又，刘禹锡《和州壁记》云：亦为九江治所。汉属淮南国，后属九江郡。《西汉志》云：九江郡，秦置。高帝四年（前203）更名为淮南国。武帝元狩元年（前122）复故。而历阳为九江都尉治所。《西汉志》历阳县下。后汉扬州移理于此。此据《元和郡县志》。又《东汉志》历阳国下书云：为刺史治所。三国时属吴，为重镇。此据《寰宇记》。然《元和郡县志》以为吴、魏交争之所。按：吴、魏交争乃在居巢、东关、濡须之间。然历阳虽密迩诸处，而考之《通鉴》，战争之迹不显。《舆地广记》："属吴，为重镇。"晋属淮南郡。《晋志》淮南郡下有历阳、乌江二县及阜陵县。又于阜陵县下注云："汉明帝时沦为麻湖。"或者：麻湖即历湖。历字与麻字相类，后人讹耳。惠帝分立历阳郡，《晋志》不载分立历阳郡一节。《元和郡县志》云：晋平吴，立淮南郡，后改历阳郡。而不言其时。《寰宇记》云：东晋改为历阳郡。象之谨按：《晋志》淮南郡立于汉武，非晋平吴之时也。又按：《宋志》云："历阳太守，晋惠帝永兴元年（304）分立。"刘禹锡亦云：立于永兴时。又非分于东晋也。今不取。历阳、乌江、龙亢三县隶焉。沈约《宋志》。或为内史，《通鉴》明帝太宁三年（325），苏峻为历阳内史。或为太守。《通鉴》成帝咸康元年（335），袁耽为历阳太守。扬州刺史或治历阳。《南齐志》云：穆帝永和（345—356）中胡伪扬州刺史王泱以寿春降，而刺史或治历阳。宋分豫州为南豫州，治历阳。《通鉴》宋高祖永初二年（421）诏分豫州淮以东为南豫州，治历阳，以彭城王义康为刺史。……而淮西为豫州。《齐志》：历阳郡有历阳、龙亢、雍邱三县。此据《齐志》。而乌江县乃隶临江郡，《注》云：建元二年（480）罢郡，并历阳。……至今不废。今领县三，治历阳。（册三，页1923—1927）

[县沿革]

历阳县　倚郭。《元和郡县志》云："本秦旧县，项羽封范增为历阳侯。县在水北，故曰历阳。"《前汉志》属九江，为都尉理所。莽曰明义。《后汉志》云：历阳为扬州刺史治所。沈约《宋志》云：晋置历阳郡于此。《元和郡县志》云：北齐以两国通和，改曰和州。隋、唐及皇朝因之。（册三，页1927）

乌江县　　在州东北三十五里。《寰宇记》云：**本秦乌江亭，汉东城县地。**项羽至乌江，乌江亭长舣船待，即此处也。《元和郡县志》云：魏黄初三年（222），曹仁据乌江以讨吴。**晋太康六年（285）始于东城置乌江县，隶历阳郡。又按：《晋志》淮南郡下，始有乌江县。**沈约《宋志》于历阳郡下书云："乌江令，二汉无有，《晋书》有乌江，《太康地志》：属淮南。"而《南齐志》临江郡下有乌江县。《隋志》云：梁置江都郡。后齐改为齐江郡。陈又改为临江郡。周又改为同江郡。开皇（581—600）初郡废，属和州。大业（605—618）初置历阳郡。《唐志》：隶和州。《国朝会要》云：绍兴五年（1135）废为镇，七年（1137）复为县。（册三，页1928）

[景物上]

东城　　《乌江县学记》曰："乌江号东城。"（册三，页1931）

汤泉　　在乌江县东北五十七里。韩熙载为之《记》。元丰（1078—1085）初，秦观与孙觉、僧道潜来游，皆有诗。观又为赋，并苏轼跋。后孙觉结庵其上，榜曰"寄老"，刘邠有《记》。（册三，页1933）

乌江浦　　《元和郡县志》：在乌江县东四里，即亭长舣船之处。（册三，页1935）

四隤〔隤〕山　　在乌江县西北三十里，直阴陵山。项羽既败于垓下，走至东城，所从惟二十八骑。汉兵追者千余。乃引骑依四隤〔隤〕山为圆阵，即此山也。今山石上有走马足痕。（册三，页1937）

六合山　　梁武帝登此山以望六合，因名之。（册三，页1937）

阴陵山　　在乌江县西北四十五里，即项羽迷失道处。（册三，页1938）

安阳渡　　《元和郡县志》云：在乌江县东北八十里，与上元县对岸。（册三，页1938）

[古迹]

亚父城　　刘禹锡《壁记》云："城坚而高，亚父所营。"（册三，页1939—1940）

项王亭　　《和州志》：李德裕有《项王亭赋》。

项王系马柱　　在乌江霸王祠。（册三，页1940）

[南宋] 祝穆撰

《方舆胜览》七十卷

据《文津阁四库全书》本，国家图书馆藏，商务印书馆影印，2006年。

卷四十七《淮东路·滁州》：

　　滁州：清流、来安、全椒

　　[建制沿革]《禹贡》扬州之域。吴地，斗分野。春秋时属吴、楚之交。秦为九江郡。二汉因之。晋属淮南郡。宋属新昌郡。梁于此立南谯州，今之州城是也。又改北谯为滁郡，而南谯领新昌、临滁、高塘三县。隋改谯为滁州。唐析扬州地置滁州。皇朝因之。中兴为濠滁镇抚使。今领县三，治清流。（册0471，页78）

[形胜]

　　九斗山　一名阴陵山，在全椒县南九十余里。昔项羽兵败，欲东渡乌江，经此山，与汉兵一日九斗，故名。（册0471，页79）

　　辑者按：此云九斗山"在全椒县南九十余里"，系沿袭唐李吉甫《元和郡县图志》之误。全椒县南九十余里，已达历阳县城了。《明一统志》卷十八及顾祖禹《读史方舆纪要》卷二十九，均著录："九斗山，在全椒县东南二十五里。一名阴陵山。"

卷四十九《淮西路·和州》：

　　和州：历阳、含山、乌江

[建制沿革]《禹贡》扬州之域。于天文直南斗魁。春秋战国属楚。秦为历阳县，隶九江郡。汉属淮南国，后属九江郡，而历阳为治所。后汉扬州移理于此。三国吴为重镇。晋立历阳郡。宋为南豫州，治历阳。后齐立和州。隋、唐或为历阳郡，或为和州。皇朝因之，尝兼管内安抚。今领县三，治历阳。（册0471，页92）

[山川]

　　阴陵山　在乌江西北四十五里，即项羽迷失道处。

　　四溃山　在乌江县西北三十里，直阴陵山。项羽既败于垓下，走至东城，所从惟二十八骑。汉兵追者千余。羽乃引骑依此山为圆阵。（册0471，页93）

[明] 李贤等奉敕撰

《明一统志》九十卷

　　据《文津阁四库全书》本，国家图书馆藏，商务印书馆影印，2006年。

卷六《南京》

[建置沿革]《禹贡》扬州之域。天文斗分野。春秋属吴。战国属越（前473年越灭吴而有之），后属楚。楚威王（前339—前329在位）初置金陵邑，因其地有王气，埋金

以镇之，故名。秦始皇以金陵有都邑之气，改曰秣陵，属鄣郡。汉改鄣郡为丹阳郡。武帝后，扬州刺史治此。吴（222—280）自京口徙都于此，改为建业。晋平吴（280），改建业为秣陵。寻分秣陵北为建业，改"业"为"邺"。〔晋愍帝〕建兴（313—316）初，改为建康。东晋元帝（317—322在位）复都此，置丹阳郡。宋齐梁陈因之。隋平陈（589），废郡，更于石头城置蒋州。唐武德（618—626）初，置扬州，后复置蒋州，又为扬州大都督府，寻罢。至德（756—757）初，置江宁郡。乾元（758—759）初，改昇州，后废，复置。五代（907—960）时，吴杨氏建大都督府，寻改为金陵，又改为江宁府。南唐（937—975）李氏都之。宋（960年开国）复为昇州。仁宗（1023—1063）升为江宁府、建康军节度。高宗（1127—1162在位）改为建康府，建行都，置行宫留守。元至元（1280—1294）中改为建康路，元贞（1295—1296）初，立江南诸道行御史台，天历（1328）初又改为集庆路。本朝丙申（1416）年，改为应天府，领县八……

江浦县 在府西四十里。本楚棠邑地。晋为秦郡地。隋为六合县地。唐宋元因之。本朝洪武九年（1376），始以六合县及和、滁二州地析置江浦县。二十四年（1391），仍割江宁县一乡附之。编户三十七里。

六合县 在府西北一百三十里。本楚之棠邑。汉属临淮郡。东汉属广陵郡。晋隆安（397—401）初于此置秦郡。后周改秦郡为六合县。隋以六合属江东。唐属扬州。南唐于此置雄州。周仍为县。宋真州。元因之。本朝洪武三年（1370）改属扬州府，后改属应天府。编户一十九里。（册0471，页384）

[山川]

四溃山 在江浦县西南七十里。昔项羽败垓下，走至东城。汉兵追之。羽引骑依四溃山为阵，即此。石上有马迹。或云：汉兵四面围羽，羽引兵溃围斩将于此，因名。俗呼为四马山。

六合山 在六合县北八十里。旧名六峰，曰：寒山、狮子、双鸡、芙蓉、高妙、石人。山有三泉，曰：虎跑、真珠、白鼋。（册0471，页386）

卷七《中都》

[建制沿革]《禹贡》扬州之域。天文斗分野。古为涂山氏之国。战国时属楚淮南郡。秦属九江郡。汉更郡为淮南国。武帝初复属九江郡。东汉为钟离侯国。晋属淮南郡。安帝（397—418在位）时置钟离郡，属徐州。刘宋泰始（465—471）末，改属南兖州，后置北徐州，治钟离。北齐改为西楚州。隋开皇（581—604）初改为濠州。大业

（605—618）初，复改为钟离郡。唐复为濠州。天宝（742—755）初，又改为钟离郡。乾元（758—759）初，复为濠州。贞元（785—804）中改属徐州，后复为濠州。五代时，南唐改置定远军。宋建炎（1127—1130）间复为濠州。元至元（1280—1294）中，置濠州安抚司，后升濠州路，未几改临濠府。后复为濠州，属安丰路。本朝为兴业之地。吴元年（1367）改临濠府。洪武三年（1370）改中立府，定为中都。七年（1374）改为凤阳府，自旧城移治中都城，直隶京师。领州五、县十三。

凤阳府　　附郭。**秦、汉并为钟离县地**。历代皆因之。本朝改为临淮县。洪武七年，始析临淮之太平、清洛、广德、永丰四乡置凤阳县，以在凤凰山之阳，故名。十一年，又割虹县南八都益之。编户三十四里。

临淮县　　在府东北二十里。**本秦九江郡之钟离县**。东汉为钟离侯国。晋复置安离县，属淮南郡。隋于此置濠州。唐以涂山县省入。宋、元仍旧。本朝洪武三年（1370），改置中立县，寻改临淮县，仍治旧城。编户四十九里。

定远军　　在南九十里。**本秦曲阳县。汉为东城县，属九江郡**。东汉改为西曲阳县。晋为淮南郡。梁改曰丰城县，置定远郡。寻改郡曰广安、县曰定远。南齐改广安曰大安郡。隋罢郡，改县曰临濠。唐初复为定远县。宋、元仍旧。本朝因之。编户三十三里。（册0471，页406—407）

[山川]

　　九头山　　在盱眙县南三十五里。山有九邱，因名。（册0471，页410）

[祠庙]

　　西楚霸王庙　　在定远县南六十里。相传项羽败还至此，后人为立庙。（册0471，页415）

[陵墓]

　　虞姬墓　　在定远县南六十里。俗称嗟姬墩。又灵璧县东二十三里亦有墓。相传灵璧葬其身，定远葬其首。宋苏轼诗："帐下佳人拭泪痕，门前壮士气如云。苍黄不负君王意，只有虞姬与郑君。"（册0471，页416）

[古迹]

　　东城　　在定远东南五十里。项羽败走东城，即此。汉置县，属九江郡。《东汉·滕抚传》：阴陵人徐凤反，攻烧东城。或云：东城废县在和州境。

　　阴陵城　　在定远县西北六十里。《汉书》：灌婴追，项羽失道，即此。县属九江郡。晋属淮南。宋梅询诗："龙虎相驰逐，干戈事战争。千重汉围合，一夜楚歌声。"又云：

"失道欺田父，穷途遇灌婴。天亡终不悟，览古一伤情。"（册0471，页417）

卷十七《和州》：

［建置沿革］《禹贡》扬州之域。天文斗分野。春秋战国皆为楚地。秦置历阳县，隶九江郡。汉初属淮南国，后仍属九江郡。东汉为扬州刺史治所。三国属吴，为重镇。晋属淮南郡。东晋分置历阳郡。刘宋兼置南豫州，治历阳。梁末属东魏。北齐置和州，领历阳、齐江二郡。后周齐江曰乌江。隋罢郡，复置和州，治历阳县。大业初改历阳郡。唐初为和州。天宝初又为历阳郡。乾元初复为和州。五代时属南唐，后属后周。宋隶淮南西道。元升和州路，后为和州，隶庐州路，领历阳、含山、乌江三县。本朝初，省历阳、乌江二县入和州。洪武二年（1369），又改为历阳县，仍隶庐州。寻复为和州，直隶京师。编户四十一里。领县一：

　　含山县　在州城西五十里。本汉历阳县地。东晋于此侨置龙亢县。唐武德六年改含山县，取州境含山为名，寻省。长安（701—704）中复置，改为武寿县。神龙（705—707）初复为含山县。宋元仍旧。本朝因之。编户一十八里。

［山川］

　　六合山　在州城西北六十里。一名方山。梁武帝尝登此山以望六合，因名。

　　阴陵山　在州城北八十里。即项羽迷失道处。

　　乌江浦　在州城北故乌江县东四里。项羽败于垓下，东走至乌江，亭长舣船待羽，即此地。唐胡曾诗："乌江不是无船渡，耻向东吴再起兵。"又僧诗云："拔山力尽乌江水，今古悠悠空浪花。"（册0471，页611—613）

［宫室］

　　项亭　在乌江浦。唐·李德裕赋："望牛渚之苍然，叹乌江之不渡。思项氏之入关，按秦图而割据。恃八千之剽疾，弃百二之险固。咸阳不留，王业已去。"

［祠庙］

　　西楚霸王祠　在州城东北四十里。西楚霸王，项羽也。宋绍兴间，金主亮欲渡江，乞杯珓，不从。亮怒，欲焚庙。俄有大蛇绕出屋梁。殿后林木中鼓噪发声若数千兵。亮大惊，左右骇散。许表诗："千载兴亡草浪愁，汉家功业亦荒丘。空余原上虞姬草，舞尽春风未肯休。"

［古迹］

　　乌江废县　在州北。本秦乌江亭，汉为东城县地。晋始置乌江县。梁于县置江都郡。北齐改齐江郡。陈改临江郡。后周又改乌江郡。隋复为县。宋绍兴（1131—1162）

中废为镇，寻复置。本朝省入和州。

历阳废县 在州城内。本秦县。项羽封范增为历阳侯，即此。新莽改曰明义。东汉以来仍为历阳县。本朝并入和州。（册0471，页615）

卷十八《滁州》：

领县二：全椒、来安

［山川］

九斗山 在全椒县东南二十五里。一名阴陵山。昔项羽兵败欲东渡乌江，道经此山，与汉兵一日九战，故名。山石有磨砺刀镞迹。（册0471，页619）

［古迹］

建阳城 在州城东四十里，本汉邑。东汉时省入全椒。

阜陵城 在全椒县东一十五里。本汉县，属九江郡。后废。

顿丘城 在来安县治东。刘宋割秦郡顿丘以立新昌郡及县。又隋废丰乐、高塘二县入顿丘，即此。

南谯城 有二。一在全椒县北二里，梁置南谯州于此。又云：在桑根山下；一在州西南八十里。北齐徙州治于此。隋初改为滁州，大业初改为清流县，即此。

临滁城 在州城东五十五里。梁置北谯郡，北齐改临滁郡，治此。俗呼为罗城。

北谯城 在全椒县西北二十里。梁置郡治此。后废。

丰乐城 在全椒县西南七十里。

［明］黄绍文纂修

《六合县新志》

据明·嘉靖刻本，《天一阁藏明代方志选刊续编》，第七册，上海书店出版社影印，1990年12月，第1版。

卷之一：

［山川］六峰拱合，邑以得名。

定山 在县南六十里，高二百六十丈，周一十八里。有峰六：曰寒山，曰狮子，曰双鸡，曰芙蓉，曰高妙，曰石人。一名六峰山，六峰对峙拱合，**又名六合山，邑之得名以此**。岩二：曰观音，曰达摩。泉三：曰虎跑，曰真珠，曰白鼍。**山南属江浦**。六合八景，"定山出云"其一也。（页741）

嘉庆《重修大清一统志》

据《四部丛刊续编》本，商务印书馆1934年出版，上海书店1984年重印。

卷七十二《江苏统部·江宁府一》：

江浦县 两汉堂邑、全椒二县地。洪武九年（1376）析六合县及滁、和二州地置，属应天府。

阴陵山 在江浦县西南四十五里。又西南十里有四溃山，皆接安徽和州界。

卷一百三十一《和州》：

[**建制沿革**] 《禹贡》扬州之域。春秋战国皆楚地。秦为九江郡地。汉置历阳县，为九江郡都尉治。后汉为扬州刺史治。三国属吴。晋初属淮南郡。永兴元年，分置历阳郡。

[**形势**] 当江淮水陆要冲，为姑孰金陵藩蔽。（《宋史·地理志》）

[**山川**]

六合山 在州西北六十里。《宋书·孝武帝纪》：大明七年（463），登乌江县六合山。《隋书·地理志》：乌江有六合山。《舆地纪胜》：一名方山，在县西北七十里。梁武帝尝登此山以望六合，故名。

四溃山 在州北七十里。亦名四马山。接江苏江宁府江浦县界。《寰宇记》：四溃山在乌江县西北七十五里，即项羽溃围处。《舆地纪胜》：在乌江县西北三十里，直阴陵山。

阴陵山 在州北八十里，接江浦县界。《舆地纪胜》：在乌江县西北四十五里，即项羽迷道处。《州志》：山小多石，上有刺枪坑，阔一丈许，石罅水常清，相传为项羽立枪地。

乌江浦 在州东北四十里。土多黑埌，故名。《史记·项羽本纪》："羽欲东渡乌江。乌江亭长舣船待。"《三国·魏志·曹仁传》：文帝诏仁督诸军据乌江。《元和志》：乌江浦在乌江县东四里，即亭长舣船处。

[**古迹**]

历阳故城 今州治，秦置。项羽封范增为侯邑。后汉永平（58—75）中，儿江盗据历阳，为江淮巨患，久之始平。……《寰宇记》：本汉旧县，南有历水，故曰历阳。旧《志》：今州城旧为亚父城，世传项羽王西楚，封范增于历阳。则和县疑为范筑，故曰"亚父城"。

乌江废县 在州东北。晋太康中置，属淮南郡。永兴（304—306）中，改属历阳郡。宋大明七年（463），校猎于历阳之乌江，寻割历阳、秦郡，置临江郡。永光元年（465）罢。《齐志》复有临江郡。建元二年（480），罢并历阳。后复置，治乌江县。《唐书·地理志》：乌江属和州。《寰宇记》：县在州东北四十里。**本秦乌江亭，汉东城县地。晋太康六年（285）置县。**宋绍兴五年（1135）废为乌江镇，属历阳县，七年复为县。明初，省入州。今为乌江镇。

卷一百二十五《凤阳府一·山川》：

镆铘山　在凤阳县南五十里，接定远县界。《水经注》：濠水出镆铘山。《寰宇记》：相传镆铘铸剑于此。

古洨水　在灵璧县东南。《水经注》：洨水首受蕲水于蕲县东南，流经穀城县。又东南流于洨县故城北，又东南入于淮。《县志》：在县东南濠城池。《汉书》应劭注："洨县，洨水所出，南流入淮。"或曰：即今沱河。

卷一百二十六《凤阳府二·古迹》：

东城故城　**在定远县东南。秦置县。**二世二年（前208），陈胜将葛婴至东城，立襄彊为楚王。汉高帝五年（前202），项羽兵败，自阴陵引而东，至东城乃有二十八骑。汉文帝八年（前172），封淮南厉王子良为侯邑。《地理志》：属九江郡。后汉属下邳郡。建康（144）末，阴陵人徐凤反，攻烧东城。晋属淮南国。**东晋后县废。**《括地志》：**东城故城，在今县东南五十里。**《寰宇记》：梁天监三年（504），土人蔡丰据东城，自魏归梁，武帝嘉之，改曰"丰城"，立为定远郡，又改为广安郡定远县。隋开皇三年（583），废郡留县。大业十一年（615），县废。唐武德二年（619），于废广安郡置定远县。天宝四年（745），移于今治。

阴陵故城　**在定远县西北。故秦县。**《汉书·项籍传》：籍渡淮，至阴陵，迷失道。《地理志》：九江郡阴陵。后汉为九江郡治。晋属淮南郡。梁置北谯郡，治阴陵。东魏因之。后周，郡县俱废。《水经注》：镆铘山南有阴陵县故城。**《括地志》：在县西北六十五里。**《县志》：城周二里，故址犹存。

［清］顾祖禹撰

《读史方舆纪要》一百三十卷

据《续修四库全书》入编之宛溪顾氏世藏上海图书馆现藏顾祖禹当日手定原本，上海古籍出版社影印。

卷二十《南直二·应天府》领县八，有：

江浦县　　府西四十里，西北至滁州百里。本六合县地。明洪武九年（1376）始分六合县及滁、和二州地置于浦子口。二十四年又割江宁一乡隶之，移治旷口山之阳，即今县也。县无城，编户二十四里。

高望镇　　县西南二十里。又县西三十里有香泉镇，以近汤泉而名。《志》云：泉在镇西南五里，本名汤泉，明初赐名香泉。又**乌江镇**，在县西南七十里，**古乌江县地也**。今详见和州。（册600，页635）

六合县

六合山，县西南三十里，亦名六峰山，有寒山、狮子、石人、双鸡、芙蓉、高妙等峰，互相拱抱，县以此名，今五峰在县境，惟狮子峰入江浦界中。山多泉石岩壑之胜。（册600，页639）

卷二十一《南直三·凤阳府》

定远县　　府南九十里，东至滁州、西至寿州、南至庐州府，俱百八十里。**秦置东城县。汉因之，属九江郡**。后汉曰西曲阳。应劭曰："曲阳以在淮曲之阳而名。下邳有曲阳，故此加'西'也。"晋属淮南。**梁改置定远县**，兼置临濠郡。后齐改郡曰广安。隋初郡废，县属濠州。唐因之。五代周显德二年（955）遣军侵唐淮南，唐遣皇甫晖等将兵屯定远，即此。今编户三十二里。（册600，页671）

曲阳城　　在县西北九十五里。汉置曲阳县，属九江郡。后汉曰西曲阳。应劭曰："以在淮曲之阳而名。下邳有曲阳，故此加'西'。"晋因之。后废。

东城　　县东南五十里，秦邑。陈胜将葛婴至东城，立襄强为楚王。又项羽败于垓下，引而东至东城，乃有二十八骑处也。**汉为东城县，属九江郡**。文帝八年（前172）封淮南厉王子良为侯邑。……梁天监（502—519）中，土人蔡丰据东城自魏来归，武帝嘉之，改东城为丰城县以表其功。寻并入定远。（册600，页672—673）

阴陵城　　**在县西北六十里。故楚邑**。即项王败至阴陵迷失道处也。**汉置县，属九江郡**。后汉为郡治。……晋仍属淮南郡。宋后县废。梁置北谯郡，治阴陵故城。天监五年（506），徐州刺史王伯敖与魏元英战于阴陵，败绩。既而魏围钟离，韦睿自合肥驰救，取直道，繇阴陵大泽行，值涧谷，辄飞桥以渡。即此。东魏亦为北谯郡。后周郡县俱废。《舆地志》：梁克寿阳后，北谯郡于故曲阳城。或以为初治曲阳，后徙阴陵。（册600，页673）

横涧山　　在县西北七十里。上有石累城及涧泉，兵火时尝屯御于此。（册600，

页674）

卷二十九《南直十一》

滁州：

全椒县

九斗山 县东南二十五里。一名徐〔阴〕陵山。昔项羽兵败，欲东渡乌江，道经此山，与汉兵一日九战，山以此名。**其西五里有迷沟，相传项羽迷道陷大泽处也。**《志》云：今县南二十里有楚迷沟。（册600，页697）

和州：

乌江废县 州东北四十里。秦乌江亭也。汉为东城县地。晋太康六年（285）置**乌江县，属淮南郡。……明初省。**今仍为乌江镇。《志》云：镇东北去江浦县七十里。（册600，页706—707）

阴陵山 在州北八十里。山小多石。**俗以为项王迷道处。**又有四溃山，在州北七十里。**亦名四马山。**俗传以为项羽败走至此，依山为阵，四面驰下，溃围斩将处云。（册600，页701）

三、和县方志的著录

［清］高照纂修

《直隶和州志》三十四卷

据清光绪十四年刻本。

卷二《舆地志·沿革》：

《禹贡》："淮海惟扬州。"孔氏《传》曰："北据淮，南距海。"淮海之间其地广矣。和处江北，而实介于淮海之间，故扬州域内也。春秋属楚，后入吴，吴亡入越，越亡仍入楚。秦为九江郡之历阳县。汉为九江都尉治。高帝四年（前203），更九江郡为淮南国。武帝元狩元年（前122），淮南国除，复为九江郡，分县十五，其西则为阜陵县、历阳县。〔历阳县〕莽曰明义。阜陵县，莽曰阜陆。后汉，历阳，扬州刺史治。历阳，属下邳国；阜陵，属阜陵国。建安（196—220）中，二国除，郡、县如故。三国为吴地。晋武帝太康元年（280），更九江郡为淮南郡。六年（285），始于东城县界置乌江县。惠帝永兴元年（304），分淮南之乌江、历阳二县，置历阳郡。东晋元帝大兴二年

（319），置龙亢县。成帝咸和四年（329），侨立豫州，安帝割历阳郡属焉。刘宋武帝永初三年（422），惟有历阳、乌江、龙亢三县，分淮东为南豫州，治历阳。文帝元嘉七年（430），罢南豫州，并豫州。八年度雍邱、鄭属历阳。孝武帝大明三年（459），复置二豫州，历阳属南豫州。五年以乌江并怀德二县立临江郡。前废帝永光元年（465）省临江郡，乌江还本。明帝泰始五年（469）属豫州，七年属南豫州。后废帝元徽五年（477），鄭县隶徐州之新昌郡。南齐高祖建元二年（480），省南豫州统于豫州。武帝永明二年（484），复置南豫州，乌江领于临江郡。梁历阳县置历阳郡，乌江县置江都郡。武帝（502—550在位）末没入东魏，乌江县属临滁郡。北齐天保二年（551），文宣帝以兵袭取，遂属北齐。六年（555），南北协和，始置和州，领历阳、齐江二郡。陈宣帝太建五年（573）克历阳，诏南豫州刺史黄法㲀徙镇历阳，改乌江县为临江郡。北周静帝大象元年（579）拓定江淮，龙亢并入历阳县，以为和州。大业三年（607），州废，复立历阳郡，置乌江县。唐高祖武德三年（620），改为和州。六年，析历阳之故龙亢县地置含山县，八年省。太宗贞观元年（627），隶淮南道。武后长安四年（704），以故含山县置武寿县。中宗神龙元年（705），复为含山县。元宗天宝元年（742），改州为历阳郡，历阳、乌江、含山为上县。肃宗至德元载（756），置淮南节度使，乾元元年（758）改为和州。德宗贞元十六年（800），隶舒庐滁和都团练使。昭宗天祐元年（904），复径隶淮南节度使。五代梁、唐之间，为吴杨行密所据。晋、汉之际，则为南唐之地。周世宗显德五年（958），地尽入周。至宋为上州，亦为历阳郡，置防御使，统于淮南西路，所领历阳县为紧，乌江、含山为中。孝宗淳熙二年（1175），复为和州，兼管内安抚司。元世祖至元十三年（1276），和州隶淮西总管府，置和州镇守万户府，所领历阳县为上、倚郭，含山、乌江为中。十四年，隶庐州路总管府，置和州安抚司。十五年（1278），升和州路。二十八年，仍降和州，隶庐州路。**明太祖洪武元年（1368），降历阳县，属南京庐州府，省含山、乌江二县。**二年升和州，仍属庐州府。七年，改属凤阳府。十一年，以南京为京师。十三年，升直隶和州，领含山一县。成祖永乐元年（1403），以京师为南京。国朝（按：指清朝）顺治二年（1645），隶江南左右布政使司。十八年，分属左布政使司。康熙六年（1667），隶安徽布政使司。乾隆间，统于巡抚部院，今为定制。

卷四《舆地志·山川》：

阴陵山 州北八十里。项王迷道处。上有刺枪坑，为项王立枪地。旁有泽，名红草湖。春夏之交，潦水涨发，弥漫无际，即阴陵九曲泽。泽中有项王村。项王失路于泽中，周回九曲，后人因以为名。

插花山　州北八十里。阴陵山之阳，山上有庙，曰插花庙。庙祀虞姬。村民祷子，岁以三月十八日祈报，皆插花一枝，故名。

四溃山　州北七十里。项羽败垓下，走至东城，惟二十八骑从。汉兵追至，羽乃引骑依山为圜阵，四面驰下，溃围斩将，即此处也。一名四马山。

乌江镇　州东北四十里。古乌江县。

项王庙　州东北四十里。乌江古名项亭。项王为汉兵所逼，至此自刎。后人即其地立庙祀之。雄踞高阜，江东诸山拱揖槛外。旧有李阳冰题"西楚霸王灵祠"六篆字。宋绍兴辛巳，金亮渝盟，乞珓不吉，欲焚庙。俄大蛇出屋梁，后林木中鼓噪若数千人，亮大惊散去。秦少游《汤泉记》云："饮系马松下"，即此。粤匪毁后，墓及碑记犹存。里人建正殿、行宫各三楹。

[清]　历阳陈廷桂纂辑

《历阳典录》四十卷

据清同治六年刻本。

卷一《沿革》：

[夏、商、周]

《江南通志》：俱属扬州。

《和州志》：春秋属楚。后入吴。吴亡入越。越亡仍入楚。

刘禹锡《和州厅壁记》：历阳，古扬州之邑。于天文直南斗魁下。在春秋实勾吴之封，后为楚所取。

《太平寰宇记》：《左传》：吴取楚太子建之母于巢。又云：楚子囊师于棠。杜预《注》：楚地。和州盖分为二邑，皆楚境。战国时犹为楚地。

[秦]

《元和郡国志》：分天下为三十六郡。灭楚，置历阳县，属九江郡。

《南畿志》：历阳，本秦县。项羽封范增为历阳侯，即此。

[汉]

《汉书·地理志》：历阳县，都尉治。莽曰明义。

《太平寰宇记》：历阳县，本汉旧县。南有历水，故曰历阳。九江都尉居之，属九江郡。后汉为扬州判史所理之地。

《和州志》：高帝四年（前203），封英布淮南王，历阳属焉。武帝元狩元年（前122），淮南国除，复为九江郡，分县十五，历阳其一也。

［三国］

《文献通考》：属吴，为重镇，筑濡须坞。魏屡攻围，不拔。

［晋］

《晋书·地理志》：永兴元年（304），分淮南之乌江、历阳二县置历阳郡。

《续通典》太康六年（285），于东城界置乌江县。

《括地志》：乌江亭，即和州乌江县地。晋初为县。

《太平寰宇记》：乌江县，本秦乌江亭，汉东城县地。项羽败于垓下，东走至乌江，亭长舣船待羽处也。魏黄初三年（222），曹仁据乌江以讨吴。晋太康六年（285），始于东城县界置乌江县。

《南畿志》：含山县，本历阳县地。东晋侨置龙亢县。

《宋书·州郡志》：咸和四年（329），侨立豫州，刺史治芜湖，进镇寿春，又镇历阳。

［宋］

《宋书·州郡志》：历阳太守　　晋惠帝永兴元年（304）分淮南立，属扬州。安帝割属豫州。永初（420—422）郡国惟有历阳、乌江、龙亢三县。

历阳令　　汉旧县，属九江。

乌江令　　二汉无。《晋书》有，《太康地志》属淮南。

龙亢令　　汉旧名，属沛郡。晋《太康地志》属谯，江左流寓立。

孝武大明五年（461），以乌江并怀德二县立临江郡。前废帝永光元年（465），省临江郡，怀德即住郡治，乌江还本。

［齐］

《齐书·州郡志》：南豫州历阳郡　　历阳、龙亢、雍邱。

临江郡　　乌江、怀德、酂。建元二年（480），罢、并历阳。后复置。

［梁］

《元和郡国志》及《太平寰宇记》：敬帝绍泰元年（555），北齐文宣送贞阳侯萧渊明至历阳，与齐盟江北，二国协和，故曰和州。

［陈］

《隋书·地理志》：乌江县，陈改为临江郡。

［魏］

《魏书·地形志》：乌江、鄣。

《江南通志》：《魏书·志》，乌江县属临滁郡，无历阳县。

［北齐］

《隋书·地理志》：历阳郡，后齐立和州。乌江县，齐改为齐江郡。

《太平寰宇记》：梁末，侯景乱（549），江北之地尽属高齐，高齐立为和州。改临江为齐江。以和州领历阳、齐江二郡。及后又省齐江，并乌江并入历阳为一郡。

［北周］

《和州志》：大象（579—580）初，尽取陈江北地并入历阳。

《江南通志》：齐天保六年（555）置和州，周因之。

《隋书·地理志》：乌江县，周改为同江郡。

［隋］

《隋书·地理志》：历阳郡，统县二，

历阳县　　旧置历阳郡，开皇（581—600）初郡废，大业初复置郡。

乌江县　　梁置江都郡，后齐改为齐江郡，陈又改为临江郡，周改为同江郡。开皇（581—600）初郡废，大业（601—618）初置属历阳郡，有六合山。

《太平寰宇记》：隋开皇十三年（593）罢郡，省齐江之谯县入历阳县，以为和州。炀帝（605—618在位）初，州废，复立历阳郡。

《文献通考》：乌江，本乌江亭，汉东城县。梁置江都郡，北齐改为密江郡，陈临江郡，后周乌江郡。隋后为县，有项亭。

［唐］

《新唐书·地理志》：和州历阳郡，上。

历阳县，上。　乌江县，上。　含山县，上。武德六年（623），析历阳之故龙亢县地置，八年省。长安四年（704）复置，更名武寿。神龙元年（705），复故名。

［五代］

《五代史·职方考》：和，吴、南唐、周有。

《十国春秋·地理表》：和州，领县三：历阳，旧县；乌江，旧县；含山，旧县。

《和州志》：吴与南唐，更有其地。周世宗显德三年（956），破李璟，地入于周。

［宋］

《宋史·地理志》：和州，上。南渡后，为姑熟金陵藩蔽。淳熙二年（1175），兼管内安抚。县三：历阳县，紧。有梁山、栅江二寨。　含山县，中。有东关砦。　乌江县，中。绍兴五年废为镇，七年复。

[元]

《元史·地理志》：和州，中。至元十三年（1276），置镇守万户府。明年，改立安抚司。又明年，升和州路。二十八年（1291），降为州，隶庐州路。旧设录事司，后入州自治。领三县：历阳县，上，倚郭。含山县，中。**乌江县，中。**

卷二《郡邑》：

乌江废县　州东北四十里。**本秦乌江亭，东城县地。晋置乌江县。**宋、齐为临江郡，梁为江都郡，北齐为齐江郡，陈为临江郡，北周为同江郡。隋以后复为乌江县，明裁。

卷四《山川》：

阴陵山　州北八十里。旁有泽，名红草湖。春夏之交，潦水涨发，弥漫无际，所谓阴陵大泽者也。《述异记》："阴陵九曲泽，泽中有项王村。项王失路于泽中。周回九曲，后人因以为名。"当即此地。唐·张祜《过阴陵山》："壮士凄惶到山下，行人惆怅上山头。生前此路已迷失，寂寞孤魂何处游。"（《全唐诗》）宋·梅询《阴陵》："千重汉围合，一夜楚歌声。"（《宋诗纪事》）

四隤山　州北七十里。项羽分骑为圜陈，四面驰下，溃围斩将，即此处。

驻马河　州东北四十里，濒江。《述异记》：乌江长亭，亭下有驻马塘，即乌江亭长舣舟待项王处。今俗呼芝蔴河。

卷九《古迹》：

项亭　在乌江。雄踞高阜，江东诸山拱揖槛外。旧有李阳冰题"西楚霸王灵祠"六篆字，秦少游《汤泉诗》所谓"霸祠题玉筯"者也。又，于奕正《天下金石志》载有南唐徐铉《项王亭碑》，今皆亡。中范王像，英风赫然，不可仰视。又一像在碑上，圆袍短帽，重瞳戟髯。碑阴则宋乌江令龚相赋也。最后有墓，墓四周古松数百章，怒涛汹汹，常如大风雨至。少游《汤泉记》云"饮系马松下"，即此。

唐李德裕《项王亭赋并序》

丙辰岁孟夏，予息驾乌江，晨登荒亭，旷然远览。因观太尉清河公刻石，美项氏之才，叹其屈于天命。且曰汉祖困厄之时，生计非萧张所出。予以为不然矣。自古聪明神武之主，未尝不应天顺人，以承大业。项氏纵火咸阳，失秦中之固；迁主炎裔，伤义士之心。违天违人，霸业隳矣！汉皆反是，故能成功。据秦遗业，东制区夏，数败于外，常有关中。为旧主缟素，以义动天下。虽项氏犹存，而王业基矣。若乃蠖屈鸿门，龙潜天汉，始降志于一人，终伸威于四海，则萧张之计，不亦远乎！予尝论之，汉祖犹龙,项氏如虎。龙虽困而能变不测,虎虽雄而其力易摧。一神一鸷,宜乎夐绝。然舣舟不渡,留骓报德,亦可谓知命矣!自汤、武以干戈创业,后之英雄莫高项氏,感其伏剑此地,因作赋以吊之:

登彼高原,徘徊始曙,尚识舣舟之岸,焉知系马之树?望牛渚以怅然,叹乌江之不渡。想山川之未改,嗟斯人之何遽!思项氏之入关,按秦图而割据,恃八千之剽疾,弃百二之险固,咸阳不留,王业已去。将衣锦于旧国,遂扬旌于东顾。虽未至于阴陵,谁不知其失路。耻沐猴之丑诋,乃烹韩而泄怒。谓天命之可欺,何伯王之不寤。嗟呼!楚声既合,汉围已布。歌既阕而甚悲,酒盈樽而不御。当其盛也,天下侯伯自我而宰制;及其衰也,帐中美人寄命而无处。季数遁而不亡,羽一败而终仆。岂非独任于威力,不由于智虑?

追昔四隤之下,风烟将暮,大咤雷奋,重瞳电注,叱汉千骑,如猎狐兔。谢亭长而依然,愧父兄兮不渡。既伏剑而已矣,彼群帅之犹惧。虽伯业之无成,亦终古而独步!周视陈迹,缅然如素。听乔木之悲风,感高秋之零露,因献吊于斯亭,庶神明之可遇。(《会昌一品集》)

宋龚相《项王亭赋并叙》

余令乌江之明年,职闲讼稀,得以文史自娱。于是询考境内遗迹,将欲验古事、察风俗。恨其兵火之余,故老灰灭,无复在者;而前人遗迹,往往化为榛莽狐狸之区矣。独项王亭去古寖远,于邑为近,余每登眺焉。一日,携客至其上,读唐李德裕所为《赋叙》,谓楚汉兴亡,基乎应天顺人也。然欤?否欤?余尝谓三代以后,盖有不仁而得天下者。若夫魏晋之兴,皆假唐虞称禅代,大率怀奸饰诈篡窃取之,其实逼夺;下至刘裕、萧道成之流,如蹈一律,覆宗灭祀,延及无辜,可为流涕;若杨坚、朱温,直盗贼耳,固不足道也。岂非所谓不仁而得天下者哉?夫项王之起,年二十四,不阶尺土,自奋邱垅,二年而平秦霸天下,废立王侯,政由一己。虽所为有异于高祖,然以曹操、司马懿而视王,真畏人也。余又览观山川,想追骑云集,王以短兵接战,英勇不衰,谢亭长顾吕马童之时,其视死生为何如?雄烈之气凛凛而在!邑人庙祀至于今不怠者,岂以王之亡秦兴汉之功、而得失自我、不为奸诈篡窃、真磊落大丈夫也哉!故余作赋以辨之。大抵君子论人,或责以备,或推以恕,非苟然者。余岂敢与卫公异也。其赋曰:

括苍龚相,暇日与客登项王之亭,顾览遗迹,喟然叹曰:呜呼盛哉!二世之末,天下思叛，胜、广一夫，云起从乱。当是时也，燕齐赵魏，莫不立王。梁起会稽，亦从民望，得孙心于民间，为人牧羊，立而奉之，鼓行咸阳。虽再破秦军，而秦军尚强。梁既死于定陶，王怨秦而必亡。章邯引而渡河，赵旦暮以乞降，彼陈余之拥兵，迤逶巡而莫敢当。王乃震怒眦裂，力排宋义，晨朝诛之，莫不詟悸！毁金釜以湛船，示三军之死志，果破秦军而杀苏角、绝甬道而虏王离。呼声震天而动地，山陵日月为之蔽亏。诸侯人人慑恐，膝行辕门，而莫敢仰窥。章邯举军以降焉，诸侯将以兵而从之。入关不留，衣锦东归，裂地主约而王将相，天下利柄惟我所持。何其盛也哉！及齐赵先畔，汉以兵东，转战荥阳，陷死摧锋。汉虽屡败，谋无不同。迫垓下之围方急，始信楚人之多从。于是慷慨悲歌，溃围南出，临江不渡，留骓报德。又何愈也！

客曰：子知楚汉之得失乎？不在于兵而在于得人；不在于强弱，而在于民心之浅深。当其屠咸阳、杀子婴、火宫室、坑秦兵，弑义帝于郴阳、更主约之不平；汉皆反是，约三章而去苛法，拒牛酒而恐费民，封府库、谕郡邑，而不私其财，期在于变秦。况萧、张佐其谋，韩、彭将其军，无素书之弗用，推赤心而示人。此楚、汉之得失也。曾何盛、愈之足言哉！

龚子曰：子知其一，未知其二。古今成败，得失是非，其间纷纷，盖不容喙。略请较之，其败者未必皆非，其成者未必无可议也。嗟夫！项王卓伟之才，英烈之气，使膺天命而有成，乃蹉跌而至此！若曹操与司马懿，以鬼蜮之雄，资盗贼之智，尚负且乘，而窃神器，皆数传而后已，或百年而始毙。方戮伏后而尸曹爽，抑可见其无君之意，其为得失又安足计？以石勒之猳雏，犹逐鹿于当世，不忍效夫数子夺孤寡之非谊！呜呼噫嘻，得则为王，失则为虏。由魏、晋以观之，王虽亡兮何负此！顾吕马童而谢亭长，死生固亦不惧矣！彼分香而饮粥，又何王之可伍也！

客遂缄默，相视动魄。一客在旁莞然独笑曰：二子辨则辨矣，然未达夫理也。楚汉魏晋，茫茫千载，是非得失，今皆安在哉！徒存史牒，莫考真伪。自古及今，如我与子，登斯亭而怅然，吊往昔以流涕，渔夫樵妇之所经行，野老祠官之所祭酹，亦已多矣，莫得而记也。今夫二子踟蹰睨视，不忍舍此，亦何异临川而叹逝也。子独不见青山白云，长江明月，耿耿长存，滔滔不绝，初无古今之异、治乱之别，是亦理之所在也。

于是饮而酌，酌而醉，醉而能歌曰：山苍苍兮江汤汤，月盈亏兮云飞扬。是非得失兮两俱忘，颓然而卧兮适乎无何有之乡。（项王庙碑）

［原载《乌江论坛》（项羽学术研讨会论文集——《史记论丛》第五集），西安：陕西人民教育出版社，2009年］

第三辑 《史记》修订本等书稿审读报告

點校本《史記》修訂稿審讀報告

一、點校本史記修訂樣稿審讀報告

點校本「二十四史」及清史稿修訂工程辦公室：

我於二月二十四日接到點校本史記修訂組所撰五帝本紀、禮書、吳太伯世家三篇修訂樣稿後，當即根據修訂工程辦公室製定的修訂工程標點分段辦法、校勘記撰寫細則的原則，以手邊所有的點校本史記（第二版，1994年印本）、家藏清 同治九年金陵書局刊印史記集解索隱正義合刻本、南宋 黃善夫刻史記三注本（浙江古籍出版社縮印上海涵芬樓百衲本）、汲古閣毛氏刊史記索隱（複印本）為主，輔之以張文虎校刊史記集解索隱正義札記、王叔岷史記斠證（「中研院史」語所專刊）、水澤利忠史記會注考證校補（原刊特製本）等書，對修訂樣稿逐頁予以審讀。三月六日校閱完畢。茲將審讀所見報告於下。

由於點校本史記修訂組諸位先生的辛勤勞作，修訂樣稿較之原點校本有明顯的改進，成績斐然。主要表現是：

一、修訂凡例所列各條得當，並在實際操作中始終予以貫徹。

二、充分吸收原點校本長處，其不足處比勘諸本，仔細權衡，審慎地予以訂正。斷句更加合理，標點更符規範。

三、三家注引書大都是節引或櫽括大意，而原點校本一般均施加引號。修訂組與所引原書仔細核對，對不應加引號而原點校本加之者，去之；對應加而原點校本失加者，加之。可見修訂組之求實認真。

四、原點校本更動底本文字（增、刪、移，等）未出校記。修訂稿凡改動底本文字均出校勘記，説明更動的原因。校勘記文字表述規範、簡要。

在校讀中，有少數地方我以為尚可商酌，故逐條錄于下方。格式是先引樣稿原文，鄙意則以楷体「璋按」退後二字表示。

第一篇　五帝本紀第一　史記卷一

（一）關於標點

1.第一頁，10行　樣稿將「禮云」以下兩行文字勾乙至9行「故曰五帝本紀第一」之下。

　　璋按：正義「鄭玄注」至「故曰五帝本紀第一」，張守節釋史記小題。「禮云」至「故云史記也」，釋大題。史記正義原是兩則注文，分置小題、大題之下。兩者之間應空二字。又守節所稱之「正義」，系指孔穎達等撰禮記正義，但守節所引系櫽括大意，故「正義云」下引號似可取消。

2.第二頁，1行　注「號有熊」；第二頁，13行「此注所引者」；第四頁，10行「今此注見用兵篇也」；第六頁，1行「注皇覽」，等等。

　　璋按：史記索隱釋文中凡稱「注」者，均指小司馬所為釋文演注的裴駰史記集解。索隱中此例甚多，凡此應以適當方式予以説明。此類「注」字亦似應加書名號（﹏﹏），因其為特指也。

3.第二頁，12行　譙周字允南，蜀人，魏散騎常侍徵，（樣稿將底本

「徵」下逗号勾乙至「常侍」的「侍」字下）不拜。

　　璋按：三國志蜀書譙周傳，晉泰始「六年秋，為散騎常侍，疾篤不拜。至冬卒。」據文意，是年秋朝廷任命譙周為散騎常侍，因病重並未即真。原點校本在「徵」字下加逗，符合實際。若在「常侍」下加逗，文意則變為譙周已任散騎常侍，朝廷更辟以高位，與原意不切，似不改為好。

4.第八頁，倒3行　正義幽，陰；（樣稿刪去底本此處分号，改为句号）明，陽也。占，數也。

　　璋按：「幽」、「明」二字並列，以修飾「占」字。原點校本於幽、明之間施加分號（;），是也。似不改为好。

5.第九頁　注〔二一〕、〔二二〕合併為〔二一〕

　　璋按：合併後注〔二一〕標于「土石金玉」下，則集解徐廣為「水波」之「波」所作之注：「一作『沃』」，失去著落。除非如黃本添加「波」字，作「波，一作『沃』」，但黃本合刻時添加舊注原無之字不足為法。

6.第十七頁，4行　〔一〕集解孔安國曰：「重黎之後，（樣稿刪去底本『後』字下逗号）羲氏、和氏世掌大地之官。」

　　璋按：孔注之「後」乃後裔之「後」，而非前後之「後」。原點校本於「後」字點斷，文意方明。若去逗連讀，文意易生歧異。又，原點校本所加之逗號似可改為句號。

7.第二五頁，6行　「禮祭法」云云

　　璋按：所列各種祭法，所祭對象地位不等，原點校本各施加句號，可取。似不必改為分號。

8.第二五頁，12—13行　［六］正義周禮典瑞云云

　　璋按：王、公、侯、伯、子、男，因爵位有等差，所執瑞玉制度亦有別，並非並列關係，故不必改句號為分號。

9.第三〇頁，9行　舜曰「天也」，夫（樣稿刪去底本「也」字後的引號與逗號，在「夫」字後加引號與驚歎號，全句作：舜曰「天也夫」!）

　　璋按：「!」號應在引號內，作「天也夫!」

10.第三二頁，倒1行　媯州亦冀州城是也。

　　璋按：此句意謂媯州也是九州之一的冀州所屬的一座城邑，並非媯州即冀州城，故應標為「媯州亦冀州城是也。」

11.第四五頁，倒1行　正義為鼇、姁、儇注音（樣稿將底本此条刪削）

　　璋按：此則正義系為集解徐廣引虞翻説中之「鼇」、「姁」、「儇」三姓注音，不應刪削。張守節史記正義與裴駰史記集解的關係，猶如疏與注的關係，有為集解疏通補注的體例，注例一般是：正義所摘史文下集解尚需疏解時，守節則先引集解文，後附正義。黃善夫本將史記正義附刻于史記集解索隱本時，把上述為集解注音的正義移至

「黃帝二十五子其得姓者十四人」句下，附于索隱之後，不僅有失正義舊貌，且造成守節正義有為索隱疏證的假象。

12.第四六頁，倒1行　史公遭李陵之禍。（樣稿改底本此處句号为逗号）明太史公，（樣稿刪底本此處逗号）司馬遷自號也。

　　璋按：正義「自敍傳云」至「遭李陵之禍」三十三字，系守節為「太史公，司馬遷自號也」的斷案舉證，語意完整，原點校本於「之禍」下施加句號，可從。似不必改作逗號。「明太史公司馬遷自號也」，系守節據上引史記數項內證重申前論。「明太史公」後語氣略一停頓，有強調意味，宜點斷，原逗似應保留。建議此句標作：明「太史公」，司馬遷自號也。

（二）關於校勘記

13.〔一〕凡是徐氏義，稱徐姓名以別之　各本「凡是」前有「裴駰曰」三字。

　　璋按：這是裴駰集解史記的第一則注文，繫於史記小題之下，有交待全書注例的作用。「凡是」云云之前，集解原本實無「裴駰曰」三字。此三字當系以司馬貞史記索隱附刻于集解史記時，合刻者為資識別而添加。黃本凡裴駰注均不標集解書名，故於第一則集解注文前加「裴駰曰」。金陵局本于裴駰注前均添加「集解」二字，故第一則注文亦毋需添加「裴駰曰」三字。校勘記稱「各本」均有此三字，不洽，底本便無。

14.〔二〕紀者，記也　各本「紀者」前有「司馬貞索隱曰」六字。

　　璋按：黃刻系統各本如此。作為底本的金陵局刻本便無此六字，因為底本從第一則<u>史記索隱</u>注文起均標識「索隱」二字，故毋需再加「<u>司馬貞</u>索隱曰」六字。<u>張守節</u><u>史記正義</u>，底本同此處理，故亦毋需另加「<u>張守節</u>正義曰」六字。

15. 〔三〕禮云　<u>黃本</u>，<u>彭本</u>「禮云」前有「又曰」二字。

　　<u>璋</u>按：「又曰」二字，<u>張守節</u><u>史記正義</u>原無。系合刻者將<u>正義</u>釋<u>史記</u>大題的注文合於釋<u>史記</u>小題的注文之下時，為資識別而添加。二者之間應空二格以存<u>正義</u>舊貌。底本二者之間未留空，便泯滅了原系兩則<u>正義</u>的痕跡。

16. 〔六〕陂者，旁其邊之謂也　陂，<u>黃本</u>、<u>殿本</u>作「詖」。

　　<u>璋</u>按：史文「披山通道」，<u>集解</u>：「披，他本亦作『陂』。陂者旁其邊之謂也」，其意若今沿山體邊側開鑿盤山公路然。<u>黃本</u>，<u>殿本</u>「陂」刻作「詖」。按<u>說文</u>：「詖，辯論也。」無「旁其邊」之義。<u>黃本</u>、<u>殿本</u>蓋依字誤之本。

17. 〔七〕地志唯有「凡山」　地志，<u>黃本</u>作括地志。

　　<u>璋</u>按：底本<u>正義</u>作「守節案：地志唯有凡山。」正義前文有「括地志云：丸山即丹山。」是括地志並無「凡山」其文。然則「唯有凡山」的「地志」，當指<u>括地志</u>之外的諸多地理志書，系一集合名詞，似不必加書名號。<u>黃本</u>作「守節括地志唯有凡山」，與正義前文相違。<u>黃本</u>之所以作「守節 括地志」者，檢<u>黃本</u>全書凡「案語」之「案」，均刻作「按」。「按」與「括」字形相似，而<u>張守節</u>正義又常引<u>李泰</u>括地志，以唐時地名對釋史記中古地名。故<u>黃本</u>合刻者想當然地以「括」易「按」，而訛「守節按地志」為「守節 括地志」。

18.〔九〕「集解曰」以下至「山出珍寶」，中華原點校本誤分為二注，今據黄本、彭本改正。

璋按：底本 集解 徐廣曰：「一作『沃』。」緊繫于史文「星辰水波」句「波」字之下，應為集解原貌。索隱、正義則另繫于史文「土石金玉」之下。而金陵局本依舊，良是。中華原點校本依底本分為二注，並非「誤分」。修訂樣稿將第九頁〔二一〕、〔二二〕二注合一，則集解 徐廣曰：「一作『沃』」，便無著落。黄本合二注為一，不得不為舊注添一「波」字，作「徐廣曰：波，一作『沃』。」但其法不足為訓。愚以為仍依原點校本分為二注為宜。

19.〔一一〕無煩破四為三　彭本、殿本後有「正義僖音……在宣反」凡十七字……索隱謂：「舊解破四為三，言得姓十三人耳」。所謂「舊解」，蓋指集解，其下當臚列十三人姓氏，而今不傳。疑札記校改未當。

璋按：史文「黄帝二十五子，其得姓者十四人」句下無集解，而史文又無「僖、姞、儇」三字，正義不當於此注音。或謂正義系為史文下索隱中出現「僖、姞、儇」注音。恐此說無據。按：舊唐書 經籍志著錄御府藏書斷自開元十年。甲部經錄 孝經類著錄玄宗御注「孝經一卷」，是書開元十年六月頒行天下；丁部集錄著錄「劉子玄集十卷」，劉知幾卒於開元九年。可證。而舊唐志並未錄司馬貞史記索隱，可見開元十年前索隱尚未成書。新唐書 藝文志著錄「司馬貞 史記索隱三十卷」，本注官銜為「開元 潤州別駕」，而非「國子博士弘文館學士」，可見其書殺青于其任潤州別駕時。又索隱編錄於開元十七年呈御的「李鎮 注史記一百三十卷」及貞元中呈御的「陳伯宣 注史記一百三十卷」之後，可知司馬貞生前並未上呈御府，呈獻其書者乃其後裔。開元年間，張守節、司馬貞各自為書，不相為謀；張守節更不存在見讀司馬貞 索隱的現實可能性。黄本將上述正義注音十七字置於上引索隱之後，遂滋生清儒邵晉涵及近人程金造臆斷正義疏通辨正索隱的誤會。張文虎札記移正于史文「自黃帝至舜禹皆同姓」句下，實為允當。原點校本仍之，正有見於此。愚意不必改動底本。又索隱所稱的「舊解」，亦未必僅指集解，因下文尚有「致令前儒共疑」之語。「前儒」恐亦包括索隱序、後序提及的柳顧言、劉伯莊、許子儒諸史記注家在內。

20.〔一三〕疑金陵本「在」下脱「南」字。

璋按：檢金陵局本史記一第七頁，第七行「地理志云上郡陽周縣橋山南有黃帝塚」，校以宋景祐本漢書地理志，當為金陵本「山」下脱「在」字。

21.〔二九〕尚書堯典云　堯典，疑當作舜典。

璋按：校勘記序號誤置於「正義周禮」之下。應移正於第二六頁，倒4行「尚書堯典」之下。

22.〔三〇〕皆曰云是鯀也……　今按：疑當刪「云」字。據水澤利忠校補，王延喆本、柯維熊本、秦藩本無「云」字。〔尚待覈（覆）校〕

璋按：水澤利忠史記會注考證校補冊一，卷一下，頁四二，史文「以變西戎」與「以變東夷」之間的「殛鯀於羽山」，並無校補其文。故「據水澤利忠校補」云云，無據，應刪。

23。〔三七〕「右述贊之體……今並重為一百三十篇之贊云」凡一百零五字他本並有，金陵本刪，今據黃本、殿本補。此節文字汲本在書末，合刻本散在此，可從。

璋按：此節文字系司馬貞對司馬遷「太史公曰」讚語之體的批評以及自己重為「述贊」原由的交待。原置於單本史記索隱卷三十卷末補三皇本紀之前，為述贊題下。黃善夫始取之置於史記 五帝本紀 太史公曰之左，第一則索隱述贊之後。建議對此版本變動情況在校勘記中稍作說明。又，宋孝宗 乾道七年（1171）刊行的蔡夢弼史記集解索隱，是見存最早的史記二注本。黃本字體、刻工與蔡本一致，頗疑黃本系以蔡本為基礎附入張守節 史記正義而成三注本。蔡本五帝本紀見在，據說入藏國家圖書館，本人未見。請修訂組檢閱國圖所藏五帝本紀。看其是否早于黃本將「右述贊之體……之贊云」凡一百零五字置於五帝本紀 太史公曰之後。

第二篇　禮書第一　史記卷二十三

（一）關於標點

24.第四八一頁，11行　　［四］正義 論語云：「太師……於海。」

璋按：此則正義所引論語出自微子篇第九章，省略「三飯繚適蔡，四飯缺適秦」、「播鼗武入於漢」未引。據標點體例，除冒號應加外，引號可不加。

25.第四八二頁，8行　　［四］正義 孝文本紀云：「上身衣……皆以瓦器。」

璋按：正義引史記 孝文本紀有節略，據標點體例，故除在「孝文本紀云」後加冒號外，可不加引號。

26.第四八五頁，8行　　［一二］正義言審知趐薄費用，（此處逗號系樣稿所加）則能畜聚，所以養財貨也。

璋按：「言審知……則能畜聚」十一字應作一句讀，「費用」下不宜點斷。下句中的「所」是指代詞；「以」是動詞，作「用」字解。「所以」是兩個詞，而不是一個詞。正義全句意謂：這是説清楚地知道節儉消費就能聚財，這正是用來滋養財貨的道理。若在「費用」下加逗，後面的「所以」則略同於「因此」，上下句則成因果關係，與整段史文的句型、句意似有欠密合。

27.第四八五頁，9行　〔一三〕正義言審知恭敬辭讓，（此处逗号系樣稿所加）所以養體安身。

璋按：「言審知」十三字應作一句讀，「辭讓」以下不宜點斷。理由如第26條所述。

28.第四八五頁，10行　〔一四〕正義言審知禮義文章道理，（此处逗号系樣稿所加）所以養其情性。

璋按：「言審知」十五字應作一句讀，「道理」以下不宜點斷。理由亦如第26條所述。

29.第四八五頁，12行　史文「故聖人一之于禮義，則兩得之矣；（樣稿將分号改为句号）一之於情性，則兩失之矣。」

璋按：句首「故」涵蓋兩個分句直至「兩失之矣」。至「兩得之矣」，句意未完，不宜加句號。原點校本施加分號（;），符合文意，似不必改。

30.第四九二頁，9行　〔一七〕索隱而鄭禮注云搏拊，（「拊」字底本原在「柷」字前，樣稿勾乙至「搏」字下）柷敔也。

璋按：柷、敔是兩種木制打擊樂器。搏（或拊）柷，用於起樂，搏（或拊）敔，用於止樂。搏、拊義同。原點校本標作：「而鄭禮注云搏，拊柷敔也。」可從。樣稿勾乙成「搏拊，柷敔也」，義不可通。

（二）關於校勘記

31. 〔三〕側載臭茝，所以養鼻也　臭，疑當為「皋」或「睪」，之誤。

璋按：汲本正文作「側載臭茝」，是司馬貞所見史記古本早已如此，故據以為注。今存史記諸本「臭」字亦無異文。司馬貞對「側載臭茝」的疏解文意通達，似毋須改字。本條校勘記系據王念孫讀書雜志臭茝條引其子王引之說為說。按點校本史記修訂凡例第七條，應標王念孫、王引之姓名，且當引王引之：「臭，當為『臰』字之誤也。說文：臰，古文以為『澤』字。澤謂澤蘭也。澤字古文作『臰』，故香草之澤亦作『臰』。臰茝，荀子作『睪茝』。睪即『澤』之借字。」又，校勘記「臭，疑當為『皋』或『睪』之誤」中之 「皋」字乃「臰」之訛。

32. 〔四〕孰知大（士）出死要節之所以養生也　荀子禮論無「士」字，王念孫讀書雜志以為衍文，原點校本據刪。

璋按：索隱謂「言人誰知夫志士推誠守死」，正義謂「審知志士推誠處死」，是司馬貞、張守節所據史記古寫本均有「士」字。校勘記對此似可略作交待，然後引王念孫說，指出「士」實為衍文，應據刪。

33. 〔七〕然而兵殆於垂（涉）沙　王念孫讀書雜志以為「垂涉」當為「垂沙」之誤，原點校本據刪。

璋按：宋本史記下至金陵書局本，「垂涉」無作「垂沙」者。校勘記云「原點校本據刪」，然中華本史記1982年第二版1994年第13次印刷本依然作「垂涉」，而不作「垂（涉）沙」。請覆核。

34.〔九〕（莊蹻王滇）　此四字與上文重複，札記以為衍文，原點校本據刪。

璋按：樣稿第四八七頁，注〔一一〕正義釋史文「楚分而為四」，先引括地志出「莊蹻王滇」以為證據，然後細數「楚昭王徙都郢，莊蹻王滇，楚襄王徙都陳，楚考烈王徙都壽春，咸被秦逼」，再總結一句：「乃四分也」。可知「莊蹻王滇」，正在「四分」之內，實非衍文。若據札記引「警云：四字複文。疑誤衍」，刪此四字，則「乃三分」而非「四分」。故札記實疑所不當疑。

35.〔一六〕有特牲而食者不得立宗廟　有特牲，大戴禮記 禮三本作「待年」，荀子 禮論作「持手」，疑史記文有衍誤。

璋按：先秦「特牲」甚貴重，「有特牲而食者」必為有封邑之上層貴族，自可按制度得立宗廟；而史文云「不得」，其文顯有訛誤。「特牲」，當系「待年」，或「持手」形似而致誤。「待年而食者」，為業農之庶民。年者，年成也。如俗云靠天吃飯者，家無餘糧，自不得立宗廟。「持手而食者」，指靠手藝謀生者，地位較農夫尤為卑下，更不得立宗廟。「待年」、「持手」相較，「待年」義長。今人有謂「有特牲而食者」，指僅有一頭牲口憑之耕種而食的平民。先秦下至前漢，牛用於駕車或負重，以牛耕種的方法尚未發明，此説不可取。又，校勘記説此句「文有衍誤」，不確。此句有訛而無衍。

36.〔二〇〕言情文俱盡，言是禮之備也　言，原點校本改作「乃」。

璋按：底本正義兩句句首均為「言」字。原點校本改的是下句句首的「言」字。故應如此表述：「下『言』，原點校本改作『乃』」。

37. ［二二］入於禮養之中

璋按：金陵局本史記二十三，第九頁，倒1行正義作「入於禮義之中」。校勘記「義」字訛為「養」，應改正。

第三篇　吳太伯世家第一　史記卷三十一

（一）關於標點

38. 第七六〇頁，11—15行　　［三］索隱 成十三年左傳曰：「曹宣公卒于師。曹人使公子負芻守，使公子欣時逆喪。秋，負芻殺其太子而自立。」杜預曰：皆宣公庶子也。負芻，成公也。欣時，子臧也。十五年傳曰：「會于戚，討曹成公也，執而歸諸京師。諸侯將見子臧于王而立之。子臧曰：『前志有之，（樣稿刪此處逗號）曰：（此處冒號為樣稿新加）聖達節，杜預曰：聖人應天命，不拘常禮也。次守節，杜預曰：謂賢者也。下失節。杜預曰：愚者，（樣稿刪此處逗號）妄動也。為君，非吾節也。雖不能聖，敢失守乎？』遂逃，（此處逗號系樣稿所加）奔宋。」

璋按：此則索隱所引左傳文中混入四條杜預注文，原點校本未作妥善處置。樣稿更動了數處標點，卻依然沒有將「杜預曰」處置好，這給一般讀者的印象是杜預乃春秋時代人，並參預成十三、十五年所記載的事件。其實這四條「杜預曰」，原系西晉 杜預春秋經傳集解的雙行子注，與左傳正文明晰區分而絕不混淆。愚以為不妨參照舊注雙行夾注格式，將「杜預曰」以小字夾註於正文之下，作如下處置：

［三］索隱 成十三年左傳曰；「曹宣公卒于師。曹人使公子負芻守，使公子欣時逆喪。秋，負芻殺其太子而自立。」杜預曰：「皆宣公庶子

也。負芻，成公也。欣時，子臧也。」十五年傳曰：「會于戚，討曹成公也，執而歸諸京師。諸侯將見子臧于王而立之。子臧曰：『前志有之，曰：「聖達節，杜預曰：「聖人應天命，不拘常禮也。」次守節，杜預曰：「謂賢者也。」下失節。」杜預曰：「愚者，妄動也。」為君，非吾節也。雖不能聖，敢失守乎？』遂逃奔宋。」

「前志有之」下的逗號不應刪削。「杜預曰：愚者，妄動也。」「愚者」釋「下失節」的「下」；「妄動」釋「失節」，故「愚者」後的逗號（，）不應刪削。

39.第七六四頁，倒4行　〔一九〕集解及襄公佐周平王東遷，（此處逗號系樣稿添加）而受其故地。

璋按：句首「及」字直貫「受其故地」為一句，「東遷」下似不宜逗斷。

40.第七六六頁，倒4行　〔五二〕集解「故『曰盛德之所同』。」（「故」字後與「同」字後的引號系樣稿所加）

璋按：應作：「故曰『盛德之所同』。」

41.第七六八頁，8行　〔一〕索隱〔將舍於宿〕〔八〕

璋按：校勘記序號應為〔一八〕。

42.第七六九頁，1行　史文：適晉，説趙文子、韓宣子、魏獻子曰

璋按：依第七六八頁，3行，于「公子朝」下「曰」字前加逗號例，此句亦應在「魏獻子」下加逗號。

43.第七七一頁，11行　　［一］索隱左傳昭二十年曰：「伍員如吳，言伐楚之利於州于。杜預曰：『州于，吳子僚也。』」（「州于」至「僚也」的引號為樣稿所加）公子光曰：『是宗為戮，而欲反其讎，不可從也。』」

璋按：此則索隱「杜預曰」混入所引左傳文中，原點校本未作處理。樣稿將杜預語加雙引號，更是錯中加錯。愚以為可按第38條的方式處置如下：

［一］索隱左傳昭二十年曰：「伍員如吳，言伐楚之利於州于。杜預曰：「州于，吳王僚也。」公子光曰：『是宗為戮，而欲反其讎，不可從也。』」

44.第七七二頁，11行　　［二］索隱刺客傳曰「諸，棠邑人也。」（樣稿刪去本句中的引號與逗號）

璋按：此句似可標作：刺客傳曰：諸，棠邑人也。

45.第七七九頁，8行　　［一］集解越絕書曰：「太伯到夫差二十六，（此處逗號為樣稿所加）代且千歲。」

璋按：應點作「太伯到夫差二十六代，且千歲。」

46.第七八〇頁，倒1行　　［一八］補［季杼誘豷］，

璋按：人名應加專名號，作［季杼誘豷］，

47.第七八四頁，8—11行　　［六］索隱此依左傳文。案：左傳「趙鞅呼司馬寅曰：『〔日旰矣，大事未成，二臣之罪也。〕［五二］（「日旰」至「之罪也」十二字系樣稿所加）建鼓整列，二臣死之，長幼必可知也。』是

趙鞅怒。司馬寅請姑視之〔五三〕，反曰：『肉食者無墨，今吳王有墨，國其勝乎？』杜預曰：墨，氣色下也，國為敵所勝。又曰：『太子死乎？且夷德輕，不忍久，請少待之。』乃先晉人」，是也。

　　璋按：此則索隱注出自左傳哀公十三年文，既有左傳原文趙鞅與司馬寅的對話，又有杜預春秋經傳集解的注語，還有司馬貞根據史記吳世家「趙鞅怒，將伐吳」的敍文為趙鞅當下情緒所加的旁注「是趙鞅怒」，以及司馬貞為所引幾節左傳文之間所加的連接語如「請姑視之」前的「司馬寅」和後文的「又曰」，情況非常複雜。原點校本處理失當，樣稿依舊未改。愚以為不妨如此標點：

　　索隱此依左傳文。案：左傳「趙鞅呼司馬寅曰：『〔日旰矣，大事未成，二臣之罪也。〕建鼓整列，二臣死之，長幼必可知也。』」是趙鞅怒。司馬寅：「『請姑視之。』反，曰：『肉食者無墨，今吳王有墨，國其勝乎？』」杜預曰：「墨，氣色下也。國為敵所勝。」又曰：「『太子死乎？且夷德輕，不忍久，請少待之。』乃先晉人」，是也。

（二）關於校勘記

48.〔二〕蕃離既有其地，句吳何總不知真實　真，黃本、汲本作「貞」，疑為司馬貞自稱。

　　璋按：此則索隱重在辨析集解引宋忠注「句吳」為地名之誤。史文吳太伯「自號句吳」，明是稱號而非地名。索隱「蕃離既有其地，句吳何總不知真實？」系針對系本居篇曰「孰哉居蕃離，孰姑徙句吳」而發問，意謂「蕃離」在吳地既實有其地可指，系本以句吳與蕃離對舉，為何在吳地找不到句吳真實方位？從而得出系本居篇之文難以徵信的結論。昔年程金造先生曾據黃本、汲本將這則索隱斷句為「蕃離既有其地，句吳何總不知？貞實吳人，不聞別有城邑曾名句吳。」從而得出司馬貞「實吳人」的結論。其實司馬貞自稱「河內」人，史書亦無司馬貞為「吳人」的任何記載。程說孤證不立。不知可否在校勘記「疑為司馬貞自稱」前加一「或」字，作「或疑為司馬貞自稱」?

49.〔一四〕泱泱，猶汪汪洋洋，美盛貌也　汪汪洋洋，黃本殿本作「汪洋汪洋」。疑當讀作：「泱泱，猶汪洋。汪洋，美盛貌也」。

璋按：古寫本凡重文皆省書作「某＝」。「泱泱，猶汪汪洋洋」，唐寫本原作「泱泱，猶汪＝洋＝」。正確的解讀應為「泱泱，猶汪洋汪洋」。底本誤讀為「汪汪洋洋」。黃本、殿本是。校勘記讀法正確，「疑」字可去。

50.〔一八〕〔將舍於宿〕　汲本有此四字，今據補。

璋按：當作「汲本正文有此四字，今據補」。

51.〔一九〕遂誤下「宿」字替于「戚」　黃本、殿本作「遂以『宿』字替『戚』爾」。

璋按：汲本作「既以『舍』字替『宿』，遂誤『宿』字下替于『戚』」，句意明晰。底本「下『宿』字」三字字序有顛倒，應依汲本乙正。黃本、殿本亦通，然不如汲本表述之佳。

52.〔二九〕專諸，豐邑人　沈家本云：豐邑，今本吳越春秋作「堂邑」，與刺客傳合。

璋按：底本作「專諸，豐邑人。」豐，即「禮」字。作地名時，與「豐」字不可相通。校勘記「豐」乃「豐」之訛。

53. 〔二八〕怒而相〔攻〕，滅吳之邊邑　金陵本無「攻」字。原點校本逕增「攻」字而未出校。楚世家曰：「兩家怒相攻，滅卑梁人。」疑原點校本據此補。

　　璋按：家藏清 同治九年金陵書局史記集解索隱正義合刻本，史記三十一，第九頁背第十一行，作「女爭桑^{索隱左傳
無其事}二女家怒相滅兩國邊邑長聞之怒而」，第十頁第一行作「相攻滅吳之邊邑吳王怒故遂伐楚取兩都而去^{正義兩
都即鍾}」。明有「攻」字。校勘記説「金陵本無『攻』字」，不知何故？請再與底本覆核。

　　以上凡五十三則校讀記錄，純屬審校者的一孔之見，未必有當。聊供點校本《史記》修訂組參考。

袁 傳 璋

二〇〇九年三月八日

二、史記五卷世家修訂稿審讀報告

點校本「二十四史」及清史稿修訂工程辦公室：

　　我於十月三十日接到史記五十六至六十共五卷世家修訂稿，當即參照點校本史記修訂説明，以手邊所有的中華書局點校本史記（1982年第二版，1994年印刷本）、家藏金陵書局刊印的史記集解索隱正義合刻本、南宋 黃善夫刻三注本（上海涵芬樓影印百衲本）、張元濟著百衲本二十四史·史記校勘記、宋 紹興十四行史記集解（文學古籍刊行社影印，1953年）、汲古閣 毛氏刊史記索隱（複印本）為主，輔之以梁玉繩 史記志疑、王念孫 讀書雜志、張文虎 校刊史記集解索隱正義札記、王叔岷 史記斠證（「中研院」史語所專刊）、水澤利忠 史記會注考證校補等書，對上述世家修訂稿逐頁校讀。十一月六日校閱完畢。茲將審讀所見報告於下。

由於史記修訂組諸位先生數年來夜以繼日的辛勤耕耘，僅以這五篇世家修訂稿考量，斷句標點的變動處，更切合上下文句的文氣文意；文字校勘精到有據，按斷信實可從。與原點校本相較，品質上有明顯提升。

在校讀中，似乎有少數標點移易、校勘變更，鄙意尚可斟酌。特逐條錄于下方，提供討論。格式是先引修訂稿原文，鄙意則以楷体「璋按」退後二字标識。

第一篇　史記卷五十六陳丞相世家第二十六

(一) 關於標點

1.第二〇五三頁，3行　謝語其兄往事魏　標點改作：謝，語其兄往事魏。

璋按：說文：「謝，辭去也。」「謝語」連言，猶告辭說。「往事魏」，是「謝語」的内容。「謝」字後毋需逗斷。

2.第二〇五三頁，13行　於是漢王與語而説之，問曰……　標點改作：於是漢王與語，而説之，問曰……

璋按：此「而」是因上起下之連詞。「與語而説之」，因「與語」投機而起心「説之」（喜歡他），上下語意聯繫緊密，句中不宜逗斷。原點校本標點妥當，似可不改。

3.第二〇六〇頁，10行　漢王之敗彭城西　中華本二版誤排作：漢王之敗彭城，西。

璋按：項羽本紀敘楚漢彭城之戰，項王晨擊漢軍于蕭，追至彭城，日中殺漢卒十餘萬人，再追擊至靈壁東。決戰戰場則在彭城東南

（第322頁），而非「彭城西」。高祖本紀亦敘作項王「與漢大戰彭城靈壁東睢水上」。（第371頁）中華本二版標「漢王之敗彭城西」作「漢王之敗彭城，西」，「西」者，向西撤退也。標點精准，並非「誤排」。

（二）關於校勘記

4.第二〇五三頁，3行　其兄　漢書 陳平傳 顏 注引服虔「兄」下有「伯」字（漢書卷四十，第2039頁），疑此脫。

　　璋按：裴駰 集解引前儒之説，原本設定「刪其遊辭，取其要實」的義例（集解序）。陳丞相世家開端已言陳平「獨與兄伯居」，集解此處注文「伯」字自可省略。漢書 顏 注引服虔語末有「也」字，集解亦略去，故「伯」字未必為引「脫」。

5.第二〇五九頁，8行　傅相之傅也　漢書 陳平傳 顏 注引如淳無「傅也」二字。（漢書卷四十，2046頁）

　　璋按：宋 紹興十四行本及黃本「令曰傅教孝惠」句下集解皆作「如淳曰傅相之傅也。」説文：「傅，相也。」此為「傅」字本義。「傅」尚有薄近義，如詩 小雅 菀柳：「有鳥高飛，亦傅於天。」又有依附義，如左傳僖公十四年：「皮之不存，毛將安傅？」鑒於「傅」有多義，故如淳注史文「傅教孝惠」之「傅」特標為「傅相之傅」，甚是。

6.第二〇五九頁，10行　六年定食　安國「六年」原作「八年」云云。

　　璋按：此則校勘記敍次似可調整為：「六年」，原作「八年」。按：張文虎曰「表作『六年』，漢書同，此誤。」（札記卷四，第476頁）集解下云陵封「二十一年卒」，據高祖功臣侯者年表 安國侯 王陵 高祖六年八月封，<u>陵子哀侯忌</u> 高后八年嗣（史記卷十八，第924頁），<u>高祖</u>六年至高后七年正二十一年。<u>漢書高惠高后文功臣表</u> <u>陵</u>封亦在六年（<u>漢書</u>卷十六，第572頁）。知「八年」為傳寫之誤。今據改。

第二篇　史記卷五十七絳侯周勃世家第二十七

（一）關於標點

7.第二〇六五頁，12行　<u>勃</u>以中涓從攻<u>胡陵</u>　標點改作：<u>勃</u>以中涓從，攻<u>胡陵</u>。

璋按：原點校本「<u>勃</u>以中涓從攻<u>胡陵</u>」，意為周<u>勃</u>以中涓的官職隨從沛公進攻<u>胡陵</u>。　修訂本改標為「<u>勃</u>以中涓從，攻<u>胡陵</u>」，語意則變為周<u>勃</u>以中涓的官職隨從沛公，別將士卒進攻<u>胡陵</u>。　<u>高祖本紀</u>敍沛公初起時，「於是少年豪吏如<u>蕭</u>、<u>曹</u>、<u>樊噲</u>等皆為收沛子弟二三千人，攻<u>胡陵</u>、<u>方與</u>，還守<u>豐</u>。」（第350頁）<u>樊噲列傳</u>：「<u>高祖</u>為<u>沛公</u>，以<u>噲</u>為舍人。從攻<u>胡陵</u>、<u>方與</u>。」（第265頁）沛公此時手下只有「二三千人」，進攻<u>胡陵</u>，沛公自為統帥，<u>樊噲</u>、周<u>勃</u>等皆隨從作戰。沛公不可能分兵給周<u>勃</u>別將作戰。原點校本標點切合當時實情，「從」字下不宜逗斷。

8.第二〇六七頁，2行　冤朐二音　標點改作：冤、朐二音。

璋按：張守節史記正義有論音例云「先儒音字，比方為音。」又有音字例云「一字單錄，乃恐致疑。兩字連文，檢尋稍易。」正義為史文「襲取<u>宛朐</u>」句中「<u>宛朐</u>」注音，正是按其「比方為音」、「兩字連文」的注例。「冤朐」中間似不加「、」為好。

9.第二〇六七頁，3行　善甫二音　標點改作：善、甫二音。

璋按：「善甫」二字之間似不必加「、」。理由如前條所述。

10.第二〇七三頁，3行　牘版　標點改作：牘，版

　　璋按：説文：「版，片也。」即木片。又，説文：「牘，書版也。」即書寫用的木片。故「牘」即「牘版」，与「版」非為二物，中間不須加「，」號。

(二) 關於校勘記

11.第二〇六七頁，末行　泗水　原作「泗川」云云。

　　璋按：原作「泗川」近是，校改為「泗水」則非。二十世紀九十年代末，在陝西省西安市北郊漢長安遺址（即秦都咸陽渭南宮區）出土大量秦封泥遺物，中有「四川太守」、「四川尉守」、「四川水丞」封印泥模，確證秦王朝「分天下以為三十六郡」中有「四川郡」。其轄區在今皖、蘇、魯、豫四省相鄰的淮、泗、沂、濰四水流域，秦王政二十四年（前224）滅楚後置郡。「四川郡」命名當緣郡域中有淮、泗、沂、濰四水，猶三川郡得名緣郡域有河、伊、洛三水然。漢王五年（前202），劉邦即位為漢皇帝後，四川郡更名為沛郡。四川郡在秦漢之際只存在了二十三年。司馬遷知秦有四川郡，故在史記高祖本紀「項王起吳。秦泗川監平將兵圍豐。……泗川守壯敗于薛，走至戚，沛公左司馬得泗川守壯，殺之。」（第351頁，第15—16行）四出「泗川」郡名；又在絳侯周勃世家「籍已死，因東定楚地泗川、東海郡」（第2067頁），亦出「泗川」郡名。史公手稿原作「四川」，今本作「泗川」者，當系史公身後人妄改。妄改亦有原緣，一因四川郡域有泗水，更因開國皇帝劉邦曾為泗水亭長，於是「四川郡」先訛為「泗川郡」，又因「川」、「水」篆、隸字形相似，又訛「川」為「水」，進而訛「泗川郡」為「泗水郡」。在「四川郡」廢二百餘年後，班固已

茫然不明所以，在漢書 地理志 沛郡下自注曰：「故秦 泗水郡，高帝更名。」這個誤導了後人兩千多年的歷史陳案，直到近年秦「四川太守」等封泥的出土，方得以澄清。其詳可參周曉陸 秦封泥所見安徽史料考（刊安徽大學學報2003年第3期）。

12.第二〇六八頁，7行　幽州　「幽」，原作「幽」，據殿本改。

　　璋按：黃本正義作「幽」，不誤。金陵局本因「幽」、「幽」形似致誤。校勘記「據殿本改」，可書作「據黃本、殿本改」。

13.第二〇六九頁，2行　鍾離縣東北五里　魯周公世家「始與吳王 壽夢會鍾離」正義 引括地志無「北」字云云。

　　璋按：鍾離故城遺址在鍾離縣（今安徽省固鎮縣 濠城鎮）東偏北六里處。「北」字不誤。黃本亦作「東北五里」。魯周公世家 正義引括地志漏「北」字。

14.第二〇七〇頁，2行　并州 崞縣　「并州」，疑當作「代州」。

　　璋按：唐 并州無崞縣，崞縣屬代州。「疑」字可不出。

15.第二〇七三頁，3行　魏志 秦宓以簿擊頰　「魏志」，疑當作「蜀志」。

　　璋按：「疑」字可不出。

16.第二〇七三頁，7行　手貫璽　漢書 周勃傳 顏 注引應劭「璽」上有「國」字（漢書卷四十，第2056頁），疑此脫。

璋按：史文作「絳侯綰皇帝璽」。漢之「國」指王、侯封國，國璽為王、侯之璽。皇帝璽不當稱「國璽」。漢書顏注所引應劭稱皇帝璽為「國璽」，顯然有誤。早于顏監數百年的裴駰所引應劭注自更具權威性，未必脫「國」字。

17.建議為第二〇六五頁，12行「方與反與戰郤適」的「郤適」增一校勘記。

郤適　按：史記正義有發字例：「適，又音敵，當也。」（中華本二版，第十冊，卷末第17頁）「適」，猶「敵」也，音同假借。「郤適」，即「郤敵」。與史記卷九十五樊酈滕灌列傳第三十五「與司馬仁戰碭東，郤敵」、「從攻圍東郡守尉于成武，郤敵」、擊「開封北，以郤敵先登」等句中「郤敵」音義俱同。

第三篇　史記五十八梁孝王世家第二十八

(一) 關於標點

18.第二〇八四頁，10行　既朝，上疏因留。以太后親故，王入則侍景帝同輦。　修订本标点改作：既朝，上疏，因留。以太后親故，王入則侍景帝同輦。

璋按：前漢制度，諸侯王朝覲，從初見、朝見、宴饗，到辭歸，在京師居停前後不得超過二十日，至期必須歸藩。梁孝王朝覲上疏後順利留京，則是特例。「以太后親故」，補敘上疏即留的緣由——因為太后親愛他的緣故。這是說梁王與太后的母子之愛，至此語意方才完足，在此句斷。下文「王入則侍景帝同輦，出則同車遊獵」，這是說梁王與景帝的兄弟之親，與「以太后親故」另是一義。原點校本「上疏因留」，句斷，而以「以太后親故」屬下讀，竊以為不安。鄙意可否如此標點：

「既朝，上疏因留，以太后親故。王入則侍景帝同輦，出則同車遊獵，射禽獸上林中。」

19.第二○九一頁，4行　故諸侯王當為置良師傅，相忠言之士　修訂本標點改作：故諸侯王當為置良師傅相忠言之士

璋按：原點校本標點有誤，修訂本改標甚是。然鄙意此句至「忠言之士」其句未完，全句為「故諸侯王當為置良師傅相忠言之士如汲黯韓長孺等」作一氣讀的長句，「忠言之士」下不當句（「。」）斷。為誦讀方便計，可于「忠言之士」下加逗（「，」）。

20.第二○九一頁，13行　以故國亂，禍不絕　修訂本標點擬改作：以故國亂禍不絕

璋按：「國亂」，指國政混亂。「禍不絕」，謂災禍不斷。二者有關聯但並非一事，中間點逗，于文意文氣均宜。

(二) 關於校勘記
21.第二○八一頁，10行　平遙縣西十二里

璋按：此則校勘記的敘次似可調整為：
按：孝文本紀正義引括地志「西」下有「南」字。（史記卷十，第413頁）韓信盧綰列傳「都中都」正義：「中都故城在汾州平遙縣西南十二里。」（史記卷九十三，第2642頁）疑此脫。

22.第二○八二頁，14行　為大將軍　漢書文三王傳無「大」字（漢書卷四十七，第2208頁），疑衍。云云。

瑋按：此則校勘記敍次似可作如下調整：

按：漢書文三王傳無「大」字。（漢書卷四十七，第2208頁）吳王濞列傳：「梁使韓安國及楚死事相弟張羽為將軍。」（史記卷一百六，第2384頁）韓長孺列傳：「吳楚反時，孝王使安國及張羽為將，扞吳軍於東界。」（史記卷一百八，第2857頁）亦無「大」字。此「大」字疑衍。

23.第二〇八四頁，末行　義格　漢書文三王傳作「議」（漢書卷四十七，2209頁），疑此誤。按：議格，謂主張不得施行也。

瑋按：「義」通「議」。荀子不苟：「正義直指，舉人之過，非毀疵也。」「正義」，即「正議」。史文「義」字不誤，毋須從漢書改「義」為「議」。史文「竇太后心欲以孝王為後嗣。大臣及袁盎等有所關説于景帝，竇太后義格，亦遂不復言以梁王為嗣事由此。」（第208頁末2行）袁盎等大臣關説景帝的内容是指漢法周道立子不立弟。竇太后欲以梁孝王為嗣之議與漢法周道立子不立弟的祖宗家法相「格」（格者，扞格也，亦即違犯。），自知理屈，故不復言。

24.第二〇八五頁，13行　相泣　漢書文三王傳作「相與泣」（漢書卷四十七，第2210頁）。

瑋按：漢書「相與泣」，即「相泣」，「與」字贅。本句似可不出校。

25.第二〇九二頁，1行　其議　「議」，原作「義」云云。

瑋按：本條校勘記敍次似可作如下調整：
按：「議」原作「義」。景祐本作「議」。張文虎曰：「毛本『議』，凌引一本同。」（札記卷四，第482頁）史文云「梁王怨袁盎及議臣，乃與羊勝、公孫詭之屬陰使人刺殺袁盎及他議臣十餘人。」（第2085頁）今據改。

26.第二〇九二頁，7行　對曰言梁王不知也　張文虎曰：「『曰』字疑衍。」（札記卷四，第482頁）

　　璋按：「對曰」之「曰」，系田叔、呂季主回奏景帝之「曰」。「言梁王不知也」，系田、呂轉述治獄所得刺客的供辭，意謂刺客供説刺殺袁盎及諸議臣之事梁王並不知情，「言」之主體是刺客。「曰」、「言」各有其人，缺一不可。此正史公敍事記言委曲精微處。「曰」字非衍。

第四篇　史記卷五十九五宗世家第二十九

(一) 關於標點

27.第二〇九三頁，末行　謚法曰聰明叡智曰獻　修訂本標點改作：謚法曰「聰明睿智曰獻」。

　　璋按：「謚法」應加書名號，作「謚法」。逸周書卷第六謚法解第五十四及史記正義謚法解皆作「聰明叡哲曰獻。」索隱引「哲」作「智」，誤。

28.第二〇九七頁，4行　府庫壞漏盡，腐財物以巨萬計　修訂本標點改作：府庫壞漏，盡腐財物，以巨萬計。按：漢書景十三五傳標點不誤（漢書卷五十三，第2418頁）。

　　璋按：「盡腐財物以巨萬計」，意謂府庫中財物完全腐朽其價值以巨萬計。「財物」後似不應逗斷。此句似可標作：

府庫壞漏，盡腐財物以巨萬計。

29.第二一○○頁，6行　故以丹注面目旳旳為識　張文虎曰：「疑有誤字。今釋名本作『故以丹注面曰旳旳灼然為識』。」（札記卷四，第483頁）按：疑「目」為「曰」之誤字，下「旳」字為「灼」之形譌，下脫「然」字。標點當改作：故以丹注面目（曰）旳，旳為識。

　　璋按：説文・日部：「旳，明也。」淮南子 説林：「旳旳者獲。」高誘注云：「旳旳，明也，為衆所見，故獲。」以丹注面目為標識，正取其鮮明易見。索隱引釋名「旳旳」重文，與淮南子「旳旳」重文同，可見「旳旳」為漢時常語。原文可通，似毋需改字改讀。

30.第二一○三頁，3行　吏求捕，勃大急　標點改作：吏求捕，勃大急。

　　璋按：「勃大急」尚有下文「使人致擊笞掠，擅出漢所疑囚者。」若於「勃大急」句斷（。），則「使人」二句缺主語。原點校本標點似毋需更動。

（二）關於校勘記

31.第二一○二頁，2行　膠東王 賢立十四年卒諡為哀王子慶為王。漢書 景十三王傳云：「立賢為膠東王奉康王祀，而封慶為六安王，王故衡山地。膠東王立十五年薨，諡為哀王。子戴王 通平嗣。」（漢書卷五十三，第2433頁）疑此有脫誤。

　　璋按：檢史記前文云：「上憐之，乃以賢為膠東王奉康王嗣，而封慶於故衡山地，為六安王。」與漢書合。又檢史記 漢興以來諸侯王年表，武帝元封四年，膠東哀王劉賢立十四年卒，元封五年子戴王通平嗣立元年，亦與漢書合。可知膠東王劉賢卒「諡為哀王」下脫「子戴王通平嗣」，而誤作「子慶為王。」校勘記斷語「疑此有脫誤」，建議書作「『諡為哀王』下文有脫誤。」

又據集解：徐廣曰：「他本亦作『慶』字」，知脫誤在六朝以前早已發生。徐廣又曰「惟一本作『建』」，「建」乃「通」字形譌，下脫「平」字。此「一本」略存史公原書舊貌。

又按：史記漢興以來諸侯王年表，膠東王劉賢卒於元封四年，紀年為「十四年」，與五宗世家「膠東王賢立十四年卒」合。而漢書景十三王傳誤「十四年」為「十五年」。

第五篇　史記卷六十三王世家第三十

（一）關於標點

32.第二一〇五頁，3行，又二一〇六頁一行　陛下過聽，使臣去病待罪行間。宜專邊塞之思慮，暴骸中野無以報，乃敢惟他議以干用事者，誠見陛下憂勞天下，哀憐百姓以自忘，虧膳貶樂，損郎員。　修訂本點校擬改作：陛下過聽，使臣去病待罪行間。宜專邊塞之思慮，暴骸中野無以報，乃敢惟他議以干用事者。誠見陛下憂勞天下，哀憐百姓以自忘，虧膳貶樂，損郎員。　可否改作：陛下過聽，使臣去病待罪行間。宜專邊塞之思慮，暴骸中野。無以報，乃敢惟他議以干用事者：誠見陛下憂勞天下，哀憐百姓以自忘，虧膳貶樂，損郎員。

璋按：霍去病官拜大司馬驃騎將軍，與大將軍同為位次丞相的最高軍職，其職任範圍正如他所言「宜專邊塞之思慮」，而不宜旁騖。「無以報」，聯上「暴骸中野」為句，意謂縱然戰死沙場曝骨曠野也不足以報答皇上的恩寵。「乃⋯⋯者」為轉折起下的句式，與下文一氣貫注，「者」字之下似不必加冒號（：）。鄙意原點校本標點可從，以不改為宜。

33.第二一〇七頁，7行　臣謹與列侯臣嬰齊、中二千石、二千石臣賀、諫大夫博士臣安等議曰。按：上文曰：「臣謹與中二千石、二千石臣賀等議」（第2106頁）。

　璋按：漢書 百官公卿表，諫大夫為郎中令屬官，掌論議，秩比八百石；博士為太常屬官，掌通古今，秩比六百石。秩祿雖低，但因掌論議通古今，得參予廷議。「臣安」當即前文在奏疏上列名的「太子少傅臣安行宗正事」的「臣安」，太子少傅秩二千石。「臣安」與「諫大夫博士」連文，易滋誤會「臣安」為諫大夫或博士。建議「臣謹與……議曰」凡27字如此標點：

　臣謹與列侯臣嬰齊、中二千石、二千石臣賀、諫大夫、博士、臣安等議曰……

　上文「臣謹與中二千石二千石臣賀等議」，「中二千石」與「二千石」之間已加頓號（、），前後應保持一致。

　又按：第二一〇八頁11至12行，四月戊寅奏疏：「臣青翟等與列侯、吏二千石、諫大夫、博士臣慶等議」，列名的「臣慶」，當為石慶。史記 萬石張叔列傳：「元狩元年，上立太子，選群臣可為傅者，慶自沛守為太子太傅，七歲遷為御史大夫。」慶任太子太傅的第「七歲」為元鼎元年。元狩六年時石慶正在太子太傅任上，秩中二千石。故「臣慶」不宜與「博士」連文。此句應如此標點：

　臣青翟等與列侯、吏二千石、諫大夫、博士、臣慶等議：……

34.第二一一〇頁，3行　丞相臣青翟、太僕臣賀、行御史大夫事太常臣充、太子太傅臣安行宗正事昧死言　標點改作：丞相臣青翟、太僕臣賀行御史大夫事、太常臣充、太子太傅臣安行宗正事昧死言：……

璋按：修訂本標點改訂甚是，長編所列改訂的證據充分，斷案準確。但將「太子少傅臣安」改為「太子太傅臣安」，則可商。在元狩六年請封三皇子為諸侯王的奏疏上列名的太子太傅是石慶而非「臣安」，説見第33條。黃本、凌本、殿本改「少」為「太」，系失考誤改。

35.第二一一九頁，7行　公戶姓，滿意名，　標點改作：公戶，姓；滿意，名。

璋按：人之姓與名非並列關係，名諱附從姓氏。可否標作：公戶、姓，滿意、名。

(二) 關於校勘記

建議本篇增加兩條校勘記。

36.第二一〇五頁，9行　[一]索隱霍去病也。

按：淳熙本、黃本、彭本、凌本、殿本作「姓霍」。

37.第二一〇五頁，术行　太子少傅臣安行宗止事索隱任安也。

按：司馬貞以「臣安」為「任安」，唐以來中外史記研究者向無異辭。臺灣四十院校教授合譯白話史記、大陸王利器主編史記注譯、吳樹平主編全注全譯史記，均從司馬貞索隱「臣安」系「任安」説。還有知名秦漢史學者以「臣安」為「任安」作時間座標，考證司馬遷生年，並提出史記成書及司馬遷終年均在武帝太始元年説。

但有確鑿的史料，證明任安元狩六年九月前尚為衛青舍人並未入仕，即使入仕，一年内亦不可能由比三百石的郎中超擢為二千石的列卿，而任安的特質專長在管制軍旅，不宜選任太子師傅，更無可能擔任必宗室諸劉方能擔任的宗正之職。司馬貞注「臣安」為「任安」顯為謬説。據漢書百官公卿表，武帝元鼎四年欄載「宗正劉安國」。此人元狩六年時的本職是太子少傅，其時宗正暫缺（元狩五年，宗正劉受因罪罷官並處耐刑），而封建皇子必需主管皇室譜牒的宗正參預，故武帝特命太子少傅劉安國暫攝宗正職事以完封王大典。五年後的元鼎四年，劉安國正式任命為宗正。其詳可參袁傳璋史記三王世家「太子少傅臣安行宗正事」為劉安國考（原刊臺灣大陸雜誌第八十九卷第一期，1994年7月15日出版）。鑒於司馬貞的這條索隱影響至鉅，建議史記修訂組採取適當方式予以訂正。

以上凡37則校讀紀錄，純屬審讀者的一孔之見，未必有當。鈔撮於上，謹供點校本史記修訂組參考。

安徽師範大學中文系

袁傳璋

2011年11月8日

三、史記 商君列傳等六卷列傳修訂稿審讀報告

點校本「二十四史」及清史稿修訂工程辦公室：

我於2012年2月12日接到史記修訂稿卷六八至七三卷共六卷史文及校勘記。隨即校閱史文，重點審校各卷校勘記。現將審讀所見報告於下。

總體感覺，這六卷校勘記撰寫格式規範，校記文字精準。具體表現在：

一、充分吸收前賢校勘成果，并補充必要書證，使據改、據刪、據補、疑脱、疑誤諸條按斷更確鑿無誤。例多不備舉。

二、在吸收前賢校勘成果時，又能根據史記內證或他書旁證，發現其不足或失誤并予以糾正。如第二二二八頁2行商君列傳「即魏侯之子」，張文虎札記曰：「『魏』下疑脱『文』字。」校勘記據史記內證指出所脱疑為「武」字。又如第二二四四頁3行「戰國策碣石山」，原點校者以為「『戰

國策』三字當衍。」校勘記據後漢書 郡國志二「九門」劉昭 注斷為「『戰國策』三字非衍文。」再如第二二四八頁3行蘇秦列傳「夫破人之與破於人臣人之與臣於人也」，張文虎 札記曰：「各本兩『於』字上并有『見』字，⋯⋯今依雜志刪。」校勘記據史記 宋 元 明 清諸刻本「破於」、「臣於」上各有一「見」字，通志 列傳六所引同，斷為有「見」字者「疑存史記之舊。」愚按史文本段上下文意，亦認為有「見」字為是。凡此諸條均較前人所出札記精審。

三、校勘記凡底本原無而他本有且文意完足而校補之字，均較底本為佳。如第二二八三頁15行「實謂得土地財寶」中，所補之「得」字。「得土地財寶」，與上文「傳其德」，句式結構相應。

此外，尚有少數校勘記似尚可斟酌，聊記於下方，格式是先整引校勘記，鄙意則以「璋按」退後二字標識。

1.第二二二八頁，3行　衛庶子　黃本、索隱本、柯本、凌本作「御庶子」，疑此誤。按：戰國策 魏策一云「座有御庶子公孫鞅」（戰國策集注匯考卷二二，第1152頁。）

　　璋按：史文謂公孫鞅，衛人，事魏相公叔座，官名為「中庶子」，則「御庶子」非其官名。金陵局本稱其為「衛 庶子」，衛為其國籍，庶子為其官名省稱，正得其真。戰國策及史記 宋以後諸本作「御庶子」，或涉「衛」、「御」形似而譌。愚意此條校勘記記錄異文即可，不必出「疑此誤」的斷語。

2.第二二三二頁，11行　領阤　景祐本、黃本、彭本、凌本、殿本作「嶺阤」，通志 列傳六同（通志卷九三，第1246頁）。

　　璋按：古無「嶺」字，舊籍「嶺」皆作「領」。如：左傳 昭公二十二年：「遂奉王以迎單子，及領，大盟而復。」史記 貨殖列傳：「領南、沙北固往往出鹽。」日本 神田氏舊藏六朝鈔本史記 河渠書殘卷

「東至山領十餘里間。」晉 王義之 蘭亭集敘「此地有崇山峻領。」凡「山嶺」字皆作「領」。金陵局本商君列傳「領阨」正存史記原本之真。景祐諸本作「嶺」者，當系唐以後人據後起字修改。校勘記似可增「領、嶺古今字」五字。

3.第二二四二頁，末行　地里　張文虎札記曰：「『地里』字疑有誤。」（札記卷五，第513頁）

　　璋按：隋書 經籍志二著錄有陸澄 地理書一百四十九卷、任昉 地志一百五十二卷、陸澄 地理書鈔二十卷、任昉 地理書抄九卷、劉黃門 地理書抄十卷。此條正義「地里」下有脫文，所脫或為上述地理書名中某一種。「江謂岷江」至「萬里已下」，當為張守節從六朝地里書中所引，而非如張文虎札記所謂「『地里』字疑有誤。」校勘記似可書作「『地里』下疑有脫文。」

4.第二二四五頁，11行，蘇秦列傳「請別白黑，所以異陰陽而已矣。」

　　璋按：此句標點似可參考戰國策 趙策二蘇秦從燕之趙章「請屏左右，白言所以異，陰陽而已矣」，調整為「請別白黑所以異，陰陽而已矣。」

5.第二二四七頁，2行　鎮州常山縣　疑當作「恒州 房山縣」。按：通鑑 周紀三 赧王四年「據番吾」胡注引括地志作「恒州 房山縣」（通鑑卷三，第97頁）。本書卷四三趙世家「秦攻番吾」正義引同（史記卷四三，第1832頁）。後漢書 章帝紀「祠房山於靈壽」李賢注：「房山在今恒州 房山縣西北，俗名王母山。」（後漢書卷三，第156頁）本書卷四三趙世家「番吾君自代來」正義引括地志云「番吾故城在恒州 房山縣東二十里」（第1798頁）。卷八一廉頗藺相如列傳「秦攻番吾」正義：「在相州（當為恒

州）房山縣東二十里也。」（史記卷八一，第2451頁）

　　璋按：史記正義殺青於開元二十四年（736），而鎮州系唐元和十五年（820）改恒州立，五代唐升為真定府。正義原本必作「恒州房山縣」。作「鎮州房山縣」者，必中唐以後五代唐以前人所改。

　　6.第二二五〇頁，14行　韓北有鞏洛　「洛」字原無，據景祐本、黃本、彭本、柯本、凌本、殿本有補。按：戰國策韓策一亦有「鞏」字（戰國策集注匯考卷二六，第1354頁）。

　　璋按：校勘記「按：戰國策韓策一亦有『鞏』字」，校文中「亦有『鞏』字」之「鞏」當作「洛」。

　　7.第二二八四頁，11行　音下夏　黃本、彭本、柯本、凌本、殿本作「夏音下」。

　　璋按：索隱注例，凡所摘字詞有須注音者先注音，後釋義。司馬貞從「更名少梁曰夏陽」句中摘出「夏陽」作注，先為「夏」字注音，不需重出「夏」字，而直接注音曰「音下」。為「夏」字釋義，則需出「夏」字。金陵局本索隱「音下。夏，山名也」云云，存單本索隱舊貌。

　　8.第二三〇四頁，末行　暴音步卜反　「暴」，原作「下」，據耿本、黃本、彭本、凌本、殿本、會注本改。

　　璋按：索隱摘「振暴」作注，先為「振」字下「暴」字注音，按注例，不重出「暴」字，而直云「下音步卜反」。金陵局本存索隱舊貌，毋須依耿本等改「下」為「暴」。

9.第二三〇七頁，10行　其變無留也　漢書 公孫弘卜式兒寬傳「滑稽則東方朔、枚皋」顔注作「言其變亂無留礙也」（漢書卷五八，2635頁），疑此有脫誤。

　　璋按：古人注書徵引舊籍時的慣常做法，是「刪其游辭，取其要實」，在不違背原意的前提下，引文常有節略。張守節正義引漢書顔注「其變無留也」，并無違原文「言其變亂無留礙也」本義，或正義原本如此，而非傳寫板刻過程中有所「脫誤」。愚意可不出「疑此有脫誤」五字。

10.第二三一五頁，1行　上紀買反　「紀」，原作「己」，金陵書局其他印次之本或作「紀」。今據改。（不出校）

　　璋按：家藏金陵書局 史記集解索隱正義合刻本 史記七十一，第五葉正面第五行，正作「正義上紀買反」，「紀」字字口清晰。頗疑用作修訂本史記底本的金陵局本作「己」者，為多次刷印致損的壞字。

11.第二三一九頁，8行　夫項橐　「夫」，原作「大」，景祐本、耿本、黃本、彭本、柯本、凌本、殿本作「夫」，通志 列傳第六 甘茂傳同（通志卷九三，第1248頁）。戰國策 秦策五亦作「夫」（戰國策集注匯考卷七，第443頁）。今據改。

　　璋案：家藏金陵書局 史記集解索隱正義合刻本作「大」。史記樗里子甘茂列傳「甘羅曰：『大項橐生七歲為孔子師。』」司馬貞 索隱為「大項橐」作注曰：「尊其道德，故云『大項橐』。」可知司馬貞所見六朝 史記寫本原本作「大項橐」。後出之宋 景祐本及時代更晚的刻本作「夫項橐」者，當系唐以後人所臆改，不足為據。唐寫本作「大」有據，非誤。愚意校勘記記錄異文即可，不必改字。

以上凡十一條，實屬審核者的一孔之見，未必有當。抄撮如上，謹供史記修訂組諸位先生參考。

安徽師範大學中文系　袁傳璋
二〇一二年二月廿四日

四、點校本《史記》修訂《前言》初稿審讀報告

點校本"二十四史"及《清史稿》修訂工程辦公室：

寄來點校本《史記》修訂《前言》初稿拜讀數過，受益匪淺。茲將審讀後鄙意尚需進一步斟酌之處，依《前言》節次以楷體"按"語謹書於下方。

（一）關於《史記》的作者

1.《前言》："他研究歷史，主要是通過考察古今人事的終始變化，探究國家治亂興衰的道理，總結歷史發展的規律。"

按：司馬遷自述撰史宗旨為"究天人之際，通古今之變，成一家之言。""究天人"與"通古今"對舉，探究天道與人道相分相合的奧秘，確立"人"在天地之間該如何"為人"，甚或是通曉古今之變根源的前提與基礎。《前言》對史公著史宗旨的概括只限於"通古今之變"，於"究天人之際"則未著一字。似應補充。史公"究""通"的最後結論，揭舉於《五帝本紀》的提要："維昔黃帝，法天則地。四聖遵序，各成法度。唐堯遜位，虞帝不台。厥美帝功，萬世載之。"

2.《前言》：司馬遷"生於漢武帝建元六年（前135）。"腳注："《正義》：'案：遷年四十二歲。''四'當為'三'之誤。"

按："四"與"三"形音迥異，經史舊籍中相訛的機率極小，故王國維稱"三訛為四，則於理為遠。"其實《正義》"遷年四十二歲"中"四十

· 315 ·

（卌）"當為"三十（卅）"之訛。今本《史記》《漢書》中"二十"與
"三十"互訛幾無一例，而"三十"與"四十"互訛之例甚多。原因是漢
唐書寫二十、三十、四十這三個數字，在比較正規的文書中，分別作合體
字廿、卅、卌。傳世的六朝及唐人寫本《史記》或全或殘的單篇，凡二
十、三十、四十字，皆作合體廿、卅、卌，幾無例外。《正義》"遷年四十
二歲"為"三十二歲"之訛的證據，可參見拙作《從書體演變角度論〈索
隱〉、〈正義〉的十年之差——兼為司馬遷生于武帝建元六年説補證》（原
載台灣《大陸雜誌》第九十卷第四期，1995年4月出版）。

3.《前言》："在南遊前後，他曾向董仲舒請教過《春秋》之學，向孔
安國學習過古文《尚書》。"

按：《前言》定司馬遷生于武帝建元六年（前135），"二十南遊"則必
在元鼎元年（前116）。武帝元狩六年（前117）初置臨淮郡，孔安國以諫
大夫出為臨淮太守，旋卒于任。《漢書·董仲舒傳》未著其生卒年。《太平
御覽》卷九七六〈菜茹部一〉引前漢末年學者桓譚《新論》稱"董仲
舒……年六十餘。"清儒錢大昕《疑年錄》定董生卒年在元鼎二年（前
115）。近年雖有人定董生卒于太初四年（前101），然無實據。司馬遷此次
南遊少則一二年，多則三四年。當其返回長安時，孔安國早已離京外任，
而董生也已前卒，再無可能向二位先生請益。故《前言》稱史公"南遊前
後"向董、孔請教，"前後"之"後"字當刪。此句似可修為"在南遊之
前的數年間"，他曾向董、孔二位先生請教。

4.《前言》："元封元年（前110），司馬遷奉命出使西南夷，此年，他
的父親司馬談去世。"

按：《漢書·武帝紀》，元鼎六年（前111）春，原命參預出征南越的
"馳義侯遺兵未及下，上便令征西南夷，平之。……定西南夷，以為武都、
牂柯、越嶲、沈黎、文山郡。"這位奉使傳"令"并監護馳義侯遺一同平
定西南夷的使者，便是武帝從郎中官中選擇的司馬遷。是時在元鼎六年
春，而非《前言》所説的"元封元年"。《太史公自序》："奉使西征巴、蜀
以南，南略邛、筰、昆明，還報命。"稱"西征""南略"，顯然負有軍事

使命。而"還報命"則在一年後的元封元年春。是時武帝已東巡封禪泰山。司馬遷在洛陽見到因未能參預封禪大典而"發憤且卒"的父親太史公司馬談，并接受撰史的遺命。這是司馬遷人生的重大轉折，從此由追求立功轉為立言。建議在此處將"他的父親司馬談去世"對司馬遷畢生的深遠影響稍作説明。

（二）關於《史記》的斷限

5.《前言》："《史記》敍事，上自黃帝，下迄太初。……今本《史記》中涉及太初以後之事，多為後人增竄，不可視為《史記》原作。"

按：此説武斷。考察《史記》敍事的上下斷限，不可僅據今本《史記》為對象作靜態的研究，而應據《自序》與《報書》對《史記》著述歷程做動態的觀照。司馬遷一生建樹了彪炳千秋的兩大偉業：一是主持編制太初歷，實現了孔子"行夏之時"的理想；二是秉承先父遺命，創作了《太史公書》。一生又經歷了在靈魂深處卷起狂瀾的兩大悲劇：一因"口語"橫遭李陵之禍，而致"身廢不用"；二因巫蠱之難撥亂反正無望，而慷慨赴義。獨特的人生遭際與時代的劇烈變遷，在《史記》的撰著過程中刻下鮮明的印記。《自序》中有三處鄭重述及敍事的起訖，依次為：一曰"於是卒述陶唐以來，至于麟止。自黃帝始。"二曰"略推三代，錄秦漢，上記軒轅，下至於茲。"三曰"余述歷黃帝以來，至太初而訖。""至太初而訖""至於麟止""下至於茲"，均為司馬遷手定的敍事下限，毋庸置疑。斷限的變化，與漢王朝的盛衰同步，反映了司馬遷歷史哲學的發展歷程、司馬子一家言的建構及完成。

《史記》敍事斷限有三次更張。太初元年（前104）完成太初歷後，"於是論次其文"。"其文"的"其"指代先父司馬談，"文"則是他的遺稿。此語遙承前文父談的諄諄遺教："余死，汝必為太史；為太史，無忘吾所欲論著矣！"以及司馬遷的莊嚴承諾："小子不敏，請悉論先人所次舊聞，弗敢闕。"可見司馬遷此時主要是根據先父的撰史計畫，編輯潤色遺稿。而所"論次"的"舊聞"，據司馬談所言，則是上繼《春秋》，起自戰國，重點則是漢興以來的"明主賢君忠臣死義之士"的行跡。不僅沒有"述歷"到黃帝，連陶唐亦不在計畫之內。司馬遷對先父計畫的修正，是將敘事下限由元鼎、元封之交下移至太初，以紀念"行夏之時"的太初改歷。

《史記》十表為全書總匯，是本紀、世家、列傳的寫作大綱。司馬遷撰史，首先制作的是漢世六表，且首批呈御。《漢興以來諸侯王年表》是漢世第一表，其序曰："臣遷謹記高祖以來至太初諸侯"云云，稱"臣遷"的程式正是進呈御覽以備核準的明證。此表實具樣稿的體式。漢世六表作于太初，且已呈御，故其下限定格于太初，實屬當然。"下記太初"是司馬遷最早所定敘事下限，但并非唯一的敘事下限。

李陵之禍出獄後，因受太始二年（前95）武帝鑄黃金為麟止的觸發，有感於孔子因西狩獲麟歎"吾道窮矣"而作《春秋》以見志，與自己"身廢不用矣"境遇相似，遂發憤"述往事，思來者"，"於是卒述陶唐以來，至於麟止。自黃帝始。"仿《尚書》上斷於堯，將敘事上限由戰國上伸至堯舜，下限則由太初延至"麟止"。麟止，即麟足，為太始二年的代稱，猶"獲麟"為魯哀公十四年的代稱一樣。"陶唐以來"，是折中于夫子。"自黃帝始"，則是太史公的獨特創造。孔子祖述堯舜，整編《尚書》斷於堯，以堯舜禪讓治國為至治。司馬遷進而講述了黃帝的"法天則地"，從而溯得堯舜至治的本源，同時也粉碎了齊燕方士所捏造而為武帝所迷信的妖魔化的"黃帝"幻象。"法天則地"是《太史公書》的總主題，這不僅是百王治國的大本，也是生民為人的準則。司馬遷於李陵之禍出獄後重新命筆，確定"卒述陶唐以來，至於麟止。自黃帝始"的敘事上下斷限，《太史公書》方才成為真正意義上的第二部《春秋》。《太史公書》遂由太初編述的頌漢盡忠、揚祖致孝之史，昇華為麟止後創作的揚祖致孝、撥亂反正之經，如清儒包世臣所說的"百王大法"。

《自序》："罔羅天下放失舊聞，王跡所興，原始察終，見盛觀衰，論考之行事，略推三代，錄秦漢，上記軒轅，下至於茲。"《報書》："近自托於無能之辭，罔羅天下放失舊聞……上計軒轅，下至於茲。"《報書》"近自托"的"近"字透露兩點信息：全書在距"今"不遠的時候方才殺青；《報書》寫於《自序》之後。《報書》肯定作於征和二年（前91）十一月，而《太史公書》在此稍前已完成定稿并做好善後處置：《自序》說"藏之名山，副在京師"，《報書》則說"藏之名山傳之其人通邑大都"。這兩篇重要文獻都說《太史公書》敘事起自"軒轅"，下限則為"於茲"。"下至於茲"當指《太史公書》紀事截止和《報書》寫作的實際年代。從《太史公書》的敘文考察，"於茲"當指征和二年八月巫蠱之難中衛太子劉據之死。這是《太史公書》最后的紀事。司馬遷是將《太史公書》竊比為《春秋》的。孔子作《春秋》絕筆於魯哀公十四年"西狩獲麟"。而《左氏春秋》所本之"《春秋古經》十二篇"，則附載到哀公十六年"夏四月己丑，孔丘卒"，以終結全經。陸德明《經典釋文》說，這是孔門"弟子欲記聖師之卒，故採魯史記，以續夫子之經，而終於此。"司馬遷仿《春秋古經》附載"孔丘卒"之例，於《太史公書》"至於麟止"之後，附載至巫蠱之難——"下至於茲"，無異於向後人宣示："征和二年，司馬遷卒。"

若以上所述不無根據，則《前言》所謂"今本《史記》中涉及太初以後之事，多為後人增竄，不可視為《史記》原作"的論斷，似應重新斟酌。

6.《前言》："司馬遷認為，百年是觀察歷史的重要週期。……以太初為下限，體現了司馬遷的歷史觀和天人觀，也包涵著他研究歷史的方法。"

按：《前言》引用了《史記·天官書》："夫天運，三十歲一小變，百年中變，五百載大變；三大變一紀，三紀而大備。此其大數也。為國者必貴三五。上下各千歲，然後天人之際續備。"司馬遷在《自序》中也曾引述先父遺言："自周公卒五百歲而孔子。孔子卒後至于今五百歲……"此本孟子言堯舜至湯五百餘歲，湯至文王五百餘歲，文王至孔子五百餘歲。可見史公是以"五百載"為觀察歷史的重要週期，而中變的"百年"并不能"原始察終，見盛觀衰。"僅以太初百年為敘事下限，既不能體現司馬遷的歷史觀和天人觀，也并非他研究歷史的方法論。從《太史公書》敘事斷限的三次更張和上伸下延的過程中，才完整地體現司馬遷的歷史觀和天人觀及其歷史方法論。《前言》關於"百年是觀察歷史的重要週期"的説法，似與《天官書》及《自序》所論并不契合。

（三）關於《史記》的亡缺

7.《前言》依據張晏《漢書》注及余嘉錫《太史公書亡篇考》，開列了《史記》十篇亡缺目錄。

按：司馬遷以《史記》竊比《春秋》，為備亡失，撰述時一一錄副并做好善後處置：正本"藏之名山，傳之其人"，秘存華陰，宣帝時由其外孫楊惲"宣布"，自此民間始有正本系統的鈔本流傳；副本（"副在京師"）進呈御府後曾遭刊削并嚴加禁錮，唯班斿蒙賜御書之副。以後班彪在安陵評《史記》、作《後傳》，班固在洛都蘭臺奉詔撰《漢書》，皆據此副本又副本。

司馬遷手定正本佚於楊惲蒙難，副本毀於王莽之亂，副本又副本亡于董卓移都。東漢後期流傳於世的一百三十篇《史記》，當系正、副兩大系統《史記》的鈔本配補而成。

班固《漢書·藝文志》是前漢皇家藏書書目，著錄"《太史公》一百三十篇。"自注："十篇有錄無書。"《漢書》本於劉向《別錄》、劉歆《七略》。劉向父子校書秘閣，所見所校《太史公書》"十篇缺，有錄無書"，確然無疑，但僅指太史公呈御的"副在京師"的文本而言。至于"藏在名山"的正本原為全帙，在楊惲蒙難前并無"十篇缺，有錄無書"其事。劉向父子及班固雖紀錄《太史公書》"十篇缺"，但均未列所缺篇目。前、後漢之際的古文經學家衛宏在《漢舊儀注》中亦僅提到《景紀》及《今上紀》被武帝刊削。直至三國魏人張晏為《漢書·司馬遷傳》作注，方為"十篇缺"一一列目，然未明所據。近人余嘉錫先生所著《太史公書亡篇考》，雖多精當之論，但過於牽就張晏之説，其論斷亦尚有不盡不當之處，未可據為定論。

關於《史記》的亡缺，近年有新的討論。易平教授有三篇論文可資參考：①《張晏〈史記〉亡篇之説新檢討》（載《臺大歷史學報》第二十三期，1999年6月出版）；

②《劉向班固所見太史公書考》（載《大陸雜誌》九十一卷第五期，
1995年出版）；

③《褚少孫補〈史〉新考》（載《臺大歷史學報》第二十五期，2000
年6月出版）。

《史記》亡篇問題十分複雜，目前實難以定讞。所謂"十篇缺"，愚意
在《前言》中似不必一一坐實為宜。

（四）關於《史記》的述史體例

8.《前言》在引述《史通·六家》後說，"其實，《史記》所采用的是
一種綜合性的敘事模式，六種體例兼而有之。"

按："史記家"為司馬遷在承繼前代尚書家、春秋家、左傳家、國語
家四種體例的優長并揚棄其所短的基礎上創制的新型述史敘事模式。漢書
家體例全襲史記家，只改通史為斷代。史記家的體例不可能承繼後起的漢
書家。故"六種體例兼而有之"之說有欠準確。

（五）關於《史記》的史料價值

9.《前言》在本節"下面舉一個看似反面的例子"下，用大量證據證
明《史記》蘇、張兩傳所記蘇、張活動的基本事實可信。若作為辨析蘇
秦、張儀孰前孰後及其活動是否可信的專論，很有價值，但在《前言》中
此項辨證長達二千言，幾占全文的八分之一。加上其餘論述《史記》史料
價值的文字共達四千言，共占全文的四分之一。與前六節相較，讀來有輕
重失衡之感。此節似提煉為二千言左右為好。

（六）關於修訂概況

10.本節詳細介紹了此次修訂所采用的底本、通校本、參校本、校勘方
法，以及對三家注引書全面核對後所發現的問題。讀後對修訂組的先生們
辛勤的勞動與取得的成績的敬意油然而生。但此節長達四千五百字，占

《前言》全文四分之一而有餘，似乎長了些。為使各節文字大致平衡，建議在《前言》中用二千餘字對修訂概況作簡要介紹。至於修訂的詳細説明，可參照1959年點校本《史記》於全書卷末設《點校後記》的辦法，將此節《修訂概況》加以擴充，置于卷末，以展示此次修訂的全面成績。

11.此次修訂從保存文獻和方便讀者的角度考慮，將司馬貞《補史記條例》為三家注本《史記》所缺部分補入相應篇目，并將補《三皇本紀》附入《史記》全書之末，實為善舉。在下建議將《報任安書》及《悲士不遇賦》附錄於《史記·太史公自序》之後，若此，則司馬遷現存著作將匯於一書，從保存文獻和方便讀者二者來説，都是功德無量之事。

通觀全文，從文章學技術層面來説，各節文字多寡懸殊，有失平衡，有的節目如"《史記》的作者"應加擴充，有的節目則應壓縮。諸如《史記》斷限、亡缺、續補等極其複雜而短期難望定論的問題，愚意只需擇要介紹有代表性的觀點，而毋需斷案，以保留繼續討論的空間。以上純屬一己固陋之見，以盡野人獻芹之意而已。

附上拙文兩篇供修訂組參考。《〈玉海〉所錄〈正義〉佚文為考定司馬遷生年提供確證》，可作司馬遷生于武帝建元六年説支撐。《司馬遷與中華文明述論》，原載蘇教版《普通高中課程標準實驗教科書〈史記選讀〉教學參考書》，此為增訂文本。

袁傳璋謹呈
二〇一二年十二月六日

五、史記修訂本本紀十二篇定稿審讀報告

點校本「二十四史」及清史稿修訂工程辦公室：

史記修訂本本紀十二篇定稿審讀已畢，愚意有極少數標點更改、校勘記撰寫尚有進一步討論的餘地。茲錄審讀所見逐篇逐條報告於下。程式是先整錄尚需斟酌的修訂本原文（修訂本對點校本的改動以括注標出），鄙

見則以楷体「璋按」標示。凡無需商榷的篇目，其篇名則從略。

五帝本紀第一

(一）關於標點

1. 第一頁第10行　正義云：「左陽，故記動。右陰，故記言。言為尚書，事為春秋。」

　　璋按：張守節此處所稱的「正義」，系指唐孔穎達等編纂的五經注疏中的禮記正義。禮記玉藻經文「動則左史書之，言則右史書之」句下的孔疏長達數百言，張守節僅節取十八字以綜括大意，且敘次亦有調整，已非直接引文，似不宜加引號。筆者曾見有學者自此轉引，而逕稱「禮記正義云」者。

2. 第二頁第2行　注「號有熊」；第14行　此注所引者；第四頁第12行　今此注見用兵篇也；第六頁第5行　注「皇覽」；等等。

　　璋按：三家注合刻本索隱、正義釋文中凡稱「注某某」之「注」，均指司馬貞、張守節為其釋文演注之裴駰史記集解。索隱、正義中此例甚多。此類「注」字皆為特指而非泛稱，似應加書名號作「注」。否則一般讀者對索隱、正義頻繁稱引的「注某某」之「注」實難明所以，甚至有依「注水經」即「水經注」之例，誤會「注皇覽」即「皇覽注」者。

3. 第三頁第11行　正義成謂年二十冠，（修訂本刪此處逗號）成人也。

　　璋按：史文「成」與「生」、「弱」、「幼」、「長」分別表示黃帝自出生至長成的不同階段的非凡狀況。周禮大宗伯：「以昏冠之禮親成男女。」疏云：「男二十而冠。」左氏傳哀公五年「齊燕姬生子，不成而死。」杜預注：「不成，未冠也。」是「成」有「冠」義。守節以「年二十冠」釋「成」有據，「成人也」是對「年二十冠」的補充闡釋。點校本於「冠」下加逗號甚佳。刪去逗號，語氣不順。

4.第七頁第2行　守節案：地志唯有凡山，蓋凡山（修訂本於此處加頓號、）丸山是一山耳。諸處字誤，或「丸」或「凡」也。

　　璋按：「守節案地志」，黃善夫本及黃本系統諸本均刻作「守節括地志」，大誤。蓋案斷之「案」，黃本全書皆作「按」。「按」與「括」形似，遂訛「守節按地志」為「守節括地志」。而守節所「案」之「地志」，實指張氏所見除括地志外唐時現存諸種地志之總稱，觀「地志唯有」之「唯有」、「諸處字誤」之「諸處」自明。因地志並非專一書名而為志書之集合名詞，似不必為「地志」加書名號作「地志」，而「凡山丸山」兩山之間亦似毋須加「、」號。

5.第七頁第6—8行　正義括地志云：「空桐山在肅州福祿縣東南六十里。（修訂本在此處加單引號「）抱樸子內篇云『（修訂本改單引號「）黃帝西見中黃子，受九品之方，過空桐，從廣成子受自然之經』（修訂本改單引號」），即此山。」（修訂本刪此處單引號）

　　璋按：此條正義所引括地志重點在說明黃帝與空桐山的關係，故在指出此山的地里方位外，更引述抱樸子以作佐證。修訂本將抱樸子內篇別出括地志引書之外，欠妥。唐魏王李泰主編的括地志，是一部規制宏大、人文底蘊豐厚的唐初國家地理總志。撰者著作郎蕭德言、秘書郎顧胤等皆為博涉經史、善屬文的一時俊彥。該書不僅詳敘州縣建制沿革，而且舉凡與著名歷史人物、事件相關的地名，必博引經史典籍予以充實。張守節為史記釋地大量徵引括地志，即原於此。安史之亂，兩京板蕩，御府藏書盡燼，括地志亦從此亡佚。中唐以後人徵引括地志，實自史記正義轉引。宋人呂祖謙撰大事記解題所徵引的有些史記正義長文，在王應麟所撰通鑑地理通釋中逕標括地志，即是明證。括地志久已亡佚，我國雖有數種輯本，但各為片斷不能成文。幸賴日本宮内廳書陵部藏有據唐高宗前寫本括地志複抄殘卷兩卷，即卷一百廿三河南部兗州三曲阜縣上、卷一百廿四河南部兗州四曲阜縣下，共三千二百餘字。與現存中唐李吉甫撰元和郡縣圖志之曲阜縣記事相較，元和志僅寥寥三百八十九字，不及括地志的八分之一，可見括地志敘事之詳贍。

兹抄錄括地志殘卷曲阜縣下子目「山原」中有關孔子父母葬地的防山條，以見括地志敘事引書的特質：

防山在縣治東廿五里。禮記檀弓曰：「孔子母合葬於防。」史記孔子父「叔梁紇死葬於防山，在魯東。」女陵山在縣治南廿八里。干寶晉紀曰：「徵在生孔子空桑之地，今名孔竇，在魯南山之穴，穴外有雙石如植楹，高數丈。魯人極敬，行者必過致禮。穴中無水，當祭時，灑掃以告，輒有清泉自石間出，足以周用。祭訖泉枯。今俗名女陵山。又有五父山。」

元和郡縣圖志無孔子父母墓地記載，而孔子墓條亦僅十三字。

建議對史記全書中正義徵引括地志引書的標點（包括修訂本與點校本）檢查一遍，以確定對於別出括地志引文之外的典籍的處置是否妥帖。

6. 第一四頁第3行　索隱皇甫謐云：「據左氏，歲在鶉火而崩，（修訂本改此處逗號為句號）葬東郡。」

璋按：根據「可改可不改者一律不改」的原則，原「，」號不必改為「。」號。

7. 第二〇頁第15行　索隱山海經曰：「北海之内有山（修訂本在此加

句號「。」）名<u>幽都</u>」，蓋是也。

　　璋按：「<u>北海之内有山名幽都</u>」宜作一氣讀，「山」下不宜句
（「。」）斷。若定要斷句，也只能標逗（「，」）號。

8.第二六頁第1—2行　脩五禮五玉（修訂本於此處加逗號）三帛二生
一死為摯。

　　璋按：史文「遂見東方君長，合時月正日，同律度量衡，脩五禮
五玉三帛二生一死為摯，如五器，卒乃復」長句中，「合時月正日，
同律度量衡，脩五禮」，為第一層次，天子同東方君長「合」曆、
「同」制、「脩」禮，三者為天子治天下首務；「五玉」至「為摯」，為
第二層次，是東方君長謁見天子時呈奉的禮品，其中的「五玉」是天
子頒賜公侯伯子男代表等級地位的五種信物（瑞玉），謁見天子時亦
須呈上；「如五器，卒乃復」，為第三層次，「五器」，即上文的「五
玉」，謁見儀式禮成後，「三帛二生一死」留下，「五器（五玉）」則
返還公侯伯子男本人。點校本於「脩五禮五玉三帛二生一死為摯」句
中未加任何標點，其實「脩五禮」與「五玉三帛二生一死為摯」並非
一事，連書欠妥。修訂本以「脩五禮五玉」連書，於「五玉」下加逗
（「，」），亦未安，因「五玉」也在摯品之列，而與「五禮」無涉。
愚意似應在「脩五禮」下加逗（「，」）斷開，全句點作：

　　遂見東方君長，合時月正日，同律度量衡，脩五禮，五玉三帛二
生一死為摯，如五器，卒乃復。

9.第二七頁第13行　紫（修訂本在此下加逗號）祭<u>東嶽</u>者，（修訂本
刪此處逗號）考績。（修訂本刪此處句號）紫，（修訂本刪此處逗號）
燎也。

璋按：⃞集解引鄭玄説以釋史文「歲二月東巡狩，至於岱宗，柴。」所釋有二事：以「考績」釋「巡狩」；以「柴，祭東嶽者。柴，燎也」，釋「至於岱宗，柴。」按説文，「柴」是焚柴以祭天的宗教大典，與人事中的「考績」無涉。點校本將「柴祭」與「考績」合為一句，欠妥。修訂本於「柴」下加逗，可取；但刪削「者」、「績」、「柴」下標號，則不洽。愚意此句似可點作：

鄭玄曰：「建卯之月也。柴，祭東嶽者。考績。柴，燎也。」

10. 第三四頁第1—5行 ⃞正義括地志云：「故虞城在陝州 河北縣東北五十里虞山之上。（點校本於此加單引號」）酈元 注水經云乾橋東北有虞城，堯以女嬪于虞之地也。又宋州 虞城 大襄國所封之邑，杜預云（修訂本于此加單引號「）舜後諸侯也。（修訂本于此加單引號」）又越州 餘姚縣，顧野王云舜後支庶所封之地。舜 姚姓，故云餘姚。縣西七十里有漢上虞故縣。會稽舊記云舜 上虞人，去虞三十里有姚丘，即舜所生也。周處 風土記云舜 東夷之人，生姚丘。」（修訂本此處刪單引號」）括地志又云：「姚墟在濮州 雷澤縣東十三里。（修訂本于此加單引號」）孝經援神契云舜生於姚墟。」（修訂本于此刪單引號」）案：二所未詳也。

璋按：括地志注地常引左氏傳、左傳杜 注、水經注、山海經、顧野王書等等。點校本標點可從，若別無確切依據不宜輕易改動。關於括地志行文引書的特點，請參看第5條按語。又「注水經」應點作「注水經」。

11. 第三四頁第3行 舜 姚姓。

璋按：應標作「舜 姚姓。」

12. 第三五頁第5行　嬀州亦冀州城是也。

璋按：此句意謂嬀州也是九州之一的冀州內的一座城邑，而非謂嬀州即冀州城。故應標為：「嬀州亦冀州城也。」

13. 第三六頁第7行　堯乃賜舜絺衣，（修訂本此處刪逗號）與琴，為築倉廩，予牛羊。

璋按：修訂本刪去「絺衣」下逗號，使「堯乃賜舜絺衣與琴」為一句，愚意欠妥。周禮大宗伯「再命受服。」史文「堯乃賜舜絺衣」，乃正位之禮。「與琴」之「與」並非「及」義，而與老子六十三章「將欲奪之，必固與之」之「與」同為贈予、賜予之義。「與琴」者，是賜予舜以燮理陰陽、調和人心之責。「賜衣、與琴」為二事，點校本於「衣」下加逗（「，」），甚是。不可解作「堯賜舜絺衣及琴」。「賜衣，與琴」，猶今之所謂給予崇高的政治地位；「為築倉廩，予牛羊」，則猶今之所謂給予豐厚的物質待遇。史文下文「舜妻堯二女，與琴，象取之」句中「女」下逗號亦不可刪除。

（二）關於校勘記

3. 盧山　疑當作「葛盧山」。管子 地數：「葛盧之山發而出水，金從水，蚩尤受而制之，以為劍鎧予戟。」

璋按：清光緒間浙江書局刻二十二子本所收管子卷二十三地數作「葛盧之山發而出水，金從之，蚩尤受而制之，以為劍鎧矛戟。」郭沫若撰管子集校（郭沫若全集 歷史編第8卷管子集校 地數），與二十二子本同。是校勘記「金從水」之「水」字為「之」字之誤；「劍鎧予戟」之「予」字為「矛」字之形訛。

6. 無煩破四為三　　黃本、彭本、柯本、凌本此下有正義「僖音力其反姞音其吉反嬽音在宣反」凡十五字。殿本「姞」下有「音」字。

璋按：黃本等「姞」下無「音」字，實為「凡十四字」。史文「黃帝二十五子，其得姓者十四人」，句中無「僖」、「姞」、「嬽」三個姓氏，張守節不當出正義為其注音；張守節正義與裴駰集解關係，猶如唐時五經的疏與注，正義常為集解疏通補注。但史文此下並無集解，毋須正義為其補注，故此下亦不應出現正義「凡十四字」的注音。或謂正義系為史文下索隱中出現的「僖、姞、儇」注音。然此説實為無根之談。按：舊唐書經籍志著錄御府藏書下限斷自開元十年。甲部經錄孝經類著錄玄宗御注「孝經一卷」，是書開元十年六月頒行天下；丁部集錄著錄「劉子玄集十卷」，而劉知幾卒於開元九年。可證。舊唐書經籍志並未著錄司馬貞史記索隱，可見開元十年前索隱尚未成書呈御。新唐書藝文志著錄司馬貞史記索隱三十卷，本注其官銜為「開元潤州別駕」，而非今本所署之「國子博士弘文館學士」，可見其書殺青于其任潤州別駕時。新唐志著錄唐人著作，遵照玄宗開元七年的敕令，「以時代為先後，以品秩為次第」，按入藏御府前後排列。史記索隱編錄於開元十七年呈御的「李鎮注史記一百三十卷」及德宗貞元中呈御的「陳伯宣注史記一百三十卷」之後，可知司馬貞生前並未將索隱上呈御府，呈獻其書者當乃其後裔，而其時上距開元之末已過半個世紀。開元年間，張守節、司馬貞各自為書，不相為謀；張守節更不存在見讀司馬貞索隱的現實可能性，何來為其注音之事？

黃善夫合刻史記三家注時，以先已梓行的史記集解索隱為本注，而將附刻的正義為增注，為減少與集解索隱的重複，對正義條目不僅有削除、刪節，某些正義條目的前後次序亦有調整。史文「黃帝二十五子，其得姓者十四人」句下，本不當有正義所謂「凡十四字」而有者，當系黃本合刻時自別處移來誤置於此。彭本、柯本、凌本均自黃本衍生，自然同于黃本。其實黃本之後的史記三家注合刻本無不受到黃本的影響，殿本亦不例外。由於黃本編輯合刻時，多處將正義誤置於索隱之下，遂滋生清儒邵晉涵及近人程金造臆斷正義疏通辨正索隱的誤判。清儒張文虎校刊金陵書局本時，將「僖音力其反」等十四字移置於史文五帝本紀結語「自黃帝至舜、禹，皆同姓而異其國號，以章明德」集解之下，恢復單本正義本來的位置，洵為有見。

23.亥地　疑文有脫誤。按：後漢書志（修訂本刪「志」下書名號）第八郊祀志中作「戌亥之地」，後漢書卷一上光武帝紀上「禋于六宗」、卷五孝安帝紀「祀於洛城西北」劉昭注引續漢志同。

　　璋按：「志」下書名號不當刪。范曄後漢書原無志。今本八志系梁人劉昭取晉人司馬彪續漢書八志附入范書並為作注。司馬彪續漢書志只有祭祀志，而無郊祀志。劉昭注補附入范曄後漢書的正是祭祀志。校勘記作「後漢書郊祀志」，系誤書。

32.韓子　原作「韓非子」，據黃本、彭本、柯本、凌本、殿本改。

　　璋按：正義所稱「韓非子」，並非引自史書藝文志或經籍志的著錄。唐人有稱韓非書為「韓非子」者，故正義稱「韓非子」亦無不可。根據「可改可不改者一律不改」的原則，「非」字可不刪而仍其舊。此條校勘記亦可不出。

35.正義釐音力其反姁音其吉反儼音在宣反　黃本、彭本、柯本、凌本、殿本無此注，乃張文虎誤移。

　　璋按：此條正義十五字並非張文虎誤移，説見校勘記6下的「璋按」。建議于此下整錄張文虎札記校語，以見張氏移正的理由：

十五字原錯在黃帝紀「其得姓者十四人」下。案：史文無「鼇姞儇」三字，此為集解作音，宜在此，今移正。「鼇」原作「傗」，「傗」無力其反，集解本作「鼇」也。「儇」亦誤從「女」，並正。

夏本紀第二

（一）關於標點

1. 第六六頁第6行　砮，石（修訂本此下加逗號）中矢鏃。

　　璋按：說文：「砮，石，可以為矢鏃。」集解所引系孔安國為尚書禹貢「礪砥砮丹」句所作的傳，孔穎達疏引「賈逵曰：砮，矢鏃之石也，故曰『砮，石中矢鏃』。」據孔疏引賈說，以「石中矢鏃」為句，「石」下不宜加逗（「，」）號。

2. 第七三頁第5行　注水經（修訂本刪「注」字下書名號作「注水經」）。

　　璋按：張守節正義及李泰括地志引酈道元水經注習稱「注水經」，此例極多。水經注 注水經一書也，同為專書名，宜加書名號。似依點校本標作「注水經」為宜。

3. 第七九頁第6行　正義括地志云：「陶丘在濮州 鄄城西南二十四里。」（此單引號系修訂本所加）又云在曹州城中。徐才宗國都城記云此城中高丘，即古之陶丘。」（修訂本刪此處單引號）

　　璋按：「又云」以下至「古之陶丘」，仍是括地志引文，不應別出括地志外。「徐才宗國都城記」改標為「徐才宗國都城記」，甚是。這條正義似可點作：

正義 括地志云：「陶丘在濮州 鄄城西南二十四里。又云在曹州城中。徐才宗國都城記云『此城中高丘，即古之陶丘』。」

（二）關於校勘記

49.十年　疑當作「七年」。

　　璋按：「七」字漢隸書作「十」，其橫畫長而豎畫短。王叔岷史記斠證第一冊，第71頁，夏本紀第二於「而後舉益，任之政十年」句下，按曰：「十蓋本作十，漢隸七皆作十，（居延 漢簡、武威 漢簡並同。）後人不識，誤為百、十字耳。」（「中央研究院」歷史語言研究所專刊之七十八）漢簡作為漢代烽燧遺址出土文物，可引以為「十」當作「十（七）」之實證。

56.斟戈氏　原作「斟氏戈氏」，據高山本、殿本刪。按：錢大昕 廿二史考異（修訂本刪「廿二史」三字）卷一。

　　璋按：作為專書名，廿二史考異中之「廿二史」三字似不可刪削。

殷本紀第三

（一）關於標點

1.第九七頁第8—9行　竹書紀年云「盤庚自奄遷于北蒙，曰殷墟，南去鄴四十里」，是舊鄴城西南三十里有洹水。

　　璋按：「是舊鄴城」下應加逗（,）號，作「是舊鄴城，西南三十里有洹水。」

　　又修訂本改「鄴」為「都」，未出校勘記以明所據。日本 京都 建

仁寺兩足院藏元 至元六年初刻、至正十二年補刊宋 王應麟 玉海 附刻
通鑑地理通釋卷四歷代都邑考 商都：「河亶甲居相在河北。括地志：故
殷城在相州 內黃縣東南十三里，即河亶甲所築都之，故名殷城。相
州 安陽本盤庚所都，即北塚殷墟，南去朝歌城百四十六里。竹書紀
年：『盤庚自奄〔遷〕於北塚，曰殷墟，南去鄴四十里。』是舊都城，
西南三十里有洹水，南岸三里有安陽城，西有城名殷墟，所謂北塚
也。安陽城即相州外城。水經注『洹水逕殷墟，項羽與章邯盟於此
地』。」這段文字可引作改「鄴」為「都」之書證。

2.第九八頁第13行　正義括地志云：「宋州 宋城縣古閼伯之墟，即商
丘也，（修訂本改逗號為句號，並在此加單引號」）又云羿所封之地。」
（修訂本刪單引號）

璋按：修訂本將正義所引括地志止於「商丘也」，而將「又云」
以下七字剔出括地志之外，似欠妥。「又云」者，是提供異說。修訂
本改「商丘也」下逗號為句號，甚是，但不應在此添加引號（」）。
「所封之地」下的引號（」）不當刪。

3.第一〇九頁第12行　注水經（修訂本刪去「注」字下書名號，作
「注水經」）云沙澗水北出虞山，

璋按：修訂本將「注水經」改作「注水經」，欠妥。「注水經」為
水經注別名，括地志引水經注常稱「注水經」。

4.第一一〇頁第4行　孔安國曰：「言天視下民（修訂本在此加逗號）
以義為常也。」

璋按：此句應作一氣讀，「民」下不宜逗（「，」）斷。以不改

為好。

（二）關於校勘記

12. 毋禮於弃道　「禮」，殿本作「豐」。尚書 説命上云「無豐於昵」。

　　璋按：尚書 説命上、中、下三篇皆無「無豐於昵」之辭。「典祀無豐於昵」，乃尚書 高宗肜日篇賢臣祖己訓高宗武丁之辭。

周本紀第四

（一）關於標點

1. 第一二五頁末行至一二六頁第6行　正義 括地志云：「故虞城在陜州 河北縣東北五十里虞山之上，古虞國也。故芮城在芮城縣西二十里，古芮國也。（修訂本在此加單引號」）晉太康地志云虞西百四十里有芮城。」（修訂本刪此處單引號」）括地志又云：「閒原在河北縣西六十五里。（修訂本此處加單引號」）詩云『（修訂本改為單引號「）虞 芮質厥成』（修訂本改為單引號」），毛萇云『（修訂本改為單引號「）虞 芮之君相與爭田，久而不平，乃相謂曰：「（修訂本改為雙引號『）西伯仁人，盍往質焉。」（修訂本改為雙引號』）乃相與朝周。入其境，則耕者讓畔，行者讓路。入其邑，男女異路，班白不提挈。入其朝，士讓為大夫，大夫讓為卿。二國君相謂曰：「（修訂本改為雙引號『）我等小人，不可履君子之庭。」（修訂本改為雙引號』）乃相讓所爭地以為閒原』（修訂本改為單引號」）。至今尚在。」（修訂本刪此處單引號）注引地理志在臨晉者，恐疏。然閒原在河東，復與虞、芮相接，臨晉在河西 同州，非臨晉 芮鄉明矣。

　　璋按：晉太康地志、詩、毛萇傳，均為括地志所引書證，不應別出。點校本標點可從。修訂本所作改訂有損括地志原意，似欠妥。「注引地理志」之「注」，特指集解，應加書名號作「注」。這條正義的主體是所引的兩則括地志。「注引」以下方是張守節本人的文字，用以辨正裴駰注的疏失。

2.第一二八頁第10行　召公、畢公之徒左右王，師（修訂本將「師」字乙至「王」字下，作「左右王師」）脩文王緒業。

　　璋按：修訂本將下讀「師」字勾乙至「王」字下，作「召公、畢公之徒左右王師」。史上文已有「太公望為師」，此又作「召公、畢公之徒左右王師」，則為不辭。其實「左右」乃輔佐、幫助之義。易泰：「輔相天地之宜，以左右民。」孔穎達疏：「左右，助也，以助養其人也。」唐劉禹錫唐故中書侍郎平章事韋公集紀：「以公用經術左右先帝五年，稔聞其德。」史文「左右王」，義為輔佐王；「師脩」者，師法也。點校本于「王」字下加逗（「，」），可從。

3.第一二八頁第15行　予無知，以先祖有德臣，（修訂本以「臣」字屬下句）小子受先功，畢立賞罰，以定其功。

　　璋按：天子嗣位，自稱曰「予小子」、「小子」，無稱「臣小子」者。「臣」字應屬上讀，作「德臣」，即有德之臣，亦即武王所告之「司馬、司徒、司空、諸節」等重臣。點校本於「臣」下加逗（「，」），是，毋須變更。

4.第一三一頁第15行　正義括地志云：「衛州城，故老云周武王伐紂至於商郊牧野，乃築此城。（修訂本于此加單引號」）酈元注水經（修訂本刪「注」字下書名號，作「注水經」）云（修訂本於此加逗號及單引號）自朝歌南至清水，土地平衍，據皋跨澤，悉牧野也。」

　　璋按：「酈元注水經」云云，乃括地志所引書證，不可剔出。注

水經 水經注，一書也，括地志引酈道元書習稱「注水經」，不宜標作「注水經」。

5.第一五四頁第1—2行　「共伯和干王位」。共音恭。共，國；伯，爵；和，其名；（修訂本改為句號。）干，篡也。言共伯攝王政，故云「干王位」也。

璋按：索隱 此注注義分三層：第一層為「共」字注音，第二層為句中「共」、「伯」、「和」、「干」釋義，第三層為全句串釋大意。「和，其名」，屬第二層，下面還有「干，篡也」，故不當在「其名」下句斷。點校本標點是，毋須更改。

6.第一七六頁第6行　酈元 注水經云（修訂本刪「注」字下書名號，作「注水經」）

璋按：注水經為完整書名，括地志引酈書時常稱「注水經」，而少稱水經注，故不宜改作「注水經」。

7.第一七八頁第4行　周君之秦客謂周（最）（修訂本刪最字圓括號，作「最」）〔冣〕（修訂本刪去「冣」字）曰

璋按：此句史文下索隱「（最）〔冣〕音詞喻反，周之公子也。」據「詞喻反」的注音，字當作「冣」，而不當作「最」。「冣」，即「聚」字。史文下文有「秦攻周，而周冣謂秦王曰」，可證。修訂本刪「冣」，取「最」，欠妥。應刪「最」，取「冣」，如「秦客謂周（最）〔冣〕曰」為當。

（二）關於校勘記

10. 後十年而崩　「十」，殿本作「七」

　　璋按：王叔岷 史記斠證卷四周本紀第四「後十年而崩」下案語可參：「案殿本改十年為七年，與楓、三、南本合。『十』蓋本作『七』，即七字。漢隸七皆作十。後人不識，誤為百、十字。」

12. 十當為九　「十」，殿本作「七」

　　璋按：史文〔西伯〕「後十年而崩」句下正義云：「十當為『九』，其説在後。」「其説」在史文下文「九年，武王上祭于畢」句下的正義，張守節對史文「後十年而崩」句中「十」字當為「九」字，引經據典作了詳實的考證。張氏的考證，證明史文「十」字固然是個錯字，殿本改「十」為「七」也與張守節原意相違。

17. 山海經云　此上原有「於」字。張文虎 札記卷一：「『於』字衍。警云疑當在『居』下。」今據刪。

　　璋按：史文「封周公旦於曲阜，曰魯」句下正義，共一百三十八字，按之日本 宮內廳 書陵部所藏唐 括地志複抄本殘卷，正義自「帝王世紀云」至「又是商奄之地」，守節抄引自括地志卷第一百廿三 河南部 兗州三 曲阜縣上之「建制沿革」，其文如下：

　　皇甫謐 帝王紀云：「炎帝自陳營都于魯 曲阜」是也。又云：「黃帝自窮桑登帝位，後徙曲阜。」又云：「少昊邑于窮桑，以登帝位，都曲阜。顓頊始都窮桑，徙商丘。」窮桑在魯北。或云窮桑即曲阜也。此又為大庭氏之故國。春秋左氏傳：「昭公十八年，宋、衛、陳、鄭災。梓慎登大庭氏庫以望。」杜預 注云：「大庭氏，古國名，在魯城中。其庫高顯，故登以望氣也。」臣泰按：「帝王紀『女媧氏沒，有大庭氏。』然大庭則在炎帝之前國也，故此有庫。」又是商奄之地。

「黃帝生於壽丘」至「西射之南是也」，張守節抄引自括地志同卷子目「山原」，其文如下：

　　皇甫謐以為「皇（黃）帝生於壽丘，在魯城東門之北。居軒轅之丘，於山海經『此地窮桑之際，西射之南』」是也。

日藏據唐初寫本括地志複抄本「山海經」之「山」上原有「於」字，非衍！張文虎札記校語非是，不可從。張氏引警云「疑當在『居』下」，亦為臆測。

　　史文「封弟周公旦於曲阜，曰魯」句下正義所標括地志，抄引自括地志卷一百廿四曲阜縣下子目「城郭」。

18. 此地窮桑之際

　　璋按：「窮桑」，參上條「璋按」抄引括地志殘卷曲阜縣「建制沿革」文字，「桑」字不誤。今本山海經海外西經第七「軒轅之國在此窮山之際，其不壽者八百歲」，此作「窮山」，與唐抄括地志所引作「窮桑」者不同。按之皇甫謐帝王紀黃帝、少昊、顓頊與窮桑的關係，當以作「窮桑」者為是。

43. 今潁川 父城縣 應鄉是也　本書卷七九范雎蔡澤列傳「號為應侯」索隱引作「在」。漢書卷二八地理志上潁川郡：「父城，應鄉，故國，周武王弟所封。」

　　璋按：史記范雎蔡澤列傳「號為應侯」句下無索隱。校勘記所稱的索隱系於「號為應侯」的上句「秦封范雎以應」句下。「索隱引作『在』」，「在」下闕文，莫明所以，當引全句「在潁川之應鄉」。校勘記引漢書地理志上潁川郡：「父城」以下「應鄉，故國，周武王弟所封」十字，系班固為「父城」所作雙行小字夾註，應以小字排。

秦本紀第五

(一) 關於標點

1. 第一八六頁第15行　正義括地志云:「大徐城在泗州 徐城縣北三十里, 古徐國也。(修訂本于此加單引號」) 博物志云 (修訂本於此加冒號: 與單引號「) 徐君宮人有娠而生卵, 以為不祥, 弃于水濱。孤獨母有犬鵠蒼, 銜所弃卵以歸, 覆煖之, 乃成小兒。生時正偃, 故以為名。宮人聞之, 更取養之。及長, 襲為徐君。後鵠蒼臨死, 生角而九尾, 化為黃龍也。鵠蒼或名后蒼。」括地志又云:「徐城在越州 鄞縣東南入海二百里。夏侯 志云 翁洲上有徐偃王城。傳云昔周穆王巡狩, 諸侯共尊偃王, 穆王聞之, 令造父御, 乘騠𮪍騄之馬, 日行千里, 自還討之。或云命楚王帥師伐之, 偃王乃於此處立城以終。」

璋按:「博物志云徐君」至「鵠蒼或名后蒼」, 實為括地志所引張華 博物志有關徐偃王的傳說, 並非張守節自引書證, 不當由括地志中剔出。點校本原標點可從。若非要為博物志引文加注標點, 亦宜於「徐君宮人」前標作「:『」, 於「鵠蒼或名後蒼」後標作「。』」。

2. 第一九〇頁倒3行　故陳倉城中

璋按:「陳倉城」系地名, 應標作「故陳倉城中」。

3. 第一九二頁第4行　徐廣云一作「(修訂本此處刪單引號) 湯杜」(修訂本此處刪單引號)

璋按: 史文為「蕩社」。徐廣為史記「研核眾本」時, 見有本「蕩社」作「湯杜」, 為「具列異同」記為「一作『湯杜』」。此「湯杜」引號不可刪。

4. 第二○○頁第10行　我兄弟多，即君百歲後，秦必留我，而晉輕，（修訂本刪此處逗號）亦更立他子。

　　璋按：晉惠公太子子圉為質于秦，其母家梁國已被秦滅。子圉耽心惠公死後，他因無母家外援，晉國會看輕他，而改立他的兄弟為晉君。「而晉輕」下的逗號不宜刪削。

（二）關於校勘記

55. 始皇帝立十一年而崩　「立」，原作「五」，據高山本改。

　　璋按：秦本紀虞寫本作「立十一年而崩」。

56. 葬酈山　「酈山」，耿本、黃本、彭本、柯本、殿本作「酈邑」。按：本書卷六秦始皇本紀「始皇享國三十七年，葬酈邑。」

　　璋按：秦始皇本紀諸本正文實作「九月，葬始皇酈山。」校勘記「按」語所引「始皇享國三十七年，葬酈邑」，出自秦始皇本紀卷末所附秦紀，並非本紀本文。又黃本「享國」作「饗國」。

秦始皇本紀第六

（一）關於標點

1. 第二四○頁第8—9行　集解蔡邕曰：「上者……尊尊之意也。」

　　璋按：此條集解皆引自蔡邕獨斷，故「上者，尊位所在也」，「也」下引號應刪；「尊尊之意也」，「也」下則應添加引號。全條應標作：

　　集解 蔡邕曰：「上者，尊位所在也。司馬遷記事，當言『帝』則依違但言『上』，不敢媟言，尊尊之意也。」

　　2. 第二四八頁第4—5行　索隱 六國皆滅也。十七年（修訂本「年」下加逗號「，」）得韓王安，（修訂本改底本逗號「，」為分號「；」）十九年（修訂本「年」下加逗號「，」）得趙王遷，（修訂本改底本逗號「，」為分號「；」）二十二年（修訂本「年」下加逗號「，」）魏王假降，（修訂本改底本逗号「，」为分號「；」）二十三年（修訂本「年」下加逗號「，」）虜荊王負芻，（修訂本改底本逗號「，」為分號「；」）二十五年（修訂本「年」下加逗號「，」）得燕王喜，（修訂本改底本逗號「，」為分號「；」）二十六年（修訂本「年」下加逗號「，」）得齊王建。

　　璋按：六國翦滅，非並年事，不宜用「；」號。「年」下不加「，」，亦不會產生歧義。點校本標點可從，毋須更動。

　　3. 第二五三頁第4行　集解 漢書 百官表曰：「（修訂本刪底本此處單引號）秦郡守掌治其郡，（修訂本改底本逗號為分號）有丞；（修訂本改底本分號為頓號）尉（修訂本「尉」下添逗號）掌佐守典武職甲卒；監御史掌監郡。」（修訂本刪底本此處單引號）

　　璋按：漢書 百官公卿表：郡守二千石。郡尉為郡守副職，比二千石。不僅郡守有丞，郡尉也有丞，同為六百石，與縣令同級，丞為郡府中的事務官。修訂本除刪單引號可取外，其餘標點均可議。此條集解似可如此標點：

　　集解 漢書 百官表曰：秦郡守掌治其郡，有丞。尉掌佐守，典武職甲卒。監御史掌監郡。

4.第二八〇頁第6行　或言工匠為機，臧（修訂本將底本「臧」字乙至「機」字下）皆知之，臧重即泄。

璋按：修訂本將「臧」字乙屬上讀，作「或言工匠為機臧，皆知之，臧重即泄。」然史上文「令匠作機弩矢」，史下文「盡閉工匠臧者」，知「工匠」專事製作機關弩矢以防盜墓，而「臧者」為專事入藏珍寶（「臧」即寶藏）的人夫，實為兩類人。然則「工匠為機臧」，與上下文不協。「臧皆知之」者，是説製作機關弩矢的工匠盡見盡知入藏的珍寶（「臧」）。「臧重即泄」者，是説入藏的珍寶貴重就易洩漏機密。點校本於「機」下加「，」妥帖，毋須更動。

項羽本紀第七

（一）關於標點

1.第三一六頁第6行　此時沛公亦起沛（修訂本於「沛」字下加逗號「，」）往焉。

璋按：「此時」指武信君項梁召集諸別將「會薛計事」之時，為秦二世皇帝二年四月。上距劉邦自沛起事反秦之二世元年九月，已閱八月。若於「起沛」下加「，」，則文意變為劉邦於二世二年四月方於沛縣起義。「起沛往焉」者，意謂沛公劉邦自沛出發赴薛與項梁反秦主力會合。「起沛」猶「自沛」，「沛」下不可逗斷。

2.第三一七頁第5行　地理志 居鄛縣在廬江郡，（修訂本改底本逗號為句號）音巢，是故巢國，夏桀所奔。

璋按：「廬江郡」下「，」號改「。」號後，「音巢」下「，」號也宜相應改「，」號為「。」號，否則與下文不協。

3. 第三一七頁第11行　楚人怨秦，雖三戶（修訂本於「戶」下加逗號）猶足以亡秦也。

璋按：「雖三戶」，不成分句。根據「可改可不改一律不改」的原則，「三戶」下似可不必添加「，」號。

4. 第三三八頁第10行　項羽為天下宰，（修訂本刪底本「宰」下逗號）不平。

璋按：此逗號不宜刪。「宰」下逗斷，以突出「不平」二字，正見陳餘之憤慨滿膺。

5. 第三三八頁第11行　逐其故主，趙王（修訂本將底本「趙王」二字乙至「故主」下作「故主趙王」）乃北居代

璋按：如此勾乙，則易造成「項羽為天下宰」驅逐他的「故主趙王」，自己「北居代」的誤解。其實項羽主持分封侯王，王其親信于善地而逐其故主之例非一。如：徙趙王歇於代，而以張耳為常山王，王趙地；徙燕王韓廣為遼東王，而以臧荼為燕王；徙齊王田市為膠東王，而封田都為齊王。這都是時人以為項王「為天下宰，不平」的顯例。試為「項羽」至「不可」一段史文標點如下：

　　項羽為天下宰，不平。今盡王故王於醜地，而王其群臣諸將善地，逐其故主。趙王乃北居代，餘以為不可。
陳餘特提「趙王」者，因其為趙將也。

6. 第三四二頁第9行　律年二十三傅之疇官

璋按：「律」為公之天下的法令，故似應加書名號作「律」。

7. 第三四二頁第17行　又有<u>小索</u>故城，（修訂本將底本「故城」二字勾乙至「在」字上）在<u>榮陽縣</u>北四里。

　　<u>璋</u>按：因上文有「有<u>大索</u>城」，繼之其後的「<u>小索</u>」亦須有「城」字方順，故似不必勾乙。照舊亦可。

8. 第三四六頁第4行　<u>李奇</u>曰：「軍中巢櫓方面（修訂本將底本「方面」二字勾乙至下「人」字上），人謂之俎也。」

　　<u>璋</u>按：「巢櫓」，系軍中戰車。「方面」為「巢櫓」面敵之方形面板，故可臨時用作肉俎。此注若勾乙成「軍中巢櫓，方面人謂之俎也」，則不知所云。愚意仍依原標點為宜。

9. 第三五二頁倒1行至第三五三頁第1行　<u>項王</u>瞋目而叱之，<u>赤泉侯</u>人馬俱驚，辟易數里，（修訂本刪底本此處逗號）與其騎會為三處。

　　<u>璋</u>按：「是時，<u>赤泉侯</u>為騎將，追<u>項王</u>，<u>項王</u>瞋目而叱之，<u>赤泉侯</u>人馬俱驚，辟易數里。」這節文字乃「於是<u>項王</u>大呼馳下，<u>漢</u>軍皆披靡，遂斬<u>漢</u>一將」，與下文「與其騎會為三處」中間的插入語，類似<u>東城</u>快戰的戰場花絮。若依修訂本刪去「辟易數里」下「，」號，則文意變為「與其騎會為三處」的不是<u>項王</u>，而是<u>赤泉侯楊喜</u>了。這顯然與史文上文<u>項王</u>「令四面騎馳下，期山東為三處」背戾。但點校本于「辟易數里」下加「，」號亦欠妥，應改作「。」號，以完<u>赤泉侯</u>事。

（二）關於校勘記

31. 服應孟晉各以意解爾　「服應孟晉」，<u>黃</u>本、<u>彭</u>本、<u>柯</u>本、<u>凌</u>本、<u>殿</u>本作「諸家」，於義為長。

璋按：索隱單本「檥船」條與金陵本同，亦作「檥字，服、應、孟、晉各以意解爾。」此系司馬貞所見服虔、應劭、孟康、晉灼諸家對「檥船」解說不一，但均可通，故稱「各以意解爾」。黃本等稱「諸家」乃概括言之，與「服應孟晉」之具體論列，並無「義長」、「義短」的差等。愚意校勘記記其異同即可，「於義為長」四字可略。

高祖本紀第八

(一) 關於標點

1.第三七五頁第10行　括地志云：「宋州本秦碭郡。」

璋按：應點作「宋州本秦碭郡。」

2.第三八二頁第13—14行　皇帝信璽（修訂本於此加逗號）凡事皆用之，璽令施行；天子信璽（修訂本於此加逗號）以遣拜封王侯；天子之璽（修訂本於此加逗號）以發兵。

璋按：皇帝信璽、天子信璽、天子之璽三「璽」字之下不加「，」號，讀似更順暢。

3.第三八六頁第8行　即北蒙殷墟　（修訂本于「蒙」下斷開，使「北蒙」、「殷墟」為兩地）

璋按：本書殷本紀第三篇首「殷契」正義括地志引「竹書紀年云盤庚自奄遷于北蒙，曰殷墟，南去鄴四十里。」是北蒙即殷墟，並非二地。點校本標作一地可從，毋須斷作二地。

4.第三九一頁第2行　諸侯見楚彊漢敗，還（修訂本將「還」字勾乙至「敗「字」下）皆去漢復為楚。

　　璋按：此「還」，如管子 任法「法立而還廢之」、曹操 蒿里行「勢利使人爭，嗣還自相戕」中之「還」，皆讀若「旋」（xuan），義為迅疾，立刻。非回還之義。「還」之主語乃諸侯。若將「還」字勾乙至「敗」字下，作「漢敗還」，則頓失史意。「還」屬下讀，不可勾屬上讀。

　　5.第三九九頁第14行　正義 氾音敷劍反。括地志云：「高祖即位壇在曹州 濟陰縣界。（修訂本在此加單引號」）張晏曰：『（修訂本改單引號「）氾水在濟陰界，取其氾愛弘大而潤下』（修訂本刪雙引號）。」

　　璋按：「張晏曰」云云，系括地志引證文字，不可剔出。點校本標點無誤，可從。

（二）關於校勘記
1.灑濯　原作「灑躍」，據黃本、彭本、柯本改。

　　璋按：日本 水澤利忠史記會注考證校補此下校語作：灑 慶彭殿韓洒。　躍 慶濯。　慶乃宋寧宗 慶元年號的略稱，慶本即黃善夫本。彭系元 彭寅翁本的略稱。殿乃清 武英殿本的略稱。韓系朝鮮刊本的略稱。「灑」，黃本、彭本、殿本、韓本皆實作「洒」；「躍」，慶本實作「濯」。黃本的衍生本柯本亦從黃本作「洒濯」。

呂太后本紀第九

（一）關於標點
1.第四二一頁第6行　漢宮闕疏「四年（修訂本於此加逗號）築東

面，（修訂本改底本逗號為分號）五年（修訂本於此加逗號）築北面。」

　　璋按：句短，且内容單純，「年」下不加逗號（「，」），並不會產生歧義。且漢宫闕疏系按年序敘事，二者非並列關係，故不宜加分號（「；」）。愚意點校本標點毋須更改。

　　2. 第四二九頁倒1行　趙隱王如意，趙幽王友，（修訂本將前面兩逗號「，」改為頓號「、」）趙王恢，是三趙王也。

　　璋按：三趙王先後被殺，相繼而立，非並時而王，王與王之間，以加逗號為宜。改逗號為頓號易滋誤解。

　　3. 第四三三頁第8行　代王方今高帝見子，（修訂本刪此處逗號「，」）最長，仁孝寬厚。

　　璋按：「代王方今高帝見子，最長」，意謂代王是當今高帝還活在人世的兒子，在兄弟行中年又最長。其言系與欲立「高帝嫡長孫」者角力，稱「見子」，有強調意味，故宜於「見子」下加逗（「，」），語氣稍作停頓，然後再詳述立「見子」代王的理由。此逗號不宜刪。

（二）關於校勘記
6. 兗州 博城本漢 博城縣城　疑文有譌誤。

　　璋按：本書惠景間侯者年表 馮無擇封侯于「博成」，其下索隱云「漢志闕。」是前漢無博成縣。然漢志有博縣，隸屬泰山郡，其下班固小字自注：「高帝置，屬兗州。」隋、唐之博城縣地即前漢 博縣，治所均在今山東 泰安縣東南舊縣城。疑「本漢 博城縣城」衍「博」下「城」字。

孝武本紀第十二

（一）關於標點

1.第四八一頁第2—6行　正義括地志云：「柏寢台在青州 千乘縣東北二十一里。（修訂本于此加單引號」）韓子云：「（冒號及單引號系修訂本所加）景公與晏子遊於少海，登柏寢之台（修訂本於此加逗號）而望其國。公曰：『美哉堂乎，後代孰將有此?』晏子云：其（修訂本將「其」字勾入雙引號内）『田氏乎?』公曰：『寡人有國而田氏家，奈何?』對曰：『奪之，則近賢遠不肖，治其煩亂，輕其刑罰，振窮乏，恤孤寡，行恩惠，崇節儉，雖十田氏（修訂本於此加逗號）其如堂乎!』（修訂本于此加單引號」）即此也。」（修訂本刪此處單引號」）

　　璋按：此則正義所引括地志文非僅「柏寢台在青州 千乘縣東北二十一里」十五字。「韓子云」至「雖十田氏其如堂乎」大段故事亦屬括地志的引文，不應剔出括地志之外。點校本標點除「其田氏乎」將測度副詞「其」析出引號外有誤，其餘均可從。

2.第四八八頁第14行　小顏云「浸淫（修訂本於此加逗號）漸染之義。」

　　璋按：小顏云「浸淫漸染之義。」「浸淫」前應加冒號，作——小顏云：「浸淫，漸染之義。」

3.第四九〇頁第8行　使者存問所給（修訂本將「所給」勾乙至下句「連屬」之上），連屬於道。

　　璋按：修訂本勾乙為「使者存問，所給連屬於道」，欠妥。「存問」，是天子遣使慰問；「所給」，是天子遣使賜物。是「存問」、「所給」的兩類使者「連屬於道」，而非僅「所給」使者「連屬於道」。

4.第四九二頁第7行　合茲中山，有黃白雲降蓋（修訂本將「蓋」字勾乙至下句「若」字上），若獸為符。

璋按：集解所錄韋昭、服虔注皆引史上文「至中山，晏溫，有黃雲蓋焉」為說，以為「有黃白雲降」在車蓋上，其狀若獸，為祥瑞之符。故「蓋」當屬上讀，不當以為語辭勾乙至下句「若獸為符」之上。

5.第四九八頁第6行　瓚曰：「漢儀郊泰一時」云云。

璋按：後漢光武帝時為朝廷製作朝章國典的古文經學家衛宏著有漢儀注。既為「漢儀」作注，則前漢必有成文的朝儀法典名「漢儀」者存。故「瓚曰漢儀」之「漢儀」，似應加書名號作「瓚曰漢儀」。

6.第四九八頁第8—9行　正義括地志云：「漢雲陽宮在雍州雲陽縣北八十一里。有通天台，即黃帝以來祭大圜丘之處。（修訂本于此加單引號」）武帝以五月避暑，八月乃還也。」（修訂本刪此處單引號」）

璋按：「武帝以五月避暑，八月乃還也」，亦括地志文，不當析出。點校本原標點是，毋須更改。

7.第五〇一頁第2行　封禪用希曠絕（修訂本將「曠絕」二字勾乙至下句「莫」字上），莫知其儀禮。

璋按：曠者，荒也，廢也；絕者，斷也。「封禪用希曠絕」，意謂封禪大典的儀禮用的稀少，因而荒廢斷絕了。「用希」與「曠絕」必須連書方能表示一個完整的意思，「曠絕」不可勾乙至下句。

8. 第五〇一頁第10行　王者易姓而起，天下太平，功成（修訂本將「功成」二字勾乙至上句「太平」下）封禪，（修訂本刪此處逗號）以告太平。

璋按：修訂本將點校本原標點勾乙為「王者易姓而起，天下太平功成，封禪以告太平。」可讀。但點校本依白虎通的傳統點讀，似更佳。

9. 第五〇三頁第2行　索隱（修訂本改為集解）漢書音義曰：「巨公謂武帝」。

璋按：將底本索隱改為集解，應出校勘記以明所據。修訂本此缺，應補。

（二）關於校勘記

52. 宿留之　耿本、黃本、彭本此下有注：「索隱曰：音秀溜。宿留，遲待之意。若依字讀，則言宿而留，亦是有所待，並通也。」

璋按：索隱已于史文前文「宿留海上」句「宿留」下列注，與此一字不差。同篇之內相隔不過數百字，不應有此完全重複之注。此必為宋人起初以索隱附刻于集解時誤置於此。以後三家注合刻本相沿其誤未改。

以上報告全系鄙人一孔之見，未必盡當，謹供修訂辦暨修訂組參考裁擇。

安徽師範大學袁傳璋謹呈
二〇一三年四月廿八日

古籍整理的典范之作

——展读《史记》修订本感言

　　司马迁通过撰著《史记》，"述往事，思来者"，记录了中华民族上起黄帝下迄汉武帝三千年的历史进程，整合了自上古至汉初的先进文化，使其成为中华民族心灵与智慧的伟大载体。司马迁首倡"法天则地"的黄帝是中华民族的人文初祖，这个观念不仅为我民族树立了"修齐治平"的最高典范，而且也是维持我民族历经劫难而永不解体的坚强纽带。中华民族的子子孙孙要溯源寻根，继往开来，《史记》是不可不读的原典。值得庆贺的是，一部崭新的《史记》修订本，今年（按：指2013年）10月由中华书局正式出版，并于10月19日在全球同步发行，从此海内外广大读者有了一部更好的《史记》标准读本。

　　《史记》修订本是点校本《史记》的升级版。1958年9月，为了向中华人民共和国成立十周年献礼，顾颉刚先生受命点校《史记》。顾先生选择清同治年间金陵书局《史记集解索隐正义合刻本》为底本，以张文虎《校刊史记集解索隐正义札记》为主要依据，参考其他清人校刊《史记》的成果，与贺次君先生用不到一年的时间完成点校重任。随后经宋云彬先生编辑加工、聂崇岐先生覆校，于1959年9月由中华书局出版。半个世纪以来，点校本《史记》以分段精善、校勘审慎、标点妥帖、有关技术处理得当，受到学术界好评和海内外读者的欢迎。但点校本《史记》几乎是由顾颉刚、宋云彬几位先生以个人之力完成，限于当时条件，不可能广校众本，文本校改仅以方圆括号标识，而未出具校勘记说明理据，与后出诸史体例不一；加上时间紧迫，三家注引书未及一一与原著校核，标点也留下不少失误。进入新的世纪，对点校本《史记》进行全面修订自然提上议事日程。

国家点校本"二十四史"及《清史稿》修订工程于2006年启动以后，点校本《史记》修订重任由南京师范大学以赵生群教授为首的团队承担。赵教授是我国著名的《史记》研究专家，有《太史公书研究》《〈史记〉文献学丛稿》《〈史记〉编纂学导论》《〈左传〉疑义新证》等著作问世，古典文献学造诣深厚；修订组的其他七位成员是同校古典文献学系的教授、副教授，也是长期从事古典文献整理与研究的学者。这个最佳的团队组合自2006年起，按照程序和规范进行数据收集、版本校对、长编和校勘记撰写、《史记》正文和三家注标点，孜孜不倦地连续工作了七年多，终于在2013年8月1日完成《史记》修订本全部定稿，向国家呈交了一份完满的答卷。

展读修订本《史记》，我最深的感受是，修订本《史记》在继承点校本《史记》全部学术成果的基础上，在校勘的精善和标点的妥帖两个方面都更上层楼。

《史记》修订本最特出的成就，当数校勘的精善。修订本仍以金陵书局本为底本。修订组全面梳理了自北宋至清代的《史记》版本系统，确定5种通校本、5种参校本。通校本中包括现藏台湾傅斯年图书馆的"世间乙部第一善本"的北宋景祐监本《史记集解》、现藏日本国立历史民俗博物馆的存世最早的三家注合刻本《国宝史记南宋黄善夫本》，这些都是顾先生当年点校时无缘得见的世间珍稀孤本。修订组还搜求到日本、法国所藏的六朝钞本、唐钞本、敦煌写本等十余种影印本。修订组内分工合作，将通校本、参校本逐一与底本金陵本对校，记录异文。据修订组介绍，底本覆校了三遍，通校本与参校本至少通校了一遍，重要版本通校了两遍。广校多本，费时最久，用功最深，发现亦最多，收获之富则远超前人，从而为校勘记的撰写奠定了坚实的基础。

修订组通过版本对校、本校、他校等多种手段，发现很多问题，也为一些疑难问题的解决找到了版本依据。如《秦本纪》"始皇帝五十一年而崩。"按《秦始皇本纪》，嬴政"以秦昭王四十八年（前259）正月生于邯郸"，始皇三十七年（前210）"七月丙寅，始皇崩于沙丘平台。"享年首尾实为五十岁，"五十一年"必有讹误。清儒钱大昕认为"'五'当为'立'。秦王政二十六年始称皇帝，至三十七年而崩，计为十一年耳。"其说甚是，但无版本依据。修订组以日本高山寺旧藏唐钞本《秦本纪》与底本对校，发现高山寺藏唐钞本正作"始皇帝立十一年而崩"。从而确知宋刻以来诸本的"五"字实为"立"字之形讹。故改底本"五"为"立"，并出校勘记："'立'，原作'五'，据高山本改。"（修订本第一册，第274页第2行）改"五"为"立"，则与史公本节文字叙始皇立与崩、胡亥立与杀、子婴立与诛叙例统一，与《六国年表》秦栏"二十六年初并天下，立为皇帝"本校，也若合符契。修订组运用本校法还为底本找到了失传已久的"阙文"。如《淮南衡山列传》"陈定发南阳兵守武关"（修订本第十册，第3728页第8行）句下 正义 "故武关在商州商洛县东九十里。春秋时。阙文。"（修订本第十册，第3730页第8行）"阙文"二字当为后人所加，自黄善夫本以来诸本皆然。所阙为何文？水泽利忠教授用六十余种版本对校也未发现"阙文"的线索。修订组运用本校法从《秦始皇本纪》"上自南郡由武关归"（修订本第一册，第314页第4行）句下 正义 "《括地志》云：'故武关在商州商洛县东九十里，春秋时少习也。'杜预云'少习，商县武关也'"，发现《淮南衡山列传》的 正义 "阙文"，实即《秦始皇本纪》的 正义 "春秋时"之下的"少习也杜预云少习商县武关也"13字，遂出校勘记予以指出。（修订本第十册，第3740页第1行）我在宋人王应麟所著《玉海》卷二十四《地理·关塞·汉武关》引录《史记·高祖本纪》"乃用张良计……因袭攻武关"句下，发现被宋人三家注合刻者删削的《正义》引《括地志》与《秦始皇本纪》所引同，也可补《淮南衡山列传》的《正义》"阙文"。至于修订组运用对校、他校法纠正底本的讹误更多，例多不备举。

《史记》修订组充分利用了景祐本、黄善夫本等稀见版本、钞本，参校其他相关典籍、旧注引文、类书、出土文献资料，又大量吸收前修时贤的校勘成果，凡点校本《史记》对底本讹、脱、衍、倒所做的校改予以保留的，均出校勘记提示；新校出的重要异文和改正的错讹，都出校勘记说明。据修订组统计，《史记》修订本新增校勘记3400多条，处理文字3700多字（其中增1693字、改1241字、删492字、移298字），还改正原点校本排印错误300多处。在对《史记》三家注本校订的历史上，其校勘幅度之广、案断之精，整体上大大度越前人，不仅消弭了原点校本无校勘记的缺憾，而且校勘记撰写体例之统一、文字之简要，亦有足称者。

《史记》修订本第二个特出成就是，订正原点校本标点的讹误、统一标号的体例。顾颉刚先生早在1936年就由北平研究院出版了他与徐文珊先生点校的《史记》（白文之部），首次以科学方法对《史记》正文分段、标点。此后的二十多年中顾先生从未中断对《史记》的整理。因此，1959年出版的点校本《史记》正文，分段合理，标点精善，某些疑难长句的技术处理得当，体现了顾先生长期整理《史记》的学术成果。但由于交稿时间紧迫，三家注文的校勘则相对较粗，三家注引书也未及与原著一一复核，因而多处出现引文不足或引文外衍的标点；此外，专名号应加而未加或不应加而加者、河川发源与流向标点欠妥者等情况也不少概见。修订组对原点校本的标点做了全面的梳理甄别，对三家注引文进行了全面的校核，本着"可改可不改者一律不改"的原则，纠正失误，消除差错，改正标点约6000处。修订本对原点校本某些标点的修正关系重大。以《吴太伯世家》为例，点校本有数处《索隐》引文的标点将杜预《注》文混入《左传》正文，如将《史》文"将立子臧，子臧去之，以成曹君"（点校本第五册，第1450页第6行）句下《索隐》标作： 索隐 成十三年《左传》曰："曹宣公卒于师。曹人使公子负刍守，使公子欣时逆丧。秋，负刍杀其太子而自立。"杜预曰：皆宣公庶子也。负刍，成公也。欣时，子臧也。十五年《传》曰："会于戚，讨曹成公也，执而归诸京师。诸侯将见子臧于王而立之。子臧曰：'前志有之，曰圣达节，杜预曰：圣人应天命，不拘常礼也。次守节，杜预曰：谓贤者也。下失节。杜预曰：愚者，妄动也。为君，非吾节也。虽不能圣，敢失守乎？'遂逃奔宋。"如此标点则将西晋的杜预误会成春秋时代的名人，且是成公十三年与十五年发生的重大政治事件的中心人物。修订组采纳外审专家（按：即本文作者）的建议，仿照《春秋经传集解》注文双行子注模式，将杜《注》以小字夹注于《左传》正文之下，标点为：索隐 成十三年《左传》曰："曹宣公卒于师。曹人使公子负刍守，使公子欣时逆丧。秋，负刍杀其太子而自立。"杜预曰：皆宣公庶子也。负刍，成公也。欣时，子臧也。十五年《传》曰："会于戚，讨曹成公也，执而归诸京师。诸侯将见子臧于王而立之。子臧曰：'前志有之曰："圣达节，杜预曰：圣人应天命，不拘常礼也。次守节，杜预曰：谓贤者也。下失节。杜预曰：愚者妄动也。"为君，非吾节也。虽不能圣，敢失守乎？'遂逃，奔宋。"（修订本第五册，第 1745 页第 8 行）如此标点则完全消弭了原点校本可能产生的误会。又如《吴世家》"楚之亡臣伍子胥来奔，公子光客之"（点校本第五册，第 1461 页第 10 行）句下《索隐》，点校本也将杜《注》混入所引《左传》正文；修订本仿照上例将杜《注》用小字夹注做了确当的技术处理。（修订本第五册，第 1757 页第 10 行）修订本全书的标点就像这样，经过修订组周密细致的处理，较之原点校本更加完善，更便于读者阅读和使用。

《史记》修订本还有一项处置值得称道，即增补被金陵书局本删削的《史记索隐》缺文。《索隐》原本三十卷，前二十八卷为《史记》注，第二十九、第三十卷为《索隐述赞》《补史记序》《补史记条例》及《三皇本纪》。司马贞在《补史记条例》中发表了他的史学观点及对《史记》体例的批评，作为一家之言对《史记》研究自有其参考价值。但张文虎校刊金陵书局本时有意删削了《索隐》补《史记》的内容，仅保留《述赞》，造成了《史记索隐》内容的缺失，也与历代《史记》三家注合刻本对《索隐》的处置惯例相违。修订组从保存文献和方便读者出发，参照他本将《补史记条例》补入《史记》修订本相应的篇目，将《补史记序》和《三皇本纪》收入附录，弥补了金陵书局本（含点校本）《索隐》不全的缺憾。

《史记》修订组的诸位先生在现代古籍整理规范指导下，经过长达七年的全力投入，终于将《史记》修订本做成为一部体例完善、校勘精到、按断信实、分段标点准确的点校本《史记》的全新升级版，它代表了当代的学术水平，体现了新的时代特点，堪称古籍整理的典范之作。它所取得的成就和经验，亦足为《史记》以下诸史修订整理的借鉴。捧读装帧精美、内容丰厚的《史记》修订本，对参与这部巨著的修订、编审、出版的所有先生们的敬意不禁油然而生。

下面想提两条建议。第一，《史记》三家注的作者裴骃、司马贞、张守节注《史记》的序言，发表了各自对太史公与《史记》的评论，交待了各自的注《史记》体例。《史记》自有刻本以来，三家序均置于《史记》卷首，于读者读《史记》大有裨益。点校本将三家序移置全书卷尾，这对三家注的作者既缺乏应有的尊重，于读者理解《史记》与三家注也不无损失。当年如此处置，自有其特定的时代背景。但修订本对此也萧规曹随，就欠妥了。更有进者，点校本只是将三家序移后，而修订本则将其仅作为附录。冠以"附录"名义，则有降格的嫌疑。我希望《史记》修订本今后再版时能将三家序复位，将其置于《前言》之后、《史记》正文之前。第二，宋人将《正义》附刻于《史记集解索隐》之后时，对《正义》曾重新编辑，《史记》三家注合刻本中的《正义》实际是以削除、删节、移置后的形态呈现于世的。宋代有不少学术大家如吕祖谦、王应麟、胡三省等在自己的著述中，曾从《史记正义》原本大量征引《正义》条文，其中有为数不菲的三家注之外的《正义》佚文。由于他们的学养与识鉴远高于三家注的合刻者，他们征引的《正义》条文有更高的可信度，有助于勘正今本三家注中《正义》的某些讹误。因此建议《史记》修订本今后择机再修时能够引做参证。以上意见未必妥当，仅仅是出于对太史公的崇敬和对《史记》的热爱，略表野人献芹之意而已。

（本文为中华书局点校本"二十四史"及《清史稿》修订工程办公室约稿。刊发于《书品》2013年第四辑"重点关注"专栏）

匿名书稿审读报告

一、《〈史记〉三家注研究》书稿审读报告*

《中国典籍与文化研究丛书》编委会：

　　司马迁《史记》流播于世后，宋以前为其作注者不下二十家。历经岁月筛汰，惟余学术价值最高的三种，即南朝刘宋裴骃之《集解史记》八十卷、李唐司马贞之《史记索隐》及张守节之《史记正义》各三十卷。经宋人刊刻合为一编，世称《史记》三家注，流传至今，成为中外学人研习《史记》的最重要的文本。三家注各有所长。裴骃"以徐为本"，"采经传百家并先儒之说"，又"时见微意"，取合木子注形式作《集解》，自此《史记》始有注本行世。司马贞与张守节均仿《经典释文》摘字列句作注之例，各为三十卷，单本别行。《索隐》"释文演注"，健于辩驳，虽不无谬误，实颇多发明。《正义》长于地理六书之学，征引故实，亦颇为赅博。

　　宋初先刻《集解史记》，嗣后附入《索隐》而成《史记集解索隐》二注本。南宋时再增附《正义》而成《史记集解索隐正义》三注本。三家注合刻时，编刻者为减少三注之间的重复和降低刊刻成本，曾对注文作过重大整合，对注文不仅有刊削、删节，某些注文的前后次第亦有调整。其中

----

　　* 本文系作者受《中国典籍与文化研究丛书》编委会委托，为待出版的匿名书稿《〈史记〉三家注研究》所作的审读报告。

《正义》删削尤多。因此也造成了《史记》三家注《史》文尤其是注文的某些讹谬重脱的毛病。

历代有不少学者对《史记》三家注的成就和不足做过研究，涉及版本、注释以至对三家注的总体评述。但大都为片段的札记，虽多精辟之见足资参考，却缺乏全面而系统的综合研究。而且这些研究成果星罗棋布般地分散在众多的典籍之中，读者寻检实难。

《〈史记〉三家注研究》书稿的出现，庶几能弥补这方面的缺憾。作者对前修时贤的研究成果广搜博采，爬梳整理，提要钩玄，参以己见，建构出自己对《史记》三家注的认知体系。全书分列七章。第一章考索三家注之前《史记》注家的佚著，以明三家注的渊源。第二章至第四章，分别对《集解》《索隐》《正义》的概貌、特点、所引各家的行谊著作做了详尽的论述，并对《正义佚文》的真伪之争作了梳理。第五章对《史记》三家注与《汉书》注的关系以及《集解》《索隐》《正义》之间是否存在承继与疏解的关系进行考论。第六章《史记》三家注通论，是对前述诸章的归纳与拓展，从注释学史的角度讨论了史书注释从经籍注释延伸发展的过程、三家注的注释学意义及其价值与影响。第七章对《史记》三家注存在的版本问题与注释问题作了检讨。通观全部书稿，几乎三家注研究领域所有重大问题都做了探究清理。作者通过对《集解》《索隐》《正义》的版本、注释以及相关情况的考释，基本上实现了"从整体上把握《史记》三家注全貌"的初衷，从而成为迄今为止的第一部对《史记》三家注进行全面综合研究的集大成之作，其意义自不待言。

作者学风谨严，持论平允。对难以裁决的纷争，不轻易论断；即使出示己见，也是点到即止。从而为继续讨论留有余地。但也因此给读者留下了述多于作的印象。

以下有两点想法供作者参考：（一）三家注的作者在各自的书序中均明示了作注的体例。本书在论述三家注释特点时，似应首先引述，予以归纳条理，然后循此检验其注文与其体例是否相合，注文实现其标的的程度；（二）三家注不仅仅是版本、注释问题，其中还有注作者的史学思想，包括注作者对《史记》的评价以及注作者的抱负。作为《史记》三家注的综合性研究专著，似不应忽略这方面的内容。这两点意见未必有当，聊书于此，请作者裁酌。

另外，笔者在拜读书稿时，发现作者在行文、征引时偶有疏忽失察之处。现条列于下，先引书稿原文，下附笔者按语（按语以楷体标识），供作者润色书稿时参考。

1.第2页　　"对《史记》三家注的评述"一段

按：本段19行文字，征引多家《史记》研究著作，均为评述《史记》文本本身，评述三家注者鲜见。此段以"对三家注的评述"名义单列一段并无实质性的内容，似可并入下段"3."。

2.第8页，第22行　　"许子儒注《史记》一百三十卷（据两《唐书》志）"

按：《旧唐书·经籍志》并未著录许书。说明许书在开元十年前并未入藏御府。著录许子儒两部研《史》著作的是《新唐书·艺文志》。

3.第21页，第22行　　"据此，许氏注《史记》恐未传世"

按：《新唐书·艺文志》录入"许子儒注《史记》一百三十卷，《史记音》三卷"。可证其书开元后入藏皇家御府，唐时亦传世。

4.第24页，第4—9行　　列举刘伯庄注误例，却置于刘注"多释山川地望……"小标题下

按：名实不副。似可移置"4.多发义理"之下，另起一段作为刘

注不足处抉出。

5.第29页，第13—24行　　"第四，材料的取舍颇为严谨。……《史记教程》中将司马迁选材的标准概括为六条……"

　　按：小标题下所述均为太史公的取材标准，而裴骃取材谨严之例却不著一字，亦属名实不副。

6.第32—65页，第21行　　"现略考各家于下"的论次体例

　　按：本书考《集解》所引诸家自范蠡至綦毋邃，其论考次第于各家名下或即附小传，后列著作；或径列著作，后附小传。体例不一。其论考次第似可调整为：所引作者姓名、传略（正史有传则节引正史）、著作、《集解》征引情况。后面论考《索隐》《正义》所引各家亦应依例调整以归一律。

7.第36页，倒9行　　"据《隋书·经籍志》郑众为汉大司农"

　　按：第10行节引《后汉书·郑众传》，实为《隋志》所本。《后汉书》成书在《隋书》之前，不应以后出史书为"据"。"据《隋书》"云云可删。本书下文类似情况尚多，应作调整。

8.第29页，第15—18行　　"《索隐》所引服虔注中有不当者"云云

　　按：以服虔释"首鼠两端"为服注不当之例，似可斟酌。宋陆佃《埤雅·释虫》云："旧说鼠性多疑，出穴多不果，故持两端谓之首鼠。"服、陆之说似与本书所引王云路说并无矛盾。史公原文实有喻义。

9.第41页，倒10行　　"六世祖刚，清高有志节。……"

　　按：援引胡广本传，上及其六世祖之品节，而胡广本人行谊却不著一字，似应补上。

10.第42页，倒9—倒7行　　"《索隐》及《正义》引荀悦《汉纪》"

　　按：本章论述《集解》，应首先列《集解》所引，不应征引《索隐》《正义》，反漏却《集解》。

11.第43页，第17—22行　　"《史记索隐》引应劭"至"广三百里也"

　　按：此6行文字，前后错缪，文序不清。"《留侯世家》：'放牛桃林之阴。'○索隐……广三百里也"似应前置于"《史记索隐》引应劭《十三州记》"之后，"另，《水经注》……亦引之"之前。"应按"至"下有脱文"云云，则似应置于本段结尾。

12.第47页，倒15行　　"如淳，三国魏冯翊人。为陈丞相。"

　　按：三国时无陈国，何来"陈丞相"。如淳实仕为魏国陈郡郡丞。

13.第56页，第7—12行　　《集解》《索隐》引张勃

　　按：本章论述《史记集解》，本书所列两则次序似应互易，《集解》引张勃在前，《索隐》在后。

14.第65页　　"《史记索隐》概述"引《旧唐书·刘子玄传》"宰相宋璟等不然其论，奏与诸儒质辩。"又引钱大昕《十驾斋养新录》："宰相宋璟等不然其论奏，与诸儒质辩。"

　　按：两书引同样的文字而断句相异，文意亦因之不同。愚意《唐书》断句为当，《养新录》断句欠妥。又，本书所引《养新录》文字有多处讹误，请予核正。

15.第77页，第17—26行　　《索隐》引曹大家

　　按：本章论述《史记索隐》，但本书引曹大家只出《史记正义》所引2例，而《索隐》反无1例，理应补上。

16.第92页，第11行　　"裴骃：《史记注》，《隋书·经籍志》载。"

　　按：《隋志》裴注书名不作《史记注》，而作"史记八十卷宋南中郎外兵参军裴骃注"。裴注的正名应作"《集解史记八十卷》"，如《新唐书·艺文志》乙部史录所著录的"裴骃集解史记八十卷"。

17.第93页，第22行　　引赵翼"今案：其自序而细推志"

　　按：此句断句有误，又有讹字，以致意不可晓。此句"今案"不应点断，而应作一气读，作"今案其《自序》而细推之，〔知（沈）约书多取徐爰旧本〕"云云。又，所引赵翼两段文字，出于不同条目，中国书店版也见于不同页码。本页脚注170文字应查核改正。

18.第94页，第17行　　"据《直斋书录解题》，刘显参与撰写《东观

汉记》"。

按：《东观汉记》系后汉明帝诏刘珍等于东观所修后汉史记。南朝梁人的刘显岂能参预其事。所"据"是否有误？

19.第105页，第4行　　"程金造曰：'由于张守节《正义》之体制……对注文虽也推阐发明，但其所针对者，主要是正义。'"

按：张守节《史记正义》作为史注，所针对的主要是《史记》正文。对于前贤的注文，特别是裴《注》虽有疏通辩驳之处，但居于次要地位。本书所引程氏"但其所针对的，主要是正义"，其中的"义"字，显为"文"字的误植，因形近致讹。陕西人民出版社版《史记管窥》出版于1985年，而程先生是年谢世，不及见此书的出版，因而也不能改正此一至关重要讹字。今见数篇（部）论著征引程氏此文均以讹传讹，作"所针对者，主要是正义。"不知如此征引大违程氏原意，程先生地下有知当深感不安。

20.第116页　全页

按：本页征引泷川资言《史记会注考证》第十册《史记总论·史记正义佚存》条，及水泽利忠《史记会注考证校补自序》，脱误甚多，且关涉不浅。请本书作者与原书校核更正。

21.第117页，第13—14行　　引程金造对《正义佚存》的断语

按：程氏此番论断出自对泷川资言原文剪辑变形后的曲解，不足为据。请本书作者再酌。

22.第131页，第18行　　"又从《史》志看，蔡谟撰著有"云云

　　按："《史》志"指何史之"志"？正史若单标《史》者，通常为司马迁《史记》的略称，且《史记》无"《志》"。这里所说的"《史》志"，是否指《隋书·经籍志》？若是，可略称为"《隋志》"。

23.第132页，第7—8行　　"颜师古所注还有引用他人成果而未注明出处的情况……今人杨树达、陈直等多有指摘。"

　　按：杨明照先生《学不已斋杂著》（上海古籍出版社，1985）中有《〈汉书〉颜〈注〉发覆》一文，指出师古《汉书注》采服虔《汉书音训》近六百条，不少未加标识，以致被人误认为颜氏的发明。供本书作者作一补充。

24.第141页，第15行　　"《史记》三家注作为隋唐之际的史籍注作"

　　按：裴骃《史记集解》作于隋前的南朝宋，不好称其为"隋唐之际的史籍注作"。

25.第147页，第2—5行　　"较之汉儒之注与魏晋南北朝之注，正如刘勰所云……"云云

　　按：本书所引刘勰所云，出自《文心雕龙·论说篇》。刘勰这段话并非作汉儒之注与魏晋六朝之注的优劣比较。毛公、孔氏、郑康成皆汉人，其注本被刘勰誉为"可为式"，推尊可谓至高。刘氏的一席话并不能作为本书上面论述的佐证。

26.第147页，第30—32行　　引徐幹《中论·治学第一》

按：本书征引徐幹的一段话，并非论"古籍注释之旨趣"。而是论学者"择师"的重要性，从师所以学道；"鄙儒"黯于大道，故不可以为师。所以征引徐幹的这段话，似不可作为己说的佐证。

27.第148页，第6—15行。

按：这十行文字，一字不差地见于第147页第21—33行，重复可删。

28.第150页，倒15—倒10行　　引周一良、胡宝国

按：引文与脚注313、314不相应。

29.第160页，第21—22行　　"◇集解：'徐广曰："易犹轻速也。"其"易"训"轻速"者，因与前文相比而得其义，此乃具体语言环境使然。'"

按："此乃具体语言环境使然"，非六朝人语。"其'易'训'轻速'者……使然"，共26字，恐非《集解》文。

30.第161页，第17行　　"《吕太后本纪》：诽谤之木"

按："诽谤之木"出《孝文本纪》，而非《吕太后本纪》。引误。

31.第161页，第22—29行　　"（1）辨析"云云

按：所举三家注"重辨析"二例全为《索隐》，而遗《集解》《正义》，则与小标题不相应。

32.第165页，第17行　　"汲古阁本（《索隐》）书中各篇次序与书末《太史公自序》次序完全相合……均为《平津侯主父列传》在前，《匈奴列传》在后"。

按：《太史公自序》中史公开列的目录，与汲古阁本《索隐》的次序并不"完全相合"，原因是小司马不赞成太史公将《匈奴列传》置于平津侯之前，这正反映了小司马的史学思想有异于太史公之处。

33.第168页，第12行　　"清张文虎金陵书局本号为善本，系黄善夫本与明监本之糅合。"

按：此说武断。张文虎未见黄善夫三家注合刻本，而是参酌宋、元诸善本，择善而从。也参考了明南雍本（即本书稿所称的"明监本"），但张氏并不以明监本为重，观其于"明南雍本"下的小注"有《集解》《索隐》《正义》，多删削"，可知。金陵书局本《史记集解索隐正义合刻本》其非"系黄善夫本与明监本之糅合"甚明。

34.第170页，倒20—倒17行　　引"程金造云"

按：这4行文字，已见本页第9—12行，同页重引，实为赘词，可删。

35.第178页，论《史记》三家注的版本问题

按：论"删节"，《索隐》有举证；而《集解》与《正义》未举刊

刻中的删节例证。论"脱、衍、倒、讹",脱、衍有例证,而倒、讹则无。以上所缺例证,似应选取典型者补上。

36. 第179页,第6行   "读《史》者往往自以己意随笔记注数语,以资解故;而(徐)广多闻传写者不察挽入正义"

按:上引王元启《史记正讹序》标点有误,而"广"更非"徐广"。正确的标点应为:"读《史》者往往自以己意随笔记注数语,以资解故而广多闻;传写者不察,挽入正文。"

37. 第179页,第9—11行   "……正文与注文互混的情况。汲古阁单本《索隐》中屡见这种情况,今中华本沿袭汲古阁单《索隐》本误者如:《高祖本纪》'与父老约法三章耳'后《索隐》注文显然为正文。"

按:单《索隐》本摘《高祖本纪》正文"三章"二字出子注:"杀人,伤人及盗。"中华版因之。史公正文"与父老约,法三章耳:杀人者死,伤人及盗抵罪。"《汉书·高帝纪》文字一同《史记·高祖本纪》。文意清朗显豁。若在"法三章耳"之"耳"下加上"杀人,伤人及盗",则为赘辞。说"《索隐》注文显然为正文",显为误断。

38. 第179页,第15—18行   论《集解》不得引颜师古注

按:王叔岷先生《史记斠证》第805页,早已指出:"《集解》不得引师古注,《集解》云云,乃后人误窜入者。"可引为证。

39. 第180页,第5—6行   "写本时代亦有误写甚至故意删节的情况,王国维就曾经说过"云云

按：王国维系针对《论语郑氏注》残卷中的郑玄注而发此言，亦非泛论古籍注释一般性的原则，与《史记》注更无关涉。似可删。

又本页第8—9行，引贺次君语，已全见上页"六是单行本本身的问题"一节中的引述。

40.第180页，倒14—倒13行　　"水泽利忠的《史记正义之研究》，其中第二章《史记正义》部分对《正义》佚文及删节的情况进行了相关考证。"

按：水泽利忠作为日本《史记正义》研究会代表人，于1994年编辑出版了《史记正义之研究》（汲古书院刊），该书收入小泽贤二撰《史记正义佚存订补》，其余均为日文《引得》。水泽利忠在该书中并无论文发表。本书稿所称的"水泽利忠的《史记正义之研究》"云云，可能实指水泽利忠著《史记会注考证校补》第8卷后半部《史记之文献学的研究》的"第二章 史记古板本标记"之"第三节 史记正义佚文"，见该书后半部第172—231页。其第189页第8—9行有"合刻时去繁就简，汰其重复，于张氏原著颇有删佚"之语。这番话出自贺次君《史记书录》，而为水泽氏征引。本书稿引书有误。

41.第181—182页　　汲古阁本与黄善夫本《索隐》比勘

按：比勘创意甚美。《索隐》注文前若能标出所注的《史记》原文，则便于读者查核。

42.第198页，倒14—倒11行　　"又以为王莽"至"时人追恨之"

按：这几行文字与《史记》及三家注全无关涉，删去为宜。

43.第201页，第22—24行　　　　征引安平秋先生论文

　　按：安平秋先生的论文在收入《史记论丛》出版前，编辑可能有所删节，致使"对这段话中的'麋鹿在牧，喻谗佞小人在朝位也。飞鸿满野，喻忠贤君子见放弃也。'明明是讲实在的社会灾异现象，《正义》却一定要说它是比喻忠奸的，不免牵强附会"，文意有失明晰。试在"对这段话中的"句下补上"'麋鹿在牧，蜚鸿满野'，《正义》注曰："十二字，使全句为：

　　　　"对这段话中的〔'麋鹿在牧，蜚鸿满野'，《正义》注曰〕："'麋鹿在牧'，喻谗佞小人在朝位也。'蜚鸿满野'，喻忠贤君子见放弃也。"明明是讲实在的社会灾异现象，《正义》却一定要说它是比喻忠奸的，不免牵强附会。"

文意可能要明畅些。

　　　　　　　　　　　　　安徽师范大学教授袁传璋
　　　　　　　　　　　　　二〇〇七年六月十六日

二、《〈史记〉〈汉书〉年月考异》书稿审读报告[*]

《中国典籍与文化研究丛书》编委会：

　　《〈史记〉〈汉书〉年月考异》书稿审读已毕，兹将拜读所见报告于下。

　　司马迁《史记》、班固《汉书》本《春秋》记事"以事系日，以日系月，以月系时，以时系年，所以记远近，别国异"之例，据汉室御府所藏文档簿籍，以记大汉时事，所书年时月日，原本应当少有差错。而今本《史》《汉》叙事，年时月日之互歧者不少概见。其间是非，前修时贤所论

─────────

　　[*] 本文系作者受《中国典籍与文化丛书》编委会委托，为待出版的匿名书稿《〈史记〉〈汉书〉年月考异》所作的审读报告。

虽详且备，然得失互见。究其原因，诚如《〈史记〉〈汉书〉年月考异》著者所言，"是历表编排与文献比勘未能尽善"所致。

因此著者作《史记》《汉书》年月考异研究，在历表编排与文献比勘两个方面下足功夫，且多有新的收获。首先，著者考察历代学者所编最具代表性的前汉朔闰表，考其得失，取长补短，并引入近年出土之汉简历谱对照验证，在此基础上重新编排出更为精确的前汉朔闰表，作为《史》《汉》二书年月考异的标尺。其次，从《史》《汉》二书记时互歧的大量史料中，归纳出马、班叙事以年月先后为次之外，尚有不拘于时序的追书、竟书、连书的叙事义例，并揭举出王、侯在位年数纪年不同之例。凡此既有对前贤研究成果的继承，又有著者新的发现。著者运用新编历表、马班叙例、王侯计年之例三种工具，得心应手地进行《史》《汉》年月考异，凡考《史记》435例、《汉书》982例，所考条目之众多，按断之信而有征，均大大度越前人。总体上看，书稿研究思路明晰、方法得当、内容充实、学风严谨。本书考异成绩可备习读《史记》《汉书》者参考，亦为《史》《汉》文本校勘工作提供资材。《〈史记〉〈汉书〉年月考异》是部有较高学术价值的书稿。

本书稿亦有少量表述不符学术规范或考异按断失当需做适当修改者，谨书于下方，以供著者裁酌。

1.本书第三节《史记》年月考异下所列凡例，第一条称"本文所论年月，起于汉元年十月岁首，讫于更始元年。"本节为《史记》考异，下限不当讫于更始，因《史记》最晚记事不出武帝征和二年。讫于更始元年是《汉书》的下限，不可统合于《史记》题下。建议将此凡例七则移于本书第二节之后，单列为"《史记》《汉书》年月考异凡例。"

2.《史》《汉》篇题称纪称传、称名称字，关乎马、班史法，必须尊重。称引《史记·高祖本纪》《汉书·高帝纪》，不可统称"《史》《汉》〈高祖本纪〉"；引《汉书·项籍传》，不可称"《汉书》〈项羽传〉"，等等。

3.不可将两篇甚至三篇《史》《汉》文字标于一个书名号之内。本书此例甚多。

4.引文不当省略的文字必不能减省，否则易致歧解。如第15页第2条"据《史》《汉》〈高祖本纪〉，汉定三秦，令萧公角等击彭越，事在汉元年。"按书稿引文，则是汉王令萧公角等击彭越。而事实是项羽令萧公角等攻彭越。书稿略去"项羽"二字，文意全变。

5.有的按断失当。如《项羽本纪》篇题下第8条，先引《史》文："正月，项羽自立为西楚霸王，王梁、楚地九郡，都彭城。负约，更立沛公为汉王"，后下按语："《项羽本纪》云『项王欲自王，先王诸将相』，是项羽立西楚霸王在分立诸王之后。此以『负约，更立沛公为汉王』书于『自立为西楚霸王』后，有失序之嫌。见梁玉绳说。"

按：此说大误。《史记·项羽本纪》叙项羽分封诸侯王，首书"立沛公为汉王"，以下方书分关中为三，分封某某等，次序井然，何来"失序"之说。书稿误以《高祖本纪》为《项羽本纪》了。梁玉绳《史记志疑》对此根本无说。《高祖本纪》将"项羽自立为西楚霸王"书于"负约，更立沛公为汉王"之前，亦非"失序"，而是有意为汉家立言，以斥项羽所为非法。

6.第170页《百官公卿表下》篇下，第579条"高帝元年，内史周苛迁御史大夫。"书稿按语云："据本传，汉元年，周苛为卒史，此书'内史'，疑误。见钱大昭说。"

按：此说是对周苛本传及《百官公卿表下》的误读。按《史记·张丞相列传》及《汉书·周昌传》称："周昌者，沛人也，其从兄苛，秦时皆为泗水卒史。及高祖起沛，击破泗水守、监，于是苛、昌以卒史从沛公，沛公以昌为职志、苛为客。从入关，破秦。沛公立为汉王，以苛为御史大夫、昌为中尉。"《汉书·百官公卿表下》最下栏官名"左内史"格汉元年书"内史周苛。迁。"而在本表上端官名"御史大夫"格汉元年书"内史周苛为御史大夫。守荥阳，三年死。"无论是本传，还是百官表，周苛都是在汉元年先任内史，后迁擢御史大夫，叙文明确无误。卒史，秦始置，前汉因之，为公府及郡守属吏，秩百石。内史，周官，秦因之，掌治京师，秩二千石。御史大夫，秦官，前汉因之，掌副丞相，秩号万石，为三公之一。二千石的内史可正常升任御史大夫，而秩仅百石的小吏则绝无可能擢升御史大夫。周苛于秦二世二年九月以秦泗水郡卒史的身份从沛公刘邦，而沛公不以周苛为吏，而以其"为客"。凡"以客从"沛公者，如吕后兄吕泽、吕释之，萧何、王陵、张苍，皆为与沛公有特殊关系的人物。刘邦为汉王，在汉中南郑仿秦制建立汉家朝廷，凡"以客从"者皆得高官。南郑为汉王京都，"为客"的周苛始被任命为南郑最高行政长官内史，不久又由内史迁任御史大夫。书稿作出"此书'内史'，疑误"的判断，系误读本传以为秦时卒史的周苛，汉元年仍为"卒史"耳。卒史，贱官，较为少见，故不惮辞费述之如上，以供参考。

对《〈史记〉〈汉书〉年月考异》全书而言，以上数点，不过是大醇小疵。建议做必要的修改后交付出版。

安徽师范大学教授袁传璋
二〇一三年五月六日

第四辑　《中国史记研究会十五年》之

袁传璋的《史记》研究

一、论著及书评

1.《**太史公生平著作考论**》，安徽人民出版社，2005年12月第1
版，2006年3月第2次印刷。

（1）**作者简介**　袁传璋，1940年生，安徽当涂人。1962年毕业于安徽
师范大学中文系，留校任中国古典文学教师，研究方向为先秦汉魏六朝文
学，主攻《史记》。现任安徽师范大学中文系教授、中国古代文学专业硕
士研究生导师、中国古典文献学硕士点负责人。兼任陕西省司马迁研究会
特邀理事、中国史记研究会常务理事。所撰司马迁与《史记》研究系列论
文，均有问题意识，资料丰富，论证坚实，具创意且有突破，作者因此被
誉为"大陆真正一流的《史记》研究者"。

（2）**内容简介**　本书是作者三十多年来从事司马迁与《史记》研究的
小结。运用通变观点，以宏观思维为导向，微观考实为基础，借鉴皖学实
事求是的朴学方法，注重内证、外证与文物考古成果的结合，在司马迁
《史记》与中华文明、太史公生平疑案、今本《史记》版本溯源、《史记》
断限以往诸说的检讨、《史记》叙事起讫的三次更张与全书主旨的迁变、
《史记正义佚存》真伪辨正等"史记学"中的重大问题上，均有所创获和
突破，以论辩周详、考证审密、确见卓识、精辟独到为其特色。第五辑收
入的《陶渊明传》《李清照传》，是作者学习太史公史传文学，为中国青年
出版社《中华民族杰出人物传》撰写的传记习作，亦颇传神。本书可供文

史类本科生、研究生、文史工作者以及大众读者参阅。

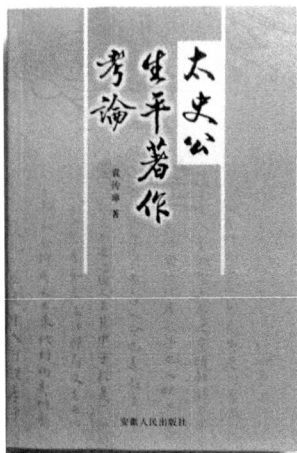

《太史公生平著作考论》书影

（3）**自叙** 在一些青年朋友和同事的敦促下，我将散见于多种书刊上的关于司马迁与《史记》研究的旧作搜集起来，按出版规范编成了这本小书——《太史公生平著作考论》，作为三十多年来从事司马迁与《史记》教学与研究的一次小结。

我接触《史记》，是从少时翻阅家藏清同治金陵书局校刊《史记集解索隐正义合刻本》中的《刺客列传》开始的，该传卷末先人的一行墨笔批注——"今有张文祥刺马制军可列入刺客传"，引发了我强烈的好奇和兴趣，从此便断断续续似懂非懂地翻看了这部刻本的若干篇章。算起来已是五十多年前的往事了。但真正怀着敬意和温情静心研习《史记》，期望走近太史公与《史记》的世界，则是在阅历渐多的成年之后。

任何伟大的著作后面，必有一颗伟大的心灵。伟大的《史记》正是司马迁伟大的心灵的外化。要读懂《史记》其书，必得读懂司马迁其人。鉴于司马迁生平与著作中存在诸多疑案亟待澄清，而前修时贤的种种解读又不无商榷的余地，因此我不揣谫陋也当仁不让地参与了这些疑案的探求，运用通变的观点，以宏观思维为导向、微观考实为基础，借鉴皖学实事求是的朴学方法，注重内证、外证和文物考古成果的结合，对司马迁的人生遭际进行深入的研讨，对《史记》的著述过程与主旨的演变进行动态的观照，企望有所创获，从而能为《史记》研究的推进献上几片垫路的燕石。

经过数十年的研习思考，我逐渐形成了如下的基本观点：司马迁生于汉武帝建元六年（前135），小于武帝刘彻21岁。暴卒于送达《报任安书》之时，即征和二年（前90年初）季冬巫蛊之难后。太初元年（前104），司马迁秉承父志述史，在其父遗稿基础上加工、扩充，上接《春秋》，起于战国，下限则由元鼎、元封之际延伸至太初。李陵之祸后，因受太始二年（前95）铸黄金为麟止的触发，有感于孔子因西狩获麟叹"吾道穷矣"而作《春秋》以见志，与自己"身毁不用矣"境遇相似，遂发愤作第二部《春秋》，"述往事，思来者"，于是仿《尚书》断于尧，将叙事上限由战国上伸至尧舜，下限则由太初下延至"麟止"（太始二年的代称）。叙事断限的上伸下延，遂使《史记》由太初的颂汉尽忠之史，升华为拨乱反正之经——"百王大法"。太史公将开端最后设定为"法天则地"的黄帝，所谓"上记轩辕"，从而明确指点了全书的总主题。这是"究天人之际，通古今之变"的最后结论。这一主旨在《史记》五体首篇有明确的揭示，五体末篇则从反面作了映衬。而历史人物的叙写也无非是这一主旨的形象化展示。《史记》最后绝笔于征和二年（前91）八月巫蛊之难卫太子之死，所谓"卜至于兹"。这是"至于麟止"后的附笔，系仿《左传》所据《春秋古经》弟子附载先师"孔子卒"的义例，史公暗示"司马子"亦将"于兹"慷慨赴义。孔子继周公之后，祖述尧舜，宪章文武，整编五经而作《春秋》，对中华文明作了重大的整合，因而成为万世师表。司马迁承五百之运，在孔子之后，究天人、通古今，而作《太史公书》，对中华文明作了第三次重大的整合，不仅描述了尧舜全治的盛世，更进而溯得尧舜全治的本源——法天则地。这不仅是百王治国平天下的根本大法，而且还是生民超越生物学的层次，将自己提升到道德的、文化的成人的准则。作为司马子"一家言"的《太史公书》，是继"六经"之后的一部特殊形态的经书，秉承先秦学术传统，综合百家精义，自铸伟辞，以历史为运载工具，以文学为表现手段，通过人物行事，阐明治乱规律的认识以及对天人之际的思考。做为副产品，因为它以历史为运载工具，故开创了纪传体历史学；因为它以文学为表现手段，又开创了传记文学。

以上这些粗略的见解，有关司马迁生卒年的，本书的第一、第二两章做了详细的讨论，或许对这个传统难题的最终解决不无小补。关于司马迁在中华文明史中的地位以及《史记》的著述历程与主旨的演变，我曾给学生讲过多次，并以《太初·麟止·于兹——〈史记〉叙事起讫与主题演变考论》为题，在中国史记研究会第二届年会（2002年·重庆）上提出报告。兹事体大，非敢为是，现稍加董理，作为本书的导论与第三章，期望在更大的范围内得到读者的批评指教。需要向读者表示歉意的是，本书的导论与第三章仅是一个课题的纲要，尚未展开论证。若天假以年，在退休之后有充分的时间把这个题目做好，则实现了毕生最大的心愿。

本书第四章收入与《史记》及三家注相关的四篇文章。唐人张守节所撰《史记正义》三十卷，系学术价值甚高的《史记》古注。宋人合刊《史记》三家注，以先刊的《集解》《索隐》为本注，以《正义》为增注。编刻者为减少《正义》与《索隐》相同的注文以免重复，对《正义》删削独多。自《史记》三家注合刻本风行于世，单本《正义》亦遂湮没以至失传。日本泷川资言博士于20世纪初叶从传入彼邦的《史记》古本栏外标注，手辑《史记正义佚存》两卷一千余条，并散入《史记会注考证》相关史文之下。读《史》者盛赞其便。然而自程金造先生发表论文，宣称《正义佚存》系以伪为真，十分之九出自彼邦人士的伪托，其说迄今仍被学界奉为定论。但程氏之说虽辩，其实是以真为伪。由于泷川氏发现的这批《正义》佚文，对于《史记》研究来说，是笔极其贵重的学术资产，其真其伪亟待澄清。《程金造之"〈史记正义佚存〉伪托说"平议》对这个问题做了认真的讨论。关心这宗公案的读者不妨一读。

第五章编入的陶渊明与李清照两篇传记，系中国青年出版社的约稿，作于1984年，原载《中华民族杰出人物传》第6卷（1986年初版）。现在收入《太史公生平著作考论》的理由是，陶渊明一生钦敬太史公，所作诗文多次应用《史记》中的故实；而李清照有"生当作人杰，死亦为鬼雄。

至今思项羽，不肯过江东"的名作，与太史公亦颇有渊源。这两篇学习太史公传记文学的习作，二十年后重读，似乎并非明日黄花。将这两篇文章殿后，还有一个用意，是希望读者在遭受了前四章枯燥乏味的考证之苦后，浏览风格明显不同的文字，心情会轻松一点。《桃花源记并诗疑义斠论》对陶公的这篇名著的解读，与前人颇有不同，亦拜请读者评骘。

本人资质鲁钝，只会笨笨地读书。收入本书的所有论题，大都经过较长时间的酝酿，少则三五年，多则一二十年，从未因功利的动机而率尔操觚。既不屑追风媚俗，更不敢曲学阿世。《程金造之"〈史记正义佚存〉伪托说"平议》的"余论"中关于学风与方法的四点意见，虽因别的问题引发，其实也确是本人教学与研究中一贯的坚持与自律。在此我由衷地感谢《安徽师范大学学报》、人民文学出版社《中国古典文学论丛》、中国青年出版社、《安徽史学》、台湾《大陆杂志》、台湾大学《台大历史学报》的编辑，他们愿意接纳我那些既枯燥又冗长的论文，惠赐篇幅，并按手稿刊发面世。此次编辑成书，为表达对以上学刊的尊重，凡经它们发表的文章，除补充少量的例证外，观点与文字不作任何修改。

学术乃人类的公器，其进步亦需人类共同的努力。作为全人类共同的文化遗产的《史记》，其博大精深，难见涯涘。对它的解读与承传，尤需各国的学者从不同的角度协作切磋。我在司马迁与《史记》的研习过程中，得到不少中外学者的帮助与指教。北京师范大学的刘家和教授、韩兆琦教授，内蒙古师范大学的可永雪教授，中央社会主义学院的张大可教授，陕西师范大学的赵光勇教授，北华大学的宋嗣廉教授，在《史记》学术会议上常不吝赐教，会后又或惠赐大著，或函告书证，使我获益良多。1993年在黄山"全国第五届史记学术研讨会"上，我与台湾大学阮芝生教授相识，不仅有幸得读他全部高水准的《史记》论文，而且还建立了与海峡彼岸《史记》学者学术交流的管道。芝生先生常慷慨地以大陆难得一见的《史记》研究文献如王叔岷先生的《史记斠证》《敦煌秘籍留真新编（复印本）》见赠。而神交已久的逯耀东教授也常惠赐他的《史记》论文与史学专著。最近十多年来，日本爱媛大学的藤田胜久教授每有新作，即时餉我，又常应我的请求，为我复印日本前辈学者的《史记》论文。日本史记正义研究会主干小泽贤二先生不远千里过访寒舍，专门携来水泽利忠教授赠予他的《史记会注考证校补》特制本九巨册转赠给我。东京大学东洋文化研究所平势隆郎教授，我与他素昧平生，他的巨著《新编史记东周年表》与《中国古代纪年之研究》刚出版，我也蒙受其赐。师友们的无私帮助，使我在知识的扩充、视野的开拓上受益匪浅，我永远感激他们。

本书的出版得到安徽师范大学出版基金、中国古代文学重点学科的资助，在此谨致谢意。

我要特别感谢爱妻刘珠还教授，数十年来相濡以沫，一起品享清贫与寂寞。她在教学与译作的余暇，常与我讨论太史公与《史记》，我的某些灵感的获得与文章架构的确定，经常是她的启发。她又是拙文的第一读者与批评者，从而使拙文面世前能将欠妥之处减少到最低程度。谨以这本小书作为奉献给她的一份菲薄的礼品。

袁传璋

二○○五年十月二十日记于

芜湖凤凰山下窳陶斋

（4）书评

A.赵生群[*]　　司马迁与《史记》研究的一部力作
——评《太史公生平著作考论》

袁传璋教授的《太史公生平著作考论》（以下简称《考论》）2005年12月由安徽人民出版社出版后，颇获学界好评，在很短时间内便又重印，这本学术专著受到读者的欢迎，并非偶然。

《考论》的特色和成就，在于文献考证。

在探讨太史公生平的部分，作者系统而且非常深入地考察了司马迁的一生，作者研究的结果，实际上完全推翻了王国维《太史公行年考》对司马迁生平的论述。

关于司马迁生平的问题，作者通过对《索隐》引《博物志》、《正义》按语、《自序》及《报任安书》相关论述深入考据，结合司马迁的生活经历，作出了司马迁生于汉武帝建元六年（前135）的结论。王国维认为司马迁生于汉景帝中元五年（前145），他立论的基石是"数字讹误说"，即《索隐》引《博物志》司马迁"年二十八"为太史令，"二十八"应为"三十八"之误，他还进一步推定："三讹为二，乃事之常；三讹为四，则于理为远"。袁传璋教授对《史记》《汉书》数字讹误的实际情形作了仔细的考察，以实证为据，指出"今本《史》、《汉》中'二十'与'三十'罕见相讹"，相反，《史记》与《汉书》中"三十"与"四十"却是"经常相讹"。作者还更进一步从唐以前《史记》钞本到宋人刻本中"三十""四十"以及"世"字书体演变的角度，论证了"三十"与"四十"相讹的原因，并非王国维所谓的"数字讹误说"，作者还首次从宋人蔡梦弼梓刻的《史记集解索隐》及黄善夫梓刻的《史记集解索隐正义》卷首司马贞补《三皇本纪》中发现宋人合刻者误将唐人"卅（三十的合体）"字认作

＊作者赵生群(1957—)，南京师范大学文学院教授，文献与信息学系主任，中国史记研究会副会长。现任山东大学特聘教授，中国历史文献研究会会长。本文原载《安徽师范大学学报》（人文社会科学版)2007年第1期,第62—63页。

"世"字的两条铁证。从而推出《索隐》、《正义》十年之差的成因。这样，就不仅从事实上，而且从学理上对王国维的数字讹误说作出了否定。水泽利忠的《史记会注考证校补》罗列三家注异文，谓《索隐》引《博物志》"年二十八"之"二"，南化本作"三"，一些研究者以此为司马迁生于景帝中元五年的一条铁证。袁传璋教授经过细心考辨，认定"水泽利忠所称的'南化本'，其实就是南宋宁宗庆元年间（1195—1200）建安黄善夫梓刻的《史记》之《集解》、《索隐》、《正义》三注合刻本"，而"黄善夫本《史记》的《索隐》实作'年二十八'，并无'年三十八'其文"，作"三十八"者，乃上杉氏藏本标注于书眉的批注，"并无任何版本的依据"，自然也就算不上是"铁证"了。笔者曾依据王应麟《玉海》中《索隐》、《正义》引《博物志》与今本《史记》完全吻合这一事实，认为《博物志》是"考定司马迁生年唯一的、也是最为可靠的原始资料"，"张守节推算司马迁生年的根据也是《博物志》"，而据《玉海》所引《正义》佚文推算，"司马迁的生年应该是武帝建元六年而非景帝中元五年"。这一结论，与袁传璋教授的考论可谓不谋而合。

考定了司马迁的生年，作者顺流而下，对太史公的生平作了系统的梳理。《考论》对司马迁"耕牧河山之阳""年十岁则诵古文""二十壮游""出仕与奉使""继任太史公""李陵之祸与发愤著书""司马迁之死"的描述，清晰勾勒出司马迁的生命轨迹，新人耳目。其中对司马迁卒年的辨析、推断，尤见功力。司马迁卒年，向来有不同说法，王国维等认为司马迁的一生"与武帝相始终"，程金造等提出"卒于武帝之后"说，郭沫若则认为"卒于太始四年"，《考论》对各家提出的论据一一加以甄别，最后论定"司马迁卒于征和二年"。这一推论，明显较其他各家说法更为合理。

《考论》对太史公生平和《史记》编纂历程的论述，新见随处可见。

《考论》对司马迁生平创作以外的一些专题的研究，也都颇为深入，精审可取。如：《考论》对《史记正义》佚文的研究，就取得了引人注目的突破。泷川资言著《史记会注考证》，其中最得意的部分，即是从《史记》旧抄本及各种刻本中辑出《史记正义》佚文一千余条。但对泷川氏所辑佚文，不少学者却存有不同意见，其中程金造先生的观点影响最大。程先生曾先后发表五篇论文探讨《史记》三家注问题，被目为国内研究《史记》三家注的权威学者，他认为泷川资言"《正义》佚存只有十分之一二是可靠的，绝大多数是读者的杂抄和注解"。袁传璋教授以数万字的长文，对程氏所持的全部论据逐一加以考察，指出"被程氏否定的《史记正义佚存》，对于《史记》研究来说，是一笔极其贵重的学术资产"。这篇文章资料翔实，立论精审，论证细密，显示出作者拨乱反正的气魄，严谨求是的学风，广博深湛的学术根柢，是一篇难得的考论结合的力作。此文对于推动《正义佚存》乃至于《史记》三家注的研究，都具有重要价值。

又如：《史记·三王世家》云："太子少傅臣安行宗正事"，这里的"臣安"，司马贞《史记索隐》认为是任安，后世学者信从不疑，甚至有学者依据这条《索隐》注考证司马迁的生年。袁先生的《考论》列举四证，指出："'行宗正事'的'臣安'绝非任安"，这一结论令人信服。作者经过进一步考证，认为"臣安"，当为刘安国。

总之，《考论》在《史记》研究的诸多领域进行了深入的探索，取得了一系列的突破，是近年来难得一见的优秀学术论著。

笔者诵读《考论》之后，觉得有一点还可以提出来和作者讨论，这就是《考论》的结构问题。鄙意以为，《考论》如果干脆采用论文集的编纂方式，而不采用章节体，可能更加科学。顺便也可以将与子夏、陶渊明、李清照以及《桃花源记》相关的文字作为附录处理。

B.可永雪*　　"好学深思，心知其意"
——袁传璋先生《太史公生平著作考论》的境界

考证是司马迁与《史记》研究中的重要一翼，袁传璋先生是这一翼的主力之一，而且是其中少数的专攻者。袁先生将其30年来考究的成果梳理镕铸为《太史公生平著作考论》（合肥：安徽人民出版社，2005年12月第1版）问世，这是近年来司马迁和《史记》研究又一可喜可贺的重量成果。

在我心目中，考证是实学，没有扎实的专门根底，轻易不敢问津，不像我们搞文学的，主观自由度宽，可以见仁见智。然而从文学角度研究司马迁和《史记》，又处处离不开考证，你想深入下去，如果搞不清或搞不准其生平或著作中的一些关节，对于某些篇章究竟是在什么情势和心境下创作出来的都把握不定的话，有些话便难得开口。每当这个时候，自然期望从搞考证的学者那里寻求支援和获得依据。

袁先生的考证，几乎涉及司马迁生平与《史记》著作方方面面的所有重要问题；他的这部书，既是个人平生从事考证工作的一个总结，又能折射出学术界围绕司马迁和《史记》的考证工作所经历的主要历程。

关于司马迁的生年。自1916年王国维先生发现《索隐》和《正义》的两条注文，算是找到了解决问题的可靠突破口。可是这两条注文却有十年之差：依《索隐》在《太史公自序》"迁为太史令"下注"《博物志》：'太史令茂陵显武里大夫司马〔迁〕。年二十八，三年六月乙卯除，六百石。'"则司马迁应该生于汉武帝建元六年（前135）；依《正义》在同文"五年而当太初元年"下注"按：迁年四十二岁。"则司马迁应该生于汉景帝中元五年（前145）。

究竟哪一个对？十年之差是怎么造成的？王国维经过一番考究，认为

＊作者可永雪（1930—），内蒙古师范大学文学院汉文系教授，中国史记研究会常务理事。本文原载《内蒙古师范大学学报》（哲学社会科学版）2007年第2期，第66—69页。编入本书的是作者的修订本，原载中国史记研究会《史记论丛》专辑第六卷《中国史记研究会十五年》，北京：中国文史出版社，2015年，第711—719页。

十年之差是由数字讹误造成的，并根据他所提出的"三讹为二，乃事之常；三讹为四，则于理为远"的理由，断是《索隐》将三讹为二，得出"史公生年当为孝景中元五年"的结论。

王氏此说引起国内外学界的普遍重视。可当李长之、郭沫若、日本学者桑原骘藏等把王国维的结论质之司马迁的身世，质之《报任安书》和《史记》本文的时候，却发现王说与实际多有扞格不合处。李长之指出《报任安书》明明说"早失二亲"，如果生于前145年，则司马谈死时，迁已经三十六岁，说不上早；司马迁在元朔五年（前124）仕为郎中，一直到元封元年（前110）（奉使，还报命），前后一共十五年，这十几年的空白恐怕就是由于多推算了十年而造成的。郭沫若除了也以"早失二亲"作为司马迁之生应该推迟十年的根据外，更举十条汉简，说明："汉人写'二十'作'廿'，写'三十'作'卅'，写'四十'作'卌'。这是殷、周以来的老例。如就廿与卅，卅与卌而言，都仅一笔之差，定不出谁容易，谁不容易来。"从而提出司马迁的生年应该是武帝建元六年（前135）说。其后，两说各有信从与支持者，双方各据研究所得，展开了长时间的反复争论和辩难。

袁传璋先生在这一问题上做出的贡献是：

第一，他于1995年在《大陆杂志》第四期发表的专论《从书体演变角度论〈索隐〉〈正义〉的十年之差——兼为司马迁生于武帝建元六年说补证》，首先全面检讨王国维提出的"三讹为二，乃事之常；三讹为四，则于理为远"的数字讹误说，发现并且举证传世的周秦汉魏石鼓、钟鼎、石经、碑铭、汉简以及汉魏以至唐代的出土古籍，如长沙马王堆汉墓帛书、《敦煌秘籍留真新编》与《鸣沙石室佚书》所收唐人写本经史地志中，二十、三十、四十这三个十位数字与宋以后的写法不同，都是合体书写的。古籍中个位数的二、三、四之间之讹与不讹，按王国维的常理说是有效的，但二十、三十、四十这三个十位数之间之讹与不讹则不然，因为宋以前的习惯书法是把二十、三十、四十合体书写，书作廿（廿）、卅（卅）、卌（卌）。袁先生还检视了日本学者水泽利忠博士所撰《史记会注考证校补》收入的**现存六朝及唐人写本《史记》或全或残之单篇影印本，发现凡数字二十、三十、四十皆作合体，从无例外，尤其值得注意。**

第二，进一步按之《史记》《汉书》的实际，下工夫详加核查，发现"今本《史》、《汉》中'二十'与'三十'罕见相讹"；而"今本《史》、《汉》中'三十'与'四十'经常相讹"，"'四十'讹为'三十'者有之"，"'三十'讹为'四十'者亦有之"，并各举出四五例以为证（传璋按：今本《史记》中"三十"与"四十"相讹有三十余例。为省篇幅，例多不备举）。从而指出"《史记》与《汉书》中'二十'与'三十'罕见相讹的事实，使王先生的大前提——《索隐》'年二十八'系'年三十八'讹成的拟测成为无根之木；而'三十'与'四十'经常相讹的实际，又昭示了王先生的小前提——《正义》'年四十二'绝不与'年三十二'相讹的判断难以立足。"因为王先生立论的基石并不具备"科学的基础"，"其最后的结论——司马迁生于汉景帝中五年，岂能成为定论！"

第三，更进一步考察由唐至宋，"三十""四十"及"世"字的书体演变，不但揭示出到宋代，合体书写的形式被取消了，宋人在将唐人写本摹写版刻时，需将合体字"廿""卅""卌"分解为"二十""三十""四十"；而且以他特有的细心，发现由于唐人将"三十"写成"卅"，而宋人版刻时将"世"字也刻成"卅"，在誊录上板时，抄胥略有疏忽，就会将"卅（三十）"字误认作"卅（世）"字，而不予分解，并率先发现并举出南宋蔡梦弼及黄善夫梓刻本《史记》补《三皇本纪》都把"凡卅（三十）七万六百年"误作"凡卅（世）七万六百年"的实证。

袁先生在此基础上再加排查推考，指出"宋人不仅将唐人写本《史记》《汉书》中的'卅（三十）'字误认作'卅（世）'字，而且还因为'卅（世）'字与'卌（四十）'字古时读音相近，在特定的语文环境中，有时进而会讹作'卌'字。这种阴差阳错导致了今本《史记》《汉书》中'三十'与'四十'两个数字的多处相讹。这种讹变有两种模式：

（1）卅（三十） $\xrightarrow{\text{形同}}$ 卅（世） $\xrightarrow{\text{音近}}$ 卌（四十） ⟶ 四十

（2）卅（四十）^{音近}→ 丗（世）^{形同}→ 丗（三十）———→三十

结论：今本《正义》"**案迁年四十二岁**"，正是按第一种模式演变而来。

这样，袁先生便用诸多确凿的实证和严密而独到的推导，推翻了王国维的"三讹为二，乃事之常；三讹为四，则于理为远"的数字讹误说，而为今本《正义》"三十二讹为四十二"说的结果与成因提供了坚实的基石。凡尊重事实不存偏见的人都不难看出，袁先生的凭据比起王国维的常理来，要接近实际、接近本真得多。果然，2000年赵生群先生发表《从〈正义〉佚文考定司马迁生年》的文章，披露他发现的《玉海》所载《正义》、《索隐》征引《博物志》的两条资料都记为"**迁年二十八**"，说明"《索隐》引文准确无误，王国维'三讹为二'的推测不能成立"；"张守节云太初元年'迁年四十二岁'，比司马迁的实际年龄多出十岁，肯定有误"。这个发现为袁说"唐代《正义》单写本与《索隐》单写本之间并无十岁之差。差讹发生在由唐人写本到宋人刻本的转换期"提供了直接的书证，使生年问题庶几可以定论。

像这种孜孜矻矻，沉潜其中，一步步穷究不舍的钻研精神，实在值得好好发扬。在当今浮躁之气弥漫的学术界，能保持这样一种精神，尤其可贵可钦！因为，唯有这样一种精神，才能推动学术的实际进展而不是制造学术泡沫。

关于司马迁的卒年。这个问题歧说更多，难度似乎也更大，当年王国维就曾有"绝不可考"的话。

班氏父子距司马迁之死未远，对于这样一个重要前辈，作为史家，对其死期和死因，不会不加关心，更不会全无了解。然而在专门为司马迁立的传里，除转录司马迁自己的《太史公自序》和《报任安书》，到了本应交代这些问题的关键地方，却用"**迁既死之后**"一句闪了过去，这种有意的回避，使人不由得不想到，这里八成有什么难言之隐。再加赞语所说："不能以知自全"云云，联系到司马迁的整个身世、性情以及当时所处形势，就倾向于相信卫宏的"二次下狱死"说，因而对于袁先生所明确提出的"骤死于征和二年尾"的新说颇感兴趣，也觉得有它的道理。然而从总体上却感到这一部分从情理上推考多，能够支持定案的"干货"还不够，特别是这个问题与《史记》下限瓜葛较多，"骤死于征和二年尾"一刀能否切得断？

袁先生在卒年问题上的一份主要贡献我认为是在排除王国维等所提出的"征和二年之前任安曾坐他事论死"的说法上。

本来，考察司马迁的生卒年，最足信赖和依靠的第一手材料是《报任安书》，然而关于司马迁报书任安的时间，却因《田叔列传》有汉武帝所说"安有当死之罪甚众，吾常活之"的话，导致出现"任安于征和二年前曾坐他事论死"，因而《报任安书》是写于太始四年（前93）、太始元年（前96）等歧说。

为辨明这一问题，袁先生对任安的行迹和仕历进行详密考索，搞清和列出了他先任北军护军，再任扬州刺史、益州刺史，最后调任北军使者护军的履历；作者对前汉的兵制与南北军的设置，南北军的职责以及它们所担负的卫戍宫廷和首都治安的重要任务与地位作了考订，特别指出任安所担任的"北军使者护军"，加"使者"衔乃是"表明其为皇帝派驻北军的代表，有权监护北军各部校"，实际握有"平时北军统兵大权"。

他还特别着重联系和介绍了当时时局的特点：郡国盗贼群起，函谷关常年戒严，京师常有戒严搜捕之事；巫蛊之祸已在酝酿之中。而当时北军是维系"京师安危的帝国唯一的常备作战部队"。在这种危机日益严重的形势下，素以英明著称的汉武帝，怎么可能会把监理北军的权柄，交给一个"有当死之罪甚众"的人呢？在这种形势下调任安出任北军使者护军本身，足见武帝对任安的亲信和倚重，这就排除了王国维等提出的"征和二年前任安曾坐他事论死"的可能。至于《田叔列传》所载武帝所说"安有当死之罪甚众，吾常活之"的话，不过是卫太子事件之后因钱官小吏的诬告而激起的一时气愤之辞罢了。

袁先生不仅从事势、情理上分析了"任安曾坐他事论死"的不可能，他还"遍检《史记》、《汉书》",查实"并无死罪之人遇赦后仍保有原来官爵或晋升要职的例子",体现出他求实求是,务期以事实服人的学风。

关于《史记》的叙事起讫与主题演变。这个问题,由于《史记》本身就有几种不同说法,更给人以扑朔迷离之感。

为破解造成矛盾抵牾的成因,找出对问题的合理解释,顾颉刚1953年在其专论《司马谈作史》中首次提出了"至于麟止"、"至于太初"为司马谈、司马迁父子两代不同的述史计划说,为解开这一难题提供了新的思路。1983年,张大可、吴汝煜、赵生群同时发表文章,多方面阐发和完善顾颉刚的观点,得出了"'述陶唐以来,至于麟止'是司马谈效法《春秋》而发凡起例的计划;'述黄帝以来,至太初而讫'是司马迁修改原计划以成'一家之言'的实际断限"(采张大可表述)这个几乎一致的结论。这一巧合,当时成了《史记》考证界的一段佳话。

袁传璋先生却另辟蹊径,从司马迁自身思想认识的发展与著作主题演变的关系上,更从"司马迁的人生际遇与时代变迁的互动关系"角度进行探讨,提出了"至太初而讫""至于麟止""下至于兹"均为司马迁手定的叙事下限的新说。他指出:"司马迁对刘彻的认识和态度经历了一个仰视、平视、俯察的渐变过程。太初之年,司马迁初'述《史记》'时,汉王朝尚处隆盛之际;而李陵祸后出狱发愤著书时,汉王朝已处于风雨飘摇之中;当振翰报任安来书时,汉王朝已跌入与亡秦相似的倾颓边缘。'至太初而讫'、'至于麟止'、'下至于兹',均为司马迁手定的叙事下限,毋庸置疑。断限的变化,与汉王朝的盛衰同步,反映了司马迁历史哲学的发展历程、司马子一家言的建构及完成。"

他的考订,是从发觉顾颉刚等所说司马谈的述史起讫与实际不符开始的。他在研究中发现,司马谈的述史计划是上继《春秋》,下讫元封,而不是上起陶唐,下讫获麟;提出"陶唐以来,至于麟止"的叙事起讫断限的是司马迁而非其父司马谈。书中他详细论证了司马迁承父遗志,最初秉笔述史,原是守职尽忠,为尊汉立言,故上限也遵父旨上继《春秋》,起自战国,只是下限延伸到完成改历这件大事的太初。李陵之祸出狱后,重新命笔，百三十篇总体格局形成，"究天人之际，通古今之变"的宗旨、目标也在此时提出，原有断限，担负不起"通古今之变"的重任，颂汉目标，也与"究天人之际"的思维悖谬，故将上限由战国上伸到陶唐，与孔子整理《尚书》断于尧取齐，下限延到武帝为纪念西狩获麟铸黄金为麟止（趾）的太始二年（前95）。巫蛊之难是汉王朝的悲剧，司马迁期望拨乱反正的希望彻底破灭，于是他将记事的下限从麟止延伸到巫蛊之难——"下至于兹"，而上限则由陶唐上伸到黄帝。上限的"陶唐以来"，是折中于夫子，"自黄帝始"则是司马迁的独特创造。尧舜让国，称为至治，而黄帝则是"法天则地"，"法天则地"乃至治的本源。"上记轩辕，下至于兹"是《史记》的最终断限，"法天则地"是《太史公书》的总主题。

当然，这一新说不一定就能成为定论，但袁先生所运用的这种对《史记》的著述过程与主旨演变进行动态的观照，并把它和司马迁的人生遭际与时代变迁紧密联系起来的研究理路和方向是正确的，这种理路和方向会引导研究接近实际，走向本真。

袁先生书中还提出了"司马迁在中华文明史中的地位"这个意义十分重大的问题。他认为："将司马迁仅仅看作是一个伟大的史学家、文学家，将《史记》仅仅看作是正史鼻祖、文章大宗，并未能反映出司马迁在中华民族文明史中的历史地位，也远没有体现出《史记》的真正性质与永恒价值。"在他看来，《史记》在中华古代典籍中，是一部唯一横跨经、史、子、集四部的巨著，司马迁是上继周、孔的"中华文明伟大的整合者"；《史记》是一部"论治之作"，"讲论的是修身齐家治国平天下的大经大法"，"论到对中华民族的民族心灵、民族性格、民族智慧的建构方面的功勋，司马迁真的是孔子之后，一人而已！"

袁先生所提出的，是一个关系到从整体上，从更深刻的本质意义上如何认识和估量《史记》所达到的成就和价值的大问题。我相信，这个问题也是司马迁和《史记》研究同行所共同思考和关注的。因为研究越是深入，人们就会越是强烈而深切地感到，《史记》的实际成就，已经远远超越史学、文学或某几个学科的域限。因而，如果只局囿于某一学科的立场论定其成就和价值，实在局限性太大，难以为力。正是基于此，20世纪八九十年代，人们才不约而同地认同《史记》是一部百科全书式的著作。经过多年的究心覃思，袁先生在此基础上又向前推进了一步，而且率先提了出来，实在提得好！

不过，正如袁先生所说：兹事体大。说它是"横跨四部的巨著"，大家会赞成；说它是"论治之书"，是"讲论修身治国平天下的大经大法"，大家也能同意（也许有人有所保留）。但是对于它的根本性质的定位，对于它在各科、各项、各方面成就之间的关系，究竟如何认识、如何表述？你说它是一部"论治之书"，别的人也可能说它是一部教人做人的书；你把它定位为"经"，而梁启超却把它定位为"子"，说："迁著书的最大目的乃在发表司马氏一家之言，与荀子著《荀子》，董生著《春秋繁露》性质正同，不过其一家言乃借史的形式以发表之耳。"因此到底是直接就把它说成"是部论治的经书"，说"在四部之中，真正首先体现《史记》的性质与价值的，乃是经部"好呢，还是先承认它第一位的还是一部史书，但却绝不限于、绝不止于是一部史书，而是超越史书，同时具有论治的性质，具有讲论修身齐家治国平天下的大经大法的性质和作用更切合它的实际也更科学呢？看来还需要进行更深入的研究和更广泛的讨论。

读其书，志其道，仿佛其为人，方称得上是真读书。太史公有言："好学深思，心知其意。"袁先生可谓身体力行，得其"好学深思"的真谛，渐入"心知其意"佳境的一个。关于《史记》的叙事起讫与主题演变这个重要论题，袁先生说在本书还仅是大辂椎轮式的纲要，尚未展开充分的论证。我们期待并且相信袁先生能把这个题目做足做好，做出更大的贡献。

2. 普通高中课程标准实验教科书·语文选修《〈史记〉选读》，合编，江苏教育出版社，2005年6月第1版；2006年8月修订第2版；2007年8月修订第3版。以后又多次印行。

（1）内容简介 本书系经全国中小学教材审定委员会2005年初审通过

的普通高中课程标准实验教科书·语文选修教科书。全书由以下八大板块构成：唯倜傥非常之人称焉——司马迁其人其事；学究天人　体贯古今——《史记》的体例；不虚美　不隐恶——《史记》的史家传统；读其书　想见其为人——《史记》的理想人格；摹形传神　千载如生——《史记》的人物刻画艺术；善叙事理　其文疏荡——《史记》的叙事艺术；正史鼻祖　文章大宗——《史记》的影响；研究《史记》。本书被学界称作"苏教版《〈史记〉选读》"，比较全面地反映了《史记》的整体面貌，作为一部适合普通高中学生研读的课本，是选用频率最高的语文选修教材，公认在现行高中语文选修课程中有着重要地位，是新课程改革进程中选修教材建设的丰硕成果之一。

《〈史记〉选读》编写组由袁传璋、张劲秋、郭惠宇、杨桦、傅继业、鄢化志六人组成。袁传璋在编写组中主要承担全书定位策划、篇目选定、《史》文译文及注释的修订润色工作。同时为与《〈史记〉选读》教科书配套发行的《〈史记〉选读教学参考书》撰写全面介绍司马迁与《史记》的论文——《司马迁与中华文明》（2.5万言），提供教师授课参考。

《〈史记〉选读》封面书影　　　　《〈史记〉选读》扉页书影

（2）**学界评价**　新课改语文选修课《〈史记〉选读》教科书主要有人教版、苏教版、鲁教版数种。郭婉玉《中学语文教科书〈史记〉研究概述》称："中学语文教材苏教版《〈史记〉选读》是选用频率最高的高中语文选修教材，因此苏教版《〈史记〉选读》在学界上是首选研究对象。

苏教版《〈史记〉选读》教材的选编具有鲜明的个性：教材专题意识明确、突出强调重点，编排条理清晰、内容丰富有序的结构特点，具有兼重人文性和工具性，注重教材间的承接性的特色。同时，苏教版《〈史记〉选读》教材中增设的对话栏侧重于学生与文本的对话，引导学生对文本解读有'惑—解—感'的过程，以更有效的方式进行自主阅读。"（《渭南师范学院学报》2021年第3期，第36页）

3. 《袁传璋史记研究论丛》，安徽师范大学文学院学术文库第二辑，安徽师范大学出版社，2015年8月第1版。2021年1月精装第1版。

（1）内容简介 司马迁诞生于汉武帝建元六年（前135）。今年（2015）适逢他诞辰2150周年，谨以《袁传璋史记研究论丛》这本小书作为对文化巨人太史公诞辰的献礼。本书以史学、文献学、语言学、文学四类视角编为四辑："司马迁与中华文明述论"、"司马迁与史记疑案研究"、"史记三家注研究"、"西楚霸王项羽结局研究"。"司马迁与中华文明述论"相当于全书的绪论，凝聚了作者研究司马迁与《史记》数十年形成的总体观念，在司马迁的生平与著作、《史记》编纂历程与全书主旨的演变、司马迁在中华文明史中的定位等重大问题的探究考论中，与前修时贤均有相异的见解。所收论文体现了言有所本的淳朴学风和高品质的学术水平。第四辑"西楚霸王项羽结局研究"因书稿字数超过《学术文库》的上限，暂未编入。

《袁传璋史记研究论丛》2015年平装本书影　　《袁传璋史记研究论丛》2021年精装本书影

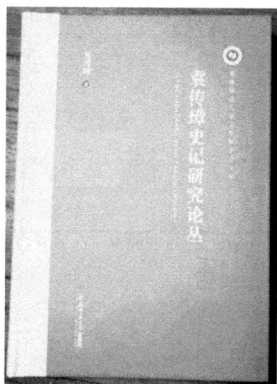

（2）后记 司马迁自觉承"五百之运"，继周、孔绝业，究天人，通古今，作《太史公书》，对中华文明做了第三次重大整合，不仅描述了尧舜至治的盛世，更进而溯得尧舜至治的本源——黄帝"法天则地"。这不仅是百王治国平天下的根本大法，也是生民超越生物学的层次，将自己提升到道德的、文化的成人的准则。论到司马迁对中华民族的民族心灵、民族性格、民族智慧建构方面的贡献，孔子之后一人而已！司马迁诞生于汉武帝建元六年（前135）。今年（2015）适逢太史公诞辰2150周年。我从历年发表的拙作中选择十八篇，分为"司马迁与中华文明述论""司马迁与史记疑案研究""史记三家注研究""西楚霸王项羽结局研究"四辑，编为《袁传璋史记研究论丛》，谨以这本小书作为对文化巨人太史公诞辰的纪念。

〔（2021年新版精装本在此插入一段说明文字）在此我要对"西楚霸王项羽结局研究"专辑做点说明。这个专辑系为回应著名"红学"家冯其庸教授的《项羽不死于乌江考》（《中华文史论丛》2007年第2辑）而作。冯先生首创的"项羽是死于东城而不是死于乌江"的"新的结论"，在古典文本解读和研究方法两个方面反映出来的问题以及主流媒体对它的评价，关乎实事求是学风的导向和重建。因而大陆学术界在2007—2010年间，围绕项羽是否死于乌江这个论题展开了颇为激烈的论战。我在此期间发表的《"项羽不死于乌江说"评议》（《乌江论坛》，西安：陕西人民教育出版社，2009年）、《项羽所陷阴陵大泽考》（《学术月刊》2009年第3期）、《垓下之战遗址地望考》（《古文献与岭南文化研究：古文献与岭南文化国际学术研讨会论文集》，北京：华文出版社，2010年）、《〈项羽不死于乌江考〉研究方法平议》（《文史哲》2010年第2期）等论文，为项羽死于乌江作了结论，被认为是这场学术论战的标志性文献。这四篇论文有七万余字。鉴于"安徽师范大学文学院学术文库"所收每种文集有字数的上限，"西楚霸王项羽结局研究"不得不从《袁传璋史记研究论丛》中撤下。好在这几篇论文的概要，读者可以参看本书卷首叶文举教授所作《代序》中第四节"'项羽不死于乌江'斠误"的论述。〕

感谢《安徽师范大学学报》、人民文学出版社《中国古典文学论丛》、《安徽史学》、《陕西师范大学学报》、台湾《大陆杂志》、台湾大学《台大历史学报》、《河南大学学报》、《淮阴师范学院学报》、《学术月刊》、《文史哲》、《史记论丛》、《浙江师范大学学报》、《司马迁与史记研究年鉴》、日本京都大学人文科学研究所东亚人文情报学研究中心《中心研究年报》等学术书刊，承蒙接纳我那些枯燥冗长的论文，且按手稿刊布。这次编辑成书，除个别论文增补一二证例外，观点与文字一仍旧贯，并于每篇论文之后特标首发书刊的嘉名与刊期，以表敬意。文末则保留写作年月，以记录艰难跋涉的脚印。

〔（2021年新版精装本在此插入一段说明文字）还有一事要敬告读者诸君。本书因行文需要，对古籍多所征引，引文中时有未经简化的繁体字出现。在现行辞书中，这些繁体字一般以简体字替代。但考虑到本书引文中的繁体字都有特定的含义，若依例作简体字处理，一则有损古籍原意的传达，二则亦易滋生歧义。因此，本书凡此一律保留原文繁体字形。敬祈诸君理会著者如此处置的用心。〕

我之所以能在司马迁与《史记》的疑难问题上做一点粗浅的探讨，实蒙先父母袁文和先生与周宗馨女士及亡兄袁传琏之赐。父亲将我引入人文之门，他那温恕耿介的人格是我毕生的典型。母亲不嫌我少时的顽劣，她的勤谨善良我永铭在心。兄长在家境竭蹶之时，毅然辍学务农以支持我赓续学业。而我为人子、弟，未能在父母、兄长生前尽孝悌于万一。于今只能以此书告慰父母与兄长在天之灵。

袁传璋

2015年5月10日谨记于

安徽芜湖凤凰山下窳陶斋

（3）书评

叶文举　推陈出新，自成一家之言——袁传璋教授《史记》研究论（原载《殷都学刊》2015年第1期，第49—56页。此文引为《袁传璋史记研究论丛》的《代序》，芜湖：安徽师范大学出版社，2015年，第1—16页。文长不录。）

4.《宋人著作五种征引〈史记正义〉佚文考索》（《二十四史研究资料丛刊》），中华书局，2016年6月第1版。

（1）内容简介　唐人张守节所著《史记正义》系学术价值最高的《史记》古注之一。宋人合刻《史记》三家注，以《史记集解索隐》为本注，而以《史记正义》为增注，为减少重复，于《正义》删削独多。三家注大行于世后，单本《史记正义》逐渐湮没失传，明人已无缘复睹《正义》全貌。《史记正义佚文辑证》一套书，系由中、日《史记》研究者对《史记》三家注合刻本之外遗佚的《正义》进行辑佚与研究的三部著作集成，是迄今为止搜集《史记正义》佚文最全、对其来源与真伪考论亦颇为精审的学术著作，于学者研究《史记正义》的存佚、《史记正义》与《集解》《索隐》的关系，以及对司马迁与《史记》研究的深入，均足资参考。

本书为该系列的第一部，是全国高等院校古籍整理研究工作委员会2011年度直接资助重点研究项目，是国内外首次对宋人吕祖谦、王应麟、胡三省的五部重要著作中征引的《史记正义》佚文进行全面深入的辑佚与研究，共辑得《史记正义》佚文394条（其中全佚276条，部分遗佚118条），考出每条佚文原当系于《史记》何篇何句之下，并对这批佚文的价值做出实事求是的评述。

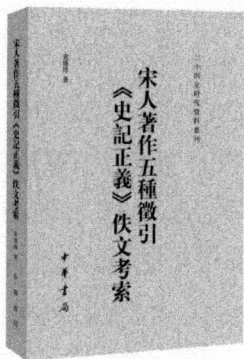

《宋人著作五种征引〈史记正义〉佚文考索》书影

（2）自序　《宋人著作五种征引〈史记正义〉佚文考索》前记

《史记》有三家注：刘宋裴骃《史记集解》取合本子注体式，合《史记》本文与裴氏注义为《集解》八十卷；李唐司马贞《索隐》与张守节《正义》依傍《集解》，标字列注各为三十卷，原不与《史记》本文相附而单本别行。司马贞与张守节生当同世而略有后先，为《史记》作注的底本同为裴骃《集解史记》，征引的典籍文献同出唐室馆阁秘书，虽各自为书不相为谋，但为同一事典作注时因引据同源，注文往往相同或相近。宋人合刻三家注时，以先刻行世的《集解》《索隐》合刻本为本注，而以《正义》为增注附刻其后，凡《正义》注文与《索隐》相同或相近者，为免复重，或迳自削除，或予以删节。自《史记》三家注风行于世，单本《正义》遂渐次湮没，明人已无缘复睹《正义》全貌。

《史记》古注三家，唯有张守节《正义》未能完整流传，大量遗佚，对于《史记》研究者而言实为憾事。百余年来，中外数代《史记》学者对此做了不同程度的探索，使得《史记正义》佚文的辑证工作越来越精细，对于《史记》本文的解读、三家注的关系研究等也起到推动作用。

笔者与日本学者小泽贤二先生合作推出的"史记正义佚文辑证"系列，包含《宋人著作五种征引〈史记正义〉佚文考索》《唐张守节史记正义佚存》《史记正义佚存订补》三部书。本系列是迄今为止辑得《正义》佚文最全（共计2068条）、对其来源与真伪的考论亦颇谨慎的兼具资料性与研究性的学术著作，于学者研究《正义》的存佚、《正义》与《集解》《索隐》的关系，以及推进司马迁与《史记》研究的深入，或可作铺路的燕石之用。

由笔者所撰《宋人著作五种征引〈史记正义〉佚文考索》，是教育部全国高等院校古籍整理研究工作委员会直接资助项目。本书对宋人吕祖谦撰《大事记解题》、王应麟撰《玉海》《通鉴地理通释》《诗地理考》、胡三省撰《新注资治通鉴》五部著作征引的《史记正义》佚文进行辑佚与研究，希望能够有助于对《史记》文义的深入理解。通过比对考察，发现合刻本中附刻的《正义》，其实是经过宋人合刻者大幅度的整合重编后，以削除、删节、合并、拆分、移置等多种形态呈现于世的，已大失张守节《史记正义》写本旧貌。因此，研究张守节《史记正义》对《史记》的重大贡献和学术成就，不能仅据今本《史记》三家注所收的经过宋人合刻者删削重编的5315条《正义》条文，而应集合泷川资言《史记会注考证》、水泽利忠《史记会注考证校补》、小泽贤二《史记正义佚存订补》三书新增《正义》佚文1674条，加上本书新近从宋人著作五种中辑出的394条《正义》佚文，做通盘的点检。

《唐张守节史记正义佚存》的主体是日本学者泷川资言的手泽影本及其录文（小泽贤二整理）。这部手稿由泷川资言先生过录自日本东北大学所藏《史记》古活字印本的栏外标注，以后又参照所见多种《史记》古板本、抄录本的校记比勘校正，留下许多涂抹、添注的痕迹，极具研究价值。泷川资言先生的手稿由小泽贤二先生捐赠日本京都大学人文科学研究所收藏。幸遇中华书局鼎力翼赞的机缘，方得以将此珍贵手稿以影本形式首度公之于世。手稿字迹较为缭乱，偶有漫漶，释读难度较大，小泽贤二先生在整理过程中付出了很大心力，最终呈现出这样一部对《史记正义》佚文研究非常重要的文献。该书收入笔者所撰《〈唐张守节史记正义佚存〉手稿之文献价值》一文，为读者介绍相关背景，概述其学术价值。

小泽贤二先生所著《史记正义佚存订补》，共收录《正义》佚文1674条。小泽氏费十余年之功，遍访日本公、私所藏宋元明版《史记》、朝鲜及日本古活字印本《史记》栏外标注以及《史记》古抄录本，仔细校核泷川资言、水泽利忠所辑得的《正义》佚文，一一注明出处，并在《史记正义佚存订补·解说》中对日本学者所辑《正义》佚文的来源与传承做了细密的考证。

笔者资质鲁拙，研习《史记》虽过半个世纪，然迄无所成。唯稍感自安的是既不屑追风媚俗，更不敢曲学阿世。学术研究的要义是即实事以求真是。评判学术问题的是非，亦应有同一的标准，而不应随心所欲，予智自雄。在古书字义的训释上，务须兼顾本义、引申义、前后语境及作者与注者的时代特点，而不可固执一见，不及其余。《史记》中有些含义深永的文句，若欲得其正解，不仅要结合上下文的语境，而且还需通观全篇细加揣摩，有时甚至要从全书主意通盘打点。学术乃人类之公器，其进步亦需人类共同之努力。既不可党同伐异，也不应区分此畛彼域。作为全人类共同文化遗产的《史记》，其博大精深，难见涯涘。对它的求解，尤需各国的《史记》学者从不同的角度协作切磋。谁在学术上取得突破，不管他是来自司马迁的故土，还是远自异域重译，都应以平常的心态表示敬意。这几年笔者做"宋人著作五种征引《史记正义》佚文研究"课题，也秉承以上的原则努力践行，但做到怎样的程度，还存在哪些谬误，则衷心期待读者诸君的检验与批评。

感谢全国高等院校古籍整理研究工作委员会，"宋人著作五种征引《史记正义》佚文研究"课题因为得到委员会专项基金的资助，才得以顺利进行。感谢中华书局慷慨接纳"史记正义佚文辑证"这样选题冷僻的书稿，并有幸忝列"点校本二十四史校订研究丛刊"，使它有机会面世。感谢安平秋教授在百忙中审阅《宋人著作五种征引〈史记正义〉佚文考索》书稿，并惠赐序文，提出切中肯綮的批评与诚挚的鼓励。

日本史记正义研究会主干小泽贤二先生，经常惠赠珍稀的文献资料，对本书中的每篇文稿不仅通过电子邮件与我往复讨论，而且还三次光临寒舍与我切磋琢磨。在此向他敬致谢忱！

袁传璋

2014 年 7 月 10 日

于芜湖凤凰山下窳陶斋

(3) 书评

A. 安平秋：当代《史记》研究者的典范①

——《宋人著作五种征引〈史记正义〉佚文考索》序

西汉时期司马迁撰著的《史记》面世之后，自汉至唐，为这部历史名著作注释的各家之中，最著名的有三家，即刘宋时期裴骃的《史记集解》、唐代司马贞的《史记索隐》与张守节的《史记正义》。宋代人将这三者合刻为"三家注本"，成为《史记》最通行的有注释的读本。自那之后，"三家注"中的《正义》没有以单刻本的形式流传下来，一般的读者只是通过"三家注本"了解其内容。20世纪前期，日本学者泷川资言在日本古活字本《史记》栏外标注中发现了《正义》的大量佚文，并征引在他所编撰的《史记会注考证》中。泷川资言发现的这批佚文，究竟是否可靠？如果可靠，其价值又如何？国内学者对此一向有不同的看法。

袁传璋教授《宋人著作五种征引〈史记正义〉佚文考索》一书的第一个贡献，就是从总体上解决了《史记正义》真伪问题的学术疑案。这部书从吕祖谦、王应麟、胡三省等人的五种著作征引的将近一千一百条《正义》中辑录出三百九十四条《正义》的佚文，其中有相当部分与泷川资言所辑的佚文可以互相发明，这说明《史记会注考证》中的《正义》佚文是总体上可靠的。

这部书的第二个贡献，是丰富了我们对于《史记》"三家注本"形成过程的认识。首先，以往我们认为，南宋人在合刻"三家注"的时候，主要就是把《正义》中与《索隐》文字重复、内容近似的部分删除。袁传璋教授在比对大量佚文的基础上指出，"三家注本"对于《正义》的处理方式，不仅有删削、合并，而且有移置，甚至还存在增益的情况。其次，因

---

① 安平秋(1941—)，北京人，著名文史学家，主要从事中国古典文献学和传统文化研究。北京大学中文系教授，博士生导师。全国古籍整理出版规划领导小组副组长，全国高校古籍整理研究工作委员会主任。本文原刊《渭南师范学院学报》2017年第13期，第80—81页。

为"三家注本"移置了《正义》的文字，有时误置于《索隐》之下，从而给人造成《正义》是配合、疏解《索隐》的错觉。而实际上《正义》与《索隐》是各自独立、互不称引的。其三，吕祖谦、王应麟、胡三省等著名史家大量援引《正义》的事实，又可以说明这些佚文本身有很高的学术价值，而不是冗余、重复的文字。

通过袁传璋教授的工作，我体会到在学术研究过程中，我们不仅要注意发现"新材料"，更要善于在常见的书中发掘有价值的资料（我们姑且把这种发掘称为史料的"再发现"）。我们说的"新材料"主要指的是出土文献、海外所藏的中国古籍与汉文文献，也包括近年来在古籍普查、古书拍卖过程中发现的一些以前不为人知的珍本秘籍。但新材料毕竟不常有，大量的研究工作还是要靠对既有资料的再发掘。而且新材料是否可靠，价值如何，常常也需要和既有材料比对之后，才能下结论。袁传璋教授在本书中使用的宋代三位史学家的五种著作，都是比较常见的书，其版本也很普通，有的甚至就用了《四库全书》本。这说明利用常见的书，一样可以做高质量的研究。

以程金造先生为代表的老一辈学者，曾认为《史记会注考证》中的《正义》佚文，可靠的只有十分之一二，其余多数是日本人读书时留下的批注。这个结论显然受到上世纪二三十年代以来风靡学界的"疑古"思潮的影响。尽管现在回过头来看，程金造先生怀疑过度了；但我们认为，在没有充分证据的情况下，谨慎的怀疑要比轻易的盲从好。因为怀疑的结果将促使我们去做更扎实的研究。袁传璋教授做的这项工作，其方法就是传统的辑佚学，但是他得出的结论，实际上也有助于我们在文献学领域"走出疑古"。这说明传统的古典文献学方法，一样能解决"前沿"的问题。

我还想在袁传璋教授这部书的基础上，谈一个相关的问题。既然现在发现了数量这么多的《史记正义》佚文，且是可靠而有学术价值的，那么在今后的古籍整理工作中，主要是在整理《史记》的过程中，要怎么对待这些佚文呢？

近年中华书局启动了"二十四史"点校本的点校修订工作，在讨论

《史记》修订凡例时，曾有学者提议，应当利用修订的机会把已发现的《史记正义》的佚文辑补进去。这个建议看似很有道理，但其实大家读了袁传璋教授的书以后，会更加意识到，"三家注本"不是简单的"三合一"，它有一个形成过程，传到今天的"三家注本"已经是一个历史存在了。如果辑补了《正义》佚文，就不是历史上的"三家注本"了，等于旧本子没整理好，又出了一个新本子。而且从操作的层面看，袁传璋教授仅从五种书中就辑出了大量的佚文，我想一定也还有其他一些佚文散在他书之中而还没有辑出来的。这样一直辑下去，一时半会儿是辑不到头的。因此后来中华书局新修订点校本《史记》时，并未把辑补《正义》列入其中。如果有读者出于研究需要，希望能多了解一点《史记正义》的内容，目前除了可以读泷川资言的《史记会注考证》（以及水泽利忠的《史记会注考证校补》），还可以把张衍田教授的《史记正义佚文辑校》与袁传璋教授的这部书结合起来读，那么《正义》的基本内容也就可以掌握了。

　　袁传璋教授是当今研究《史记》学者的杰出代表人物。他治学功力坚实而深厚，学风朴实而纯正，长于发现问题，论述多有创新，而且为人正直、厚道，颇具大家风范。他的为人、他的学风，将同他的这部《宋人著作五种征引〈史记正义〉佚文考索》一起，成为当代《史记》研究者的典范。

安平秋

2016年3月于北京大学

B. 叶文举:《史记正义》辑佚与研究的新贡献①
——袁传璋教授《宋人著作五种征引〈史记正义〉佚文考索》评介

唐人张守节所著《史记正义》系学术价值极高的《史记》古注之一。宋人合刻《史记》三家注,以《史记集解索隐》为本注,而以《史记正义》为增注,为减少重复,于《正义》删削独多。三家注合刻本大行于世后,单本《史记正义》逐渐湮没失传,至明代《史记正义》单行本已经亡佚。中华书局推出的《史记正义佚文辑证》系列是由中、日《史记》研究者对《史记》三家注合刻本之外遗佚的《正义》进行辑佚与研究的三部著作集成,是迄今为止搜辑《史记正义》佚文极全、对其来源与真伪考论亦颇为精审的学术著作丛书,袁传璋教授的《宋人著作五种征引〈史记正义〉佚文考索》(北京:中华书局,2016年)是《史记正义佚文辑证》系列正式出版的第一部著述。

袁传璋教授被海外学者誉为"大陆真正一流的《史记》研究者",《宋人著作五种征引〈史记正义〉佚文考索》是袁先生近年来《史记》研究的重要成果之一。鉴于泷川资言诸人对《史记正义》的辑佚,取材仅限于日本现存的各种《史记》版本②,却未涉及《史记》三家注之外的宋人著作。袁先生遂对宋代学术大家吕祖谦的《大事记解题》、王应麟的《玉海》《通鉴地理通释》《诗地理考》、胡三省的《新注资治通鉴》中征引的《史记正义》佚文(这五部著作征引佚文数量最多,也相对较为集中)进行全面深入的辑佚与研究,为每部著作所征引的《正义》佚文各撰一篇专论,考证每条佚文原当系于《史记》何篇何句之下,因何被宋人三家注合刻者削除或删节,并对这批《正义》佚文的价值做出实事求是的评判。通过细致的整理爬梳,袁先生发现五部宋人著作共征引《史记正义》1097条,其中被

①叶文举(1974—),安徽天长人,安徽师范大学文学院教授,文学博士,博士生导师。主要从事先唐文学史研究。本文原刊《渭南师范学院学报》2017年第13期,第84—92页。

②关于《史记正义》佚文在日本的具体流传情况,请参见小泽贤二:《〈史记正义〉佚文在日本之传存》,《信阳师范学院学报》2014年第1期,第5—9页。

宋人《史记》三家注合刻者全文削除的有276条，部分删节的有118条，全佚与部分遗佚的《正义》条文合计竟至394条之多。先生将其研究成果结集为30万言的著作《宋人著作五种征引〈史记正义〉佚文考索》（下文引此书名，皆简称为《佚文考索》），由中华书局2016年6月正式刊布。

毫无疑问，《佚文考索》是新世纪以来《史记》研究的重要成果之一。深感于此书的极高学术价值，笔者从研究内容、研究方法与研究态度等三个方面对袁先生《佚文考索》进行评述。

一、学术价值极大的研究内容

袁先生的《佚文考索》所取得的研究成果和日本国几代学人的《史记正义》佚文研究成果遥相呼应，一定程度上也很好地弥补了大陆学者对《史记正义》研究的不足。具体来说，袁先生的《佚文考索》就其研究内容方面的学术价值主要体现在以下几个方面：

（一）有助于部分恢复《史记正义》的原貌

毋庸置疑，赵宋之前《史记》古注最有价值的注本共有三家，即裴骃的《史记集解》、司马贞的《史记索隐》与张守节的《史记正义》，正是考虑到这三本注本重要的学术价值，宋人才将其合刻为三家注本，《史记》三家注也遂为定称。不过，宋人在合刻的具体操作方式上，是以裴骃的《集解史记》八十卷为底本，而根据《史记》篇名又重新分为一百三十卷，又将司马贞的《史记索隐》附刻于一百三十卷的《集解史记》而成《史记集解索隐》二家注本，再以《史记正义》为增注附刻于相应《史记》正文之《集解》《索隐》之后，《正义》注文如有与《索隐》文字相同或相近者多删削而不录。从合刻的过程来看，《集解》《索隐》基本保持了全貌，而《正义》则是有选择性地被植入。其时，三家注本风行于世，单本《史记正义》反而因此没有被保全，乃至湮没无传。如此，《史记正义》就其文献状态而言，存在着两个方面的不足：一是难以窥见其全貌；二是《史记》三家注本中的《正义》文本亦非其原貌。尽管后人如钱大昕、钱泰吉、张文虎者试图重新进行辑佚，不过囿于所见版本、抄本较少，未能获得较大的进展。

　　20世纪初，东瀛学者泷川资言从东北大学所藏两种古活字印本《史记》框郭外标注中，发现被宋人《史记》三家注合刻者删削的《正义》佚文"一千二三百条"，并辑为《唐张守节史记正义佚存》二卷，后又从日本公私所藏多种《史记》版本中辑得《正义》佚文多条，泷川氏所辑佚文总计1418条。后水泽利忠又从黄善夫《史记》三家注合刻本再辑得《正义》佚文227条。今人小泽贤二又从京都东福寺旧藏"栴室本"《史记》中辑得《正义》佚文29条。经过日本三代学人的努力，《正义》佚文1674条得以发现，这为《史记》研究尤其是《史记正义》研究提供了新的文献成果，功业匪浅。

　　海外关于《史记正义》文献辑佚与研究绵延至今，成绩斐然。反观国内《正义》佚文搜辑与研究则相对显得较为沉寂，主要以驳斥泷川氏所辑佚文之伪为主。这一落寞的局面直至袁传璋先生手中方得以改变。先生立足于国内已有的文献对《史记》三家注本以外的《史记正义》的留存情况进行过全面、深入的调查。《佚文考索》则是这一调查研究的重要的阶段性成果，先生发现宋人吕祖谦《大事记解题》、王应麟《玉海》《通鉴地理通释》《诗地理考》、胡三省《新注资治通鉴》五种著作中大量征引了单行本《史记正义》，为今本《史记》三家注所未载者甚夥。先生涸泽而渔，一一爬梳，从《大事记解题》发现征引《正义》279条，其中三家注合刻本《史记》未收者82条，部分遗佚18条；从《玉海》中发现征引《正义》（包含由《正义》转引的《括地志》①）112条，其中全佚72条；从《通鉴地理通释》发现征引《正义》（包括《括地志》）257条，其中全佚68条，部分遗佚48条；从《诗地理考》中发现征引《正义》（包含《括地志》）85条，其中全佚21条，部分遗佚15条；从《新注资治通鉴》中发现征引《正义》（包含《括地志》）365条，其中全佚36条，部分遗佚34条。合而

---

　　① 袁先生所撰《〈括地志〉与〈史记正义〉关系之探究》一文指出，《括地志》五百五十卷及《序略》五卷在唐"安史之乱"后已经全部亡佚，王应麟、胡三省四部著述所征引《括地志》条目，皆出自单写本《史记正义》转引，而未书《史记正义》之名而已，故上述四部著述中所征引《括地志》条文，仍当以《史记正义》等同视之。（具体论证过程，请参见袁传璋先生《宋人著作五种征引〈史记正义〉佚文考索》，北京：中华书局，2016年，第18—19页）

计之，先生从宋人著作五种中共发现征引《正义》1097条，其中全佚276条，部分遗佚118条，全佚和部分遗佚合计394条（包含标目为《括地志》佚文）。袁先生所辑《正义》佚文之丰富，考证之精细，弥补了海内学者对《史记正义》文献辑佚与研究的不足。

诚如上所述，《史记正义》单行本在有明一代之后已经亡佚，今天我们想恢复《史记正义》的全部面貌庶无可能，但是如果将《史记》三家注所收经过宋人合刻时删削重编的5315条《正义》文字，再加上日人泷川资言《史记会注考证》、水泽利忠《史记会注考证校补》、小泽贤二《史记正义佚存订补》三书新增1674条《正义》文字，又加上袁先生新近从宋人著作五种中辑出的394条《正义》佚文，则可以部分地恢复《史记正义》的原先文献状态，这是包括袁先生在内的《史记》研究者于辑佚学领域为《史记正义》及《史记》研究所做的文献贡献。

进而言之，今天我们窥探已经亡佚的单行本《史记正义》的原貌，当然不能仅仅依仗三家注合刻本。袁先生在专著第二章第三节特别设置了一个专题分析了《正义》佚文的发现对认知《史记正义》旧貌的价值，为了使读者能够清晰地把握袁先生的论证过程，兹摘引一段袁先生的论述文字如下：

> 《史记》三家注合刻本《高祖功臣侯者年表第六》，表首首栏为"国名"，其下有《正义》："此国名匡左行一道，咸是诸侯所封国名也。"然而今本每个侯国国名之下只有《索隐》据《汉书·地理志》《晋书地道志》等注出封国所在县邑名称，而《正义》却一无所有。这是否是单本《正义》原貌？答案是否定的。且看《玉海》征引《正义》佚文第53条。《玉海》在"兵制"门之"汉讲武场"目征引"《史记正义》：《括地志》云：'故平县城，在洛州偃师县西北二十五里，有汉祖讲武场。'《水经注》'平县有高祖讲武场'。"《玉海》点明此条《正义》出自《功臣表》。此表非他，乃太史公在《史记》中为汉王朝所制的第一表《高祖功臣侯者年表第六》。张守节征引《括

地志》与《水经注》，为高祖所封第三十二位的平侯沛嘉的封国平县所在作注。这条被《史记》三家注合刻者删削的"平国"《正义》，透露了重要信息，联系《史记正义序》"郡国城邑委曲申明"的注例，以及《功臣表》首"国名"栏《正义》的提示，可以肯定张守节《正义》单本必为高祖所封一百四十三侯侯国所在一一设注点明与汉邑对应的唐时县名①。

然而不无遗憾的是，单行本《史记正义》毕竟不可能全部恢复。袁先生在谈到《高祖功臣侯者年表》"国名"栏被删削的517条《正义》时透露了无限的伤感，认为除了"平"侯条可以增补之外，其余516条《正义》文字"恐怕是永远消亡于天壤之间了。"

（二）有助于推动张守节《史记正义》本身的研究

袁先生从宋人五种著作辑得《史记正义》394条佚文，因宋人征引《史记正义》文字时所据是《正义》的单行本，故先生所辑《正义》佚文接近于《正义》单行本的本然状态，这对于《史记正义》本身价值及其流播过程的研究大有裨益，主要表现为：

首先，袁先生对《正义》的辑佚与研究，彰显了《史记正义》本身的特性。

袁先生在《正义》佚文的整理基础之上对《正义》加以了深入研究，先生认为《史记正义》一是注义精审，引证充分。如《周本纪》云"幽王嬖爱褒姒"，《诗经·小雅·正月》有云"赫赫宗周，褒姒灭之"，周幽王因过于宠爱褒姒而使西周王朝走向了灭亡的境地，那么褒姒祖国褒国是何等国家？合刻本于"幽王嬖爱褒姒"句下附刻的《正义》仅引《括地志》注褒国对应于唐时州县的18个字；而《诗地理考》所引佚文《正义》不仅注出褒国对应于唐时州县所在，而且征引《国都城记》及《水经注》，详述褒国的地理位置及该国自夏代至战国的历史，长达116字，这种对历史

---

① 袁传璋：《宋人著作五种征引〈史记正义〉佚文考索》，北京：中华书局，2016年，第140—141页。

沿革的考述毫无疑问拓展了读者的视野。又如《周本纪》关于文王之父公季的记载极为简略，仅有"季历立，是为公季"等25个字。《逸周书·大匡解第十一》云："维周王宅程。"然而《周本纪》并没有公季都程的记载。《通鉴地理通释》征引佚文"《史记正义》：《周书》云'惟周王季宅郢。'郢故城在雍州咸阳县东二十一里，周之郢邑也。《诗·正义》：'《周书》称文王在程，作《程寤》《程典》。'皇甫谧云：'文王徙宅于程'，盖谓此也。《地理志》'右扶风安陵'，阚骃以为本周之程邑也。"《孟子·离娄下》："文王生于岐周，卒于毕郢。"此"郢"应读为"程"，当为公季的国都。《通释》征引的这条佚文，或原系于《周本纪》"季历立，是为公季"句下，张守节据《逸周书》加以申发，同时兼引《汉书》《毛诗正义》等多种文献，以补充《周本纪》记载公季史迹之不足。正是《史记正义》的引证充分，一定程度上就弥补了《史记》原文叙事的简略。

袁先生认为《史记正义》还具有保存典制、考证史实的特点。如《高祖本纪》"葬长陵"句下，《史记》三家注本仅引"《括地志》：在雍州咸阳县东三十里"，点出"长陵"的方位。袁先生根据胡三省《新注资治通鉴》卷十二所引《正义》佚文后详引后汉应劭"《汉官仪》曰：'古不墓祭。秦始皇起寝于墓侧，汉因而不改。诸陵寝皆以晦朔、二十四气、三伏、社腊及四时上饭其亲。陵所宫人随鼓漏理被枕、具盥水、陈妆具。陵旁起邑，置令、丞、尉奉守。'"先生认为所引《汉官仪》记载的秦汉陵寝制度，一直延续到清朝覆亡。然而其制并不具见于正史的"祭祀志"，且《汉官仪》又早已亡佚。《史记正义》的征引，使得今人讨论寝陵制度有了第一手的宝贵材料。再如关于今天羌民雕楼的起源，除《正义》之外，别无记载。《史记·司马相如列传》"邛筰冉駹者近蜀"句下《胡注通鉴》注引《正义》佚文"《括地志》：蜀西徼外羌，茂州、冉州本冉駹国。康曰：'其人依山居土，累石为室至十余丈。'"袁先生指出，"康曰"之"康"，系孟康，三国魏散骑常侍中书令，为距今一千八百年前之古人，元鼎六年距今则多达二千一百余年。由此可知，羌人早就能够建造高达十余丈的石楼了。因《史记》正义的注引，有助于我们考察羌人古老的生活习俗及建筑历史。

（三）有助于了解《史记》三家注本合刻时的状况

诚如上所述，袁先生通过爬梳宋人著作五种，整理出所征引的《史记正义》1097条，其中全佚276条，部分遗佚118条，全佚和部分遗佚合计394条，因此先生所整理出佚文中有118条与今本三家注本相同或相近。因宋人征引《史记正义》为单行本，那么《史记》三家注合刻本中的《史记正义》是否保持了单行本《史记正义》的原生状态？袁先生所整理出的这118条《正义》佚文，在文献上就给我们提供了比较研究的基础。又因文献存在具有客观性，故而通过比较研究所得出的结论当然就无法推翻。先生通过研究发现，宋人以《史记集解索隐》为本注、以《正义》为增注附刻其中时，对《正义》做了重大的整合。以宋人著作五种所征引的《正义》佚文与《史记》三家注合刻本所收的《正义》对勘，可以发现合刻本对《正义》既有大量的整条削除，也有对《正义》注文的部分删节。以有存有佚的118条佚文作为研究对象，先生认为被删节的部分，不当之处显而易见。先生通过认真的比较研究，认为三家注合刻本删节有以下情形："凡注地名者，合刻本一般只保留该地的方位里程，而删削与该地有关的历史掌故"、"原本《正义》一般摘字为注，合刻本有为适应句下为注的需要合两条《正义》为一而致误者"、"合刻本存有的部分，也有因合刻者历史地理修养不足而妄删致误者"、"合刻本还有将《正义》移位而致大误者"、"《史记》三家注本对《正义》的删削失当，还表现在对《年表》中地名《正义》的删除"①。袁先生针对以上情形分别枚举数例加以佐证，结论当然是令人信服的。当然，由三家注合刻本的删节本身问题，读者自然会联想到宋人著作五种在征引《正义》时是否也会存在着删节问题？袁先生认为，主持三家注合刻本的刻书家黄善夫在鋟刻书刊时自然会有商业利润的考量，其删节是其采取的重要方式。而吕祖谦、王应麟、胡三省作为学术大师，其著述之目的是为开物成务、经世致用，因此他们的著作征

① 具体例证请参见袁传璋先生《宋人著作五种征引〈史记正义〉佚文考索》，北京：中华书局，2016年，第24—26页。

引《史记正义》时则力求保存其真相。尽管根据行文需要，偶尔会对《正义》原文有所节略，但其会把握必要的方寸，不会从根本上损害《正义》原貌。换而言之，正是袁先生从宋人五种著作中所辑大量保持了原貌的《正义》佚文，才使得我们对今天三家注合刻本对《正义》删削、合并、移置、增益等种种不太恰当的处置方式才能有着更凿实而深刻的认知。

（四）有助于解决"《史记》学"遗留的一些疑难课题

袁先生从宋人著作五种所辑单行本《史记正义》佚文，至少对以下《史记》学界聚讼不已课题的解决大有帮助，甚至具有终结的价值：

首先，先生所辑《正义》佚文可以进一步佐证《史记会注考证》所收佚文并非泷川资言"伪造"。

众所周知，泷川先生《史记会注考证》所征引《正义》佚文均未注明出处，故自从其刊布以来，海内学人质疑甚多。鲁实先、贺次君等先生先后撰文予以驳斥。程金造先生更是撰长文例举泷川氏所引《正义》佚文之讹，认为《史记会注考证》"这千三百条《正义》佚存，只有十分之一二是可靠的，绝大多数是读者的杂抄和注解。"①袁先生在《正义》佚文整理之前就已发表《〈史记会注考证新增正义的来源和真伪〉辨正——程金造〈史记〉三家注研究平议之三》［《河南大学学报》（社会科学版）2000年第2期］、《程金造之"〈史记正义佚存〉伪托说"平议》（《台大历史学报》第25期，2000年6月）等论文，针对程氏所举例证一一进行了平议和剖析，文章认为程金造先生"精心搜集的证例和所做的案断，貌似'考证翔实'，然经仔细辨析，无不以真为伪。"②这些文章在其时已经产生了不小的影响。而先生从宋人五种著作中所辑《正义》佚文，进一步为泷川氏《史记会注考证》所引《正义》佚文的真实性提供了更为确凿的文献依据，因为在宋人著作五种所征引的《正义》佚文也多为《会注考证》所征引，袁先生在其著作中逐一列举了24条。先生认为泷川氏所辑《正义》佚文及

---

① 程金造：《史记会注考证新增正义的来源和真伪》，《新建设》1960年第2期。

② 袁传璋：《程金造之"〈史记正义佚存〉伪托说"平议》，《台大历史学报》第25期，2000年6月，第181—231页。

修撰《史记会注考证》时，是从日本存世的《史记》古板本、古活字印本之栏外标注以及《史记》古抄录本辑录的《正义》佚文，而非取材于宋人五种著作。这只能证明泷川氏所征引与宋人著作五种所征引的《正义》佚文系出同源，皆过录自张守节单写本《史记正义》。因文献是客观存在的铁证，先生由此得出的观点就不易推翻。故而，袁先生对《史记正义》佚文的整理也极大地增强了泷川氏《史记正义佚存》的可信度，后人如意欲驳斥《正义佚存》的真实性，首先要证明宋人著作五种的非真实性，岂不谬哉！

其次，先生所辑《正义》佚文充分说明了《史记正义》与《史记索隐》是各自独立、互不称引的，使《史记》研究者走出《正义》疏解《索隐》的认识误区。

《史记》学界对于司马贞《索隐》与张守节《正义》之关系主要有两种认识，以钱大昕为代表的学者认为"两人生于同时，而其书不相称引。司马长于驳辨，张长于地理。"①以邵晋涵为代表的学者则认为："守节自言涉学三十余年，六籍九流地理苍雅锐心观采。盖积一生精力为之，故能通裴骃之训辞，折司马贞之同异。"②对此，袁先生通过对宋人著作五种征引《正义》文字的整理与分析，发现吕祖谦、王应麟、胡三省三人在为某一事典进行注释时常常只引《正义》而不取《索隐》，或以《正义》为正解而以《索隐》为附录。上文所说今天三家注合刻本未收的267条《正义》佚文就是此种情况。由此袁先生认为："宋人黄善夫合刻《史记》三家注时，以先已梓行的《史记集解索隐》为本注，而将《正义》为增注附刻其中。从对宋人著作五种征引《史记正义》状况的仔细考察中发现，合刻者为减少与《集解》尤其是与《索隐》的重复，对《正义》不仅有削除、节引，还有条目的合并或位置的移置，而随着合并或移置又不得不增溢《正义》原无的文字。经过合刻者的重编，已大失张守节《正义》原本旧

① 钱大昕:《廿二史考异》卷五,上海:上海古籍出版社,2004年,第89页。
② [清]邵晋涵:《南江书录》一卷《文集第三》卷首《史记》条,贵池刘世珩校刊《聚学轩丛书》第五集第七种,清光绪二十九年(1903),第3页。

貌。"①故而袁先生推断《史记正义》与《史记索隐》两本书本身就是不相为谋、各自独立的著作②。这样的推断从文献学的角度而言，毫无疑问是符合内在的逻辑理路的。为了进一步证明这个观点的正确性，袁先生还从司马贞与张守节的生平和大唐内府藏书编目的实际状况考察，提出了强有力的佐证。因为藏书下限断自开元十年（722）的《旧唐书·经籍志》并未著录司马贞《史记索隐》，证明此时《史记索隐》尚未成书；袁先生同时结合《新唐书·艺文志》对《索隐》的著录情况，指出《索隐》呈献给御府时上距开元末年已过半个世纪，因此在开元年间著述《正义》的张守节不存在看到《索隐》的时间可能性，因而也不可能为《索隐》疏通、辨证。从已有的文献和内在的逻辑推理两个方面综合考量，袁先生的结论是相当令人信服的，也无法推翻的。

再次，袁先生从王应麟《玉海》中所整理出来的《史记正义》的佚文与《史记索隐》的文字为司马迁生于汉武帝建元六年（前135）提供了铁证，对于司马迁生年的争论可以就此终结。

关于司马迁生于武帝建元六年的观点，袁先生已经发表了《司马迁生于武帝建元六年新证》（全国《史记》学术研讨会论文专辑，《陕西师大学报》1988年增刊）、《从书体演变角度论〈索隐〉〈正义〉的十年之差——兼为司马迁生于武帝建元六年说补证》（《大陆杂志》1995年第4期）、《太史公"二十岁前在故乡耕读说"商酌》（《大陆杂志》1995年第6期）等多篇文章充分加以了阐述，并对以王国维为代表的司马迁生于汉景帝中元五年（前145）的观点进行了回应。如果说上述文章的推断成分更多一些的

---

① 袁先生列举数例说明了宋人五种著述征引《正义》与《索隐》时所处理的方式，请参见袁传璋先生《宋人著作五种征引〈史记正义〉佚文考索》，北京：中华书局，2016年，第30—31页。

② 泷川资言曾引日本幻云标记《桃源抄》云："幻谓：小司马、张守节，皆唐明皇时人也，而《索隐》不知《正义》，《正义》不知索隐，各出己意而注注之。"日人也认为两者互不称引，而且在文献上有足够的依据，因为幻云在下了上述结论后，明确说道："吾邦有《索隐》本，有《正义》本，《索隐》与此注所载大同，《正义》者此注所不载者夥。"请参见泷川资言《史记会注考证》第十册文末《史记正义佚存》条，北京：文学古籍刊行社，1955年，第148—149页。

话，那么袁先生关于司马迁行年记载的《正义》佚文与《索隐》文字的发现，为司马迁生年的确定提供了确凿的证据。因为王应麟在《玉海》中所征引的《史记正义》与《史记索隐》是南宋馆阁所藏的单行唐写本，它们在征引晋代张华《博物志》都一致地记录了司马迁于汉武帝元封三年（前108）继任太史时"年二十八"，并与《史记》合刻本三家注中《索隐》所载纪年是完全吻合的，由此可见司马贞与张守节都见过记载"年二十八"的写本《博物志》，由此上推司马迁的生年当然为武帝建元六年。袁先生认为，正是"由于《玉海》收录引用了《博物志》的《史记正义》佚文的发现，《史记·太史公自序》自'卒三岁'至'五年而当太初元年'一段《史》文的《正义》原本旧貌复原成为可能。"先生并于此重新加以了按注①。

括而言之，袁先生从《玉海》所录《史记正义》佚文征引《博物志》整理出关于司马迁初任太史时的年龄记载，并发现其与《玉海》所录《索隐》及《史记》三家注合刻本之《索隐》所引《博物志》的年龄纪录三者完全相同，从而可以为司马迁生年的争论画上一个终结的句号！如若我们再举办司马迁诞生多少周年的纪念活动时，应该不会再为数字的确定而陷入迷惘的境地！

二、值得借鉴的研究方法

袁先生的著述不仅在研究的内容上有极大的价值，其研究方法也非常值得借鉴，并颇有启发意义。其研究方法主要表现在以下方面：

（一）爬梳旧材料与挖掘新见解相结合

安平秋先生在给袁先生著述所写的书《序》中就这一研究方法作了特别的陈述，并以推赏的眼光提出了这一研究方法的价值②。需要进一步说明的是，新世纪以来文史研究界非常重视新材料的发现对学术研究的重要性，从国家社科基金所立项目分析，除了交叉学科立项较多之外，因材料的新发现得以立项的项目也不在少数。所谓新材料或新文献，正如安先生

---

① 袁传璋：《宋人著作五种征引〈史记正义〉佚文考索》，第147—148页。
② 安平秋：《宋人著作五种征引〈史记正义〉佚文考索·序》，第2—3页。

所云，"指的主要是出土文献、海外所藏的中国古籍与汉文文献，也包括近年来在古籍普查、古书拍卖过程中发现的一些以前不为人知的珍本秘籍。"除此之外，所谓新材料或新文献其实还包括古代域外研究中国古代文史的一些汉学典籍。当然，重视新材料本身没有错，也值得提倡，这对于拓展文史研究新的空间大有好处。但是新材料毕竟少见，且对于大多数研究者来说也较难见；旧有材料或旧有文献终究是文献的主体部分，也最为习见，更应该成为当下文史研究的主要对象，因而从比例最多的旧有文献或材料去研究应该成为学术研究的主流方式。当然，学术研究的核心价值在于创新，其表现或为新观点，或为新材料，或为新方法，或为新视角。袁先生的著述就是为文史研究界提供了一个如何从旧有文献挖掘出新观点的一个范本。袁先生在研究过程中也参鉴了一些稀有版本，尤其是日人所藏的多种《史记》版本①，但作为基本文献，其所利用的宋人五种著作皆为常见之书，所用版本也较普通。袁先生却以其深厚的学术素养为学术界提供了新的成果。如果我们追寻袁先生为何能够在旧材料中发现新东西，我想有两点原因是值得注意的，一是袁先生敏锐的学术眼光。旧材料因为常见，研究者往往会等闲视之。袁先生却能够把握住其重要的学术价值，这主要得力于袁先生五十多年来对《史记》持续不断的研究所积累的学术涵养，非常人所能达至。二是比较研究方法的应用。用比较的方法易于得出所研究对象的特点或发现需要解决问题的症结，袁先生将从宋人五种著作所辑《正义》佚文与合刻本《史记》三家注《正义》之文、《史记索隐》文字、日人所辑《正义》佚文等时常加以比较，其本身研究的价值也因此得到了彰显。

由此可见，袁先生在文献辑佚上所达到的高度在于除了通过辑佚的方式整理出学界未见的佚文之外，更重要的是其在辑佚文献的基础之上将

---

① 袁先生与日本《史记》研究界多有交往，如小泽贤二、藤田胜久等诸位先生在《史记》研究方面与袁先生交流、切磋非常频繁，小泽贤二等先生馈赠了先生现藏于日本的多种《史记》版本的复制本，这也成为了先生多年来能够集中研究《史记》的重要基础之一。由此可见，中外学术交流对推动学术研究颇有意义。先生常感喟"学术乃人类共用之公器"，一定程度上也因为受此感触而发。

《史记》研究在纵深方向上加以了推进，解决了诸多《史记》研究上的悬案，可以说在旧文献中又提供了新文献、新见解，这就不是传统辑佚学所能臻至的境界。

（二）宏观考察与微观考实相结合

袁先生对宋人五种著作征引《正义》佚文进行考索，看起来是五个具体的文献整理与个案研究的综合，先生著述的第一章至第五章也确实以"引言""《某某某某》征引《史记正义》佚文考索""《某某某某》征引佚文的价值"等相同的章节安排与论证层次分别展开了个案研究，在个案研究中逐条对《史记》佚文加以整理与考索，并辅之以定量分析。在佚文价值的论述中分别结合前面已整理出的相关文献，具体展开某一典籍征引佚文学术价值的阐释。同时，为了让读者对宋人著作征引《正义》佚文有一个整体的感知，《佚文考索》在书末还以"辑存"的方式将所有佚文加以罗列，给予后来研究者以资料利用的方便。这些就是微观考实的表现。

如果从课题本身来看，一般学者研究可能到此就为止了，也可以算是完成了相关文献的整理与研究。然而袁先生却不停留于此，先生在著述的前面以"导论"的方式对《史记》三家注合刻本的形成过程、合刻本对《正义》的删削、日本学者对《正义》的辑佚、宋人著作五种征引《正义》佚文考索概述及征引《正义》佚义之义献价值等方面进行了整体上的考察。这有助于读者对《史记》三家注、学界对《正义》佚文研究的状况、宋人著作五种征引《正义》佚文之学术价值有一个全面的认知，深化了读者对先生考索宋人著作征引《正义》佚文的学术意义的理解，提升了《佚文考索》的研究品位，这是宏观考察的表现。

《佚文考索》采用了微观考实与宏观考察相结合的方式，就两者关系而言，前者是后者的基础，后者是对前者的综合和提升。正是有了微观考实，才使《佚文考索》的宏观考察显得言之凿凿，而不流向空洞；同样因为有了宏观考察，使得微观考实又不失之于琐碎，这两者的有机结合使得《佚文考索》在结构上较为浑融，从而形成了一个有机整体。

袁先生在学术研究上承继了以戴震为核心的皖学遗风。谈到研究方法，袁先生曾云其研究"运用通变的观点，以宏观思维为导向、微观考实为基础，借鉴皖学实事求是的朴学方法，注重内证、外证和文物考古成果的结合。"①先生所著《佚文考索》也鲜明地体现了其"以宏观思维为导向、微观考实为基础"的研究特点。不难看出，无论是微观考实，还是宏观考察，先生都是以文献或材料的具体解读为基石，其共性就是"即实事以求真是"，故而是综合了各种文献的论证效果，得出的观点或结论自然是难以推翻的。

（三）"知人论世"与"以意逆志"相结合

"知人论世"与"以意逆志"是孟子提出解读《诗经》的两种基本方式，将其应用到史学研究中同样是非常适宜的。袁先生的《佚文考索》就做到了这两种方式的有机结合。关于《史记正义》的作者张守节，因《旧唐书》《新唐书》皆无其传记，其生平行迹因而难以全面考实。尽管如此，袁先生还是根据张氏上呈《正义》时所署官衔，借助相关的唐史文献，对张氏的生平学养进行了一番合乎逻辑的考述。先生对张守节事历钩沉之目的当然是意欲知其人而论其书。而在考证的过程中，因与张氏相关的直接传记资料几乎没有留下，先生又采用了"以意逆志"的方法。如张守节曾任"诸王侍读"一职，先生就是通过对曾为侍读的萧德言、许叔牙、李敬玄、褚无量等人的学识阐述，推断"张守节被遴选担任诸王侍读，其经史学殖之富自可想见。"②张守节曾担任东宫学官，袁先生因此认为其撰著《史记正义》得益于这一学官所处的优越读书环境。袁先生通过众多材料的引证，推断"大唐东宫学馆由名家讲授《史记》《汉书》渊源有自""东宫遂成为大唐皇家最重要的图书中心"，故而"张守节以诸王侍读的身份，有阅读中秘书之便"，为《正义》的博大精深奠定了良好的基础。袁先生由唐代《五经正义》命名的由来，联想到张守节以"正义"为自己的《史记》注本定名，也可推知张守节对《史记正义》自我期许之高。所以，尽管文献较少，袁先生通过"知人论世"与"以意逆志"的结合，得出的结

---

① 袁传璋：《太史公生平著作考论·自叙》，合肥：安徽人民出版社，2005年，第405页。
② 请参见《宋人著作五种征引〈史记正义〉佚文考索》的《导论》，第3页。

论也是令人信服的。

袁先生在对宋人五种著作征引《正义》佚文的具体考索中同样将"知人论世"与"以意逆志"方法结合运用，对佚文详加阐释，这体现在"**传璋按**"的文字中尤为明显。举一例以明之，《史记·司马相如列传》引《上林赋》："登龙台"。裴骃《史记集解》云："张揖曰：'观名，在丰水西北，近渭。'"（《玉海》引为《注》）王应麟《玉海》征引《史记正义》如下：

> 《三辅故事》云："龙台，高六丈，去丰水五里。汉时龙见陂中，故作此台。"《括地志》云："龙台，一名龙台观。在雍州鄠县东北三十五里。"

对此袁先生作了如下按语：

> 此则《正义》原当系于《史记·司马相如列传》中《天子游猎赋》（即《上林赋》）"登龙台"句下（中华本第九册，第3037页）。此句有《集解》，如《玉海》叙文所称之"《注》"。张守节嫌《集解》所引张揖《汉书音义》释"龙台"语焉不详，故引《三辅故事》说明兴建龙台的原由，又引《括地志》指出其具体位置。此则《正义》是对《集解》的极好补充，正符《史记正义序》"引致旁通"的旨趣。又明监本《玉海》"故作此台"句中"此"字讹作"比"字[1]。

袁先生由张守节"引致旁通"的注释目标追求，推断张氏要引用多种文献对《史记》原文详加解读的原因，可以说是言之有据，论之成理。

（四）正面立论与反面驳议相结合

通览全书，我们还可以看出，袁先生的《佚文考索》采取了正面立论

---

[1] 袁传璋：《宋人著作五种征引〈史记正义〉佚文考索》，第132页。

为主、反面驳议为辅、并时而结合的方式。其在征引《正义》佚文条目具体分析的按语中基本上采取了正面立论的方式，阐述《正义》佚文存在的情况，兼论为何而佚的原因。先生在论述宋人五种著作征引《正义》佚文的学术价值时则多采用正面立论与反面驳议相结合的方式。具体来说，先生论及《正义》佚文对理解《史记》原文的价值、解释古史疑难地名、三家注合刻本所收《正义》与单行本《正义》之关系，《正义》佚文保存失载之制度、史料、古籍之功等方面，以正面立论为主，而辅之以驳议。如《正义》佚文对"龙门山"的注释，先生通过具体的解读，指出龙门山的所在地，破除了司马迁生于河东河津县的困惑。在《正义》是否疏解《索隐》、《史记会注考证》所收《正义》佚文是否"伪托"、司马迁生年疑案等问题上，先生往往借助所辑佚文先加以驳议，再鲜明地提出自己论点的方式，前文就具体的研究内容已有所阐释，此处不再赘述。

袁先生所采用正面立论与反面驳议相结合的方式就其论证效果而言，毫无疑问既可以充分展现自己的观点，突出其研究的个性，又带有学术史清理的意义，使诸多《史记》研究史上聚讼纷纭的课题能够得以彻底地解决。

三、令人敬仰的研究态度

袁先生在五十多年的《史记》研究生涯中，坚持既不追风媚俗，又不曲学阿世，先生多次在其论著的字里行间鲜明地表示了这一研究的态度，几十年如一日，究其根本，实是对儒家**"古之学者为己"**（《论语·宪问》）学术精神的传承。具体说来，笔者认为在研究态度上，袁先生有以下方面值得我们敬仰：

（一）在研究课题上不求新异，但求价值

如上所述，袁先生对宋人著作五种征引《史记正义》佚文进行考索，课题本身是传统的，研究方法同样是从传统的辑佚学出发，所利用的典籍基本上也是习见之文献。如果我们再梳理袁先生往昔在《史记》研究方面的课题时，也不难发现，先生所研究的皆为《史记》学常见但并未解决的课题，如《史记》版本源流、司马迁生卒年、《项羽本纪》的相关问题、

《史记》叙事起讫与主旨演变等研究，绝非当下学术界有不少人追求的新奇甚至怪异的论题。不过，先生所研究的课题虽然常见，但却都是《史记》研究中重大且是主流、并往往是悬而未决的课题，具有重要的学术价值。客观上说，只有这些课题的开展才能真正推动《史记》研究向深度发展，提升《史记》研究的层次。如上所述，袁先生以其深厚的学养在这些常见课题中做出了高质量的研究，解决了《史记》研究中不少重大课题。

（二）在研究境界上追求"即实事以求真是"

袁先生认为学术研究的要义是"即实事以求真是"，这本质上是对朴实而纯正的学术境界的崇尚。诚如上文所述，这是对皖学遗风的承继与发扬。简而言之，袁先生在研究上坚持了有一份材料说一份话，绝非凭空虚造，妄议是非。在袁先生其他课题的研究上这多体现为内证、外证和文物考古成果的多重结合①。而袁先生最新出版的《佚文考索》因研究的对象更多的是涉及具体佚文的整理与研究，故而在文字学、地名学、版本学、校勘学、目录学、辑佚学等微观考实的功力上要求更高。先生在《前记》论及其对佚文的处理时写道："在古书字义的训释上，务须兼顾本义、引申义、前后语境及作者与注者的时代特点，而不可固执一见，不及其余。《史记》中有些含义深永的文句，若欲得其正解，不仅要结合上下文的语境，而且还需通观全篇细加揣摩，有时甚至要从全书主意通盘打点。"②先生对佚文解读上如此高标准的要求，旨在使自己的研究成果达到"即实事以求真是"的境地，要能经得起学界的永久考验。实际的反响是，该书部分的研究成果在公开刊布后，确实也得到了**"考证精致而实事求是"**（日本学者小泽贤二语）的称誉。

（三）在研究评判上坚持客观、公允的立场

袁先生秉持"学术乃人类共用之公器"的理念，认为学术研究不能党同伐异，也不能先入为主以国界予以区分。具体到《史记》研究上，只要

---

① 叶文举：《推陈出新，自成一家之言——袁传璋教授〈史记〉研究论》，《殷都学刊》，2015年第1期，第49—56页。

② 袁传璋：《宋人著作五种征引〈史记正义〉佚文考索·前记》，第3页。

能够以科学的态度为《史记》学界提供创新的成果，即使研究者非本土之人士，学界都应当给予无限的敬意！20世纪初泷川资言在《史记会注考证》中新增《史记正义》之文，自刊布以来，就受到了鲁实先、贺次君、程金造等诸位先生的多次质疑与严厉批评，然多无确凿的证据，故而诸位先生的驳斥并非严格意义的学术争论，观点难免偏颇。袁先生曾撰《〈史记会注考证新增正义的来源和真伪〉辨正》、《程金造之"〈史记正义佚存〉伪托说"平议》等文为泷川先生辩护。而在《佚文考索》中利用了从宋人五种著作中所辑《正义》佚文与泷川等先生所得佚文两相参照，发现相同者甚多，这就从文献学上提供了泷川所得佚文并非伪造的铁证，这也是对先生早期研究成果的有力补充和佐证，维护了学术研究的公正与公平，彰显了先生"有容乃大"的学术情怀！

《宋人著作五种征引〈史记正义〉佚文考索》是袁先生《史记》研究最新的重要成果之一。该著作得到了全国高等院校古籍整理研究工作委员会的重点资助，并列为中华书局《二十四史研究资料丛刊》之一，当代学者著述能够名列其中，实为少见，这完全得力于袁先生深厚的《史记》研究功底。太史公有言："**好学深思，心知其意。**"[1]袁先生可谓身体力行。我们有理由相信，袁先生的这部著述将会有力推动《史记正义》及《史记》本身的深入研究，沾溉《史记》学林；先生的研究方法与研究态度也会启迪以后的《史记》研究者，先生的《佚文考索》必定会成为《史记》研究的典范之一。

5.《唐张守节史记正义佚存》（《二十四史校订研究丛刊》），中华书局，2019年2月第1版。

（1）内容简介　本书署名为：［日］泷川资言著、［日］小泽贤二录文、袁传璋校点。泷川资言博士于大正二年（1913）在日本东北大学馆藏两种古活字印本《史记》栏外标注中发现被三家注合刻者删削的《史记正义》佚文一千二三百条，手辑为《唐张守节史记正义佚存》二卷，遂启

---

① 司马迁：《史记》，北京：中华书局，1982年，第46页。

"《史记会注考证》纂述之志"，后将辑得的《正义》佚文散入该书相应《史记》文句之下，自谓"略复张氏之旧"。袁传璋以小泽贤二先生惠赠的泷川博士《唐张守节史记正义佚存》手稿复制本与《史记会注考证》、水泽利忠《史记会注考证校补》对读，首次发现这两部名著收录的一千六百余条《正义》佚文，竟有六百余条存在讹、夺、衍、脱的失误，而其失误的十之七八，据袁氏考证，可据手稿订正。因于2013年3月撰成3.5万言的《〈唐张守节史记正义佚存〉手稿之文献价值》，建议中华书局影印泷川资言的这部尚未公开的珍贵手稿。鉴于泷川博士的《正义佚存》字迹颇为潦草，且有多处涂抹圈改，辨认不易，中华书局商请小泽贤二先生为每页手稿图版添加录文。所有录文又经袁氏精审校订，施加标点。中华书局为方便学者参阅、研究，将《唐张守节史记正义佚存》分两册出版，上册为全部手稿的彩印图版，下册为与图版一一对应的录文。上册卷首的"导论"，以袁氏发表在《点校本"二十四史"及〈清史稿〉修订工程简报》（第76期）上的论文《〈唐张守节史记正义佚存〉手稿之文献价值》充任，该论文的第二章"对读札记"150条作为"附录"，置于下册卷尾以备读者查考。

（2）作者简介　泷川资言，日本汉学家。庆应元年（1865）生于松江，为藩士之子。昭和二十一年（1946）卒。通称泷川龟太郎，号君山。所撰《史记会注考证》全十册于1934年出齐后，在世界汉学界一直享誉学林，被称为继《史记》三家注合刻本之后又一里程碑式的巨著，至今仍为研究司马迁与《史记》的学人不可或缺的参考典籍。

小泽贤二，昭和三十一年（1956）生于群马县前桥市。日本史记正义研究会主干，群马县立文书馆指导主事。安徽师范大学及南京师范大学客座教授。除撰有《史记正义佚存订补》外，还与尾崎康共同校订《国宝史记1—12卷》（日本国立历史民俗博物馆藏南宋黄善夫刊本），并撰《南化本史记解说》。近著有《中国古天文学史研究》等。

（3）书影

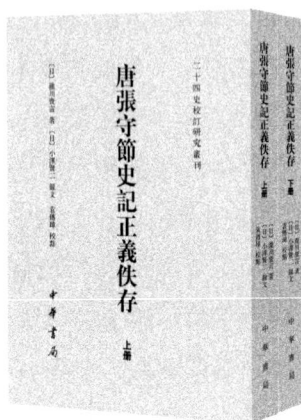

《唐张守节史记正义佚存》书影

二、书报征引与述评选辑

1.吕世浩著作引据袁文以排列太史公生平

吕世浩：《从五体末篇看史记的特质》，台北：花木兰出版社，2008年出版。本书第四章"今上与孝武——本纪体末篇《今上本纪》讨论"，引用袁氏论文的结论以序司马迁生平、编集《今上长编》及其提要：

> 如太史公之生年，向有"景帝中五年"说，及"建元六年"说之争议。在这一方面，袁传璋《从书体演变角度论〈索隐〉〈正义〉的十年之差——兼为司马迁生于武帝建元六年说补证》（1995）及《太史公"二十岁前在故乡耕读说"商酌》（1995）两文，是目前最新也是最具代表性的专文。因此姑依袁说，以建元六年为史公生年，以序史公之生平。

2.汪治平引据袁文作论文结论佐证

汪治平：《司马光以〈孝经〉为"门人"所书问题探析》，高雄：高雄师范大学《经学研究集刊》第六期，第207—234页，2009年5月出版。这篇长达三万言的论文，主旨在辨析将司马光《古文孝经指解序》开篇"圣人言则为经，动则为法。故孔子与曾参论孝，而门人书之，谓之《孝经》"句中"门人"释为曾参弟子之非是。该文"五、小结"开头即征引袁作《子夏教衍西河地域考论》的"四、余论：《礼记·檀弓》'子夏退老西河'郑《注》辩惑"中的一段文字，为其结论的佐证。

此外，袁传璋有个提法似也能说明问题，他认为《礼记·檀弓上·子夏丧其子而丧其明章》中，记载曾子听到子夏哭诉他自己"无罪"而遭天罚之后大怒，指责道："商，女何无罪也？吾与女事夫子于洙、泗之间，退而老于西河之上，使西河之民疑女于夫子，尔罪一也。"袁传璋在《子夏教衍西河地域考论》一文中以为：

> 《礼记·檀弓上》"退而老于西河之上"句中，"老"字或系"教"字之讹。

因为：

> 《檀弓》写本在长期流传中或因字迹漫漶，或传抄中脱落"攴"旁而成"孝"字。但"孝于西河之上"于义不通，而"孝"与"老"形近，抄者为求字顺文通，或以意改"孝"为"老"，遂成为"退而老于西河之上"。后经板刻固定而成今本。

袁氏之所以如此推测，不纯粹只是字形确可相互变换，更是因为与《史记·仲尼弟子列传》两相对比，可以发现"退而教于西河之上"可能要比"退而老于西河之上"意似更好。袁论证道：

> 如果细审《史记·仲尼弟子列传》的叙文："孔子既没，子夏居西河教授，为魏文侯师。其子死，哭之失明。"并与《檀弓上·子夏丧其子而丧其明章》的叙文："吾与女事夫子于洙、泗之间，退而老于西河之上，使西河之民疑女于夫子"加以对照，则不难发现，"退而老于西河之上"与"事夫子于洙、泗之间"两事对举。其中的"退"字，明明是指自孔子师门退而"教"，而非自魏文侯朝廷退而

"老"。而"西河之民疑（拟）女于夫子"，系直承"退教"，而非关"退老"。稍加思索，便知端委。故《檀弓》中这两句文字似可勘正为"吾与女事夫子于洙、泗之间，退而教于西河之上。"

是说更加阐明了"**退**"也就是徒弟离开师门之后方才开门收徒的"**教**"之间的关系，说当可从。（注100 以上所引文皆出于袁传璋《子夏教衍西河地域考论》，《安徽师范大学学报》（人文社会科学版）2006年第6期，第680—681页）

3.《中华读书报》头版对袁文发表长篇述评

《中华读书报》（光明日报报业集团、中国出版工作者协会主办）第792期，2010年5月19日，于头版头条在黑体大字标题下署名"本报记者方文国"发表对袁传璋所撰论文《〈项羽不死于乌江考〉研究方法平议》的长篇摘编述评：

《文史哲》刊文挑战冯其庸 "项羽不死于乌江"有新说
本报记者 方文国

冯其庸先生撰义《项羽不死于乌江考》颠覆两千年定说，认为西楚霸王项羽不死于乌江，而是死于东城。此说一出，立即引起学术界尤其是《史记》研究界的强烈质疑，《文史哲》2010年第2期刊发袁传璋教授《〈项羽不死于乌江考〉研究方法平议》，对冯其庸先生的文章进行了全面质疑。

西楚霸王项羽，由于司马迁《史记·项羽本纪》的实录描写，在华语世界是妇孺皆知的历史名人，其乌江自刎的壮烈结局，千百年来更是耳熟能详的历史常识。"红学"名家冯其庸教授在上海《中华文史论丛》2007年第2辑发表《项羽不死于乌江考》（以下简称"冯《考》"），引据《史记·项羽本纪》"太史公曰"称"项羽身死东城"，以否定《项羽本纪》正文乌江自刎的记叙，断言"《史记》里确实不存在乌江自刎之说"，作出

"项羽是死于东城而不是死于乌江"的"新的结论",颠覆了两千年来从无疑义的定说。随后,多家报刊对冯《考》纷纷转载,2007年8月25日《中国文化报》整版重发冯《考》,特加《编者按》,称赞冯其庸先生"以独特的学术眼光,将实地考察与研读史料相结合,作出了这样的论断:西楚霸王项羽'乌江自刎说'原是对《史记》、对历史的误读,是元杂剧过度盛行惹的祸端。项羽'死于东城'才是确凿的史实。编者认为,《项羽不死于乌江考》一文,虽只是2007年中国文史界的'一件小事',却意义重大"。

为此,《文史哲》2010年第2期发表袁传璋教授的文章《〈项羽不死于乌江考〉研究方法平议》(以下简称《平议》),该文约1.8万字,对冯《考》进行深入剖析。袁传璋认为,冯其庸在古典文本解读方面,存在对《史记》史法的误会、句法的不明、训诂的缺失;研究方法上,征引古籍或移花接木、或刻意增删;野外考察有道听途说之嫌。故其"新的结论"系凭虚造说。冯其庸这篇被称"意义重大"的论文,在文本解读、研究方法及"学术品性"上,真的具有"示范意义"还是相反,对它的评介关乎实事求是学风的导向与重建,实有进一步讨论的必要。

《平议》对冯其庸之《史记》文本解读提出质疑。冯先生在其文章开端即断言《史记》中"无一处写到项羽乌江自刎。相反,却是明确说'身死东城'……",又说:"此外如《汉书》、《资治通鉴》、《通鉴记事本末》等书,也全同《史记》。"支撑冯先生的"项羽是死于东城(邑)而不是死于乌江"的"新的结论"有三个基点:其一是太史公称项羽"身死东城";其二是乌江距东城有二百四十华里,项羽不可能"东渡乌江";其三是项羽在东城已被灌婴消灭。

文章指出,这三个貌似有据的基点,均属对《史记》文本的误读。其一,关于"东城"这个地点,太史公所称的"东城"指的是"地"——东城县域,对此,《项纪》中关于东城快战发生地的"山"及后来自刎处所的乌江都有清楚的表述。而冯先生所谓的"东城"却指的是"点"——东城县邑,这从冯先生在文中不惜用十二次笔墨予以强调的"东城至乌江还有二百四十华里"得到确定。可见二者并非同一概念。项羽即使在东城快战后也未被"困死",而是再度溃围南驰,直趋乌江渡口。《项纪》中"东城"出现两次,其真实含义均为东城县域;而冯先生却都误读为东城县邑,遂徒滋纷扰。其二,"于是项王乃欲东渡乌江",太史公文句的真实含义并非如冯先生所说的项王想从东城县邑向东到二百四十华里之外的乌江,而是想从江西的乌江渡口向东渡过大江抵达江东的吴中。冯先生之所以作出误判,原因盖出于误读太史公的文本。"于是项王乃欲东渡乌江",完整的句式应为"于是项王乃欲东渡〔于〕乌江"。"东渡〔于〕乌江"即"于乌江东渡"。"东渡"意指"向东渡过〔大江〕",而不是冯先生所指的"'东'字表明乌江在东城的东面"。实际的地理方位也是乌江在东城县邑的南面而非"东面"。冯先生既不明太史公的句法,又仅从句中截取个别字词,本先入之见,作孤立发挥,自难免"把项羽所处的地理位置弄模糊了",更把太史公的"实在语义弄错了"。其三,冯先生引据《史记·樊郦滕灌列传》"追项籍东城,破之",对"破之"特加疏解:"'破'者,'灭'也。也就是在东城消灭了项羽。"但冯先生的这项"力证"存在天然的缺陷,缺陷在"破者,灭也"自我作故式的训诂。《说文·水部》:"消,尽也。"又:"灭,尽也。"故"消""灭"二字可以互训,为完全除尽之词。"破"的含义与此有别。《说文·石部》:"破,石碎也。"引申为碎裂不整之义。又《正字通·石部》:"破,行师败其军,夺其地,皆曰破。"故"破之",就是败之;"大破之",就是大败之。如此而已。冯先生将"破"训为"消灭",是夸张失度了。事实是灌婴的数千骑兵在东城县域的四隤山也仅杀死了项王的两名骑士,并没有就此"消灭"项王。所以《史记·项羽本纪》下文才有乌江渡口的步骑激战和项王壮烈自刎的场面描写。

袁文对冯先生文章的研究方法提出了质疑。《平议》举出了六端冯《考》在研究方法上的失误:其一,冯先生为了证成他的"项羽不死于乌江"的先入之见,在征引《史》文及相关古籍时,常有意无意使用移花接木的技巧;其二,冯先生在征引《史》文时又常删削于己观点不利的重要文字，人为地制造太史公文章的"纰漏"，扭曲文本原义，以证其说；其三，冯先生征引名家言论作证时，常掩盖论者语境，断章取义，似是而实非；其四，冯先生为了力挺其"项羽不死于乌江"的新说，还轻言《史记·项羽本纪》乌江拒渡一段文字有"错简"或"脱漏"，更有甚者，还敢给《太史公书》添加文字；其五，冯先生写这篇考证文章，常以想象替代考实，文中不时出现"好像""似乎""有可能""也许""我设想"之类的话头；其六，冯《考》还多处显现欺瞒读者的企图，如隐瞒王文楚先生所撰《宋本太平寰宇记·前言》之"至于惠州……实出于后人改补"之特指语境，仅从中抉取"后人改补"四字，采取模糊化手法，将其放大，施加全书，臆断"所载政区，主要太平兴国后期制度"，从而制造出《太平寰宇记》不可征信的假象，进而达到该书记载"乌江县，本秦乌江亭，汉东城县地""实不可信"的目的，即是显例。

文章对冯先生的"野外考察"提出质疑。冯《考》有两项重要的考察成果，一为阴陵大泽的方位，一为虞姬墓即四溃山。二者均与"项羽不死于乌江"的新说密切相关。阴陵大泽是项羽自垓下南驰乌江实施东渡计划失败的关键地点。《史记》三家注对阴陵大泽均未出注。冯先生似乎是两千多年来"考"出其所在的第一人。他说："我曾两次到阴陵调查……老百姓叫此处为古城村……如今从古城村向西，便是一片大泽……水面上有长数公里的窑河大桥。项羽因为陷入大泽中，'以故汉追及之'。"《平议》指出：从冯《考》提及的"窑河大桥"，可确知桥下即淮南市东与定远、凤阳分界的高塘湖。但冯先生将它认作项羽陷入其中的阴陵大泽，是犯了不应有的常识性错误。高塘湖的前世是一条流淌了千百年的青洛河；高塘湖的今生系受黄泛及黄河夺淮影响形成于20世纪40年代以后的堰塞湖，湖龄不过半个世纪光景，此前这里既无湖也无泽。《淮南市志》对此有明确记载，一查便知；若向原住民中的老者请教，也立见分晓。可惜冯先生失去了这两种并不难得的机会，本先入之见，在窑河大桥上驱车一过，见到茫茫水域，便贸然肯定这里便是阴陵大泽。他说"如今从古城村向西，便是一片大泽"，其实高塘湖东距阴陵遗址的古城村有20多公里，哪里是

"向西便是"。

袁文指出冯《考》认定的高塘湖即阴陵大泽为无稽之谈，还根据《梁书·韦睿传》及《资治通鉴》的相关记载，考证出古阴陵大泽的真正方位在合肥与钟离（今凤阳县东北）的南北连线上，值古东城县城西北、古阴陵县城东南，约在今定远县城西西卅店以南一带低洼处。

关于虞姬墓，袁文提出，冯先生自称："我曾二至其地调查"，并告诉读者：虞姬墓"高约25米，为一自然土山"，这座"高阜"便是项羽二十八骑与数千汉骑东城决战的古战场所在，所以"又名四溃山"，"决战后，项羽即自刎于东城"。可见虞姬墓在"项羽不死于乌江说"中的分量之重。然而该文发现，最早提出"项羽不死于乌江"的定远学者计正山"所见"的虞姬墓，与冯先生"所说"的虞姬墓，虽同为一墓，却颇有参差。计先生在近作《项羽并非死于乌江》（载《江淮时报》2007年7月10日）中说："形如丘峦的虞姬墓至今犹在，安徽省文化厅副厅长李修松率领有关专家实地考察后认定其形制、封土皆为典型汉墓。"计先生所见的虞姬墓其高仅"达数丈"，在冯先生笔下竟拔高到"约25米"；经安徽省文化厅组织"专家考察后认定其形制、封土皆为典型汉墓"，在冯先生笔下竟变成"一自然土山"，而且还是项王二十八骑与数千汉骑在其上决战的"四溃山"。对虞姬墓的描绘，计先生所见与《太平寰宇记》所载定远县虞姬冢"高六丈"相符，应毋庸置疑；而冯先生所言则夸张失实，未免有点真事隐去、假语村言的味道，这难道是"二至其地调查"所应有的结果？

文章最后指出：冯先生既没有真正读通《项羽本纪》原文文本，又拿不出任何值得一顾的其他根据，就轻议司马迁亲手著录的项羽乌江自刎的文字，自以为是唐以后民间传说的羼入，居然还"考出项羽乌江自刎之说，源于元杂剧"，恐怕有失谨慎。

4.中国图书对外推广网载文将袁文发表作为学术风气改善的标志之一

中国图书对外推广网（国务院新闻办公室、国家新闻出版总署主办），2010年11月10日转载胡宁所撰《一部推迟了20年出版的学术著作》（新闻

来源：浙江大学出版社2010-11-10），评述已故著名学者姜书阁教授的《文史说林百一集正续编》时隔20年终于得以面世，该文最后说：

> 令人欣慰的是，近来在《南方周末》上开展的南京大学王彬彬教授指责清华大学教授汪晖抄袭的争论，《中华读书报》转载的袁传璋教授质疑冯其庸教授的文章（《〈项羽不死于乌江考〉研究方法平议》，见《文史哲》2010年第2期）至少都表明了一点：舆论界和读者对学术研究的价值及道德取向已发生了明显变化，较之上世纪90年代前后，我国的学术环境已开始改善。大胆亮明观点，是其所是，非其所非，健康的学术争鸣风气正在一点点形成。前景令人期待。这大约也是《文史说林百一集正续编》得以出版的大背景。

5.《〈文史哲〉与中国人文学术编年》对袁文重点著录

《〈文史哲〉与中国人文学术编年（1951—2011）》，郭震旦编撰，商务印书馆2011年5月出版。该书于2010年的编年条目中重点著录了袁传璋所撰论文《〈项羽不死于乌江考〉研究方法平议》：

> 3月5日，袁传璋在《文史哲》第2期发表《〈项羽不死于乌江考〉研究方法平议》，对冯其庸所作《项羽不死于乌江考》一文进行全面质疑。
>
> "红学"名家冯其庸在上海《中华文史论丛》2007年第二辑发表《项羽不死于乌江考》，根据《史记·项羽本纪》"太史公曰"称"项羽身死东城"，否定《史记·项羽本纪》所载项羽乌江自刎的记叙，提出"项羽是死于东城而不是死于乌江"的新观点，对两千年来从无疑义的定说进行了颠覆。此论一出，立即在学术界引发强烈反响。有人公开称赞其"发展了王国维的双重论证法"，2007年8月25日的《中国文化报》也整版重刊冯文，并在"编者按"中嘉许冯文"意义重大"。2007年9月11日，《光明日报》也刊发署名评论，号召"广大

学者"学习冯文所体现出来的"大家学术风范"。

冯文引起了学术界尤其是《史记》研究界的强烈质疑，袁传璋《〈项羽不死于乌江考〉研究方法平议》即对冯文进行全面驳正。

袁文认为，冯文在古典文本解读方面，存在对《史记》史法的误会、句法的不明、训诂的缺失；研究方法上，征引古籍或移花接木、或以意增删，且常以想象替代考实；野外考察道听途说，以假作真，其"结论"纯属凭虚造说。并逐条对冯文的立论依据进行了反驳。文章最后指出：冯文既没有真正读通《史记·项羽本纪》原文文本，又拿不出任何值得一顾的其他根据，就轻议司马迁亲手著录的项羽乌江自刎的文字，自以为是唐以后民间传说的羼入，居然还"考出项羽乌江自刎之说，源于元杂剧"，恐怕有失谨慎。

2010年5月19日，《中华读书报》在头版发表了该报记者方文国撰写的《〈文史哲〉刊文挑战冯其庸 "项羽不死于乌江"有新说》，对这一学术争鸣进行了报道。

三、参加学会活动及相关学术信息编年纪要
（2000—2022）

2000年

1. 台湾大学《台大历史学报》在第三个千年纪元临近之际，决定改版，将全面地向海内外所有学人开放，希望能邀集到全世界第一流的史学论著。编委会向袁传璋前后发出三封征稿函。为此，本人呈奉《程金造之"〈史记正义佚存〉伪托说"平议》三万五千言应命。经学报双向匿名严格评审通过，刊发于2000年6月出版的《台大历史学报》第二十五期。对本文的评价可见专家匿名评议书（A）："二十世纪中叶，程金造发表《〈史记会注考证〉新增正义的来源和真伪》，直断正义佚存为伪，认为十之八九出自日人之伪托。此说备受尊崇，学界奉为定论。本文针对程文仔细审查，发现程文引据立论的一段重要文字，竟系剪辑节录，且有误解，然后又对程文精心选择用来证明'疑非中国学人所为说''杂抄群书又多可疑说'之各条，逐条平议，最后证明程氏误断，佚存《正义》实为失传已久的部分《正义》旧文，非张守节所作莫属。本文主旨鲜明，作者资料娴熟，长于训诂（中文系教授），所作'平议'，论证详明，结论无可移易。作者对程金造有关《史记》三家注之著作有系统之研究，是积年研究心得。作者前此已在《大陆杂志》发表过三篇《史记》论文，是大陆真正一流的《史记》研究者。本文的贡献在于推倒目前《史记》学界以程金

造为首的主流见解——日人泷川资言所辑的《史记正义》佚文是伪托的说法，说明佚文确属《正义》之旧，泷川为守节功臣。此文为此一疑案作了总结，得出结论，是一篇非常重要的论文。今后再谈此一问题，势必以此文为首。**幸亏'伪托说'之错误，由中国人自行订正；若此文由日人写出，则难堪矣。**"专家匿名评议书（B）："本文主旨在于针对程金造之'《史记正义佚存》伪托说'提出驳议，全文结构均衡，资料充实，论证详密，系第一流史学论著。此文刊出，前此有关泷川龟太郎之误会将从此冰释，此文拨云见日，发潜德之幽光，实功不可没也。对此下《史记》〔研究〕贡献卓著。毋须修改，照刊即可。"

2001 年

2. 2001 年 4 月 8 日至 11 日，中国历史文献研究会、中国史记研究会筹备委员会和无锡市太湖研究所联合无锡市人民政府、江南大学等单位，共同主办"太伯奔吴暨《史记》学术研讨会"，中国史记研究会宣告正式成立。这次学术研讨会遂成为中国史记研究会的第一届年会。本人应邀出席，并当选常务理事。应中国史记研究会领导的要求，我以中国史记研究会名义，题辞"好学深思，心知其意。承弊通变，高举展翅"，书赠东道主江南大学。在拜谒江阴市申港延陵季子墓时，以研究会名义题写"推位让国，博物闳知"，书赠江阴市申港镇惠存。在季札陵墓，又以个人名义，敬题"延陵让国，慕义无穷。讲信修睦，九州攸同"。在中国史记研究会成立之前，有韩兆琦教授为召集人，由赵光勇、宋嗣廉、可永雪、张大可与我等人组成的中国《史记》研究联络组，我作为成员之一，于 1993 年 8 月在安徽黄山成功举办了"第五届中国《史记》研究学术研讨会。"

3. 2001 年 8 月下旬，日本群马县文书馆古文书课指导主事、日本史记正义研究会主干小泽贤二先生应聘为安徽师范大学客座教授，来芜湖讲学，并与本人进行《史记》的合作研究。小泽先生携来其师水泽利忠教授赠予他的《史记会注考证校补》特制本九巨册转赠与我。我以这部极其难得的原著（据说中国国家图书馆当时都不具全套）与1984年购置的上海古籍出版社缩编影印版《史记会注考证附校补》对读（后来得知此书出版并未取得著作者水泽利忠博士授权），发现上海古籍出版社缩印版削除了原著卷首水泽利忠老师竹田复博士为《校补》所作的手书序言，遂泯灭了《校补》撰著的缘起；又删除了数百幅稀见的《史记》写本、版本书影，就难以从图像上见识不同的《史记》版本系统间承继演变的轨迹。更不可取的是，上海古籍出版社缩印版将《校补》全书最为精华的《史记之文献学的研究》（第八卷后半、第九卷全部）不露痕迹的全部削除，这对作者是极其严重的侵害，对读者则是莫大的损失。

2002 年

4. 2002年4月3日至6日，中国史记研究会、重庆教育学院、北京师范大学联合主办中国史记研究会第二届年会，年会在重庆教育学院举行。本人应邀出席，提交论文《太初·麟止·于兹》，就《史记》断限问题作大会发言，要点为：《太史公书》是司马迁生命升华的结晶。研究叙事断限，必须对司马迁所处时代和独特经历及思想演变做综合考察。《太史公书》叙事断限前后有三次更张。太初元年（前104）正式秉笔时主要是"论次其文"，编辑润色先父遗稿，上接《春秋》，起于战国，下迄太初，重点是汉兴以来"明主贤君忠臣死义之士"的行迹。李陵之祸出狱后，因受太始二年（前95）武帝铸黄金为麟止的触发，有感于孔子因西狩获麟叹"吾道穷矣"而作《春秋》以见志，与自己"身废不用矣"境遇相似，遂发愤作《太史公书》，仿《尚书》上断于尧，将叙事上限由战国上伸至尧舜，下限则由太初延至"麟止"（太始二年的代称）。巫蛊之难后，绝笔于征和二年（前91）八月卫太子刘据之死，所谓"下至于兹"，而叙事起点则最终定位于"上计轩辕，自黄帝始"。断限的上伸下延，与汉王朝的盛衰同步，遂使《太史公书》由太初编述的颂汉尽忠之史，升华为麟止后创作的拨乱反正之经。

2003年

5. 2003年至2005年5月，参与编写江苏教育出版社版"普通高中课程标准实验教科书·语文选修课"《〈史记〉选读》教科书。编写组由袁传璋、张劲秋、郭惠宇、杨桦、傅继业、鄢化志组成。袁传璋主要承担《〈史记〉选读》课程定位策划、篇目选定、《史》文译文及注释修改润色工作。同时为与《〈史记〉选读》教科书配套发行的《〈史记〉选读教学参考书》撰写全面介绍司马迁与《史记》的论文——《司马迁与中华文明》，提供教师授课参考。此份高中语文《史记》选修课教材经全国中小学教材审定委员会2005年初审通过。2005年6月正式由江苏教育出版社出版，供当年秋季开学使用。2006年8月经增订出版第2版，2007年8月出修订第3版。一直使用至今。

2004年

6. 2004年8月9日至13日，由北京大学、内蒙古师范大学、中国史记研究会联合主办"《史记》与中华文明学术研讨会暨中国史记研究会第三届年会"。会议于北京、呼和浩特两地相继举行。本人应邀出席，提交《司马迁与中华文明论略》并作大会发言，其要点为：司马迁继周公、孔子之后，"述往事，思来者"，作《太史公书》，对中华文明进行了第三次伟大整合，不仅描述了尧舜至治的盛世，更进而溯得尧舜至治的本源——"维昔黄帝，法天则地"。"法天则地"是司马迁"究天人之际，通古今之变"的最终结论，也是《太史公书》（即《史记》）的总主题。《史记》不仅是正史鼻祖、文章大宗，更是横跨经史子集四部、"六经之后唯有此作"的经典。论到司马迁对中华民族的民族心灵、民族性格、民族智慧建构方面的贡献，真的是周、孔之后一人而已！

2005 年

7. 2005 年 10 月 20 日至 22 日，由江南大学和无锡市社会科学联合会共同主办的"首届钱穆学术思想研讨会"，在钱穆家乡无锡"山明水秀大饭店"举行，来自台湾和大陆 30 所大学及科研院所的近 60 名学者与会。本人应邀出席，以《子夏教衍西河地域考论》 万八千言向大会报告。徐国利在所撰《钱穆学术研究的重要推进——大陆首届"钱穆学术思想研讨会"综述》[《上海大学学报》(社会科学版) 2006 年第 1 期] 中评述袁作说："安徽师范大学的袁传璋通过对卜子夏的国籍、设教西河的地域及对中华学术贡献的细密考论，进而为钱穆'子夏居西河在东方河、济之间'的观点作疏通补证。"

2006 年

8. 2006 年 5 月，与日本爱媛大学教授藤田胜久先生结伴从芜湖出发，先考察马鞍山市采石矶 (古牛渚津)、和县西楚霸王灵祠与乌江渡口。然后北上淮阴，考察韩信故里，包括胯下桥、漂母墓、韩侯祠。继续北上徐州，参观西楚霸王操演兵马的戏马台、探访楚汉彭城之战遗迹。折而南下宿州，凭吊故蕲县大泽乡陈涉首义之地、灵璧垓下之战古战场以及虞姬墓。再南下淮南，登寿县古城楼瞭望两淮上下，踏勘古寿春 (楚国最后的郢都) 遗址，想象楚国最后陷落的惨烈一幕；在丛林中寻觅到廉颇将军的埋骨之所，感伤于"将军老矣，尚能饭否"；又到八公山参观淮南王陵，神往于刘安聚集群彦吟诗作赋、编撰《淮南子》的盛况。此次田野考察之所以顺利完成，离不开安徽师范大学、淮阴师范学院、宿州学院、淮南市教育局的大力支持，在此谨致谢意。

2007年

9. 北京师范大学韩兆琦教授于6月5日转来《中国典籍与文化研究丛书》编委会邀请他审阅的《〈史记〉三家注研究》匿名书稿，自谦对三家注不熟，知我于此做过功课，故特推荐我评审。我通观这部长达36万言的书稿，并与历代学者对三家注的研究进行比较，发现作者基本上实现了"从整体上把握《史记》三家注全貌"的初衷，从而成为迄今为止的第一部对《史记》三家注进行全面综合研究的集大成之作，具有正式出版的价值。书稿在行文、征引文献时，亦偶有疏忽失察之处，列举43条，下附本人按语，以供作者润色书稿时参考。因作《〈史记三家注研究〉审读报告》六千余言，于6月17日连同书稿奉寄全国高校古委会秘书处。

10. 著名"红学"家冯其庸教授在上海《中华文史论丛》2007年第2辑发表《项羽不死于乌江考》，提出"项羽是死于东城而不是死于乌江"、"《史记》里确实不存在乌江自刎之说"的"新的结论"，并"考出项羽乌江自刎之说，源于元杂剧"。《中国文化报》在头版重发冯文，称誉冯文的发表是2007年中国文史界"意义重大"的事件；《光明日报》的"光明论坛"发表署名文章，号召"广大学者"学习冯义中体现出来的"大家的学术风范"。11月初，和县项羽与乌江文化研究室主任金绪道携冯其庸的《项羽不死于乌江考》《千百年来一座有名无实的九头山》两篇宏文造访窳陶斋，希望我参与这场论战。我仔细披阅冯文，发现冯氏在古典文本解读和研究方法两个方面都存在严重的问题，而对冯文的评价关乎实事求是学风的导向与重建，实有深入讨论的必要。于是决定作文与冯其庸教授商榷。11月15日起，以一周时间准备资料，随即起草，12月31日成四万余言的论文《〈项羽不死于乌江考〉商榷》。次年元月，和县项羽与乌江文化研究室将该文编入内刊《一个不容置疑的史实》论文集卷首，奉寄国内百余位文史专家。

11. 国家于2006年启动点校本"二十四史"及《清史稿》修订工程，

在中华书局成立点校本"二十四史"及《清史稿》修订工程办公室,由总编辑徐俊任主任组织实施。2007年,以南京师范大学赵生群教授为主持人的团队申请承担点校本《史记》修订工程,按规定要求,提交了《修订方案》、《凡例》初稿、《项目议定书》。12月,修订办公室将上述《史记》修订工程的相关材料请我审核。据我所知,赵教授是我国著名的《史记》研究专家,古典文献学造诣深厚;修订组的其他七位成员也是同校长期从事古典文献整理与研究的学者。这个最佳团队组合一定能保质保量地完成点校本《史记》修订工程。因此,我在《专家评审意见表》中全力推荐以赵生群教授为主持人的团队承担点校本《史记》修订工程项目。

2008年

12. 2008年8月15日至19日,由中国史记研究会与淮阴师范学院联合主办的"楚汉人物研究学术讨论会暨中国史记研究会第七届年会",在江苏淮安市举行。本人应邀出席,提交论文《〈项羽不死于乌江考〉研究方法平议》,并在大会报告。在此之前,本人的论文《项羽死于乌江考》2万言,已在《淮阴师范学院学报》(哲学社会科学版)2008年第2期发表。范新阳所作《彰显楚汉人物 深化史记研究——楚汉人物研究学术讨论会暨中国史记研究会第七届年会综述》对本人提报大会的论文作如下的评述:"针对冯其庸《项羽不死于乌江考》(《中华文史论丛》2007年第2辑)一文,袁传璋(安徽师范大学)的《〈项羽不死于乌江考〉研究方法评议》,从文本解读、研究方法、引用文献等方面对冯文作了全面回应,重申了项羽死于乌江乃是历史事实。"

13. 中国史记研究会、和县项羽与乌江文化研究室联合考察组张大可、袁传璋、许盘清、金绪道、范汝强、章修成一行六人,于2008年8月19日至25日,先后实地考察了安徽灵璧县境的虞姬墓、垓下遗址,凤阳县临淮镇东古钟离县淮河渡口,定远县境的古阴陵县邑遗址、阴陵大泽残迹、东城县邑遗址、虞姬墩,滁州市古清流关驿道,全椒县南荒草湖与和县北红草湖遗迹，全椒县与和县交接处的九头山（即阴陵山），和县与江苏江浦县（今浦口区）交接处的四隤山，和县乌江镇霸王灵祠。考察中得到沿途各县宣传文化部门的鼎力相助。这次考察以《史记》《汉书》关于项羽自垓下南驰乌江的记叙为基本依据，参考唐宋以来舆地志书的相关记载，配合卫星遥感地形图，进行实地田野踏勘，辅之以与当地名宿长老的座谈或采访，确定了项羽陷入的阴陵大泽与东城快战所在地四隤山的实际方位，进一步明晰了项羽自垓下南驰乌江的经行路线。经考察组全体成员多次协商讨论，由袁传璋教授执笔写稿，许盘清先生绘图，张大可教授审阅、修订，最后在2008年11月16日至18日召开的"项羽学术讨论会"上经与会专家讨论，形成《项羽垓下突围南驰乌江路线考察报告》定稿。

实地考察安徽定远县嗟虞墩（虞姬墓）。
背景土墩即冯其庸教授所称的"四隤山"（2008年8月22日）

14. 由中国史记研究会、中国历史文献研究会、安徽历史文化研究中心、安徽师范大学文学院、和县项羽与乌江文化研究室联合主办的"项羽学术研讨会"，于2008年11月15日至18日，在安徽和县陋室宾馆召开。与会的40多位学者大多是全国资深的秦汉史专家及《史记》研究的著名学者，省内外20多家主流媒体出席了这次盛会。《巢湖日报》2008年11月17日报道："专家学者就垓下之战与项羽败退路线研究、乌江与东城关系研究、四隤山考释、项羽自刎地考证及其他相关问题的研究等五个主要议题进行了研讨。安徽师范大学文学院教授、中国史记研究会常务理事袁传璋，中国社会科学院历史研究所研究员、中国历史文献研究会副会长施丁等几十位专家学者陆续发表了自己的看法。"中国史记研究会常务副会长张大可教授在闭幕式的总结发言中说："这是一次高层次的学术研讨会，大会征集的学术论文，也代表了项羽专题研究当前的前沿水平。大会研讨的重点，项羽乌江自刎，学者们做出了定案性的研究，奠定了坚实的学术基础，应无疑义。袁传璋先生是这次学术研讨会的旗手，近一年来他全身心地投入，发表了两篇高水平的学术论文，对本次大会提供的《〈项羽不死于乌江考〉评议》四万五千言，对项羽乌江自刎做了全面深入的探讨，不仅基本澄清了史实，而且剖析了浮华学风的思维方式，淋漓尽致，很有教益。袁传璋先生还执笔写了《项羽垓下突围南驰乌江路线考察报告》，以及《项羽垓下突围南驰乌江所经地点相关文献摘编》等文，连同《评议》，总计七万多字。可以说把《史记》问世两千多年来，关于项羽之死，以及霸王谢幕过程的相关资料，真正做到了竭泽而渔的集中整理，为学术界和广大读者提供了继续研究楚霸王谢幕的参考资料，也真正展示了什么叫忠实治学的学者风范。"（《乌江论坛》，西安：陕西人民教育出版社，2009年，第7页）

15. 10月上旬至12月中旬撰成《项羽所陷阴陵大泽考》一万余言。12月18日试投上海《学术月刊》。12月24日收到编辑部的审稿意见，认为驳论精彩，立论尚需加强。

2009年

16. 遵照《学术月刊》编辑部审稿意见的要求，于1月19日将《项羽所陷阴陵大泽考》修订稿发送编辑部。3月4日接到提前发表的通知，补写正文前导语交待写作缘起、内容提要、本人小传。此文遂于《学术月刊》2009年3月号发表。全文含正文四节：一、阴陵大泽是导致项羽东渡乌江退保江东计划失败的关键地点；二、历阳红草湖并非阴陵大泽；三、阴陵大泽亦非今淮南高塘湖；四、阴陵大泽在合肥与钟离南北连线上。另加附论两篇：一、项羽马队自垓下奔驰乌江一日可达；二、任昉《述异记》可证阴陵大泽即阴陵故县九曲泽。项羽东渡计划之所以失败，最重要的原因在于被田父所绐陷入阴陵大泽而被汉骑追及。然而阴陵大泽的确切方位，《史记》三家注均未出注，现存南宋以前颇具权威的舆地志书对此亦无只字片语。本文指出将历阳阴陵山认作项羽迷道处、阴陵山下红草湖为项羽陷入的阴陵大泽，出自南宋王象之《舆地纪胜》以来的附会之说；今人冯其庸将半个世纪之前方逐渐成形的高塘湖指证为两千多年前的阴陵大泽，更属无稽之谈。本文从唐初姚思廉撰《梁书·韦睿列传》及司马光《资治通鉴·梁纪二》发现古阴陵大泽所在的文献线索，首次考出阴陵大泽的确切方位。

17. 受点校本"二十四史"及《清史稿》修订办公室委托，2月24日起，审核《史记》修订组提交的《五帝本纪》《礼书》《吴太伯世家》三卷修订样稿。经审核，可见修订样稿较之原点校本有明显的改进，断句更加合理，标点更符规范，凡改动底本文字均出校勘记说明更动的缘由。在校读中亦发现有53处的标点、校勘记尚可商榷，逐条录出，格式是先引样稿原文，鄙意则以"璋按"表示。因作《点校本〈史记〉修订样稿审读报告》九千余言，3月8日呈交修订办公室，以供《史记》修订组参考。

18. 由中国史记研究会、东北师范大学联合主办的"中国古代典籍与文化学术研讨会暨中国史记研究会第八届年会"，于2009年7月10日至12日在吉林省长春市东北师范大学召开。来自大陆60多所大学及港台地区的台湾大学、台湾清华大学、台湾师范大学、香港中文大学等7所大学，还有多所学报、出版社等单位的150多位专家学者出席这次盛会。台湾大学李伟泰教授、台湾清华大学林聪舜教授、中央社会主义学院张大可教授、安徽师范大学袁传璋教授、香港中文大学曾志雄教授在大会开幕式上做了主题发言。《古籍整理研究学刊》2009年第6期刊载了主编曹书杰教授为本次盛会撰写的纪要《济济一堂　切磋琢磨——"中国古代典籍与文化学术研讨会暨中国〈史记〉研究会第八届年会"述要》，《述要》对袁传璋教授的大会主题发言评述云："秦楚之际阴陵大泽是项羽失败的关键地点，然其确切方位，史书并无记载，今人冯其庸认为古阴陵县西的高塘湖即阴陵大泽；安徽师范大学袁传璋先生的《项羽所陷阴陵大泽考》，根据《梁书·韦睿列传》及《资治通鉴·梁纪二》的明确记载，认为阴陵大泽当处在合肥与钟离（今凤阳县东北）的南北联线上，值古东城县邑西北、阴陵县邑东南，约在今安徽定远县城西西卅店以南一带。"

2010年

19. 应《文史哲》杂志约请，将《〈项羽不死于乌江考〉研究方法平议》增订本刊布于《文史哲》2010年第2期（2010年3月5日出版）。该文由以下四节构成：一、引言；二、对冯先生之《史记》文本解读的质疑；三、对冯先生研究方法的平议；四、对冯先生"野外考察"之再考察。约二万言。该文发表后，《光明日报》发了消息。揭举"读书人的精神家园"旗帜的《中华读书报》，于2010年5月19日第792期头版头条，以"《文史哲》刊文挑战冯其庸 '项羽不死于乌江'有新说"的黑体大字标题，发表署名为"本报记者方文国"长达4500字的摘编述评。此后有新华网、中国新闻网、人民网、光明网、中国社会科学院文学研究所网、中国国学网、中国文学网、中国高校人文社科信息网等二十多家重要门户网站转载。中国图书对外推广网转载胡宁撰写的《一部推迟了20年出版的学术著作》的书评，该文将《南方周末》开展的南京大学王彬彬教授指责清华大学汪晖教授抄袭的争论、《中华读书报》转载袁传璋教授质疑冯其庸教授的文章，视作"舆论界和读者对学术研究的价值及道德取向已发生了明显的变化，较之上世纪90年代前后，我国的学术环境已开始改善"的标志性事件。

20. "中国·宿豫首届项羽文化国际研讨会暨江苏省项羽文化研究会成立大会"，于2010年6月16日至17日在江苏省宿迁市举行。本人应邀出席，宿豫新闻中心引述本人发言称："安徽师范大学袁传璋教授认为，项羽的一生是短暂的，他只生活了三十一个年头，但是他的一生也是非常光辉的，主要是他统率了关东各路义军推翻了暴秦的统治，这就为以后的大汉王朝的兴起奠定基础，从此以后中国有一个比较长期的、稳定的、统一的时期。"本人在上海《学术月刊》2009年第3期发表的论文《项羽所陷阴陵大泽考》荣获首届项羽文化"金鼎奖"三等奖。

21.　2010年6月，参与CCTV10探索·发现栏目《西楚霸王》三集文献片拍摄，接受剧组编导访谈。该片于2010年10月18日首播。

CCTV10探索·发现　播映的文献片《西楚霸王》截图（2010年10月18日）

22.　由中国秦汉史研究会、安徽省历史学会主办的"垓下之战遗址高层论坛"，于2010年6月26日至27日在安徽灵璧县召开。本人应邀出席，并以《垓下之战遗址当在濠城东北二十余里处》为题的论文在大会作主题报告。拂晓新闻网2010年6月29日对论坛研讨情况作了报道："国内历史学界权威专家，围绕垓下之战遗址问题，从不同角度阐述了自己的观点和看法。邹逸麟、施丁、袁传璋等通过详实的史料和严密的分析，支持了垓下在灵璧的说法，驳斥了'河南说'或'固镇说'。当日下午专家们到垓下遗址、虞姬墓等地实地考察，结合史料研究地理形势。"

23.　由中国史记研究会与暨南大学联合主办的"古文献与岭南文化国际学术研讨会暨中国史记研究会第九届年会"，于2010年12月18日至21日在广州暨南大学举行。中国、新加坡、日本等国家与地区的《史记》学界和相关领域的学者近百人与会。本人应邀出席，并在开幕式上以《垓下之战遗址地望考》作大会主题发言，从"楚汉最后决战在垓下展开毋庸置疑""垓下系沛郡洨国境内的一所村落""《史记正义》垓下'今在亳州真源县东说'不可采信""垓下聚当在濠城东北二十余里处"四个方面作了论证，从而考出楚汉相争最后决战的"垓下"遗址的确切方位所在。

2011年

24. 2011年起，独力承担全国高等院校古籍整理研究工作委员会直接资助项目"宋人著作五种征引《史记正义》佚文研究"。计划对宋代学术大家吕祖谦撰《大事记解题》、王应麟撰《玉海》《通鉴地理通释》《诗地理考》、胡三省撰《新注资治通鉴》五部重要著作中征引的《史记正义》佚文进行全面深入的辑佚与研究，为每部著作所征引的《正义》佚文各撰写一篇专题论文，考出每条佚文原当系于《史记》何篇何句之下，因何被宋人三家注合刻者削除或删节，并对这批《正义》佚文的价值做出实事求是的评述。最先成文的是《〈玉海〉征引〈史记正义〉佚文考索》四万言。

25. 由中国史记研究会与苏州市孙武子研究会联合主办的"孙武子与《史记》研究学术研讨会暨中国史记研究会第十届年会"，于2011年5月11日至15日在苏州市罗浮山庄举行。本人应邀出席，以《〈玉海〉征引〈史记正义〉佚文考索》（未定稿）提供小组讨论，在闭幕大会上作为本届年会的重要成果之一进行了宣读。在本届年会上，与安平秋、韩兆琦、宋嗣廉、杨燕起、可永雪、张大可等先生一起荣获"中国史记研究会学术成就奖"，接受学会颁发的奖牌与荣誉证书。因为王应麟是浙东学派的重要人物，《浙江师范大学学报》副主编俞樟华教授取走《〈玉海〉征引〈史记正义〉佚文考索》打印本（未定稿）。经本人修订后，此文以将近四万字的篇幅全文发表于《浙江师范大学学报》（社会科学版）2011年第6期卷首。

26. 受点校本"二十四史"及《清史稿》修订工程办公室委托，10月30日至11月8日，审核《陈丞相世家》《绛侯周勃世家》《梁孝王世家》《五宗世家》《三王世家》五篇世家修订稿。仅以这五篇修订稿考量，断句标点的变动处，更切合上下文句的文气文意；文字校勘精到有据，按断信实可从。与原点校本相较，质量上有明显提升。在校读中，亦发现有少数标点移易、校勘变更尚可斟酌者，凡录35条；另外建议增加两条校勘记。因作《〈史记〉五卷世家审读报告》七千五百言，谨供《史记》修订组参考。

27. 应中华书局点校本"二十四史"及《清史稿》修订工程办公室之邀，出席2011年11月17日至19日的"《史记》修订稿专家审稿会"。审稿会在南京东郊国宾馆举行。与会人员为修订工程审定委员及外审专家：安平秋、许逸民、王继如、袁传璋；中华书局总编辑、修订工程办公室主任徐俊；《史记》修订小组：赵生群（主持人）、方向东、王华宝、曹红军、吴新江、王永吉、苏芃、王锷；中华书局编辑部：张文强、王勘、王勇、鲁明、王芳军，共17人。本次评审会先对前三十卷修订稿审读情况进行回顾，然后逐条讨论世家三十卷中的重点问题，最后徐俊做下一步的工作安排。国家"二十四史"及《清史稿》修订工程自2007年正式启动以来，本人忝为《史记》修订本外审专家，全程参预了点校本《史记》修订工程的项目评审，修订本样稿、世家及列传部分修订稿、《前言》初稿、本纪十二篇修订定稿的审读工作，并撰写了五篇近五万言的审读报告。提出200余条修订建议，大都为修订办公室及修订组采纳。2013年8月中旬，又对《史记》修订本的征求意见本赶在9月正式出版发行前，提出个别修订意见。

2012年

28. 受点校本"二十四史"及《清史稿》修订工程办公室委托，于2月12日至24日审核《商君列传》等六卷修订稿的《史》文及校勘记。总体感觉，这六卷校勘记撰写格式规范，校记文字精准。表现在：一、充分吸收前贤校勘成果，并补充必要书证，使据改、据删、据补、疑脱、疑误诸条按断更确凿无误；二、在吸收前贤校勘成果时，又能根据《史记》内证或他书旁证，发现其不足或失误并予以纠正；三、《校勘记》凡底本原无而他本有且文意完足而校补之字，均较底本为佳。此外，亦有少数校勘记凡十一条尚可斟酌，鄙意以"璋按"标识。因作《史记商君列传等六卷列传修订稿审读报告》，谨供修订组参考。

29. 第二届项羽文化国际学术研讨会，于10月11日在江苏宿迁市举行，本人当时适在美国，不克赴会。所提报的论文《垓下之战遗址地望考》，荣获第二届项羽文化研究"金鼎奖"论文类佳作奖。

30. 由中国史记研究会与浙江工商大学联合主办的"吴越文化与《史记》研究学术研讨会暨中国史记研究会第十一届年会"，于2012年11月3日至5日在杭州举行。本人当时适在美国，不克赴会，但此前提交了论文《〈玉海〉征引〈史记正义〉佚文考索》，编入《史记论丛》第九集。该集编委会于卷前《题记》中提到本人的上述论文："本届学术研讨会的研讨内容有三个重心。第一，《史记》文本研究，收录论文10篇，值得提出的有两篇填补学术空白的论文，其一，李开元的《补史记昌平君列传》；其二，袁传璋的《〈玉海〉征引〈史记正义〉佚文考索》。"

31. 受点校本"二十四史"及《清史稿》修订工程办公室委托，11月下旬至12月6日，对点校本《史记》修订组提交的《前言》初稿进行审读。由于《前言》地位的极端重要，审读按原稿节次，逐节仔细讨论，主要是指出问题所在和不足之处，以利修改得更加成熟。通观全文，从文章学技术层面来说，各节文字多寡悬殊，有失平衡，有的节目应加扩充，有的则应压缩。诸如断限、亡缺、续补等极其复杂而短期难望定论者，愚意只需介绍具代表性的观点而毋须断案，以保留继续讨论的空间。因将此意写入《〈史记〉修订本〈前言〉初稿审读报告》凡五千余言，以供修订办公室及《史记》修订组参考。

2013年

32. 受点校本"二十四史"及《清史稿》修订工程办公室委托，审读《史记》修订稿《本纪》十二卷定稿。4月12日开始，28日审读完毕。除

《孝文本纪》《孝景本纪》外，其余十卷有极少数标点更改、校勘记撰写尚有进一步讨论的余地。兹录审读所见逐卷逐条作出统计：《五帝本纪》标点13条，校勘记5条；《夏本纪》标点3条，校勘记2条；《殷本纪》标点4条，校勘记1条；《周本纪》标点7条，校勘记5条；《秦本纪》标点4条，校勘记2条；《秦始皇本纪》标点4条；《项羽本纪》标点9条，校勘记1条；《高祖本纪》标点5条，校勘记1条；《吕太后本纪》标点3条，校勘记1条；《孝武本纪》标点8条，校勘记2条。凡需要讨论者，都详细阐明自己的修改建议。为此，作《〈史记〉修订本〈本纪〉十二篇定稿审读报告》一万五千言，谨供修订办公室及修订组参考裁择。

33. 受全国高校古委会主持的《中国典籍与文化研究丛书》编委会之邀，评审匿名书稿《〈史记〉〈汉书〉年月考异》。4月下旬接到书稿，5月6日审阅完毕。兹将《〈史记汉书年月考异〉审读报告》要点书于下方：著者做《史记》《汉书》年月考异研究，在历表编排与文献比勘两个方面下足功夫，且多新的收获。总体上看，著者研究思路明晰、方法得当、内容充实、学风严谨。是部有较高学术价值的书稿。本书稿亦有少量表述不符学术规范或考异按断失当需做适当修改者，逐条列出供著者裁酌。建议作必要的修改后交付出版。

34. 2013年9月26日—28日，为南京师范大学文学院中国古典文献学专业研究生、外国留学生介绍泷川资言手录《唐张守节史记正义佚存》手稿，并讲述本人的论文《〈唐张守节史记正义佚存〉手稿之文献价值》。同时讲学的有日本史记正义研究会主干、南京师范大学文学院客座教授小泽贤二先生。

35. 由中国史记研究会与商丘师范学院联合主办的"汉梁文化与《史记》研究学术研讨会暨中国史记研究会第十二届年会"，于2013年10月18日在历史文化名城河南商丘市举行。本人应邀出席，提交论文《〈唐张守节史记正义佚存〉手稿之文献价值》，并在大会开幕式上作主题发言。中国史记研究会会长张大可教授在开幕式致辞中引述《史记论丛》第十集编委会卷前《题记》称："一是资深学者宝刀不老，再献佳篇。其中最值得敬慕的是袁传璋先生，几乎每集的《史记论丛》，均能见到其呕心沥血之作。袁先生在提交今年论文《〈唐张守节史记正义佚存〉手稿之文献价值》时，特别注明'谨以此文纪念泷川资言先生于东北大学藏书发现大批《史记正义》佚文而手辑《唐张守节史记正义佚存》一百周年'。在致编者的信中，袁先生介绍道：'此文的第一节（引言）及第三节（文献价值），中华书局二十四史修订工程办公室内刊《点校本"二十四史"及〈清史稿〉修订工程简报》第76期已作为"要目"选刊。'相信袁先生的这篇宏文所彰显出来的学术价值，定能引起海内外《史记》研究者的高度重视。"

在商丘师范学院主办的"汉梁文化与《史记》研究学术研讨会暨中国史记研究会第十二届年会"上做大会发言（2013年10月18日）

36. 以《史记》修订本外审专家身份，应点校本"二十四史"及《清史稿》修订工程工作委员会与中华书局有限公司之邀，出席于2013年10月20日在北京中苑宾馆召开的"点校本'二十四史'及《清史稿》修订工程第五次修纂工作会议暨《史记》修订本出版座谈会"。上午为全体大会，由中华书局总经理兼总编辑、"二十四史"及《清史稿》修订工程办公室主任徐俊先生主持。下午为修纂工作会议，与会人员为全体修纂委员、部分审定委员、外审专家、修订组成员，共30余人。在徐俊总编辑主持下，总结《史记》修订本的成绩与经验，部署《史记》以下诸史修订工作的后续安排。主持人指定吴荣曾、葛剑雄、袁传璋、辛德勇等先生发言。本人谈了两点建议：第一，《史记》三家注的作者都在各自的序言里发表了对太史公及《史记》的评论，又交待了各自的注书体例。《史记》自有刻本以来，三家注的序言均置于书首，于读者读《史》甚有裨益。但点校本将三家序移于全书之尾，修订本也萧规曹随。如此处置，既对三家注的作者缺乏应有的尊重，对读者读《史》也不无损失。建议今后对修订本择机再修时，能恢复三家注序置于书首的旧貌。第二，宋人吕祖谦、王应麟、胡三省在各自的著作里都大量征引《史记正义》，其中有近400条为《史记》三家注合刻本所未收而成《正义》佚文，有些佚文可勘正《史记》三家注合刻本的某些衍、夺、讹、倒的失误，希望今后对修订本再作修订时能引作参证。

37. 应点校本"二十四史"及《清史稿》修订工程办公室之约，为《史记》修订本撰写了题为《古籍整理的典范之作——展读〈史记〉修订本感言》的书评，刊载于中华书局编辑出版的《书品》2013年第四辑。本期《书品》的"重点关注"栏目系为《史记》修订本所作的纪念专辑，对《史记》修订本出版前后做了整体回顾。

2014年

38. 2012年初秋，日本史记正义研究会主干小泽贤二先生以迄今尚未公之于世的泷川资言博士亲手抄录的《唐张守节史记正义佚存》二卷复制本惠赠。遂将其与泷川资言《史记会注考证》、水泽利忠《史记会注考证校补》、张衍田《史记正义佚文辑校》、小泽贤二《史记正义佚存订补》对读，发现张衍田从泷川本与校补本辑出的1645条《正义》佚文，其中竟然有637条不同程度地存在讹、夺、衍、倒的失误，而经我考证，其失误的十之七八又可据《唐张守节史记正义佚存》手稿予以订正。这是海内外所有《史记》研究者迄今从未料到之事。于是以对读所见，从中选择150条作对读札记，进而撰作论文《〈唐张守节史记正义佚存〉手稿之文献价值》三万六千言，于2013年3月20日完稿，用以纪念泷川资言先生于1913年在日本东北大学所藏古活字印本《史记》栏外发现湮没八百余年的《史记正义》佚文"一千二三百条"，手录为《唐张守节史记正义佚存》手稿二卷，遂启《史记会注考证》"纂述之志"一百周年。3月底，小泽贤二先生造访寒舍窳陶斋，共商合作研究《史记正义》，返国时携此文馈赠收藏泷川博士《唐张守节史记正义佚存》手稿的日本京都大学人文科学研究所。京都大学人文科学研究所附属东亚细亚人文情报学研究センター（中心）2014年3月25日出版发行《センター（中心）研究年报2013》，纸质本以"特别寄稿"名义抄录了袁氏论文的第三章，网络版发布论文全文。

这篇论文的发表还促成了水泽利忠教授的《史记会注考证校补》修订工程的启动。因为笔者在论文最后曾期望《史记会注考证》及《史记会注考证校补》的出版方择机依据《唐张守节史记正义佚存》手稿，对二书新增《正义》佚文进行全面校订，以真正实现泷川先生生前"略复张氏之旧"的夙愿。小泽贤二先生作为日本史记正义研究会主干、水泽利忠教授的学术传承人，义不容辞地担当起全面修订《史记会注考证校补》的重任，邀请本人为修订本全书校阅并施加标点。

6月11日，在南京国际青年旅舍与小泽贤二先生面商水泽利忠《史记会注考证校补》修订事宜。小泽负责在水泽原著PDF本上修正、增补，我负责在小泽修订本上校阅、标点。本次修订除修正原著引用《史记》版本缺漏、文字讹夺误植外，还将补入邹诞生《史记音》、刘伯庄《史记音义》、陆善经《史记决疑》佚文；汉前甲金简帛文献凡对补正《史记》正文及三家注豫是有益者，悉皆抄录；池田芦洲《史记补注》精义亦视情采纳；袁传璋新近从吕祖谦《大事记解题》、王应麟《玉海》《诗地理考》《通鉴地理通释》、胡三省《新注资治通鉴》五种著作中辑得的394条《史记正义》佚文，则全部系于相应《史》文之下；约请专家将水泽利忠教授的《史记之文献学的研究》译为汉文。修订本易名《史记会注考证校补订正》。中国权威古籍出版社中华书局慨允于2022年出版全书九册中文版。2014年6月正式开始修订作业，并提交部分样稿。

39. 至2013年8月，吕祖谦《大事记解题》、王应麟《通鉴地理通释》《诗地理考》以及胡三省《新注资治通鉴》四部著作征引《史记正义》佚文考索专论初稿，陆续完成。连同《玉海》，五部宋人著作共征引《史记正义》1097条，其中被宋人《史记》三家注合刻者全文删除的有276条，部分删节的有118条，全佚与部分遗佚的《正义》条文合计多达394条。随即将这批《正义》佚文作为"附录"，合编为《宋人著作五种征引〈史记正义〉佚文辑存》，按《史记》篇目次第将辑得的《正义》佚文分系于所属篇题之下，以便读者参阅查考。2014年7月31日，将《宋人著作五种征引〈史记正义〉佚文考索》书稿定稿30万言电子本与纸质本呈奉中华书局点校本"二十四史"及《清史稿》修订工程办公室、全国高校古委会秘书处转安平秋先生审阅。

40. 2014年8月13日至16日应邀出席由中国史记研究会、红河学院联合主办的"中国西南边疆民族文化与《史记》学术研讨会暨中国史记研究会第十三届年会"。年会在云南蒙自市红河学院及天源大酒店举行。会议"综述"对本人提报的论文作如下的评述："安徽师范大学资深学者袁传璋先生《宋人著作征引〈史记正义〉佚文考索及相关问题讨论》一文考述详尽论证细密，所彰显出来的学术价值引起海内外《史记》研究者的高度重视。"但此文编入《史记论丛》第十一集时，却因为第五节"宋人著作五种征引《史记正义》佚文之文献价值"中有为司马迁生年疑案的考定提供确凿的文献根据的重要论述，整节近万字被持王国维说的编辑者在不告知作者的情况下悉数删除。读者可参阅《安徽师范大学学报》（人文社会科学版）2014年第3期刊载的全文文本。这次年会的主办方组织参会代表先后考察了通海县文庙、秀山公园建文帝遗迹，建水县燕子洞，蒙自市红河州博物馆、南湖西南联大文法学院纪念馆。

2015年

41. 司马迁生于汉武帝建元六年（前135）。今年适逢他诞辰2150周年。我将历年来发表的论文选编为《司马迁与中华文明》，作为对太史公诞辰的献礼。3月5日，安徽师范大学出版社汪鹏生社长同意接受这部书稿。5月7日，取易名为《司马迁与史记研究论丛》的校样566页。6月，该书列入"安徽师范大学文学院学术文库"，再次易名为《袁传璋史记研究论丛》。由于入选"学术文库"的每种文集有字数的上限，不得不将"西楚霸王项羽结局研究"专辑九万字从书稿中撤下。10月15日，缩减成402页的《袁传璋史记研究论丛》正式出版。

42. 4月15日，中华书局责任编辑樊玉兰通知：《史记正义佚文辑证》三卷，经中华书局选题委员会通过正式立项，泷川资言《唐张守节史记正义佚存》手稿影印本与录文对应出版。

43. 7月20日，为泷川资言《唐张守节史记正义佚存》手稿上下卷录文起草校阅《凡例》六条。按《凡例》规范，校改、修订小泽贤二所作录文，8月3日完成，交中华书局排版。

44. 8月18日，中华书局总经理徐俊签署《宋人著作五种征引〈史记正义〉佚文考索》出版合同。

45. 10月23日，与叶文举教授出席在渭南师范学院举行的"《史记》与人文精神学术研讨会暨中国史记研究会第十四届年会"。赠可永雪、俞樟华、梁建邦、田志勇诸教授以刚出版的《袁传璋史记研究论丛》各一册。赠藤田胜久教授《袁传璋史记研究论丛》及新作《司马谈临终遗命与司马迁人生转向》打印本，并托他将《论丛》一册赠京都大学人文科学研究所武田时昌教授。24日上午大会开幕式，集体照相。下午前往韩城市，在司马迁广场面对太史公铜像举行拜祭仪式，然后在暮色中拜谒司马迁祠墓。25日上午学术交流，我简介近两年的学术工作，并讲述了近作《司马谈临终遗命与司马迁人生转向》的要点：司马氏的家族传统实为多元，司马迁并非出身于纯粹的"史官世家"。身处武帝"有为"之世，少年心事是建功扬祖。入仕后得武帝赏识，奉使方外，仕途不可限量。司马谈临终遗命改变了司马迁的人生取向，由立功转为立言。《渭南师范学院学报》常务副主编王炳社教授当即求取论文打印本。下午的闭幕式上，张大可会长提出明年要对司马迁生年疑案进行辩论。26日，一早考察骊山山南灞上鸿门宴遗址。然后驱车向东经华州市、华阴县至潼关县，在风陵渡的岳渎公园俯瞰黄河，以及河、渭交汇处的潼关故城。下午前往河南省灵宝县的函谷关，登临一夫当关万夫莫摧的函谷关城，并深入关内峡谷中的不可双轨并行的"函谷古道"。夜返渭南。

46. 12月9日，校点《史记会注考证校补订正》的《太史公自序》毕。至此，历时两年，在小泽贤二先生校订的《史记会注考证校补订正》前八册PDF电子本上，我所做的校阅、修订、标点工程终于告成。

2016年

47. 《司马谈临终遗命与司马迁人生转向》一万六千余言，在《渭南师范学院学报》2016年第1期的"教育部高校哲学社会科学学报名栏建设项目【司马迁与《史记》研究】"专栏发表，第19—27页。

48. 中华书局将《宋人著作五种征引〈史记正义〉佚文考索》书稿编入"二十四史研究资料丛刊"，于6月出版。安平秋先生赐《序》。安先生是北京大学中文系教授，全国古籍整理出版规划领导小组副组长、全国高等院校古籍整理研究工作委员会主任。2019年1月，《宋人著作五种征引〈史记正义〉佚文考索》，荣获安徽省人民政府颁发的"安徽省社会科学奖（2013—2016年度）"一等奖。

49. 11月7日，以小泽贤二与我二人的名义，将《史记正义佚存订补》（修订本）定稿送呈中华书局"二十四史"及《清史稿》修订工程办公室。

50. 11月9日—12日，与叶文举教授出席在重庆召开的"巴渝文化发展论坛暨史记学术研讨会"。入住广场宾馆。10日上午开幕式上，陈曦作批判李长之的司马迁生于公元前135年说，火药味甚浓；张大可作《司马迁生年十年之差百年论争述评》，声称要对"蒙童计年法"的前135年说"亮剑"。会前一月，我曾婉拒张大可作大会发言的要求。但当前情势不容我不表态，遂上主讲台，陈述南宋通儒王应麟撰《玉海》，所收《史记正义》与《史记索隐》征引的《博物志》，司马迁为太史令时同作"迁年二十八"，与今本《史记》所收《史记索隐》"迁年二十八"，完全一致，从而为司马迁生于武帝建元六年，即前135年提供了确证。激起强烈反响。

11日下午，参观重庆博物馆，承学会副秘书长杨波见告，他在历代文字馆看到三峡库区云阳旧县坪出土的一片汉木牍，上面的记事中同时出现廿、卅、卌三个合体字，非常罕见。于是拍照存档。

2017年

51. 应《渭南师范学院学报》副主编詹欣睿教授之约，为回应张大可会长《司马迁生年十年之差百年论争述评》的挑战，我于5月底至7月9日先作上篇《王国维之〈太史公行年考〉立论基石发覆》（未定稿）两万余言，发送詹主编与数位朋友，征求批评与建议。

52. 7月19日意外地收到素昧平生的李纪祥教授的电子邮件，对拙作颇多称许："友人传来您的大作，仔细拜读，文笔铮铮，考据、回应、回顾、讨论，均见古人行文论学真精神，对前辈王国维《行年考》亦心存敬意而郑重商榷发覆，谨覆以表敬意。专此。"随即于20日以7月18日修改稿回馈。网上查询，得知李纪祥教授系钱穆先生再传弟子，台湾历史学会理事长，国际知名史学家，孔子研究院特聘专家、山东省泰山学者，华东师范大学思勉高等研究院"境外学者讲座"教授。

53. 7月10日至8月15日，做成下篇《"司马迁生年前145年论者的考据"虚妄无征论》（未定稿）三万余言，连同上篇《王国维之〈太史公行年考〉立论基石发覆》发送中国史记研究会名誉会长、副会长、副高职称以上会员以及海内外学界友人，共60余位，征求批评与建议。

2018年

54. 回应张大可教授《司马迁生年十年之差百年论争述评》的论文上篇《王国维之〈太史公行年考〉立论基石发覆》，在《渭南师范学院学报》2018年第1期的"教育部高校哲学社会科学学报名栏建设项目【司马迁与《史记》研究】"专栏发表，第57—68页。

55. 回应张大可教授的论文下篇《"司马迁生年前145年论者的考据"虚妄无征论》，在《渭南师范学院学报》2018年第5期的"教育部高校哲学社会科学学报名栏建设项目【司马迁与《史记》研究】"专栏发表，第5—22页。3月20日，《渭南师范学院学报》将第5期目录及"特别推荐（下篇）"放到网上，半天功夫下篇即有247人阅读，多人点赞。

56. 《安徽日报》于10月9日整版公示"安徽省社会科学奖（2013—2016）"获奖名单，袁传璋之《宋人著作五种征引〈史记正义〉佚文考索》获著作一等奖。

57. 10月25日，校订小泽贤二著《史记正义佚存订补》全书毕，添加1489字，纠错169字。31日将定稿发送中华书局责任编辑。

2019年

58. 1月22日，应邀出席安徽省社会科学联合会年会，在开幕式上以著作《宋人著作征引〈史记正义〉佚文考索》，接受安徽省人民政府颁授的"安徽省社会科学奖（2013—2016年度）"一等奖获奖证书。

59. 署名为"［日］泷川资言著　［日］小泽贤二录文　袁传璋校点"的《唐张守节史记正义佚存》，中华书局编入"二十四史校订研究丛刊"，于2019年2月出版。上册为泷川资言全部手稿彩色保真图版，下册是与上册图版一一对应的录文。上册卷首为袁传璋所撰《导论：〈唐张守节史记正义佚存〉手稿之文献价值》。袁传璋将所作《史记会注考证》《史记会注考证校补》《史记正义佚存订补》与《唐张守节史记正义佚存》手稿的对读札记，作为《附录》，置于下册卷尾，以供读者查考。

60. 从2019年年初开始，中华书局二十四史修订工程办公室将小泽贤二在水泽利忠原著《史记会注考证校补》前八册上所作修订、袁传璋所作校点的《史记会注考证校补订正》PDF文本，分批排成WORD文本，以纸质清样快递于袁传璋校改。袁氏以红笔在清样上改正错字、增补缺漏、修正原著失误；小泽贤二对原著所作订正或增补，则以绿色标出供编辑参考。这项工程持续两年。

2020年

61. 5月3日，将校改完毕的自《赵世家》至《三王世家》十八篇《史记会注考证校补订正》校样，退寄中华书局二十四修订工程办公室。

62. 11月20日，收到《司马迁与〈史记〉研究——〈渭南师范学院学报〉名栏论文粹编（2015—2018）》（西安：陕西人民出版社，2019年）两册。《粹编》收文26篇，拙作《王国维之〈太史公行年考〉立论基石发覆》编入第2篇，第26—47页，次于张大可《司马迁生年十年之差百年论争述评》之后，陈曦《评赵生群"司马迁生于前135年说"之新证》之前。但校对粗疏，关键的合体文字廿、卅、卌错讹甚多，致使论文主旨失真，学者不可引据。幸亏原刊《渭南师范学院学报》2018年第1期的论文精校无讹，可与此比照。

63. 截至2020年12月31日，历时两年，校阅《史记会注考证校补订正》书稿纸质清样130卷，字斟句酌，改正错讹，增补缺漏，校改原著失误等，终于大功告成。

2021年

64. "安徽师范大学文学院学术文库"应安徽师范大学出版社的建议，"为了将文学院的学术研究推荐给广大读者，将这些学术成果转化为精品图书传播下去"，从已出版的四辑四十余种图书中遴选部分老先生的十种论著，隆重推出"安徽师范大学文学院学术文库"（精装本）丛书。《袁传璋史记研究论丛》精装本即其中之一。本书经本人三次精校，于今年1月出版，7月印出。

65. 年初以两月之功，将1993年4月粗就的未刊稿《论裴骃"〈史记集解〉八十卷"系合本子注本》予以增订，加上附录《今本史记正文及三家注字数统计表》共二万言。2月28日试投《文学遗产》杂志。3月23日收到《文学遗产》编辑部的审稿意见，肯定"讨论《史记集解》的体例和文本形态，不仅对《史记集解》原貌的复原有重要价值，对'合本子注'这一文献形式对魏晋六朝典籍形态的影响也非常重要。因此，就选题而言，本文具有较高价值。"此外，还指出本文的三处亮点。编辑部要求笔者"根据主编和副主编的意见认真修改，修改后再送外审"。此后，经过3月24日—28日、7月10日—18日两次修订后送主编终审。9月24日又根据主编终审所做批注作了必要的增补和删削，成为最终定稿返还编辑部。10月14日，《文学遗产》编辑部签发了录用《证明书》："袁传璋先生：大作《论裴骃'〈史记集解〉八十卷'系合本子注本》已通过本刊编辑部和同行专家匿名评审，将在《文学遗产》杂志揭载。特此证明。"

66. 《论〈太史公书〉"藏之名山，副在京师"》，2021年7月在《渭南师范学院学报》2021年第7期"教育部高校哲学社会科学学报名栏建设项目【司马迁与《史记》研究】"专栏发表，第15—24页。该文系安徽省哲学社会科学研究基金项目《今本〈史记〉版本源流、叙事断限及主旨迁变考略》的《结题报告（1993年）》的第三节（未刊稿），于2020年重新整理、增补证例，使之成为比较成熟的论文。

67. 11月间，将2015年出版的《袁传璋史记研究论丛》（安徽师范大学文学院学术文库）因文库规定的字数限制而从书稿中撤出的"西楚霸王项羽结局研究"专辑以及以后发表的一些重要论文加以整理，编为《袁传璋史记研究论丛续编》，内分四辑：司马迁生平著作研究，西楚霸王项羽结局研究，点校本《史记》修订稿等书稿审读报告，《中国史记研究会十五年》之袁传璋的《史记》研究。本书特点有四：整体内容皆为独创，多重证据资料齐备，观点论证逻辑严密，文笔表达朴实雅正。读者定位为大学文科师生、文史哲专业学者、社会上文史爱好者。按以上内容填成《袁传璋史记研究论丛续编选题策划表》，提交安徽师范大学出版社审议处置。

2022年

68. 1月20日,《文学遗产》杂志发布了2022年第1期的目录和内容提要。《论裴骃"〈史记集解〉八十卷"系合本子注本》列于卷首第一篇。本文提要:清儒卢文弨、邵晋涵等首倡《史记集解》原别自单行而不与《史记》正文相附之说,张元济持同样的观点,中华书局点校本《史记》的《出版说明》、修订本的《修订前言》沿袭张说,陈陈相因,形成定论,影响至巨。通过研读隋、唐史《经籍志》《艺文志》的著录以追本溯源,解析《史记集解序》《史记索隐序》《史记索隐后序》关于"集解"与《史记》本文合体的言说,全盘清点并分析《史记》本文与三家注字数,可证明《史记集解》别自单行而不与《史记》正文相附之说,不能成立。"《史记》八十卷裴骃集解"是裴骃据徐广《史记》校本随文施注,合本文、子注为一体的合本子注本。裴骃本保存了《史记》文本,是《史记》三家注本形成与传播的源头。

69. 5月23日下午,在安徽师范大学文学院"古典文献学学术沙龙"第13期,为硕士、博士研究生讲课,讲题为《说〈裴骃"史记集解八十卷"系合本子注本〉》。内容要点如下:

《文学遗产》今年第1期卷首刊发的论文《论裴骃"〈史记集解〉八十卷"系合本子注本》,其学术价值颇有可称说之处。首先,证明"《史记》八十卷裴骃集解"是刘宋裴骃据东晋徐广《史记》校本随文施注,合本文、子注为一体的合本子注本。推倒了自清代《四库全书》以来,下迄中华书局点校本《史记》的《出版说明》、修订本《史记》的《修订前言》二百五十年间,被海内外学界奉为定论的《史记集解》与《索隐》《正义》同样,"其始别自单行,不与《史记》正文相附"的论断,为恢复裴骃《史记集解》本真面貌奠定坚实基础。

第二,首次考明裴骃所说"以徐为本,号曰《集解》",当指以徐广手定的《史记》文本为其作《集解》之"本",而非指以徐广所著《音义》

为其作《集解》之"本"。从而澄清论者一向认为"以徐为本"即以徐广所著《音义》为本的误解。

第三，论文从研读隋、唐史《经籍志》《艺文志》切入，诊断出乾嘉诸老、张元济先生下及《史记》点校者和修订者在《集解》与《史记》本书相不相附问题上之所以出错的病根。他们并未认真检阅并理解《隋书》与《旧唐书》的《经籍志》和《新唐书》的《艺文志》关于裴骃集解《史记》的著录，而是想当然地认为《史记集解》"原本八十卷，隋、唐《志》著录并同"。以这种子虚乌有的隋、唐《志》"著录《史记集解》八十卷"为前提，推导出《史记集解》单本别行、与《史记》本书原不相附的结论，自然不能成立。

第四，证明今本《史记》文本源自裴骃集解的《史记》八十卷，裴骃不愧为《史记》功臣。《宋史》的《艺文志》著录的"司马迁《史记》一百三十卷裴骃等集注"，其实就是隋、唐《志》著录的"裴骃集解《史记》八十卷"，北宋淳化官刻三史，《史记》即以此本为底本，后经两次校勘修版，形成景祐定本，遂成为后世诸种《史记》版本的祖本，瓜瓞绵延，相承至今。裴骃集解《史记》八十卷实质上从未失传。中华书局点校本《史记》的《出版说明》及修订本《修订前言》认为"《集解》八十卷早已失传"的判断有误。真正失传的是《新唐志》著录的白文本"司马迁《史记》一百三十篇"，因为无注唐以后即不见著录。

第五，"《史记》八十卷裴骃集解"作为今本《史记》文本的源头，唐司马贞依傍裴骃本作《史记索隐》三十卷，同时代的张守节依傍裴骃本作《史记正义》三十卷，南宋建阳蔡梦弼据裴骃本梓行《史记集解索隐》二注合刻本、建安黄善夫据裴骃本梓行《史记集解索隐正义》三注合刻本。"《史记》八十卷裴骃集解"在《史记》三家注本形成与传播史上居于独一无二的崇高地位。

第六，论文对汉籍"合本子注"重新定义，证明经史合本子注体裁的出现，是汉人注经方式的自然发展。"合本子注"的概念最早由陈寅恪先生提出，系针对六朝僧徒研究佛典同本异译因而编为合本的形式而发。陈氏进而认为汉籍经史合本子注的体裁，乃模拟魏晋南北朝僧徒合本子注之体。学界多承其说。本文指出，前汉学者注经，所摘经典文句书作大字，注释则用小字双行附注其下。这种注释体式，远在佛典传入中土数百年之前。但经、注各自单行，不便诵读。汉魏之际，郑玄遍注群经，集经、注为合本，开辟经史写本合本子注的先河。此后，汉人注经的经、传别行的传统，渐趋终结；而经史注本取更便诵读与传播的合本子注体式，转成常态。多部合本子注体裁的经史著作的问世，都成书在最早的合本子注的佛典之前。因此，与其说是汉籍经史合本子注之体因袭了六朝僧徒研究佛典发明的合本子注体裁，不如说是六朝僧徒借鉴了此前汉儒注释经典所创造的范式。故陈氏认为汉籍合本子注系模拟佛典注释之体，似有倒果为因之嫌。本文的这一研究成果，对认识"合本子注"这种文献形式对魏晋六朝典籍形态的影响也有重要价值。

70. 《渭南师范学院学报》2022年第12期的"教育部高校哲学社会科学学报名栏建设项目【司马迁与《史记》研究】"专栏发表了任刚教授近万字书评《习见中求是反正——袁传璋先生〈论裴骃"《史记集解》八十卷"系合本子注本〉读后》，该文《摘要》称：《文学遗产》2022年第1期卷首刊发了袁传璋先生的新作《论裴骃"〈史记集解〉八十卷"系合本子注本》。文章有力地论证了裴骃《史记集解》施注方式为"合本子注"，清理了自清儒到当代"三家注原先都各自单行……《隋书·经籍志》和《唐书·经籍志》著录《史记集解》八十卷"这一流行两三百年观点的致误所在。文章信息量大，给人启发良多。文章从积累有年多创获、《史记》版本源流、"《史记集解》八十卷"的误称误传及其缘由、文献功底深厚四个方面，评价了袁先生此文中表现出来的实事求是精神。